Straftheorie und Strafgerechtigkeit

Augsburger Studien zum Internationalen Recht

Herausgegeben von

Volker Behr
ehem. Lehrstuhl für Bürgerliches Recht, Zivilprozessrecht, Ausländisches und Internationales Privatrecht

Henning Rosenau
Lehrstuhl für Deutsches, Europäisches und Internationales Straf- und Strafprozessrecht, Medizin- und Biorecht

Christoph Vedder
Lehrstuhl für Öffentliches Recht, Völkerrecht und Europarecht sowie Sportrecht, Jean Monnet-Lehrstuhl für Europäisches Recht

Juristische Fakultät der Universität Augsburg

Band 7

PETER LANG
Frankfurt am Main · Berlin · Bern · Bruxelles · New York · Oxford · Wien

Straftheorie und Strafgerechtigkeit

Deutsch-Japanischer Strafrechtsdialog

ドイツ―日本 刑法に関する対話

Henning Rosenau / Sangyun Kim
(Hrsg.)

PETER LANG
Internationaler Verlag der Wissenschaften

Bibliografische Information der Deutschen Nationalbibliothek
Die Deutsche Nationalbibliothek verzeichnet diese Publikation in der Deutschen Nationalbibliografie; detaillierte bibliografische Daten sind im Internet über http://dnb.d-nb.de abrufbar.

Umschlaggestaltung:
Olaf Glöckler, Atelier Platen, Friedberg

Logo auf dem Umschlag:
Abdruck mit freundlicher Genehmigung
der Universität Augsburg.

Gedruckt auf alterungsbeständigem,
säurefreiem Papier.

D 384
ISSN 1861-664X
ISBN 978-3-631-61000-8

Vorwort

Der vorliegende Band versammelt Beiträge zum Thema „Straftheorie und Strafgerechtigkeit", die aus einem Symposium in Augsburg im Jahre 2009 hervorgegangen sind. Damit wurde ein Dialog zwischen japanischen und deutschen Strafrechtlern fortgesetzt, der eine lange wissenschaftliche Tradition hat. Seit über 100 Jahren beeinflussen deutsches Strafrecht und deutsche Strafrechtswissenschaft das japanische Rechtssystem. Umgekehrt lenken die Diskussionen in Japan Impulse zurück nach Deutschland. Dieser Dialog ist niemals abgebrochen und wird auch von der nachwachsenden Generation intensiv gepflegt, wie die Liste der Referentinnen und Referenten belegt.

Mit dem Generalthema „Straftheorie und Strafgerechtigkeit" sind grundlegende Gegenstände unseres Faches zur Diskussion gestellt. Es geht einerseits um die Frage, warum wir bestrafen und wie wir durch angemessene Strafen Gerechtigkeit erzielen, andererseits um das Problem, wo die Grenzen des Strafrechts zu ziehen sind. Es handelt sich hierbei um durchaus für das Strafrecht existentielle Fragen, die für die Strafrechtswissenschaft infolge gesellschaftlicher Entwicklungen stets aufs Neue zu stellen und zu beantworten sind und in einer Risikogesellschaft, welche unter terroristischer Bedrohung steht, auch das tradierte Konzept vom Strafrecht wie vom Strafverfahren in Frage stellen. So kommen ein wachsendes gesellschaftliches Sicherheitsbedürfnis und die neuere Gesetzgebung u. a. in den Bereichen der Terrorbekämpfung in Konflikt zu den überkommenen Schutzrechten der Bürger vor staatlichen Eingriffen, aber auch mit der Rechtsstellung des Beschuldigten im Strafverfahren. Weitere aktuelle Themenkreise sind die des Opferschutzes und der nun auch jüngst gesetzlich normierten Verständigung im Strafverfahren, die austarierte Rechte und Pflichten vor eine Bewährungsprobe stellen.

Besonderer Dank gebührt unseren Mitarbeitern Igor Sorge (Augsburg) und Yukako Sagawa (Kyoto), die maßgeblich nicht nur zum Gelingen des Symposiums, sondern auch dieses Bandes beigetragen haben. Die teilweise mühevolle Manuskriptgestaltung lag in den bewährten Händen von Inge Rystau (Augsburg). Dem Peter Lang Verlag ist für die großzügige Unterstützung zum Druck zu danken.

Henning Rosenau (Augsburg) und Sangyun Kim (Kyoto)

Inhaltsverzeichnis

I. Strafprozessrechtliche Fragestellungen

Lay Judge System in Japan

Toshikuni Murai

I. History of the criminal justice system reform to the current law

The first Code of Criminal Procedure (Chizai-ho) was promulgated in 1880 under the aegis of French legal adviser *Boisonade*. It was modeled on the French Code of Criminal Procedure. Shortly afterwards, in 1890, the first Western-style comprehensive criminal justice system was enforced. In 1922, a new Code of Criminal Procedure, influenced by the German Law, was decided and pronounced. The Jury Act was promulgated in 1928, but it was suspended in 1943. The current Code of Criminal Procedure has been promulgated after the Second World War, in 1948. It is influenced by Anglo-American law, but the jury system was not introduced.

II. The Jury System of the 1928 Jury Act

Under the 1928 Jury Act, a jury court consisted of 1 Judge and 12 Juries, according to the Anglo-American jury system. The Juries only participated in fact-finding process, just like in the Anglo-American system. After the jury verdict, if the judge accepts the verdict, then he passes a sentence on the defendant or declares him not guilty. But if the judge doesn't accept the verdict, then he can reject it and renew the jury. The recently introduced Korean jury trial system is similar to this old Japanese jury system.

This jury system was suspended in 1943. The main reason of the suspension was the Second World War, but there were also some other reasons. First, the number of cases of jury trial had decreased from over 100 in 1929 to only 1 each in 1941 and 1942, as shown in Fig 1. Second, the number defendants who chose jury trials had decreased. Some police officers threatened the defendants not to choose the jury trial, or the defendants themselves feared to give unpleasant feelings to the judges („They might think I don't trust the judges"). Third, the system had the following decisive deficits. 1. The law didn't assure the rights of the defendant, for example, he didn't have the right of appeal and he had to pay the jury costs. 2. The cases of the jury trial were extremely limited. There was a long list of the crimes disqualified to the jury trial, including the political crimes (ex. Chian-iji ho cases).

Should we now conclude this system did not work well? I don't think so. As shown in Fig. 2, the number of not guilty verdicts was 81, thus the rate of not guilty was 17.6 %. In the murder cases, the rate of not guilty verdicts was around 33 %, which was a much higher rate than the rates of professional judges

(1.1), as shown in Fig. 3. Fig. 3 also shows that the judges were almost satisfied with the result of the jury verdict along with few renewal numbers.[1]

Fig. 1

The cases of jury trial	
1928 (Oct-Dec.)	28
1929	133
1930	66
1931	58
1932	48
1933	34
1934	24
1935	17
1936	16
1937	13
1938	4
1939	3
1940	4
1941	1
1942	1

Fig. 2

The result of jury cases			
year	guilty	not guilty	renewal
1928	23	5	3
1929	125	14	3
1930	63	3	0
1931	40	17	3
1932	35	14	6
1933	29	6	1
1934	21	5	0

1 Those figures are cited from *Fujita,* Probability of Citizen Participation to Justice, Yuhikaku 2008, pp. 170 (172 and 173).

The result of jury cases			
year	guilty	not guilty	renewal
1935	9	8	1
1936	12	4	3
1937	10	3	2
1938	4	0	0
1939	3	0	1
1940	3	1	0
1941	0	1	0
1942	1	0	1
total	378	81	24

Fig. 3

Comparison of not guilty rate of murder cases				
	jury trial		professional judge	
year	not guilty/guilty	rate	not guilty/guilty	rate
1928	3/10	23	8/616	1.3
1929	3/32	9	8/381	2.1
1930	0/22	0	9/560	1.6
1931	7/11	38	8/663	1.2
1932	1/11	8	8/723	1.1
1933	1/3	25	5/715	0.7
1934	1/5	17	6/753	0.8
1935	2/2	50	9/697	1.3
1936	1/2	33	7/705	1.0
1937	0/1	0	7/773	1.0
1938	0/1	0	5/606	0.8
1939	0/1	0	2/489	0.4
1940	1/0	100	5/477	1.0
total	20/100	33	87/8058	1.1

III. Criminal Justice Reform after the Second World War

There are 3 stages of the lay participation movement after World War II.

The first stage was immediately after the World War II. One of the issues was the reintroduction of the jury system in the course of establishment of the present Criminal Procedure. As mentioned above, the jury system under the 1928 Act had some deficits, so it was not an option to bring back the 1928 Jury Act itself. The introduction of the jury system remained on the agenda to be examined in the future.

The second stage was in the 1980s'. At that time, the criticism against the criminal justice system was aroused especially among the academics and the criminal defense lawyers. One of the most powerful academics, *Ryuichi Hirano,* wrote in his article, that the situation of the Japanese criminal justice system was desperate, and it might be helpful to introduce the jury system or the Schöffen-Gericht.[2]

The third stage is the time between the end of 20th century and the early years of the 21st century. There are 3 main movements as the background of this period.

- Worldwide movement of new liberalism.
- Trend towards privatization.
- Desire to strengthen competitive power in the international market claimed by the business circle.

On December 21st, 1999, the Justice System Reform Council (JSRC) was established. Its agenda of the Council consisted of the following basic elements:

- Realization of a more accessible and user-friendly justice system
- Public participation in the justice system
- Redefinition of the legal profession
- Reinforcement of its function

IV. Saiban-in system

On May 28th, 2004, Lay members of judicial panel (the Saiban-in Act was promulgated 21st of May 2009), was put in practice. The introduced system is structured as follows:

- One panel consists of three professional judges and 6 lay members.
- Lay members participate in both the fact-finding and the sentencing process together with the professional judge.
- It is more similar to the French system than to the German system.

2 *Hirano,* Diagnosis of Current Criminal Procedure, in: FS Dando, Yuhikaku 1985, p. 407.

V. Saiban-in in reality

1. First Case - Tokyo case

On August 3, 2009, the first case under the Saiban-in system, a murder case, was heared at the Tokyo District Court. There was no dispute about the facts, but about the sentence. The main issue was the degree of intent. The prosecutor requested a sentence of 16 years, the victim's relatives 20 years and the defense requested a mild punishment without stating a definite sentence. The verdict was 15 years imprisonment.

The opening day of the first trial hit the headlines as shown in the following pages.

Citizen judges hear their 1st case
THE ASAHI SHIMBUN
2009/8/4
A crowd gathers for the 58 spectator seats available for first trial under the citizen judge system at the Tokyo District Court on Monday. (SATORU SEKIGUCHI/ THE ASAHI SHIMBUN)

The much-awaited citizen judge system came into being Monday, with ordinary folk asked to assist in sentencing an accused murderer who has pleaded guilty as charged.

Just about everybody involved in the proceedings at the Tokyo District Court admitted to feeling nervous.

Five women and one man were selected to serve as lay judges in the first criminal case under the new system.

The names of the individuals and other personal information are protected under law to protect their privacy.

The panel will work with three professional judges to hear the case of Katsuyoshi Fujii, 72, who was indicted for the stabbing death of a 66-year-old woman in Tokyo's Adachi Ward in May.

On Monday, Fujii admitted to be guilty, so the focus of the trial will be on what sentence to pass.

Monday morning's proceeding centered on the selection process. In the afternoon, the hearing lasted about three hours. Today's proceedings were to begin at 10 a.m. None of the citizen judges said anything in court on Monday.

Proceedings went smoothly with the exception of one spectator who protested against the new system.

The trial is scheduled to wind up in four days in line with moves for speedier judicial proceedings.

During the questioning of the defendant today, bereaved family members of the victim will be allowed to ask questions.

On Wednesday, prosecutors will state what sentence they request, while defense lawyers will present their final arguments.

The lay judges will then enter into private discussions with the professional judges to decide on a ruling, which is expected to be announced on Thursday afternoon.

The Tokyo District Court sent out notices to 73 individuals informing them they had been chosen as candidates to be the first citizen judges.

Court officials said six individuals did not receive the notices. Eighteen individuals had valid reasons for declining to serve in what amounts to jury duty.

The remaining 49 individuals were told to report to the Tokyo District Court on Monday morning. Two did not show up.

Two individuals who did show up asked to be relieved from citizen judge duty and their requests were granted.

The six citizen judges were drawn by lot. In addition, three other individuals were chosen as alternates to serve in case any of the original citizen judges cannot continue with the case.

Both prosecutors and defense lawyers acknowledged feeling under pressure from their involvement in what amounts to the first jury trial in this country since World War II.

Lead defense lawyer Shunji Date said: „I practiced my opening statement a number of times because I wanted it to go well. I feel it's my lack of sleep, rather than nerves that has put me on edge."

Tetsuo Machida, the chief Tokyo prosecutor in this trial, said he also practiced his court presentation a number of times.

„Having been asked to handle a case that will be a historic turning point, I feel greatly honored", Machida said. „I want to present our case in a way that is easily understood by the citizen judges."

The citizen judges are not allowed to speak with the media. But those candidates who were not chosen were free to do so, and many expressed relief at not having been drawn.

A huge crowd gathered in front of the Tokyo District Court in the hope of being able to witness this historic first case. According to court officials, 2,382 people stood in line for one of 58 available tickets.

One of those in line was Shizue Takahashi, whose husband was killed during the sarin gas attack on the Tokyo subway system by the Aum Shinrikyo cult in 1995.

Having sat in on the cases of many Aum cult leaders, Takahashi was interested in following a case under the citizen judge system.

„During the first time I sat in court, I could not hear what was being said," Takahashi said. „I want to see how much of the proceedings the citizen judges are able to follow." (IHT/Asahi: August 4, 2009)

2. Second case - Saitama case

The second case of Saiban-in was tried at the Saitama (close-by prefecture to Tokyo) district court between 10th and 12th of August 2009. The case was attempt of murder and the defendant admitted the case. So the main issue was the assessment of the penalty. The prosecutor requested 6 years imprisonment, whereas the defense lawyer requested suspended sentence. The Saiban-in's verdict was 4.5 years imprisonment without suspension.

3. Evaluation of 2 cases

Under the judges' court system, approximately 80 % of the prosecutors' opinions were considered as a sort of sentence standard. According to this so-called standard, the sentence of the Tokyo case would be estimated to be tougher than ever, and the sentence of the Saitama case to be moderate.

In the Tokyo case, the defense appealed, and the Saitama case defense lawyer did not appeal. The defense was unsatisfied with the sentence in the Tokyo case, but the defense was satisfied in Saitama case.

In the interview after Tokyo case trial, some of Saiban-ins said to the media that the prosecutor's presentation was more understandable than the presentation of the defense. If you allow me to dare to say to this stage (the end of 2008):

First, the presentation technique might be one of the influential factors to the Saiban-ins' decision making.

Second, the seriousness of a case might be a more decisive factor for the sentencing than the possibility of rehabilitation of the defendant.

VI. The issues to be considered

1. Can we find the way to manage big cases?

A case may have many suspects or the defendant may be indicted for many cases at the same time. If one Saiban-in court should manage such a case, the trial would take many days. That might cause considerable trouble for Saiban-ins. To avoid that, the case should be split into several (more than one) trials.

That, however, might bring different judgments to the same case in the different trials. Isn't that unfair?

2. Heavy responsibility of obligation to maintain confidentiality

Each Saiban-in has heavy responsibility of the obligation to maintain confidentiality which is subpoenaed by law even after the end of the trial. Is that a good policy?

3. Death penalty problem

The death penalty constitutes a serious problem for the conscience especially for members of religious groups. Some religious groups have already expressed their decision to refuse the Saiban-in, even against the Saiban-in Act. Is there any good solution except abolishment of death penalty?

VII. Influence of the change of the political situation

The hegemony of political power shifted from the Liberal-Democratic Party to the Democratic Party last year. What kind of change will come under the regime of a new political leader? Nobody knows. I hope, they won't act like the Japanese maxim „朝令暮改 (Cho-rei, bo-kai)“, that means „to issue orders in the morning and revise them in the evening“.

VIII. The sociological jurisprudence and hermeneutics in the criminal procedure around the Saiban-in System

1. Public Image of the Saiban-in System

Over 70 % of the people don't want to participate in a Saiban-in System as shown in a public opinion poll conducted before the enforcement of Saiban-in

System. The main reason was: it would be difficult for lay persons to determine guilty or not guilty and they wouldn't want to judge the other person's fate. To this day, there is the strong dissenting opinion even among the bar association members, whose organization had strongly supported to introduction of the jury system.

It is interesting that the refusal of the Saiban-in system and the acceptance of the capital punishment have about the same tendency. I don't think people that don't want to be a Saiban-in would reject the criminal justice system itself. Most people think the criminal justice system is necessary, but they don't want to judge the case and give sentence to the defendant by themselves. They want to think it is not their business.

We can find the same tendency in the opinion to the death penalty. Opinion polls show that over 70 % support the death penalty in general. On the other hand, there are many people who don't want to pass the sentence of the death penalty as a Saiban-in.

2. Saiban-in system as theory of legislation

The question whether the Saiban-in system should be introduced or not is wedded to the legislation-theory. There are two questions. At first, is the civic participation in the administration of justice permissible? In case of a positive answer, the second question follows: What kind of participation forms would be the most desirable?

a) Is the civic participation to the administration of justice permissible?

To answer the first question, we have to think about the ideas on which the civic participation should be based on. First of all, democracy is considered as its basic principle. The jury system in Britain and in the United States has often been called „democratic highlight" or „democratic pride". This first reason for the civic participation is most the basic one. The second reason is that there are practical examples of the civic participation in many foreign countries. And the third one is the practical example of the pre-war jury system in Japan.These reasons seem to show that civic participation to the administration of justice should advance in the history. The counter-arguments are no arguments against democracy or peoples' sovereignty itself, of course. There is no objection against the basic idea that the nation has the right to participate in the administration of justice. Opponents however say that the trial by the judge is not against democracy or people's sovereignty, and that these principles don't demand direct citizen participation.

The opponents are right. The trial by the judge is not against a democratic principle itself, and, in addition, the principle of democracy does not guarantee direct citizen participation. However, for a trial by the judge who is under an appointment system to be called democratic it is necessary to be guaranteed by some kind of democratic appointment procedure of the judge, for example, a kind of peoples' monitor. The jury system or the citizen judge system cannot be denied to be much more familiar with a democratic principle in the meaning that it reflects a direct civic voice in a trial.

The objection against the affirmation theory of the civic participation from a democratic principle is possible from a liberalism principle. The right of the defendant who is a minority might be denied if we get a democratic principle guaranteed by the absoluteness of a majority intention. But the modern principle of democracy is understood as a liberal democracy, rather than guaranteeing absoluteness of the majority. How can a person of majority speak for the intention of the minority? This is a justifiable element of democracy. If a right of the defendant is infringed by civic participation, it must be expelled as its being against the true meaning of democracy.

The objecting theory that the jury system does not fit with Japanese national traits is deeply-rooted since the enforcement of the pre-war jury system. However, it has not been proven that this is the reason for the adverse attitude towards the issue of civic participation in the present. Instead, there is evidence, as researches of *Nobuyoshi Toshitani* or *Masahiro Fujita* show,[3] that the opposite is the case since the pre-war jury-system.

b) What kind of form is more desirable?

When answering „yes" to the first question we need to answer the second question as well: what kind of civic participation forms is more desirable?

There has always been an argument between the proponents of the Anglo-American jury system model and proponents of the German Schöffengericht system model about the form of civic participation. This topic has also been intensely discussed in the Criminal Law Society and the judicial system council. There is a general tendency that jury system advocates are highly critical of the current bureaucratic judges, whereas other people who don't think there is a problem in the current trial system have an alliance for the introduction of the Schöffengericht. Mostly judges and prosecutors belong to this alliance.

The Saiban-in system was suggested as a product of the compromise with the jury system theory and the Schöffengericht system theory. However, the jury system proponents considered it to be a form of Schöffengericht system and strongly expressed objection. My opinion expressed in the article at this stage, was that the jury system would be better than the Schöffengericht system, because there would be a threat for the civil members sitting with the judges and civic participation would become a dead letter under the Schöffengericht system of the German model. Should there be an introduction of a cooperation partici-

3 *Fujita,* op. cit., pp. 175 – 178, 203 – 222; *Toshitani,* Nation's Participation in the Justice, in: Iwanami-Koza Gendaiho 6, edited by Toshibaka Ushiomi, Iwanami-Shoten, 1966, pp. 365 – 391.

pation type with a judge and the citizen, the French system which consists of more layers than judges should rather be introduced.

It was suggested in the last opinion of the Council that a kind of citizen judge system should be introduced, and that, about the concrete mode such as the number of professional judges and citizen judges, it should be examined in the examination committee.

In the argument of the examination committee, the Supreme Court committee members insisted on the introduction of the German model and they claimed that the count of judges should exceed the count of the citizens and at least three judges should sit at the trial. In contrast, the lawyer side committee members insisted on the form that was closer to the Anglo-American jury system which consists of several citizens and one professional judge. After all, a compromise both sides could live with was reached and a mode of six citizens and three judges was agreed upon.

c) Democracy and Liberalism in the Saiban-in System

When we consider the Saiban-in system from the democratic point of view, in a point that citizens participate in not only the fact-finding but also a law application and sentencing with the judges, it is more thorough in terms of democratic participation than the jury system. On the other hand, the autonomous judgment is much more pronounced in the jury system than in the Saiban-in system.

Considering the Saiban-in system from the point of view of liberalism, especially the aspect of how to secure the minority right, it is most problematic that it has adopted a simple decision-by-majority system. It is poor in consideration to the minority opinion not only compared to the unanimous system of the former jury but also to the current substantial majority system. Concerning the introduction of the simple majority system for the conviction, it is the ambiguous policy regarding the „beyond a reasonable doubt" principle and the „in dubio pro reo" principle.

If it is included in a right of the defendant to choose the trial form, it may be problematic that the introduced system does not guarantee the choice of the defendant. However, I don't think that Article 32 of the Japanese Constitution, where the right to access to the court is guaranteed, grants the defendant the right to choose the professional judges as a trial body, and that not to guarantee the choice of the defendant is infringement of the constitutional right of freedom of the defendant.

Legislation is a kind of compromise and it should put a trial period of at least 5 years until the official established system starts. Of course, the complete system is most desirable, but that is not realistic. It is necessary to improve it. This is the hermeneutic position on the Saiban-in system.

3. Hermeneutik on the Saiban-in system

Even if the Saiban-in system has some bad points for the Schöffengericht system advocates, for some of the jury system advocates it may have some fundamental deficits. According to their opinion, the Saiban-in system is the worse one compared to the existing professional judge system and it should be abolished even after its enforcement. As mentioned above, there was the negative attitude of the citizens as seen in the result of the public opinion poll, and an opinion that its enforcement should be postponed came out among the opposition parties.

However, it may be arguable if the change to the Saiban-in system is really worse than maintaining the professional judge system. Even if the Saiban-in system has some unsatisfactory points for the people who have insisted on civic participation to the administration of justice, it can be evaluated as one step in the right direction.

Most of the problems can be improved in the practice. This is a topic that should be dealt with in interpretation theory over this system.

Nevertheless, for these theorists who spoke about such a system reform it is not a responsible way to improve the system simply by pointing the problems out after the system had already been legislated. They much rather have to show a direction for the improvement and take responsibility to solve the problems.

4. What should be improved?

The law burdened too much responsibility of maintenance of confidentiality on the Saiban-in. That should be improved.

There is a very serious discussion in religious circles whether or not they should participate in the Saiban-in system. Many religious people consider sentencing someone to death as incompatible with their religious views and laws as they see their religious duty in saving lives. The solution of this problem may be to abolish the death penalty. The second best solution would be to admit the refusal of those who feel unable to participate in a Saiban-in jury for moral reasons. The minimum improvement however has to be to take the anonymous verdict to the death penalty. The anonymous verdict can be achieved by creating a guideline to give death penalty in practice.

Laienbeteiligung im deutschen Strafverfahren Historische, dogmatische und vergleichende Perspektiven

Arnd Koch

A. Das Schöffengericht in der Diskussion

I. Internationale Perspektive: „Siegeszug des Schöffengerichts“

Der wohl erfolgreichste Exportartikel des deutschen Strafverfahrensrechts ist das Institut des Schöffengerichts. In Schöffengerichten entscheiden Laien und Berufsrichter gemeinsam und mit gleichem Stimmrecht über Schuld und Strafe des Angeklagten. Nicht zu verwechseln ist diese Gerichtsform mit dem traditionellen Schwurgericht, in dem zwölf Geschworene unabhängig von Berufsrichtern und ausschließlich über die Schuldfrage urteilen. Eingeführt in die rechtspolitische Diskussion wurde das Schöffengericht vor rund 140 Jahren von dem sächsischen Kriminalisten *Friedrich Oskar Schwarze* (1816 - 1886), einem der bedeutendsten Kriminalpolitiker des 19. Jahrhunderts.[1] Das Schöffengericht sollte, so *Schwarze*, „die Vorzüge der Entscheidung durch die Geschworenen mit denen der Entscheidung durch ständige Richter (...) vereinen und hierdurch zugleich die Schwächen beider abmildern“.[2] Seine reichsweite Einführung erfolgte mit Inkrafttreten der Reichsstrafprozessordnung und des Gerichtsverfassungsgesetzes im Jahre 1879.[3] Zunächst erstreckte sich die Kompetenz der Schöffengerichte allein auf die Aburteilung leichterer Kriminalität. Mit Abschaffung der traditionellen Schwurgerichte durch die sog. „Emminger-

---

1 Vgl. insbesondere *Schwarze*, Geschworenengericht und Schöffengericht. Ein Beitrag zur Lösung der Schwurgerichtsfrage, Leipzig 1864; *ders.*, Das deutsche Schwurgericht und dessen Reform, Erlangen 1865; *ders.*, Das Schöffengericht, Leipzig 1873. Zu Schwarze jüngst *Lacher*, Friedrich Oskar von Schwarze (30.9.1816 – 17.1.1886), Würzburg 2008. *Schwarze* selbst sprach, nicht frei von Eitelkeit, von dem Schöffengericht als „mein Kind“, Verhandlungen des 10. Deutschen Juristentages, Frankfurt am Main 1872, Bd. 1, S. 175. Andere sahen Schöffengerichte lediglich als Übergangslösung. Habe die Bevölkerung das Vertrauen in den Richterstand wiedergewonnen, könne auf jegliche Laienbeteiligung verzichtet werden, so *Binding*, Die drei Grundfragen der Organisation des Strafgerichts, Leipzig 1876, S. 107 f.

2 *Schwarze* (Fn. 1 – Schwurgericht), S. 165.

3 Hierzu *I. Ebert*, Schwur- oder Schöffengerichte? Der Streit um die Ausgestaltung der Laienbeteiligung im Strafprozess im Umfeld der Reichsjustizgesetze, Jura 1996, 242 ff. Die Geschichte der Laienbeteiligung im deutschen Strafverfahren ist Gegenstand zahlreicher Arbeiten. Vgl. nur *A. Koch*, Carl Joseph Anton Mittermaier und das Schwurgericht, ZNR 2000, 167 ff.; *Landau*, Schwurgerichte und Schöffengerichte in Deutschland im 19. Jahrhundert bis 1870, in: Schioppa (Hrsg.), The Trial Jury in England, France, Germany 1700-1900, 1987, S. 241 ff.; *Linkenheil*, Laienbeteiligung an der Strafjustiz. Relikt des bürgerlichen Emanzipationsprozesses oder Legitimation einer Rechtsprechung „Im Namen des Volkes“, Berlin 2003, S. 33 ff.

Verordnung" im Jahre 1924 entscheiden Schöffengerichte auch über Kapitaldelikte.[4]

Seit Ende des 19. Jahrhunderts finden Schöffengerichte international Verbreitung. Heute kennt ein Großteil der westeuropäischen Staaten diese Gerichtsform.[5] Verwiesen sei auf Dänemark, Frankreich, Norwegen, Österreich, Schweden und die Schweiz. Übernommen wurden Schöffengerichte auch von neu entstandenen Staaten Mittel- und Osteuropas wie beispielsweise Estland, Kroatien, Slowenien und der Slowakei. Der Laienbeteiligung im Strafverfahren kommt in zahlreichen dieser Länder, anders als in Deutschland, Verfassungsrang zu.[6] Der „Siegeszug des Schöffengerichts" scheint weltweit ungebrochen. Für den außereuropäischen Bereich seien als bedeutende Staaten mit einem Schöffengerichtssystem China und Südafrika genannt. Selbst in den USA finden sich namhafte Autoren, die für die Ersetzung des dortigen Schwurgerichtssystems durch sog. „*mixed courts*", d.h. Schöffengerichte nach deutschem Vorbild, plädieren.[7] Und erst vor kurzem, am 21. Mai 2009, führte Japan erstmals die Schöffengerichtsbarkeit ein. Zweck der Reform ist es gem. § 1 des Gesetzes über die Beteiligung von Laienrichtern am Strafverfahren, „durch das strafprozessuale Zusammenwirken der aus dem Volk berufenen Laienrichter mit den Berufsrichtern das Verständnis und das Vertrauen der Bürger gegenüber der Rechtspflege (zu stärken, A.K.)".[8]

4 RGBl. I, 1924, 15: „Verordnung über Gerichtsverfassung und Strafrechtspflege vom 4.1.1924", benannt nach dem kurzzeitigen Reichsjustizminister Erich Emminger (1880 - 1951); hierzu *Vormbaum*, Die Lex Emminger vom 4. Januar 1924, Berlin 1988; auch *A. Koch*, Emminger-Verordnung, in: Cordes u.a. (Hrsg.), Handwörterbuch zur deutschen Rechtsgeschichte, 2. Aufl., 2008, Bd. 1, Sp. 1322 f.

5 Vgl. die Übersicht bei *Bohlander*, Laienrichter in der Strafjustiz – Ein Vergleich am Beispiel der Rechtsordnungen von England, Spanien und Frankreich, in: Marutschke (Hrsg.), Laienrichter in Japan, Deutschland und Europa, 2006, S. 62 ff. (64 f.).

6 *Classen*, in: Mangoldt/Klein/Starck, Kommentar zum Grundgesetz, 5. Aufl., München 2005, Art. 92 Rn. 29.

7 *Langbein*, Mixed Court and Jury Court. Could the Continental Alternative Fill the American Need?, American Bar Foundation Research Journal 81, 1981, 195 ff.; weiterführend *Dubber*, The German Jury and the Metaphysical Volk: From Romantic Idealism to Nazi Ideology, The American Journal of Comparative Law 43, 1995, 226 ff.

8 Deutsche Übersetzung von *Siegfanz/Wilhelm*, zit. aus Marutschke (Fn. 5), S. 196; hierzu *Kato*, Zum Beteiligungssystem von Laienrichtern (Saiban'in-System) in Japan insbesondere im Vergleich mit dem deutschen Schöffensystem, The Journal of the Faculty of Law Aichi University, No. 170, 1 ff.; *Maruta*, The Criminal Jury System in Imperial Japan and the Contemporary Argument for its Reintroduction, International Review of Penal Law, Vol. 72, 2001, 215 ff.; S. 215 ff.; *Weber*, The Japanese Jury System. Empowering the Public, Preserving Continental Justice, East Asia Law Review Vol. 4, 2009, 125 ff.

II. Nationale Perspektive: „Relikt des 19. Jahrhunderts“

Während international ohne Übertreibung von einem „Siegeszug des Schöffengerichts“ gesprochen werden kann, ergibt ein Blick auf die gegenwärtige Diskussion in Deutschland ein gänzlich anderes Bild. Die Diskrepanz zwischen internationaler und nationaler Perspektive könnte kaum größer sein. Der Einfluss des Laienelementes im Strafverfahren wurde in Deutschland kontinuierlich zurückgedrängt. Den letzten bedeutenden Einschnitt brachte das „Erste Gesetz zur Reform des Strafverfahrensrechts vom 9. Dezember 1974 (1. StVRG)“,[9] welches die Anzahl der in Kapitalsachen mitwirkenden Schöffen erheblich reduzierte. Urteilten bei Schwerkriminalität zuvor sechs Schöffen und drei Berufsrichter, so sind es seitdem drei Berufsrichter mit zwei Schöffen. Doch damit nicht genug. Gegenwärtig mehren sich im Mutterland des Schöffengerichts Stimmen, die eine gänzliche Beseitigung der Laienbeteiligung im Strafverfahren fordern. Der rhetorische Aufwand ist mitunter beträchtlich. Schöffengerichte werden als „blinde Kontrollinstanz ohne Zukunft“[10] beschrieben, als bloße „sozialromantische Reminiszenz, die sich in modernen rechtsstaatlichen Justizsystemen überlebt (habe, A.K.)“.[11] „Rationale Gründe“ für ihre Beibehaltung seien schlicht nicht zu erkennen,[12] ja sie seien längst „gescheitert“.[13]

III. Überblick

Vor dem Hintergrund dieser und ähnlicher Aussagen drängt sich die Frage nach Legitimation und Zukunft des Schöffengerichts in Deutschland auf. Gilt auch für sie der Satz, den *Rudolph v. Jhering* dem traditionellen Schwurgericht seinerzeit hinterhergerufen hatte: „Der Mohr hat seine Schuldigkeit getan, der Mohr kann gehen“?[14]

Vor jeder rechtspolitischen Diskussion steht die nüchterne Bestandsaufnahme des geltenden Rechts. Zunächst ist daher die Ausgestaltung der Laienbeteiligung de lege lata zu skizzieren (unten, II.). In einem zweiten Schritt werden die

---

9 BGBl. I 1974, 3393 (3533).

10 *Lilie*, Blinde Kontrollinstanz? Zur Zukunft des Schöffenamtes, in: Hanack u.a. (Hrsg.), FS Peter Rieß zum 70. Geburtstag, 2002, S. 315.

11 *Kühne*, Laienrichter im Strafverfahren. Eine historisch-rechtsvergleichende Betrachtung, in: Böse/Sternberg-Lieben (Hrsg.), Grundlagen des Straf- und Strafverfahrensrechts. FS Amelung zum 70. Geburtstag, 2009, S. 667.

12 *Kühne*, Laienrichter im Strafprozess, ZRP 1985, 238; ähnlich *Duttge*, Laienrichter in der Strafgerichtsbarkeit – Anspruch und Wirklichkeit, JR 2006, 363; vgl. auch das vielzitierte Fazit von *Volk*, Der Laie als Strafrichter, in: Hanack u.a. (Hrsg.), FS Dünnebier zum 75. Geburtstag, 1982, S. 389: „Das einzige Argument, das für die Laienbeteiligung spricht ist die Tatsache, daß es sie gibt“; ablehnend auch *Spona*, Laienbeteiligung im Strafverfahren. Eine rechtssoziologische Untersuchung zur Funktion der Laienbeteiligung im Strafprozess, Frankfurt am Main 2000, S. 127 ff.

13 *Duttge* (Fn. 12), S. 362.

14 *R. Ihering*, Der Zweck im Recht, 5. Aufl., Leipzig 1916, S. 326.

Argumente für und wider das Schöffengericht erörtert (unten, III.), um in einem Schlussabschnitt das Ergebnis zu formulieren und Vorschläge zur Stärkung des Laienelements zur Diskussion zu stellen (unten, IV.).

B. Ehrenamtliche Richter und Schöffen de lege lata

I. Ehrenamtliche Richter außerhalb der Strafrechtspflege

Ehrenamtliche Richter sind in Deutschland nicht auf die Strafgerichtsbarkeit beschränkt, auch wenn sie regelmäßig mit dieser assoziiert werden.[15] Ehrenamtliche Richter,[16] die gemeinsam mit Berufsrichtern urteilen, finden sich in sämtlichen Instanzen der Arbeits- und Sozialgerichtsbarkeit, einschließlich der Revisionsinstanz (§§ 6, 20, 35 ff., 43 ArbGG; §§ 9, 12, 13, 30, 45 SGG); außerdem in den ersten Instanzen der Verwaltungs- und Finanzgerichtsbarkeit (§§ 5, 16 FGO; §§ 19, 34 VwGO). Innerhalb der Zivilgerichtsbarkeit urteilen ehrenamtliche Richter allein in Kammern für Handelssachen am Landgericht (§§ 93 ff. GVG) sowie in Landwirtschaftsgerichten (§§ 2, 5 LwVfG). In allen Fällen besitzen die ehrenamtlichen Richter das gleiche Stimmrecht wie die Berufsrichter. Unterschiede bestehen jedoch hinsichtlich der Ernennungsvoraussetzungen. Ehrenamtliche Richter in der Verwaltungs- und Finanzgerichtsbarkeit besitzen als „Vertreter der Allgemeinheit“ keine besondere Sachkunde. In den anderen genannten Gerichtszweigen werden dagegen sog. „Fachlaien“ herangezogen, um deren spezifische Erfahrungen zu nutzen bzw., mit Blick auf die Arbeits- und Sozialgerichtsbarkeit, die Akzeptanz der Urteile aufgrund paritätischer Besetzung zu erhöhen. In der Arbeits- und Sozialgerichtsbarkeit stammt einer der Schöffen aus dem Arbeitgeberlager, der andere aus dem Lager der Arbeitnehmer bzw. der Versicherten (§ 12 II SGG, § 6 ArbGG). Die ehrenamtlichen Richter in Kammern für Handelssachen, die das Gesetz als „Handelsrichter“ bezeichnet (§ 45a DRiG), werden von den Industrie- und Handelskammern vorgeschlagen. Voraussetzung ihrer Ernennung ist gem. § 109 GVG beispielsweise die Kaufmannseigenschaft oder die Stellung als Geschäftsführer oder Vorstandsmitglied einer juristischen Person. Laien sind zudem, worauf abschließend hinzuweisen ist, mit vollem Stimmrecht in der Verfassungsgerichtsbarkeit der Länder vertreten, in Bayern gem. Art. 68 der Bayerischen Verfassung am Verfassungsgerichtshof.

---

15 Vgl. hierzu die Übersicht bei *Prütting*, Bürgerbeteiligung in anderen Gerichtszweigen in Deutschland und Europa, in: Marutschke (Fn. 5), S. 86 ff.

16 Zum Sprachgebrauch § 45a DRiG: „Die ehrenamtlichen Richter in der Strafgerichtsbarkeit führen die Bezeichnung 'Schöffe', die ehrenamtlichen Richter bei den Kammern für Handelssachen die Bezeichnung Handelsrichter und die anderen ehrenamtlichen Richter die Bezeichnung ‘ehrenamtlicher Richter’“.

II. Schöffen im Strafverfahren

1. Spruchkörper

In der Strafrechtspflege sind derzeit mehr als 60.000 Schöffen tätig, die Anzahl der Schöffen übersteigt die der ehrenamtlichen Richter der übrigen Gerichtszweige um das Zehnfache.[17] Schöffen urteilen auf der Ebene des Amts- und Landgerichts.[18] Die Zuständigkeit der Schöffengerichte am Amtsgericht erstreckt sich, grob gesagt, auf mittlere Kriminalität, genauer auf Fälle mit einer Straferwartung zwischen zwei und vier Jahren Freiheitsstrafe (§§ 28, 24, 25 GVG). Nicht in den Kompetenzbereich der Schöffengerichte fällt hingegen, auf den ersten Blick überraschend, leichtere Kriminalität mit einer Straferwartung unter zwei Jahren. Zuständig für die Aburteilung von Alltagskriminalität – und damit für die überwältigende Mehrzahl der verhandelten Fälle – ist ausschließlich ein Berufsrichter als Einzelrichter (§ 25 GVG).[19]

Das Schöffengericht am Amtsgericht setzt sich regelmäßig zusammen aus einem Berufsrichter als Vorsitzenden und zwei Schöffen (§ 29 Abs. 1 GVG). Erscheint es nach dem Umfang der Sache notwendig, kann auf Antrag der Staatsanwaltschaft ausnahmsweise ein weiterer Berufsrichter hinzugezogen werden, man spricht von einem „erweiterten Schöffengericht" (§ 29 Abs. 2 GVG). Auf Ebene des Landgerichts entscheiden erstinstanzlich große Strafkammern, die mit zwei bzw. drei Berufsrichtern und zwei Schöffen besetzt sind (§§ 74 Abs. 1, 76 Abs. 1 GVG).[20] Ihr Zuständigkeitsbereich erstreckt sich auf schwere Kriminalität mit einer Straferwartung von mehr als vier Jahren Freiheitsstrafe, auf die in § 74 Abs. 2 GVG aufgeführten Delikte mit tödlichem Ausgang sowie schließlich auf Fälle, in denen die Unterbringung in Sicherungsverwahrung oder in ein psychiatrisches Krankenhaus zu erwarten ist (§ 74 Abs. 1 S. 2 GVG). Berufungssachen gegen Urteile des Amtsgerichts fallen in die Zuständigkeit der sog. kleinen Strafkammern, die regelmäßig mit einem Berufsrichter als Vorsitzenden und zwei Schöffen besetzt sind (§§ 74 Abs. 3, 76

---

17 So *Lilie* (Fn. 10), S. 303 f.; weiteres Zahlenmaterial bei *Spona* (Fn. 12), S. 125.

18 Vgl. die Übersichten bei *Linkenheil* (Fn. 3), S. 132 ff.; *Löhr*, Zur Mitwirkung der Laienrichter im Strafprozess. Eine Untersuchung über die rechtsgeschichtliche und gegenwärtige Bedeutung der Laienbeteiligung im Strafverfahren, Hamburg 2008, S. 187 ff.; *Perron*, Lay Participation in Germany, International Review of Penal Law, Vol. 72 , 2001, 181 ff.

19 Vgl. *Perron* (Fn. 18), 188, wonach im Jahre 1997 folgende prozentuale Verteilung der erstinstanzlichen Verfahren zu verzeichnen ist: Strafrichter am Amtsgericht: 86%, Schöffengericht am Amtsgericht: 12%, Strafkammer am Landgericht: 2%, Strafsenat am Oberlandesgericht: 0,01%.

20 Unter bestimmten Voraussetzungen kann gem. § 76 Abs. 2 GVG auf die Mitwirkung eines dritten Berufsrichters verzichtet werden. So, wenn dessen Mitwirkung nach Umfang oder Schwierigkeit der Sache nicht notwendig erscheint und die Strafkammer nicht als Schwurgericht zuständig ist.

Abs. 1 GVG).[21] An der Strafgerichtsbarkeit des BGH und der Oberlandesgerichte, auch soweit letztere erstinstanzlich bei schwerer politischer Kriminalität tätig werden (§ 120 Abs. 1, 2 GVG), sind keine Schöffen beteiligt.

2. *Entscheidungsquoren*

Schöffen verfügen über das gleiche Stimmrecht wie Berufsrichter (§§ 30 Abs. 1, 77 Abs. 1 GVG). Für eine Verurteilung des Angeklagten verlangt § 263 StPO eine Zweidrittelmehrheit.[22] Dies bedeutet, dass die Laien in Schöffengerichten am Amtsgericht in der Lage sind, den Vorsitzenden zu überstimmen, zugunsten wie zuungunsten des Angeklagten. Tritt ein erweitertes Schöffengericht zusammen, sind für die Verurteilung drei Stimmen erforderlich, die Schöffen besitzen eine Sperrminorität zugunsten des Angeklagten. Entsprechendes gilt für die große Strafkammer am Landgericht. Erforderlich für einen Schuldspruch sind hier vier Stimmen. Gegen das geschlossene Votum der Schöffen kommt eine Verurteilung nicht zustande. Dass Schöffen ihre Sperrminorität wahrnehmen, geschieht tatsächlich. Ein Aufsehen erregendes Beispiel hierfür ist der „Fall Weimar", der in den 1980/90er Jahren die bundesdeutsche Öffentlichkeit bewegte. Beobachter gehen davon aus, dass im Wiederaufnahmeprozess gegen *Monika Weimar*, die wegen Mordes an ihren Kindern angeklagt war, eine Verurteilung am Widerstand der Schöffinnen scheiterte.[23]

3. *Befugnisse*

§ 30 GVG gewährt Schöffen nicht allein das gleiche Stimmrecht wie Berufsrichtern, er bestimmt zudem, dass diese während der Hauptverhandlung das Richteramt in vollem Umfang wie Berufsrichter ausüben. Insbesondere haben sie das Recht der unmittelbaren Befragung von Angeklagten, Zeugen und Sachverständigen. Freilich darf der Vorsitzende ungeeignete Fragen zurückweisen; ein Recht, dass ihm lediglich gegenüber Laienrichtern zusteht, nicht aber gegenüber beisitzenden Berufsrichtern (§§ 240 Abs. 2, 241 Abs. 2 StPO). Die Gleichstellung der Schöffen gilt also nur, soweit das Gesetz keine Ausnahmen zulässt. Zwei dieser Ausnahmen sind es, die zu einem empfindlichen Kompetenzgefälle, zu einer „defizitären Teilhabe"[24] der Laien führen.

---

21 Richtet sich die Berufung gegen ein Urteil des erweiterten Schöffengerichts (§ 29 Abs. 2 GVG), ist gem. § 76 Abs. 3 GVG ein zweiter Richter hinzuziehen.

22 Außerhalb des § 263 StPO entscheidet das Gericht gem. § 196 Abs. 1 GVG mit einfacher Mehrheit. Dies gilt für alle Fragen, die nicht unmittelbar mit der Schuld- und Rechtsfolgenentscheidung zusammenhängen, etwa Verfahrensvoraussetzungen oder Entschädigungs- und Kostenfragen.

23 *Zwiehoff*, Einfluss der Schöffen auf das Strafverfahren, in: Marutschke (Fn. 5), S. 40 ff.

24 *Hillenkamp*, Zur Teilhabe des Laienrichters, in: Albrecht u.a. (Hrsg.), Internationale Perspektiven in Kriminologie und Strafrecht, FS Günter Kaiser zum 70. Geburtstag, 2. Bd., 1998, S. 1439.

a) So wird das Urteil gem. § 275 Abs. 2 S. 1, 3 StPO allein von den Berufsrichtern, nicht aber von Schöffen unterschrieben. Die Schöffen sind für das unter ihrer Mitwirkung gefällte Urteil zwar verantwortlich, das Gesetz verwehrt ihnen jedoch die Lektüre und Überprüfung der schriftlichen Urteilsbegründung.[25] Es besteht die Gefahr, dass Richter bei ihrer Urteilsniederschrift Erwägungen einschieben, die nicht Beratungsgegenstand waren. Die Aufnahme solcher „post cogitata", wie Beling sie nannte,[26] geschieht zumeist, um das Urteil „revisionsfest" zu machen. Mitunter verfolgen die Berufsrichter aber auch den gegenteiligen Zweck. Dass überstimmte Richter gelegentlich die Aufhebung ihres eigenen Urteils anstreben, illustriert der angesprochene „Fall Weimar". Gemutmaßt wird, dass die Urteilsgründe allein deshalb eine evident fehlerhafte Beweiswürdigung enthielten, um die revisionsgerichtliche Aufhebung des Freispruchs zu ermöglichen.[27]

b) Von besonderer Bedeutung ist die zweite Beschränkung der Schöffenbefugnisse. Ihnen bleibt der Einblick in die Ermittlungsakten grundsätzlich verwehrt. Dagegen ist der verhandlungsleitende Vorsitzende zum vorherigen Aktenstudium verpflichtet, die beisitzenden Berufsrichter hierzu berechtigt. Es entsteht zwangsläufig ein erhebliches Informationsgefälle zwischen Berufs- und Laienrichtern. Erhält ein Schöffe Kenntnis vom Inhalt der Ermittlungsakten, liegt hierin regelmäßig ein reversibler Verstoß gegen die Grundsätze der Mündlichkeit und Unmittelbarkeit (§ 261 StPO).[28] Selbst das Mitlesen der Ermittlungsakte beim Umblättern für einen armamputierten Richter soll einen Gesetzesverstoß darstellen.[29] Die Rechtsprechung begründete ihre restriktive Auffassung mit der sog. „Minderbegabungstheorie". Im Gegensatz zu juristisch geschulten Berufsrichtern seien Laien in aller Regel außer Stande, zwischen den allein maßgeblichen Eindrücken aus der Hauptverhandlung und dem Akteninhalt zu unterscheiden.[30] Zwar erlaubt der BGH mittlerweile in umfangreichen Verfahren die Überlassung einzelner Dokumente an Schöffen, auch finden sich obiter dicta, die das Festhalten an der bisherigen Rechtsprechung in Frage stellen.[31] Gleichwohl hat der BGH seine bisherige Judikatur im Grundsatz nicht aufgegeben. Weiterhin gilt somit für die Praxis der Satz, dass der sorgsame Vor-

25 Ausführlich *Hillenkamp* (Fn. 24), S. 1457.

26 *Beling*, Deutsches Reichsstrafprozeßrecht, Berlin 1928, S. 324 Fn. 1.

27 *Zwiehoff* (Fn. 23), S. 40 ff.

28 Unter Erschließung der älteren Judikatur und Literatur *Schreiber*, Akteneinsicht für Laienrichter? Zu den Grundsätzen der Mündlichkeit und Unmittelbarkeit im Strafprozess, in: Stratenwerth u.a. (Hrsg.), FS Welzel zum 70. Geburtstag, 1974, S. 941 ff.

29 BGHSt 13, 73.

30 So bereits die Grundsatzentscheidung RGSt 69, 124 ff.

31 Andeutung in BGH NJW 1987, 1209 f.; deutlicher BGHSt 43, 36 (39 f.); BGHSt 43, 360 (364).

sitzende die Akten auch in den Verhandlungspausen unter Verschluss hält, will er nicht eine Aufhebung des Urteils riskieren.[32]

c) Ziehen wir ein Zwischenfazit: *Kurt Tucholsky* irrte, als er Schöffen in einem Merkblatt einschärfte: „Lass dir vom Richter nicht imponieren. Ihr habt für diesen Tag genau die gleichen Rechte".[33] Dieser Satz gibt die Rechtslage nur unzureichend wieder. Aufgrund fehlender Kontrollmöglichkeiten über die Urteilbegründung sowie weiterhin verwehrter Einsicht in die Ermittlungsakten besteht zwischen Berufs- und Laienrichtern ungeachtet ihrer formalen Gleichstellung in § 30 GVG ein erhebliches Kompetenz- und Informationsgefälle.[34] Auch ist es dem „unbelesenen Schöffen" kaum möglich, sein Fragerecht während der Hauptverhandlung sinnvoll in Anspruch zu nehmen.

C. Argumente für und wider das Schöffengericht

I. Historische Argumente

Die Forderung nach Laienbeteiligung im Strafverfahren gewinnt stets dann an Bedeutung, wenn generelles Misstrauen hinsichtlich der Unabhängigkeit und Urteilsfähigkeit der Justiz herrscht. Gerade in Umbruchzeiten sowie nach Systemwechseln lässt sich eine stärkere Hinwendung zum Laienelement feststellen.[35] Dies gilt in besonderem Maße für die Forderung nach Einsetzung von Schwurgerichten, in denen Laien ohne Mitwirkung von Berufsrichtern urteilen. So zählte das traditionelle Schwurgericht zu den Kernforderungen des Vormärzliberalismus,[36] *Franz v. Liszt* betrachtete das Schwurgericht samt der Einführung eines kontradiktorischen Verfahrens als notwendige Antwort auf das Ende des Kaiserreichs,[37] und Bayern schließlich etablierte das klassische Schwurgericht nach 1945 kurzzeitig auch deshalb, weil man sich von politisch unbelasteten

---

32 *Lilie* (Fn. 10), S. 309; hierzu AG Dortmund StV 1992, 422, wonach die Lektüre der Ermittlungsakten in einer Verhandlungspause durch Schöffen die Besorgnis der Befangenheit gem. §§ 24, 31 GVG begründe.

33 „Merkblatt für Geschworene", abgedruckt 1929 in der „Weltbühne", in: Kurt Tucholsky. Gesammelte Werke in 10 Bänden (Hrsg. von Gerold-Tucholsky/Raddatz), Bd. 7, 1975, S. 158 ff.; hierzu *Miederhoff*, Man erspare es mir, mein Juristenherz auszuschütten. Dr. iur Tucholsky (1890-1935). Sein juristischer Werdegang und seine Auseinandersetzung mit der Weimarer Strafrechtsreformdebatte am Beispiel der Rechtsprechung durch Laienrichter, Frankfurt am Main 2008, S. 234 ff.

34 *Roxin/Schünemann*, Strafverfahrensrecht, 26. Aufl. 2009, § 6 Rn. 17, sprechen von einer hierdurch bedingten „strukturellen Unterwürfigkeit" der Schöffen.

35 *Lilie* (Fn. 10), S. 306.

36 *A. Koch* (Fn. 3), 167 ff.; *Linkenheil* (Fn. 3), S. 70 ff.; vgl. auch die klassische Monographie von *Schwinge*, Der Kampf um die Schwurgerichte bis zur Frankfurter Nationalversammlung, Breslau 1926.

37 *v. Liszt*, Die Rückwirkung der November-Revolution auf Strafrecht und Strafverfahren, JW 1918, 785 (786).

Laien eine entschlossenere Aburteilung von NS-Verbrechen versprach.[38] Auch die überraschende Renaissance des Schwurgerichts in Europa in den 1990er Jahren stand im Zeichen gesellschaftlicher Umbrüche. In Spanien begannen die Gesetzgebungsarbeiten nach der Franco-Ära, in Russland nach Überwindung des Kommunismus.[39]

Mit Blick auf die Bundesrepublik und das Schöffengericht hat sich das historische Argument für die Laienbeteiligung erschöpft.[40] Die richterliche Unabhängigkeit ist theoretisch wie praktisch umfassend vor hoheitlichen Eingriffen geschützt.[41] Auch stehen heute sowohl die Integrität der Richterschaft als auch ihre Identifikation mit der bestehenden Rechtsordnung außer Frage. Für die Beibehaltung der Laienbeteiligung im Strafverfahren müssen daher andere Gründe gefunden werden. Diskutiert werden, schlagwortartig verkürzt, der Gedanke der Partizipation (unten, 2.), der „volkspädagogische Effekt" (unten, 3.) sowie die Verbesserung der Rechtsprechung durch Hinzuziehung von Laien (unten, 4.).

II. Partizipation

Laienbeteiligung im Strafverfahren wird nicht selten mit der notwendigen Partizipation des Volkes begründet.[42] „Im Namen des Volkes" könne nur geurteilt werden, wenn das Volk an der Justiz teilhabe.[43] Entsprechend antwortete die Bundesregierung vor wenigen Jahren auf eine Kleine Anfrage: „Die Laienbeteiligung ist nach wie vor eine wesentliche und notwendige Ausgestaltung des Demokratieprinzips. Schöffen verkörpern die direkte Beteiligung des Volkes an der Dritten Gewalt. Sie stellen sicher, dass Urteile nicht nur aus Sicht des akademisch ausgebildeten Berufsrichters, sondern tatsächlich im Namen des Volkes gesprochen werden. Unser freiheitlich demokratisches Gemeinwesen lebt auch in diesem Bereich davon, dass Bürgerinnen und Bürger an seiner Gestaltung mitwirken und einen Teil ihrer Zeit für das Gemeinwohl einsetzen".[44]

---

38 Hierzu ausführlich *A. Koch,* Die Rückkehr der „Volksgerichte" – Das bayerische Schwurgericht der Nachkriegszeit, ZRG Germanistische Abteilung Bd. 122 (2005), 242 ff.

39 Vgl. zu Russland: *Thaman,* Das neue russische Geschworenengericht, ZStW Bd. 108 (1996), 191 ff., zu Spanien: *Pense,* Das spanische Schwurgericht. Die Jury im Spannungsfeld von Rechtsstaat und Demokratie, Frankfurt am Main 2006; *Thaman,* Spain Returns to Trial by Jury, Hastings International and Comparative Law Review, Vol. 21 (1998), 241 ff.

40 So *Kühne* (Fn. 11), S. 663; ebenso *Roxin/Schünemann* (Fn. 34), § 6 Rn. 17.

41 *Spona* (Fn. 12), S. 126.

42 Hierzu *Löhr* (Fn. 18), S. 177 ff.; Schöffenfibel. Information für Schöffinnen und Schöffen in Schleswig-Holstein, hrsg. vom Ministerium für Justiz, Arbeit und Europa des Landes Schleswig-Holstein, 2008, S. 5.

43 *Vultejus*, Pro & Contra. Stärkung der Rolle der Schöffen, ZRP 2004, 63; im Ergebnis auch *Linkenheil* (Fn. 3), S. 202.

44 BTDrs. 15/3191, 2, Antwort auf eine Kleine Anfrage der FDP vom 5. Mai 2004, zit. nach *Löhr* (Fn. 18), S. 177.

Jedoch vermag fehlende Laienbeteiligung nicht das Verdikt „undemokratische Rechtsprechung" zu begründen. Ein solches Urteil wäre schon mit Blick auf Nachbarstaaten wie etwa die Niederlande oder Luxemburg, denen das Institut des ehrenamtlichen Richters fremd ist, anmaßend. Demokratische Legitimation erfährt die Dritte Gewalt dadurch, dass jeder Bürger gleiche Zugangschancen zum Richteramt besitzt.[45] Die Hinzuziehung von Schöffen trägt nicht dazu bei, solchen Bevölkerungsschichten Teilhabe an der Justiz zu ermöglichen, die bislang in der Richterschaft unterrepräsentiert sind. Empirische Studien belegen, dass Berufsrichter und Schöffen regelmäßig derselben Bevölkerungsgruppe, der Mittelschicht, entstammen.[46] Das Auswahlverfahren für das Schöffenamt sorgt im Übrigen dafür, dass heute ein weitaus geringerer Prozentsatz der Schöffen der Arbeiterschaft angehört als noch während der Weimarer Republik.[47] Anders als in den ersten Jahren Weimars werden Schöffen nicht aus einer Urliste sämtlicher Gemeindebewohner gewählt, sondern aus einer Vorschlagsliste, die zuvor von der Gemeindevertretung erstellt wurde. Das Resultat ist eine deutliche Überrepräsentation des öffentlichen Dienstes, insbesondere von Lehrern und Sozialarbeitern. Im Gegensatz dazu sind Arbeiter mit einem Anteil von lediglich 8% deutlich unterrepräsentiert. Eine Demokratisierung der Justiz wird nach alledem durch die Schöffengerichtsbarkeit nicht erreicht.[48]

III. Volkspädagogische Effekte

Wenig überzeugend erscheint ein weiteres traditionelles Argument für das Schöffengericht, der „volkspädagogische Effekt".[49] *Eduard Kern* formulierte diesen Gedanken in seinem Lehrbuch zum Gerichtsverfassungsrecht besonders eindringlich. Laienbeteiligung erziehe „zum staatsbürgerlichen Denken, bringt Kenntnisse des Rechts in weitere Kreise (und, A.K.) fördert das Verständnis für die Aufgaben und für die Notwendigkeit der Rechtsprechung (…)".[50] Ganz ähnliche Erwägungen finden sich in § 1 des eingangs zitierten japanischen Gesetzes über die Einführung der Laienbeteiligung im Strafverfahren.

---

45 So schon *Baur*, Laienrichter – heute?, in: Tübinger FS Kern, 1968, S. 51 f.; auch *Kühne* (Fn. 11), S. 663; *Spona* (Fn. 12), S. 87.

46 *Spona* (Fn. 12), S. 92 ff.

47 *Lilie* (Fn. 10), S. 306 ff.; *Rüping*, Funktionen von Laienrichtern im Strafverfahren, JR 1976, 270; *Volk* (Fn. 12), S. 373.

48 So das Fazit von *Spona* (Fn. 12), S. 97.

49 Zu Recht kritisch insofern *Duttge* (Fn. 12), 362 („verbrämte Volkshochschulkurse Strafrecht"); *Kühne* (Fn. 12), 238; *Spona* (Fn. 12), S. 126 f. Anders aber *Roxin/Schünemann* (Fn. 34), § 6 Rn. 17.

50 *Kern*, Gerichtsverfassungsrecht, München 1965, S. 115; *Wassermann*, in: Liber/Sens (Hrsg.), Ehrenamtliche Richter. Demokratie oder Dekoration am Richtertisch? FS zum 10jährigen Jubiläum der Deutschen Vereinigung der Schöffinnen und Schöffen, 1999, S. 45 („Bildungseffekt"); gänzlich unkritisch auch *Löhr* (Fn. 18), S. 180.

Bereits ein Blick auf die Statistik erschüttert volkspädagogische Erwägungen. Lediglich ein verschwindender Bruchteil der Bevölkerung wird zur Schöffentätigkeit herangezogen.[51] Als relevanter Multiplikator taugen diese Personen nicht, zumal sie dem Beratungsgeheimnis unterliegen. Pointiert gesagt: Vermeintliche Rechtskenntnisse erwirbt ein Millionenpublikum durch täglich ausgestrahlte Gerichtsshows des Privatfernsehens, dass Laienrichter so entstandene Zerrbilder korrigieren könnten, bleibt ein „frommer Wunsch".[52]

IV. Verbesserung der Rechtsprechung

Für das Schöffengericht spricht meines Erachtens ein anderes Argument, die mögliche Verbesserung der Rechtsprechung durch die Hinzuziehung von Laien. Dass die Beteiligung von Laien irgendeine Auswirkung habe, gar eine positive, wird freilich bestritten.[53] In den Worten *Volks*: „Sie nützen nichts, aber sie schaden auch nicht". Man beruft sich auf Studien, die einen ausgesprochen geringen Einfluss der Schöffen auf das Urteil zu belegen scheinen. Angesichts hochkomplexer Rechts- und Lebensverhältnisse handele es sich bei der Beschwörung des unverbildeten „gesunden Menschenverstandes" um nichts anderes als eine „romantisch-verklärte Träumerei".[54]

Diese Kritik greift meines Erachtens zu kurz. Die wenigen vorhandenen Erhebungen, zu nennen sind vor allem die juristische Promotion von Christoph Rennig sowie die Habilitationsschrift des Soziologen Stefan Machura, belegen, dass Schöffen in Einzelfällen durchaus Einfluss auf das Verfahren nehmen. Dass sie sich zumeist mit den Berufsrichtern einig wissen, vermag die Entbehrlichkeit von Schöffen nicht zu begründen. Auch in berufsrichterlich besetzten Kollegialorganen bleiben Meinungsdifferenzen über die Schuld des Angeklagten eine seltene Ausnahme. Schöffen sind Berufsrichtern in ihrem Urteilsvermögen nicht überlegen. Den Satz Radbruchs, „auf ein Gramm Rechtskenntnis kommt ein Zentner Menschenkenntnis", dürfte heute niemand mehr unterschreiben. Schöffen bringen nicht bessere, sondern andere Erfahrungen in die Verhandlung ein.[55] Sie zwingen Berufsrichter dazu, ihre Auffassung zur Diskussion zu stellen, sie verständlich zu machen und zu begründen. Das Beisein von Schöffen führt somit zu einem „Rückkoppelungseffekt", es verlangt von Berufsrichtern ständige

51 *Spona* (Fn. 12), S. 126: in einer Schöffenwahlperiode 0,115% der Bevölkerung.

52 So auch *Volk* (Fn. 12), S. 374 f.

53 *Volk*, Grundkurs StPO, 6. Aufl. 2008, § 5 Rn. 15.

54 *Kühne* (Fn. 12), 238; *ders.* (Fn. 11), S. 664; ähnlich für die Beteiligung ehrenamtlicher Richter außerhalb des Strafrechts: *Prütting* (Fn. 15), S. 98.

55 Vgl. *Rennig*, Die Entscheidungsfindung durch Schöffen und Berufsrichter in rechtlicher und psychologischer Sicht, Marburg 1993, S. 589.

Selbstkontrolle.[56] Zudem beugen Schöffen der Gefahr von Routinebildung und betriebsblindem Dezisionismus vor.[57]

Das Festhalten am Schöffengericht kann somit nicht als bloße „Sozialromantik des 19. Jahrhunderts“ abgetan werden.[58] Maßgeblich für die Beibehaltung des Schöffengerichts spricht, dass sie eine bessere, weil sorgfältiger begründete Rechtsprechung gewährleisten.

D. Perspektiven

I. Übersicht

Abschließend ist zu überlegen, welche Perspektiven bestehen, um das Laienelement im Strafverfahren zu stärken. Zunächst soll ein unkonventioneller Vorschlag diskutiert werden, die Wiedereinführung des traditionellen Schwurgerichts[59] (unten, 2.). Sodann gilt es, Vorschläge zur Verbesserung der bestehenden Schöffengerichtsverfassung zu unterbreiten (unten, 3.).

II. Wiedereinführung des traditionellen Schwurgerichts

Das traditionelle Schwurgericht erlebte in den letzten Jahren eine überraschende Wiedergeburt. Erwähnung fand seine Einführung in Spanien und Russland, außerhalb Europas folgten Venezuela und jüngst, wenn auch in einer modifizierten Form, Südkorea.[60] Das Schwurgericht lässt sich nicht allein historisch begründen, sondern auch, was oft übersehen wird, systematisch. In der internationalen Diskussion um die Laienbeteiligung werden heute erneut die Fragen aufgeworfen, welche bereits liberale Kriminalisten des 19. Jahrhunderts wie *Mittermaier*, *Glaser* und *Zachariae* formuliert hatten.[61] Können die Prinzipien des reformier-

---

56 *Rennig* (Fn. 55), S. 589; *Rüping* (Fn. 47), 273.

57 Vgl. die Bemerkungen Schünemanns zur Soziologie des deutschen Richters, der „ohne respektable Lebensleistung“ und „ohne nennenswerte Lebenserfahrung“ allein aufgrund seiner Examensnote das machtvolle Richteramt erhalte, *Schünemann*, Der deutsche Strafprozess – krank an Haupt und Gliedern, in: Blick über den Tellerrand. Dialog zwischen Recht und Empirie, in: FS Hisao Katoh, 2008, S. 56.

58 So aber *Volk* (Fn. 53), § 5 Rn. 15.

59 Eine umfassende rechtsvergleichende Bestandsaufnahme bieten die Beiträge bei *Vidmar* (Hrsg.) World Jury Systems, 2000; vgl. auch *Gerding*, Trial by Jury. Die Bewährung des englischen und des US-amerikanischen Jury-Systems. Eine Idee im gesellschaftlichen und verfassungsrechtlichen Wandel, Osnabrück 2007.

60 *Cho*, The Ongoing Reconstruction of the Korean Criminal Justice System, Santa Clara Journal of International Law 1 , 2006, 100 ff.

61 Vgl. etwa *Mittermaier*, Das Volksgericht in Gestalt der Schwur- und Schöffengerichte, Berlin 1866, S. 21, wonach allein das Schwurgericht, „in dem folgerichtigen Zusammenhang mit den Grundsätzen des neuen Strafverfahrens (stehe)“; ähnlich *Glaser*, Schwurgerichtsfrage in Oesterreich, 1864, S. 20, für den „alle jene großen Prinzipien, durch deren Einführung der moderne Strafprozeß so sehr an Wert gewonnen hat, (…) zu ihrer vollen Entwicklung erst im Schwurgerichtsverfahren (gelangen)“. Im größeren Zusammenhang

ten Strafprozesses tatsächlich ohne das Schwurgericht verwirklicht werden?[62] Was sind die Prinzipien der Mündlichkeit und Unmittelbarkeit noch wert, wenn der Vorsitzende Richter in Kenntnis der Ermittlungsakten die Befragung vornimmt und anschließend selbst das Urteil fällt? In der Tat wurde erst mit Abschaffung des Schwurgerichts wahr, was man dem sog. Inquisitionsprozess der frühen Neuzeit zu Unrecht vorwirft: Die Identität zwischen Ermittler und Urteiler.[63] Bereits die Prozessualisten des späten 19. Jahrhunderts hatten die Gebrechen des Schöffengerichts herausgearbeitet. Nicht „organisches Zusammenwirken", wie *Schwarze* es propagierte, präge die Arbeit des Schöffengerichts, sondern „Scheincollegialität".[64] Die Berufsrichter gerieten aufgrund ihrer Aktenkenntnis und Eloquenz unweigerlich in Versuchung, Laien in die gewünschte Richtung zu lenken.[65] *Mittermaier* sah in Urteilen von Schöffengerichten nichts anders als „das Produkt des Schwankens, der Verwirrung und der Einschüchterung".[66]

Eine Möglichkeit die genannten Prinzipien „rein" zu verwirklichen, wäre die Reetablierung von Schwurgerichten. Tatsächlich ist dieser Schritt jüngst von *Felix Herzog* unter dem Aspekt der Stärkung des Geltungsanspruchs strafrechtlicher Sanktionen vorgeschlagen worden.[67] Bei aller Sympathie für die Idee des Schwurgerichts muss dieser Vorstoß zurückgewiesen werden. Die volle Entfaltung der genannten Prozessgrundsätze würde mit nicht hinnehmbaren Nachteilen erkauft. Zu nennen sind nur die eingeschränkten Rechtsmittelmöglichkeiten

---

A. Koch, Die gescheiterte Reform des reformierten Strafprozesses. Liberale Prozessrechtslehre zwischen Paulskirche und Reichsgründung, ZIS 2009, 542 ff.

62 *Thaman* (Fn. 39, Hastings International and Comparative Law Review), 244.

63 Hierzu genauer *A. Koch*, Die Grundlagen des deutschen Strafverfahrens. Zehn verbreitete Fehlvorstellungen und ihre notwendige Korrektur, in: Steinberg (Hrsg.), Recht und Macht. FS Rüping zum 65. Geburtstag, 2008, 393 ff. (394 f.): Nahezu unvermeidbar wird der Leser juristischer Lehrbücher mit der Behauptung konfrontiert, im frühneuzeitlichen Inquisitionsprozess hätten sich die Funktionen des Ermittlers, Anklägers und Urteilers in einer Person vereinigt. Übersehen wird hierbei das Institut der Aktenversendung, wonach die Ermittlungsergebnisse auswärtigen Schöffenstühlen oder Juristenfakultäten zur Entscheidung vorzulegen waren. Noch in der Reformdiskussion des Vormärz galt die hierdurch bewirkte Trennung zwischen ermittelnder und urteilender Funktion als wesentlicher Vorzug des herkömmlichen Inquisitionsprozesses gegenüber dem aufkommenden Strafverfahren.

64 *Glaser*, in adversarios, 1864, S. 62; *Mittermaier* (Fn. 61), S. 37; ablehnend auch *Gneist*, Vier Fragen zur Deutschen Strafproceßordnung mit einem Schlußwort über die Schöffengerichte, Berlin 1874, S. 171 ff.

65 *Mittermaier* (Fn. 61), S. 38; *ders.*, Erfahrungen über die Wirksamkeit der Schwurgerichte in Europa und Amerika, Erlangen 1865, S. 766.

66 *Mittermaier* (Fn. 65), S. 776.

67 Herzog, Das Geschworenengericht als „Palladium der bürgerlichen Freiheit", in: Smid/Fehl (Hrsg.), „... ob das alles so stimmt ...", Recht und Pluralismus, FS Pawlowski zum 65. Geburtstag, 1997, S. 343 ff.

aufgrund des Fehlens einer schriftlichen Urteilsbegründung sowie die hinlänglich bekannten Möglichkeiten der Beeinflussung von Geschworenen. Auch wären die Geschworenen angesichts unserer hochkomplexen, bisweilen überfeinerten Dogmatik in vielen Fällen schlichtweg überfordert.

III. Reformvorschläge de lege ferenda

Es kann nach alledem nicht um eine Stärkung des Laienelements durch einen umfassenden Umbau des geltenden Verfahrensrechts gehen. Auszugehen ist stattdessen von der geltenden Schöffengerichtsverfassung, die jedoch in vier Punkten einer Verbesserung bedarf. Auf Grundlage der von mir genannten Reformvorschläge sollte es möglich sein, den Gedanken der Schöffengerichtsbarkeit zu stärken und so das Schöffengericht in seinem Ursprungsland am Leben zu halten:

- Das Informations- und Machtgefälle zwischen Berufs- und Laienrichtern ist zu beseitigen, um gleichberechtigte Urteilsberatungen sicherzustellen und die Gefahr einer „fürsorglichen Bevormundung“[68] zu bannen. Um dies zu erreichen, ist zunächst § 275 StPO dahingehend zu ändern, dass auch Schöffen das von ihnen mitverantwortete Urteil zu unterschreiben haben. Zum anderen ist im Gesetz klarzustellen, dass auch Schöffen Einsicht in die Ermittlungsakten erhalten. Entsprechende ausdrückliche Befugnisse bestehen etwa in Frankreich und Dänemark. Die bisherige Rechtsprechung wird der Aussage des § 30 GVG nicht gerecht.[69] Der Grundsatz der Unmittelbarkeit steht dem nicht entgegen, das Gesetz mutet Schöffen auch in anderen Konstellationen die Unterscheidung zwischen verwertbaren und unverwertbaren Erkenntnissen zu.[70] So beginnt die Berufungsverhandlung gem. § 324 StPO mit einem Vortrag des Vorsitzenden über die Ergebnisse des bisherigen Verfahrens. Zudem belegen Studien, dass Laienrichter im gleichen Maße wie Berufsrichter in der Lage sind, zwischen Akteninhalt und Erkenntnissen aus der Hauptverhandlung zu trennen.

- Zu erwägen ist eine Ausdehnung der Schöffengerichtsbarkeit auch auf solche Staatsschutzdelikte, die der erstinstanzlichen Zuständigkeit der Oberlandesgerichte unterliegen. Im 19. Jahrhundert wurde der Laiengerichtsbarkeit die Zuständigkeit über Staatsschutzdelikte entzogen, um vermeintlich politisch motivierten Freisprüchen vorzubeugen. Dieses Vorgehen entsprach wechselseitigem Misstrauen zwischen Obrigkeit und Bevölkerung; ein Gedanke, der heute für den Kompetenzentzug gegenstandslos sein sollte.

- Anzuregen ist weiter, das Prinzip der Fachlaien auf Wirtschaftsstrafsachen zu erstrecken. Als Schöffen in Wirtschaftsstrafkammern sollten angesichts der zumeist komplexen Sachverhalte Personen mit besonderer Sachkunde fungieren.

---

68 So *Schreiber* (Fn. 28), S. 953.

69 So bereits *Schreiber* (Fn. 28), S. 945, 949 f.

70 Hierzu *Volk* (Fn. 12), S. 383; ebenso *Hillenkamp* (Fn. 24), S. 1452; *Zwiehoff* (Fn. 23), S. 43.

Hinsichtlich des in Frage kommenden Personenkreises kann an § 109 GVG angeknüpft werden, der den Kreis möglicher „Handelsrichter“ für die Kammer in Handelssachen bestimmt.

- Schließlich ist das Verfahren der Schöffenbestellung dahingehend zu modifizieren, dass die Zusammensetzung der Schöffen – wie von §§ 36 Abs. 2, 42 Abs. 2 GVG verlangt – die Gesellschaft angemessen repräsentiert. Das Ziel weitgehender Repräsentation ist mit dem Erfordernis der Praktikabilität nicht leicht in Einklang zu bringen. Vorzugswürdig erscheint eine Pool-Lösung. Potentielle Schöffen sind in verschiedene soziale Gruppen einzuteilen und sodann anteilsmäßig zu wählen. Eine Überrepräsentation bestimmter Bevölkerungsschichten ließe sich auf diese Weise vermeiden.

Konsensuales Strafverfahren – insbesondere Opportunitätseinstellungen und Absprachen in Japan*

Katsuyoshi Kato

A. Einleitung – Begriff des konsensualen Strafverfahrens

Gegenstand dieses Referats ist die konsensuale Erledigung von Strafverfahren. Es wird gefragt, welche verfahrensrechtliche Wirkung der Konsens oder die Absprache der Prozess- bzw. Verfahrensbeteiligten, vor allem des Staatsanwalts, des Beschuldigten bzw. Angeklagten und des Verteidigers, aber auch des Richters auf die Erledigung des Strafverfahrens oder des Prozessgegenstandes hat. Mit anderen Worten: Haben die Prozessbeteiligten, insbesondere der Beschuldigte bzw. Angeklagte, eine Dispositionsbefugnis oder ein Dispositionsrecht, das Strafverfahren oder den Prozessgegenstand durch einen Konsens oder eine Absprache zu erledigen? Woraus ergibt sich diese Befugnis oder dieses Recht?

Konkret werde ich vor allem die folgenden Probleme behandeln: die Möglichkeit der Verkürzung des Verfahrens durch Verabredung der Prozessbeteiligten und die Vorbereitung des Urteilsergebnisses durch Absprache der Beteiligten. Ich werde das japanische Recht vor allem im Vergleich mit dem deutschen Recht darstellen. Dabei wird sich zeigen, dass die unterschiedlichen Prozessstrukturen, d. h. das Parteiverfahren in Japan[1] und der Untersuchungs- bzw. Amtsermittlungsgrundsatz in Deutschland, eine ziemlich große Rolle spielen. Rechtsvergleichend sind drei Idealtypen des Strafverfahrens zu unterscheiden: der inquisitorische, der kontradiktorische und der konsensuale Strafverfahrenstyp. Der inquisitorische Strafverfahrenstyp war in Kontinentaleuropa wie in Deutschland schon lange vorherrschend, erhielt aber in letzter Zeit auch kontradiktorische und vor allem konsensuale Züge.[2]

Streng genommen bestehen Unterschiede zwischen dem Konsens und der Absprache. Der Einfachheit halber benutze ich in diesem Referat das Wort „Konsens“ als eine Art Oberbegriff.

---

* Der nachstehende Text ist die überarbeitete und mit den wesentlichen Fußnoten ergänzte Fassung meines Referats. Der Stil des gesprochenen Referats ist beibehalten worden. Für die sprachliche und inhaltliche Überarbeitung bin ich Herrn Prof. Dr. Joachim Herrmann und Herrn Assessor Igor Sorge sehr dankbar. Herrn Prof. Dr. Henning Rosenau und Herrn Prof. Dr. Sangyun Kim bin ich zu herzlichem Dank für die organisatorische Unterstützung zu diesem Referat verpflichtet.

1 Zum japanischen Strafprozessrecht vgl. u. a. *Ida*, Die heutige japanische Diskussion über das Strafrechtssystem, 1990, S. 39 ff.; *Kato*, Grundzüge des japanischen Strafverfahrens, The Journal of the Faculty of Law, Aichi University, Nr. 153 (2000),1 ff. m.w.N.; *Taguchi*, Der Prozessgegenstand im japanischen Strafprozessrecht, ZIS 2008, 70 ff.

2 Siehe *Weigend*, Die Reform des Strafverfahrens, ZStW 104 (1992), 486 ff.

B. Opportunitätseinstellungen und Absprachen

I. Opportunitätsprinzip im Gegensatz zum Legalitätsprinzip

Die Erhebung der öffentlichen Anklage erfolgt in Japan nach dem Opportunitätsprinzip[3], während in Deutschland das Legalitätsprinzip gilt. Unter der Herrschaft des Opportunitätsprinzips hat der japanische Staatsanwalt einen nahezu unbegrenzten Ermessensspielraum bei der Verfolgung von Straftaten, d. h. er kann fast frei entscheiden, ob ein Verfahren eingestellt werden soll. Der japanische Staatsanwalt kann ohne Zustimmung des Beschuldigten und des zuständigen Gerichts von der Erhebung der öffentlichen Klage absehen. Insofern hat dies mit Konsens und Absprache nichts zu tun, anders als bei den deutschen Opportunitätseinstellungen.

§ 247 der japanischen StPO regelt das Prinzip der Anklageerhebung durch den Staat und des Anklagemonopols des Staatsanwalts. Die Bestimmung lautet ähnlich wie § 152 Abs. 1 der deutschen StPO: „Die Anklage wird durch den Staatsanwalt erhoben." Die Grundlage für das Opportunitätsprinzip findet sich in § 248 der japanischen StPO: „Wird die Erhebung einer Anklage nach Berücksichtigung des Charakters, des Alters und der Verhältnisse des Täters, der Schwere und der Umstände der Straftat und der Verhältnisse nach der Straftat unnötig, so kann von der Erhebung der Anklage abgesehen (das Verfahren eingestellt) werden." Als Gründe hierfür werden kriminalpolitische und praktische Gründe genannt, einerseits die Rücksicht auf den Beschuldigten, die Verwirklichung der Einzelfallgerechtigkeit, und andererseits die Prozessökonomie, d. h. die Entlastung der Justiz. Der japanische Staatsanwalt macht von seinem Recht, Verfahren einzustellen, verhältnismäßig häufig Gebrauch. Die Quote der Opportunitätseinstellungen beträgt mehr als etwa 50 % aller Strafsachen. Auch Strafverfahren wegen schwerer Straftaten, z. B. wegen Tötungsdelikten, werden eingestellt. Die Einstellungsmacht des japanischen Staatsanwalts beeinflusst ganz entscheidend nicht nur das Ermittlungsverfahren, sondern auch das Hauptverfahren. Im Hinblick darauf ist das japanische Strafverfahren als „Staatsanwaltsjustiz" oder „Herrschaft des Staatsanwalts über die Strafrechtspflege" bezeichnet worden.[4]

Auch in Deutschland, wo grundsätzlich das Legalitätsprinzip gilt, sind in den letzten Jahren Verfahren aufgrund von Opportunitätserwägungen eingestellt worden, zunächst nur in Ausnahmefällen, später in größerem Umfang. Nach der Ausdehnung von § 153a der deutschen StPO, der die Einstellung gegen Auflagen zulässt, wenn die Schwere der Schuld nicht entgegensteht, kommt dem Legalitätsprinzip Bedeutung nur noch bei Verbrechen und schwerwiegenden Vergehen zu.

---

3 Aus deutscher Sicht *Weigend*, Das „Opprtunitätsprinzip" zwischen Einzelfallgerechtigkeit und Systemeffizienz, ZStW 109 (1997), 103 ff.

4 Z.B. *Kato* (Fn. 1), S. 6 f.

Man kann deshalb sagen, dass sich Japan und Deutschland angenähert haben. Es bleibt aber der prinzipielle Unterschied im Hinblick auf den Ausgangspunkt: das Legalitätsprinzip einerseits und das Opportunitätsprinzip andererseits.[5]

II. Urteilsabsprachen

Urteilsabsprachen wurden in Deutschland von der Strafrechtspraxis entwickelt, sie sind inzwischen fest etabliert, sodass sie im Jahre 2009 gesetzlich geregelt werden konnten (§§ 257b, 257c dt. StPO).[6] Die neuen gesetzlichen Bestimmungen lassen nur Absprachen über die Strafzumessung, nicht aber über den Schuldspruch zu.

Ein Teil der deutschen Lehre steht dieser Entwicklung ablehnend gegenüber. Weigend[7] kritisiert, dass man vorgibt, an den überkommenen Prozessgrundsätzen festzuhalten, zugleich aber die überkommenen Prinzipien und Ideen der Strafprozessordnung aushöhlt. Insbesondere werde das Ziel bzw. der Zweck der materiellen Wahrheitsfindung aufgegeben. Diese Veränderung des Grundcharakters des Strafverfahrens könne zu keinen günstigen Ergebnissen führen.

Im Gegensatz dazu steht z. B. Herrmann[8] den Urteilsabsprachen grundsätzlich positiv gegenüber. Wie er behauptet, zeige die Entwicklung der Absprachen, dass im deutschen Strafverfahren gegenwärtig eine grundlegende Neubestimmung des Verhältnisses von Staat und Bürger stattfindet. Während dieses Verhältnis früher ausschließlich vom Gedanken der Über- und Unterordnung geprägt war, wird es seit einiger Zeit in zunehmendem Maße auch durch „Kooperation“ und „konsensuale Streiterledigung“ bestimmt. In die gleiche Richtung geht es, wenn Herrmann auch die Ersetzung des überkommenen Untersuchungsprozesses durch ein Parteiverfahren befürwortet, in dem der Angeklagte und sein Verteidiger aktiv und gestaltend mitwirken.

---

5 *Matsuo*, Der Trend des Legalitätsprinzips – ein Bericht über das Strafprozessrecht der Bundesrepublik Deutschland, in: FS Dando, Bd. 4 (1985), S. 197 ff. (auf Japanisch).

6 BGBl. I, S. 2353 f.; dazu z. B. *Meyer-Goßner*, StPO, 52. Aufl. 2009, Ergänzungsheft; *Jahn/Müller*, Das Gesetz zur Regelung der Verständigung im Strafverfahren – Legitimation und Reglementierung der Absprachenpraxis, NJW 2009, 2625 ff.; *Niemöller/Schlothauer/Weider*, Gesetz zur Verständigung im Strafverfahren – Kommentar, 2010; *Altenhain/Haimerl,* Die gesetzliche Regelung der Verständigung im Strafverfahren – eine verweigerte Reform, JZ 2010, 327 ff.

7 *Weigend*, Eine Prozessordnung für abgesprochene Urteile? Anmerkungen zu den Entscheidungen BGHSt 43, 195 und BGH, NStZ 1999, 92, NStZ 1999, 57; *ders.*, The Decay of the Inquisitorial Ideal: Plea Bargaining Invades German Criminal Procedure, in: Essays in honour of Prof. Mirjan Damaška, 2008, S. 39 ff.; *ders.*, Das Strafverfahren in Deutschland gestern, heute und morgen, 2009 (nicht veröffentlicht), S. 103 ff.

8 *Herrmann*, Richterliche Strukturen für Absprachen in der Hauptverhandlung: Die Richtlinienentscheidung des Bundesgerichtshofs – BGHSt 43, 195, JuS 1999, 1162; *ders.*, Absprachen im deutschen Strafverfahren, Archivum Iuridicum Cracoviense, Bd. XXXI - XXXII, 1998-1999, S. 55 ff.

Im Gegensatz zum deutschen gibt es im japanischen Recht zwar einzelne Vorschriften, die vor allem Absprachen zu prozessualen Fragen zulassen, aber keine allgemeine Bestimmung, die Urteilsabsprachen erlaubt. Die japanische Lehre[9] hat sich bislang mit dem Problem der Urteilsabsprachen nicht näher befasst, sie scheint diesbezüglich aber mehrheitlich kritisch eingestellt zu sein. Gegen Absprachen wird vor allem vorgebracht, dass sie mit dem Grundsatz der Erforschung der materiellen Wahrheit (§ 1 jap. StPO) nicht vereinbar seien und dass sie die Rechte des Angeklagten (z. B. die Selbstbelastungsfreiheit) und auch die Interessen des Opfers nicht wahren.

Von Seiten der Praktiker[10] wird jedoch auch behauptet, dass auch in der japanischen Strafrechtspraxis ähnliche Urteilsabsprachen, jedoch zwischen Staatsanwalt und Beschuldigtem, faktisch nicht autonom und informell stattfinden.

Das japanische Strafverfahren ist, anders als das deutsche, grundsätzlich als Parteiverfahren ausgestaltet. Deswegen können sich Staatsanwalt und Angeklagter ohne unmittelbare Mitwirkung des Gerichts (Richters) in Form von Absprachen, sogenannten Deals, verständigen. Staatsanwalt und Angeklagter, häufig mit seinem Verteidiger, sind zwar formell gleichberechtigte Parteien, aber zwischen beiden besteht faktisch ein großes Machtgefälle. Deshalb besteht die Gefahr, dass es zu Vereinbarungen ohne echten, vom Angeklagten mitgetragenen Konsens kommt. Der Angeklagte wird hierdurch belastet, möglicherweise sogar zu einem falschen Geständnis[11] gezwungen. Insofern ist die japanische Absprachen-Praxis mit schwerwiegenden Problemen belastet.

C. Das Phänomen der konsensualen Strafverfahren in Japan

I. Ausländische Fälle und ihre Hintergründe

In Deutschland, wo die Untersuchungsmaxime immer noch herrscht, sind die neuen Erledigungsformen – Absprache, Verständigung, Vereinbarung, Vergleich oder auch Deal – aus dem Prozessalltag nicht mehr wegzudenken. Sie spielen in der Praxis eine beträchtliche Rolle. Es ist von 20 bis 40 % oder sogar mehr der Verfahren die Rede, die mit Hilfe einer Verständigung erledigt werden.

In der deutschen Praxis[12] haben sich verschiedene Formen prozesserledigender Absprachen herausgebildet: (1) Im Vorverfahren vereinbaren Staatsanwalt und Verteidiger, zum Teil unter Beteiligung des Richters, dass keine Anklage erhoben, sondern das Verfahren gegen eine vom Beschuldigten zu zahlen-

---

9 Vgl. umfassend *Taguchi*, Der Zweck des Strafprozesses, 2007 (auf Japanisch).

10 *Goto* u. a., Sonderbericht – Deal bei der Strafverteidigung in Japan, Vierteljahresschrift Strafverteidigung, Nr. 39 (2004), 20 ff. (auf Japanisch).

11 Dazu umfassend rechtsvergleichend *Herrmann*, Die polizeiliche Vernehmung des Beschuldigten – Ein Machtkampf: Deutschland – Vereinigte Staaten – Japan, The Law Review of Kinki University, Bd. 49, Nr. 4 (2002), 1 ff.

12 Siehe vor allem *Herrmann*, Absprachen (Fn. 8), S. 60 ff.

de Geldbuße eingestellt wird. (2) Die Beteiligten können ferner aushandeln, dass der Staatsanwalt nicht auf der Durchführung einer Hauptverhandlung besteht, sondern beim Richter den Erlass eines Strafbefehls beantragt und der Beschuldigte zusagt, die im Strafbefehl festgesetzte Strafe hinzunehmen. (3) Im Rahmen der Vorbereitung der Hauptverhandlung oder in der Hauptverhandlung selbst kann es zu Absprachen über die Strafzumessung kommen, dass der Beschuldigte ein Geständnis ablegt, wenn ihm als Gegenleistung eine milde Strafe in Aussicht gestellt wird. (4) In umfangreichen Prozessen erstrecken sich Absprachen auch darauf, dass das Verfahren wegen einiger dem Beschuldigten zur Last gelegten Straftaten eingestellt wird, wenn sich dieser im Hinblick auf die anderen Taten kooperationsbereit zeigt.

In den USA[13], wo der echte Parteiprozess herrscht, wird in manchen Einzelstaaten ein Anteil von 90 % aller Strafverfahren durch ein „guilty plea“ erledigt. Der Siegeszug des guilty plea ist damit zu erklären, dass die prozessualen Konsequenzen zuvor durch plea bargaining, plea negotiation oder plea agreement der Parteien abgesprochen werden. Die Leistung des Staatsanwalts besteht darin, dass er einen von mehreren Anklagepunkten fallen lässt oder dass er zusagt, sich beim Richter für eine milde Strafe einzusetzen. Aufgrund des guilty plea des Angeklagten entfällt die Hauptverhandlung vor dem Schwurgericht oder dem Einzelrichter, wobei jedoch der Richter die Freiwilligkeit und die tatsächliche Grundlage des guilty plea überprüfen muss. Es findet nur ein Termin vor dem Richter statt, in dem über die Strafzumessung verhandelt wird.

Als Gründe für Absprache und plea bargaining kann man die Erhaltung der Funktionsfähigkeit der Strafrechtspflege, die Prozessökonomie (Gewährleistung der Effizienz), die Vereinfachung der Wahrheitserforschung, aber auch die kooperative Mitwirkung des Beschuldigten am Verfahren nennen. Vor allem das Verlangen nach Effizienz[14] scheint der Grund dafür zu sein, dass das Verfahren durch Absprache und plea bargaining vereinfacht und beschleunigt wird. Die begrenzte Zeit und die knappen Ressourcen können in die streitigen Fälle investiert werden. Man kann allerdings die Gefahr nicht ausschließen, dass durch diese Art der Erledigung die Wahrheitsfindung gestört und das Selbstbestimmungsrecht des Beschuldigten beeinträchtigt wird.

II. Konsensuale Elemente im japanischen Strafverfahren

Wenn man unter diesen Aspekten auf die japanische StPO blickt, kann man bei folgenden Verfahren „konsensuale Elemente“ feststellen.

---

13 Vgl. z. B. *LaFave/Israel/King/Kerr*, Criminal Procedure, 5th ed. 2009, S. 999 ff.; *Fisher*, Plea Bargaining's Triumph, 2003; *Herman*, Plea Bargaining, 2nd ed. 2004. Siehe auch *Rosenau*, Plea bargaining in deutschen Strafgerichtssälen, in: Paeffgen u.a. (Hrsg.), FS Puppe, 2011 (im Erscheinen), II. 3.

14 Zum deutschen Recht vgl. z. B. *Patz*, Die Effektivität der Strafrechtspflege, 2009.

1. Strafbefehlsverfahren (§§ 461 ff. jap. StPO)

Das Strafbefehlsverfahren ist eine vereinfachte, schriftliche Verfahrensgestaltung, die zur Verurteilung des Angeklagten ohne Hauptverhandlung führt. Das Amtsgericht kann in den zu seiner Zuständigkeit gehörenden Strafsachen auf Antrag des Staatsanwalts anstelle der Hauptverhandlung durch Strafbefehl eine Geldstrafe bis zu 1 Million Yen (ca. 8.000,- €) oder eine Geldbuße verhängen. Die Aussetzung der Strafvollstreckung u. a. können gleichfalls festgesetzt werden, das heißt, es kann auch die Vollstreckung der Geldstrafe im Strafbefehl ausgesetzt werden.

Das Institut des Strafbefehls wurde ursprünglich aus Deutschland (§§ 407 ff. dt. StPO) übernommen. Sein Ziel ist, kleine Strafsachen (Bagatelldelikte) effizient zu erledigen. In Japan werden über 80 % der Verfahren durch Strafbefehl erledigt. Voraussetzung für den Erlass eines Strafbefehls ist, dass es sich um eine leichte Straftat (Bagatelldelikt) handelt und der Beschuldigte ein Geständnis abgelegt hat sowie mit dem summarischen Verfahren einverstanden ist.

Am Strafbefehlsverfahren ist andererseits Kritik geübt worden. Es wurde gerügt, dass es u. a. den Öffentlichkeitsgrundsatz verletze. Der japanische Oberste Gerichtshof hat dieses Verfahren jedoch als verfassungsmäßig angesehen, weil Voraussetzung dafür die Zustimmung des Beschuldigten ist und es zu einer Hauptverhandlung kommt, wenn der Beschuldigte dies beantragt.[15]

2. Gerichtliches Schnellverfahren (§§ 350-2 ff. jap. StPO)

Das Jahr 2004 brachte umfangreiche Reformen für die japanische Strafjustiz. Als Teil dieser Reformen wurde das gerichtliche Schnellverfahren eingeführt. Dieses ist in einigen Punkten ähnlich dem deutschen beschleunigten Verfahren (§§ 417 ff. dt. StPO). Auf Antrag des Staatsanwalts, der zusammen mit der Anklageerhebung gestellt wird, kann das Gericht eine vereinfachte und beschleunigte Hauptverhandlung durchführen. Ein Schnellverfahren ist jedoch nicht zulässig, wenn die Tat mit der Todesstrafe, mit lebenslangem Zuchthaus oder Gefängnis oder mit Freiheitsstrafe von mehr als einem Jahr bedroht ist.

Voraussetzung für ein Schnellverfahren ist, dass der Angeklagte zustimmt und ein Geständnis ablegt. In der Regel wird der Angeklagte im ersten Termin der Hauptverhandlung verurteilt. Das Schnellverfahren ist mit dem Strafbefehlsverfahren vergleichbar; denn sein Ziel ist, relativ unbedeutende und nicht streitige Strafsachen vereinfacht und schnell zu erledigen. Im Gegensatz zum Strafbefehlsverfahren findet aber eine Hauptverhandlung mit einer Beweisaufnahme statt, an der ein Verteidiger mitwirken muss. Eine Verurteilung zu Zuchthaus oder Gefängnis ist nur möglich, wenn die Aussetzung der Vollstreckung angeordnet wird.

---

15 Urteil des OGH, Großer Senat, vom 13.7.1949, OGHSt Bd. 3, Nr. 8, S. 1290.

Anders als im japanischen normalen Strafverfahren kann eine Berufung im Schnellverfahren nicht auf eine falsche Tatsachenfeststellung gestützt werden. Der japanische Oberste Gerichtshof hat diese Beschränkung jedoch als verfassungsmäßig angesehen, da sie auf rationalen Gründen beruhe.[16]

3. Verwertung von Urkunden nach Zustimmung der Parteien (§ 326 jap. StPO) und aufgrund einer Vereinbarung (§ 327 jap. StPO)

In Japan[17] gilt ebenso wie im US-amerikanischen Recht die „hearsay rule", also das Prinzip, dass Beweise vom Hörensagen ausgeschlossen sind (§ 320 Abs. 1 jap. StPO). Es gibt jedoch zahlreiche Ausnahmen von diesem Prinzip (§§ 321 ff. jap. StPO). Eine Ausnahme besteht darin, dass der Angeklagte oder an dessen Stelle sein Verteidiger die vom Staatsanwalt in der Hauptverhandlung vorgelegten Schriftstücke (Urkunden) zustimmt. In diesem Fall kann das Gericht die Urkunden als Beweismittel zulassen, wenn die Umstände, unter denen sie zustande gekommen sind, nicht dagegen sprechen. Dies geschieht insbesondere bei einem in einem Protokoll festgehaltenen Geständnis, das vom Beschuldigten in über 90 % aller Strafsachen abgegeben wird. Diese Behandlung ist in der Praxis nicht mehr nur Ausnahme, sondern zur Regel geworden. In einem solchen Verfahren findet keine Zeugenbefragung statt, die Beweisaufnahme beschränkt sich auf die Verlesung der Protokolle.

Ferner kann das Gericht aufgrund einer Vereinbarung zwischen dem Staatsanwalt und dem Angeklagten oder seinem Verteidiger eine Urkunde als Beweis verwerten, in der eine Zeugenaussage protokolliert ist, die bei Erscheinen des Zeugen vor Gericht gemacht worden wäre, ohne dass der Zeuge aber tatsächlich gehört worden ist. Auf diese Weise kann auf das Erscheinen des Zeugen in der Hauptverhandlung verzichtet werden. Der Beweiswert einer solchen Urkunde kann jedoch jederzeit angezweifelt werden. In der bisherigen Praxis ist es kaum zu einer Verwertung von Urkunden aufgrund einer Vereinbarung zwischen dem Staatsanwalt und dem Angeklagten gekommen. Es ist aber zu erwarten, dass diese Art von Urkunden in Verfahren, an denen Laienrichter beteiligt sind, häufiger Verwendung finden.

Im Übrigen kann das Geständnisprotokoll des Angeklagten auch ohne seine Zustimmung als Beweis verwertet werden, wenn der Staatsanwalt die Freiwilligkeit des Geständnisses beweisen kann (§ 38 Abs. 2 jap. Verfassung, § 319 Abs. 1 jap. StPO). Infolgedessen gibt es in Japan viele Fälle, in denen der Angeklagte fast allein auf der Grundlage eines Geständnisprotokolls verurteilt wird, auch wenn er sein Geständnis in der Hauptverhandlung widerruft.

---

16 Urteil des OGH vom 14.7.2009, OGHSt Bd. 63, Nr. 6, S. 623.

17 Vgl. *Kato* (Fn. 1), S. 11 ff.

4. Sonstige Fälle

Auch in einigen anderen Fällen können Geständnis sowie Einverständnis des Beschuldigten eine Rolle spielen (z. B. § 2 Abs. 3 jap. LaienrichterG, §§ 316-24, 331 jap. StPO). Nach § 2 Abs. 3 jap. LaienrichterG[18] kann das Gericht in den vor einem Kollegialgericht zu verhandelnden Fällen beschließen, dass diese vor einem mit einem Berufsrichter und vier Laienrichtern besetzten Gericht (sog. kleines Kollegialgericht) verhandelt und entschieden werden, wenn sich während der Vorbereitung der Streitpunkte und Beweise im Zwischenverfahren ergibt, dass der Anklagevorwurf nicht bestritten wird und in Anbetracht des Sachverhalts und der sonstigen Umstände dies für sachdienlich erachtet wird. In der Praxis ist jedoch ein solcher Fall noch nicht vorgekommen.

Dies gilt vor allem für das summarische Verfahren (§ 291-2 jap. StPO). Dieses Verfahren wurde ursprünglich dem Vorbild des US-amerikanischen „arraignment" nachgebildet. Hat der Angeklagte sich im Eröffnungsvortrag in einem oder mehreren Punkten der Anklageschrift schuldig bekannt, so kann das Gericht nach Anhörung des Staatsanwalts, des Angeklagten und seines Verteidigers beschließen, dass die Verhandlung hinsichtlich dieser Punkte im summarischen Verfahren geführt wird. Das gilt jedoch nicht, wenn die Tat mit der Todesstrafe oder mit lebenslangem Zuchthaus oder Gefängnis oder mit einer Mindeststrafe von mehr als einem Jahr bedroht ist. Im summarischen Verfahren kann die Beweisaufnahme so durchgeführt werden, wie es zweckmäßig erscheint (§ 307-2 jap. StPO), und das Prinzip der Ausschließung von Beweisen vom Hörensagen findet keine Anwendung, es sei denn, die Beteiligten haben gegen die Zulässigkeit eines Beweismittels Einspruch erhoben (§ 320 Abs. 2 jap. StPO).

Dieses Verfahren ist in der Praxis bisher nicht oft angewendet worden, da es praktisch kaum Vorteile bringt.

III. Eine kurze Analyse

Als Ergebnis dieser Ausführungen kann man einerseits sagen, dass der Konsens des Beschuldigten oder Angeklagten im japanischen Strafverfahren ganz erheblich zur Entlastung der Strafjustiz beiträgt (Effizienzförderung). Es bleibt jedoch die Frage, ob die freie Willensentscheidung des Beschuldigten dadurch beeinträchtigt wird. Vor allem ist dabei problematisch, dass die Mitwirkung eines Verteidigers im japanischen Ermittlungsverfahren nicht notwendig ist. Ohne Verteidiger fällt es dem Beschuldigten aber nicht immer leicht, sich frei zu entscheiden.

Andererseits ist es notwendig, die streitigen von den weniger problematischen Fällen zu trennen und die begrenzte Zeit sowie die knappen Ressourcen in

18 Vgl. dazu *Kato*, Zum Beteiligungssystem von Laienrichtern (Saiban'in-System) in Japan – insbesondere im Vergleich mit dem deutschen Schöffensystem, The Journal of the Faculty of Law, Aichi University, Nr. 170 (2006), 1 ff. m.w.N.

die streitigen Verfahren zu investieren. Man muss auch erörtern, ob die vorhandenen japanischen Institutionen zur Bewältigung der Strafjustiz ausreichen oder ob es sich empfiehlt, das US-amerikanische plea bargaining oder das deutsche Verfahren der Verständigung in Japan einzuführen.

Übrigens ist in Japan das anglo-amerikanische „arraignment" gesetzlich verboten (§ 319 Abs. 2, 3 jap. StPO; vgl. § 38 Abs. 3 jap. Verfassung), da der Angeklagte nicht allein aufgrund seines Geständnisses verurteilt werden darf, gleichgültig, ob dieses in der Hauptverhandlung abgegeben worden ist oder nicht. Auch „plea bargaining" ist gesetzlich nicht erlaubt. Meines Erachtens hat dies damit zu tun, dass ein Geständnis, das unter unlauterem Druck oder aufgrund des Versprechens eines gesetzlich nicht vorgesehenen Vorteils beruht, unverwertbar ist (§ 38 Abs. 2 jap. Verfassung, § 319 Abs. 1 jap. StPO).[19]

D. Die Zulässigkeit der Urteilsabsprachen nach der japanischen StPO – ein Vergleich mit dem deutschen Recht

I. Vorbemerkung

Wie bereits ausgeführt, gibt es im japanischen Recht zwar einzelne Vorschriften, die bestimmte Absprachen ausdrücklich erlauben, aber keine mit dem deutschen Recht vergleichbare Bestimmung, die Urteilsabsprachen zulässt. Außerdem gibt es in Japan nur wenige Möglichkeiten für den Angeklagten, aktiv und subjektiv am Verfahren mitzuwirken (Kooperation des Angeklagten). Im deutschen Recht ist insofern etwa auf § 46 StGB, § 31 BtMG und die Kronzeugenregelung in § 46b StGB hinzuweisen. Ferner sollte man bei der Erörterung der Frage, ob Urteilsabsprachen in Japan zugelassen werden können, die unterschiedlichen „Rechtskulturen" (vor allem „Verhandlungskulturen") und Grundstrukturen des Strafprozesses in den beiden Ländern berücksichtigen.

II. Betrachtung im Einzelnen

Hinsichtlich der in Deutschland diskutierten Absprachеformen bestehen jedoch auch faktisch ähnliche Verfahrensweisen in Japan.

1. Die Form der Verfahreneinstellung gegen eine vom Beschuldigten zu erfüllende Auflage gibt es auch in Japan, allerdings ist in Japan die Verfahrenseinstellung nicht mit einer Geldauflage verbunden, im Gegenteil, das Gesetz sieht ausdrücklich vor, dass diese ohne Auflage erfolgt. Das Erstreben einer Art Täter-Opfer-Ausgleich (Abfindung) oder Schadenswiedergutmachung spielt jedoch in der japanischen Praxis eine große Rolle für eine positive Bewertung des Verhaltens des Beschuldigten bzw. Angeklagten nach der Straftat. Insofern kann man eine gewisse Ähnlichkeit zwischen den Regelungen beider Ländern finden, da es auch in Deutschland andere Auflagen als die Geldauflage gibt (§ 153a dt.

---

19 Vgl. Urteil des OGH vom 1.7.1966, OGHSt Bd. 20, Nr. 6, S. 537.

StPO) und diese in manchen Fällen in der deutschen Rechtspraxis auch angeordnet werden.

2. Auch in Japan gibt es das Strafbefehlsverfahren, das dem deutschen ähnlich ist. Ferner wurde bei uns das gerichtliche Schnellverfahren neu eingeführt. Beide Verfahren werden in der Praxis oft angewendet. Gegen beide werden jedoch verfassungsrechtliche Einwände vorgebracht. Insbesondere wird kritisch hinterfragt, ob der Konsens des Beschuldigten tatsächlich auf dessen freier Willensentschließung beruht.

3. Die Absprache in Form des Geständnisses gegen Zusage von Strafmilderung kann zu Schwierigkeiten führen. Man kann nicht sagen, dass das Versprechen des Staatsanwalts – „Ich werde im Gegenzug zu Ihrem Geständnis Strafmilderung fordern." – an sich illegal ist, da der Staatsanwalt einen großen Ermessensspielraum bei der Anklageerhebung hat. Zudem liegt das Strafzumessungsermessen nicht beim Staatsanwalt, sondern beim Richter, aber die Rolle des Staatsanwalts als Partei hat Einfluss auf das Gericht. Bei uns gibt es jedoch keine systematische Gewähr dafür, dass dem Angeklagten nach einem wirklich freiwilligen Geständnis Strafmilderung zukommt. Daher ist es in Japan noch problematisch, das Geständnis aufgrund eines solchen Versprechens als Beweis zuzulassen.

Übrigens ist es selbstverständlich, dass der Staatsanwalt im Hinblick auf ein wirklich freiwilliges Geständnis von der Anklageerhebung absehen oder von dem Gericht Strafmilderung fordern darf.

4. Eine weitere Frage ist, ob man eine nicht auf Reue beruhende Kooperationsbereitschaft des Angeklagten für eine Verfahrenseinstellung genügen lassen darf. Und wie soll verfahren werden, wenn die Mitwirkung des Angeklagten zur Aufklärung der Straftat eines Dritten, nicht aber zur Aufklärung der dem Angeklagten selbst vorgeworfenen Straftat beiträgt?

III. Fragen zu deutschen Urteilsabsprachen

Im japanischen Parteiprozess würden Urteilsabsprachen, sofern diese möglich wären, ohne ummittelbare und aktive Beteiligung des Gerichts stattfinden. Deshalb müsste im Falle der gesetzlichen Einführung von Urteilsabsprachen geregelt werden, welche Rolle das Gericht dabei spielen soll. Es gilt vor allem, die Fairness und Transparenz des Verfahrens der Absprache zu sichern.

Ich stimme im Wesentlichen der Grundlinie zu, die das vor kurzem beschlossene deutsche „Gesetz zur Regelung der Verständigung im Strafverfahren"[20] verfolgt. Aus japanischer Sicht bleiben jedoch einige Fragen offen, die auch in Deutschland nicht ausreichend geklärt zu sein scheinen.

1. Nach dem deutschen Gesetz ist eine Absprache über den Schuldspruch nicht zulässig. Ergibt sich daraus, dass alle Absprachen über die Strafzumessung

---

20 BGBl. I 2009, 2353.

für zulässig gehalten werden? In Japan gibt es noch die Todesstrafe.[21] Meines Erachtens sollte es im Hinblick auf die Einmaligkeit dieser Strafe überhaupt keine Vereinbarungen geben. Ein ähnliches Problem würde sich bei der in Deutschland zulässigen lebenslangen Freiheitsstrafe ergeben.

2. Nach dem deutschen Gesetz ist es für den Beschuldigten bisweilen schwierig, die Höhe der zu erwartenden Strafe abzuschätzen. Was ergibt sich daraus für eine Reformidee in Japan?

3. Nach dem deutschen Gesetz ist der Angeklagte qualifiziert dahin zu belehren, dass er trotz Absprache frei ist, ein Rechtsmittel einzulegen. Daraus ergibt sich, dass ein Rechtsmittelverzicht nach einer qualifizierten Belehrung wirksam ist. Wird das Verbot des Rechtsmittelverzichts damit nicht entwertet?

4. Wie bereits gesagt, gibt es unterschiedliche Prozessstrukturen in Deutschland (Untersuchungsprozess) und in Japan (Parteiprozess). Weigend[22] behauptet, im neuen Gesetz, aber auch in der heutigen Verfahrenspraxis der Absprachen in Deutschland spiegele sich deutlich das inquisitorische Erbe des deutschen Strafverfahrensrechts wider: Absprachen würden, anders als etwa in den USA und in England, nicht autonom zwischen Ankläger und Angeklagtem getroffen, sondern seien im wesentlichen ein Instrument in der Hand des Gerichts, um ein Geständnis des Angeklagten zu erlangen und so das Verfahren radikal abzukürzen. Das Gericht setze zu diesem Zweck als Druckmittel die sog. Sanktionsschere ein. Dem Angeklagten werde einerseits vor Augen geführt, welcher Strafrahmen bei einer vollständigen Hauptverhandlung in Frage kommt. Andererseits werde als Kontrast ein deutlich reduzierter Strafrahmen für den Fall genannt, dass er sogleich ein Geständnis ablegt. Da die Entgegennahme eines Geständnisses eine auch in herkömmlichen Hauptverhandlungen übliche Form der Beweiserhebung sei, lassen sich die „Verständigungen" formal gut mit dem Grundsatz des inquisitorischen Verfahrens in Überstimmung bringen: Wenn der Angeklagte gestehe, dann könne das Gericht in der Hauptverhandlung eine hinreichende Grundlage für seinen Urteilsspruch erlangen.

Als Gegenmodel zu diesem gerichtszentrierten Absprachenverfahren lässt sich ein stärker von den Parteien, d. h. von Staatsanwalt und Verteidigung getragenes Verfahren vorstellen. Danach würden sich Staatsanwalt und Verteidiger auf ein bestimmtes Strafmaß einigen und das Gericht müsste diesen Vorschlag überprüfen. Sollte es ihn akzeptieren, fällt es ein entsprechendes Urteil. Dann würden nicht die vom Gericht festgestellten Tatsachen, sondern allein der Konsens der Parteien bzw. die Zustimmung des Angeklagten die Legitimationsgrundlage des Urteils bilden. Dieses Modell könnte zwar die oben genannte Kritik vermeiden, es würde aber eine grundlegende Neugestaltung der deutschen Prozessstruktur verlangen, wobei es eigentlich der Mitwirkung des Gerichts bedarf, das seine Aufklärungspflicht hierüber auch nicht verletzen darf. Ist diese

21 Dazu *Kato*, Wiederaufnahmeverfahren bei zum Tode Verurteilten, ZIS 2006, 354 ff.

22 Ausführlich *Weigend*, Das Strafverfahren (Fn. 7), S. 104 f.

Richtung angesichts der faktischen Machtverhältnisse zwischen Staat und Angeklagtem nicht bedenklich?

E. Schlussbemerkung – insbesondere zum Ziel des Strafprozesses

Die japanische StPO hält, obwohl sie dem Prinzip des Parteiprozesses folgt, am Grundsatz der materiellen Wahrheit fest,[23] vielleicht sogar mehr als die deutsche, wie viele japanische Strafrechtswissenschaftler meinen. Zugleich finden sich im japanischen Strafverfahren auch verschiedene konsensuale Elemente.

Anderseits hat Herrmann[24] schon hervorgehoben, dass der Wahrheitsgrundsatz im japanischen Strafverfahren weniger streng befolgt wird als im deutschen. Die sehr weit gehende Zulässigkeit von Opportunitätseinstellungen, die häufig vereinbarte Verwertung von Geständnisprotokollen des Beschuldigten und anderen Urkunden beruhen auf der Idee der „Kooperation". Herrmann hat im Zusammenhang damit auch betont, dass die geringe Freispruchrate in Japan, etwa 0,1 Prozent, wohl auf das im japanischen Rechtsleben allgemein zu beobachtende Bestreben zurückgehen dürfte, Konflikte nach Möglichkeit nicht durch Konfrontation, sondern durch Kooperation zu lösen.

Wenn dies so ist, dann kann man nicht sagen, dass es entscheidende Unterschiede zwischen dem deutschen und dem japanischen Recht in Bezug auf die Hintergründe der Absprachen gibt. Die Frage, ob Absprachen gesetzlich geregelt oder durch die Praxis eingeführt sind, spielt demgegenüber eine untergeordnete Rolle.

Auch Roxin[25] behauptet im Ausblick auf die Zukunftsaufgaben der Strafprozessrechtswissenschaft, dass die Absprachen zwischen Staatsanwalt, Gericht und Verteidiger, die heute einen erheblichen Teil aller Prozesse beenden, den kontradiktorisch konzipierten Strafprozess immer mehr in ein konsensuales Verfahren verwandeln. Angesichts eines solchen „Paradigmenwechsels" kann es sein, dass wir in Zukunft zwei Strafprozessordnungen brauchen, eine kontradiktorische und eine konsensuale.

Wenn man die konsensuale Erledigung von Strafverfahren zulässt, wird es sich empfehlen, unterschiedliche Verfahrensregelungen für unstreitige und streitige Fälle einzuführen. Ein Problem wird es allerdings sein, wie die beiden Verfahrenstypen zu unterscheiden sind. Für das konsensuale Verfahren wird man Bestimmungen schaffen müssen, die die aktive und gestaltende Mitwirkung sowohl des Angeklagten als ein selbständiges Subjekt als auch des Verteidigers

---

23 *Matsuo*, Strafprozessrecht, 1. Halbbd., 2. Aufl. 1999, S. 136 ff. (auf Japanisch).

24 *Herrmann*, Die Japanisierung des westlichen Rechts: Strafrecht und Strafprozeßrecht, in: Coing u. a. (Hrsg.), Die Japanisierung des westlichen Rechts – Japanisch-deutsches Symposion in Tübingen vom 26. bis 28. Juli 1988, 1990, S. 413 ff.

25 *Roxin*, Die Strafrechtswissenschaft vor den Aufgaben der Zukunft, in: Eser/Hassemer/Burkhardt (Hrsg.), Die deutsche Strafrechtswissenschaft vor der Jahrtausendwende – Rückbesinnung und Ausblick, 2000, S. 369, 375 f.

regeln. Das gilt nicht nur für das deutsche, vom Untersuchungsgrundsatz beherrschte, sondern eher noch für das unter dem Parteigrundsatz stehende japanische Verfahren.

Sollte die aktive und gestaltende Mitwirkung des Angeklagten am Strafverfahren ausgebaut werden, dann könnte gerade dies zu einer wirklichen Effizienz des Verfahrens beitragen. In diesem Fall müsste man das „Ziel des Strafprozesses" bzw. den „Zweck des Strafverfahrens" neu bestimmen.[26] Weil es bei Strafsachen anders als bei Zivilsachen nicht lediglich um „die Erledigung eines Streits" geht, wird man überlegen müssen, wie die herkömmlichen Ideen von der „Verwirklichung des staatlichen Strafanspruchs", dem „Schaffen von Rechtsfrieden" und der „Wiederherstellung der gesellschaftlichen Ordnung" neu ausgerichtet werden können. Weil das Modell der Absprachen nicht nur zu der gewünschten Effizienz beiträgt, sondern auch Ausdruck kooperativer und konsensualer Streiterledigung ist, die dem Angeklagten ermöglicht, über seinen Verteidiger gestaltend in den Prozess einzugreifen, kann dieses Modell dem Ziel dienen, durch gemeinsame Gestaltung Rechtsfrieden zu schaffen.[27]

---

26 Ausführlich und lehrreich dazu *Taguchi* (Fn. 9), S. 33 ff.; vgl. auch *Weigend*, Deliktsopfer und Strafverfahren, 1989, S. 173 ff.

27 Vgl. *Rosenau* (Fn. 13), IV. 2. b).

Die Absprachen im deutschen Strafverfahren

Henning Rosenau

I. Der 4. August 2009

Am 4. August 2009 sei das deutsche Strafverfahren „vor die Wand gefahren worden“.[1] Manche wollen ein Requiem auf den Strafprozess des Rechtsstaates singen.[2] Sie sprechen von einer Schande für die Justiz[3] und vom Untergang der deutschen Rechtskultur.[4] Was war vorgefallen?

Am Tag zuvor stand das „Gesetz zur Regelung der Verständigung im Strafverfahren“ im Bundesgesetzblatt und war damit verkündet.[5] Es trat am folgenden Tag, dem 4. August 2009, in Kraft. Damit haben die Urteilsabsprachen[6] im Strafverfahren, die viele pejorativ „Deal“ nennen,[7] die der Gesetzgeber aber eher bemäntelnd als „Verständigung“ bezeichnet, nun auch in Deutschland Eingang in die StPO gefunden. Deren Kernregelung findet sich im § 257c StPO.[8]

II. Die Entwicklung der Urteilsabsprachen in Deutschland

Für die Praxis der Strafjustiz wird das Datum vom 4. August 2009 aber lediglich eine untergeordnete Rolle spielen. Denn die Urteilsabsprache gehört dort schon seit langem zum Alltag.

---

1 *Harms*, zit. nach SZ vom 15.5.2006, 6.

2 *Schünemann*, Ein deutsches Requiem auf den Strafprozess des liberalen Rechtsstaats, ZRP 2009, 104 (107); *Prantl*, Nachruf auf den aufgeklärten Strafprozess, ZAP, Sonderheft 20/2009, 60.

3 *Fischer*, Absprache-Regelung: Problemlösung oder Problem? StraFo 2009, 177 (188); *ders.*, Regelung der Urteilsabsprache – ein Appell zum Innehalten, NStZ 2007, 433 (436). Die Strafjustiz liege auf unterstem Leistungsniveau: *Eschelbach*, Absprachenpraxis versus Wiederaufnahme des Verfahrens, HRRS 2008, 190; vergleichbar *Pfister*, Die Verständigung im Strafverfahren aus Sicht der Revision, StraFo 2006, 349 (352).

4 *Schünemann*, Zur Entstehung des deutschen „plea bargaining“, in: Lorenz et al. (Hrsg.), FS Heldrich, 2005, S. 1177 (1185); *ders.*, Wetterzeichen vom Untergang der deutschen Rechtskultur: Die Urteilsabsprache im Strafprozess als den Beruf unserer Zeit zur Gesetzgebung, 2005.

5 BGBl. I, S. 2353 f.

6 Diese Bezeichnung des BGH ist die treffendste und soll daher auch in diesem Beitrag verwendet werden; s. BGHSt 50, 40 (48).

7 Zuerst *Weider* alias Detlev Deal, Der Strafprozessuale Vergleich, StV 1982, 545 ff.; vgl. nur *Duttge/Schoop*, Anm. zu BGHSt 50, 40, StV 2005, 421 (422); *Brand/Petermann*, Der „Deal“ im Strafverfahren ..., NJW 2010, 268; *Harms*, Die konsensuale Verfahrensbeendigung, das Ende des herkömmlichen Strafprozesses? in: Griesbaum et al. (Hrsg.), FS Nehm, 2006, S. 289; *Fischer* (Fn. 3), 433; *Förschner*, Der Deal und seine Folgen ... Geständniswiderruf und Wiederaufnahmen, StV 2008, 443.

8 Abgedruckt unter VI. im Anhang.

Nach Anklageerhebung kommt es zwischen den professionellen Prozessbeteiligten, das heißt den Richtern, dem Staatsanwalt und den Verteidigern, in unterschiedlicher Form und Intensität zu einer Verständigung über die zu verhängende Strafe. Man einigt sich über das Höchstmaß einerseits und über das Prozessverhalten des Angeklagten andererseits. Charakterisiert wird die Absprache durch das wechselseitige Nachgeben im Sinne eines do ut des.[9] Als Gegenleistung für das relativ konkret vom Gericht festgesetzte Strafmaß wird vom Angeklagten ein Voll- oder Teilgeständnis abgegeben. Es sind aber auch Urteilsabsprachen ohne Geständnis denkbar, wenn es allein darum geht, dass der Angeklagte Verteidigungsaktivitäten unterlässt, indem er etwa die Anwendung verfahrensvereinfachender Vorschriften zustimmt oder Beweisanträge nicht stellt. Gericht und Staatsanwaltschaft können auch Stoffbeschränkungen nach § 154 Abs. 2 StPO zusagen.[10] Regelmäßige Folge einer Urteilsabsprache ist die meist erhebliche Abkürzung der Beweisaufnahme und damit des Verfahrens insgesamt. Das Ergebnis wird in der Hauptverhandlung öffentlich gemacht. Das Verfahren ist in der Strafjustiz akzeptiert und wird offensiv vertreten.

Das war allerdings nicht immer der Fall. Die Absprachen fanden zunächst unter Ausschluss der Öffentlichkeit statt.[11] Dass diese Praxis äußerst diskret betrieben wurde und die Gespräche in strikt vertraulichen Telefonaten, zurückgezogen in Dienstzimmern oder gar auf der Herrentoilette erfolgten und davon in der öffentlichen Sitzung nichts erwähnt wurde,[12] hatte seinen Grund darin, dass die Protagonisten ihr Vorgehen offensichtlich selbst als anrüchig empfanden.[13] Die Strafprozessordnung sah Absprachen nicht vor; man war sich nicht sicher, ob sie gegen geltendes Rechts verstießen.

Es kann daher nicht verwundern, dass der erste Aufsatz in einer Fachzeitschrift, der den Schleier lüftete, unter Pseudonym veröffentlicht wurde. Rechtsanwalt *Detlef Deal* aus Mauschelhausen beschrieb erstmals 1982 den strafprozessualen Vergleich: fast jeder kenne ihn, fast jeder praktiziere ihn, nur keiner spreche darüber.[14]

Mit einer Grundsatzentscheidung im Jahre 1997 akzeptierte zunächst der 4. Strafsenat des BGH diese Praxis.[15] Er gab Leitlinien vor, die Auswüchsen vorbeugen sollten. Ein Beschluss des Großen Senats für Strafsachen aus dem

9 *Beulke/Satzger*, Der fehlgeschlagene Deal und seine prozessualen Folgen, JuS 1997, 1072; *v. Heintschel-Heinegg*, in: KMR, Stand 56. Lfg. (November 2009), § 257c Rn. 1; insoweit zutreffend *Weßlau*, Strategische Planspiele oder konzeptionelle Neuausrichtung? in: Jung et al. (Hrsg.), FS Egon Müller, 2008, S. 779 (793).

10 BTDrs. 16, 12310, 13; vgl. etwa BGHSt 52, 165 (169).

11 *Schünemann* (Fn. 4), S. 1181.

12 *Schünemann*, Die Absprachen im Strafverfahren, in: Hanack (Hrsg.), FS Rieß, 2002, S. 525 (526), der sich für letzteren Ort selbst verbürgt, a.a.O. Fn. 6.

13 *Schmidt-Hieber*, Absprachen im Strafprozeß, NJW 1990, 1884.

14 Alias *Weider* (Fn. 7), 545.

15 BGHSt 43, 195 ff.

Jahr 2005 hat diese Leitlinien im Wesentlichen bestätigt.[16] Damit ist die Urteilsabsprache in Deutschland höchstrichterlich anerkannt.

Es kam in der Folge zu einer heftigen Auseinandersetzung über die Zulässigkeit solcher verfahrensabkürzenden und verfahrensbeendenden agreements. Keine Reform hat die deutsche Strafprozessrechtswissenschaft dermaßen bewegt wie der Eingang der Urteilsabsprache in das Strafverfahren. Die Literatur ist unüberschaubar,[17] dabei überwiegend ablehnend,[18] während sich die Mehrzahl der Praktiker zugunsten der neuen Praxis ausgesprochen hat.[19] Diese Kluft zwischen Praxis und Lehre trat deutlich auf dem 58. Deutschen Juristentag 1990

---

16 BGHSt 50, 40 ff.

17 Genannt seien hier nur Monographien, und zwar ohne Anspruch auf Vollständigkeit: *Altenhain* et al., Die Praxis der Absprachen in Wirtschaftsstrafverfahren, 2007; *Braun*, Die Absprache im deutschen Strafverfahren, 1998; *Gerlach*, Absprachen im Strafverfahren, 1992; *Graumann*, Vertrauensschutz und Strafprozessuale Absprache, 2006; *Haumer*, Regelungsentwurf für ein Absprucheverfahren am Internationalen Strafgerichtshof, 2009; *Heller*, Die gescheiterte Urteilsabsprache, 2004; *Kobor*, Bargaining in the Criminal Justice Systems of the United States and Germany, 2008; *Moldenhauer*, Eine Verfahrensordnung für Absprachen im Strafverfahren durch den Bundesgerichtshof? 2004; *Niemöller* et al., Gesetz zur Verständigung im Strafverfahren, 2010; *Pankiewicz*, Absprachen im Jugendstrafrecht, 2008; *Rönnau*, Die Absprache im Strafprozeß, 1990; *Sauer*, Konsensuale Verfahrensweisen im Wirtschafts- und Steuerstrafrecht, 2008; *Schmidt-Hieber*, Verständigung im Strafverfahren, 1986; *Schöch*, Urteilsabsprachen in der Strafrechtspraxis, 2007; *Schoop*, Der vereinbarte Rechtsmittelverzicht, 2006; *Schünemann*, Absprachen im Strafverfahren? Gutachten B zum 58. DJT, 1990; *Schumann*, Der Handel mit der Gerechtigkeit, 1977; *Siolek*, Verständigung in der Hauptverhandlung, 1993; *Steinhögl*, Der Strafprozessuale Deal – Perspektiven einer Konsensorientierung im Strafrecht, Diss. 1998; *Tscherwinka*, Absprachen im Strafprozeß, 1995; *Viering*, Absprachen als verfahrensökonomische Lösung des Schuldnachweisproblems im Strafverfahren, 2009; *Weichbrodt*, Das Konsensprinzip Strafprozessualer Absprachen, 2006; *Weßlau*, Das Konsensprinzip im Strafverfahren – Leitidee für eine Gesamtreform? 2002.

18 Von den frühen positiv gefärbten Stellungnahmen seien nur genannt *Wolfslast*, Absprachen im Strafprozeß, NStZ 1990, 409 (415); *Böttcher/Dahs/Widmaier,* Verständigung im Strafverfahren – eine Zwischenbilanz, NStZ 1993, 375.

19 Vgl. nur *Schmidt-Hieber* (Fn. 13), 1884; *Böttcher et al.* (Fn. 18), 377; *Landau/Bünger*, Urteilsabsprache im Strafverfahren, ZRP 2005, 268 (269); *Ignor*, Die Urteilsabsprache und die leitenden Prinzipien der StPO, in: Beulke et al. (Hrsg.), FS zu Ehren des Strafrechtsausschusses der BRAK, 2006, S. 321 (332 f.); *Geiger*, Die Verständigung im Strafverfahren, in: Griesbaum et al. (Hrsg.), FS Nehm, 2006, S. 269 (276); *Kintzi*, Verständigung im Strafverfahren – steht die Diskussion vor dem Abschluß? in: Ebert et al. (Hrsg.), FS Hanack, 1999, S. 177 f.; *Sauer*, Erfolgsaussichten der Revision bei unzulässigen Urteilsabsprachen, wistra 2009, 141 (145); *Marsch*, Grundregeln bei Absprachen im Strafverfahren, ZRP 2007, 220; aus der Wissenschaft auch *Jahn/Müller*, Das Gesetz zur Regelung der Verständigung im Strafverfahren, NJW 2009, 2625 (2631).

in München zum Vorschein, wo sich beide Lager unversöhnlich gegenüber standen.[20]

Aus dem gerichtlichen Alltag ist die Absprache nicht mehr wegzudenken. Sie spielt, das kann empirisch als gesichert gelten, eine beträchtliche und zunehmende Rolle. Es werden Werte von 20 – 50 % an Verfahren genannt, in denen es zu einer Verständigung über das Ergebnis kommt.[21] Die Absprachen gibt es auch an Amtsgerichten. Sie sind längst nicht mehr auf komplexe Wirtschaftsstrafsachen beschränkt und finden auch bei einem Angeklagten und wenigen Zeugen statt.[22] Ein weiterer, wichtiger Komplex betrifft den Bereich der Sexualstraftaten, bei denen das Bestreben im Vordergrund steht, dem Opfer eine erneute Konfrontation mit dem Täter und eine denkbare sekundäre Viktimisierung durch das Verfahren zu ersparen.[23] Insgesamt sind die Absprachen derart etabliert, dass manche davon sprechen, es habe sich ein eigenständiges verfahrensrechtliches Institut entwickelt.[24]

III. Die gesetzliche Neuregelung, insbesondere des § 257c StPO

Mustert man die neuen Bestimmungen durch, finden sich exakt die Sentenzen des BGH-Beschlusses aus dem Jahr 2005 wieder,[25] angereichert um ein richtiges und notwendiges Verwertungsverbot für das Geständnis, wenn die Absprache vor Gericht scheitert, und ergänzt um ein Verbot des Rechtsmittelverzichtes. Aber auch diese beiden Punkte hatten sich bereits in der Rechtsprechung des BGH angedeutet. Er hatte zunächst ein Beweisverwertungsverbot vorausgesetzt[26] und in der Entscheidung des Großen Senates erneut grundsätzlich erwo-

---

20 *Böttcher*, Der Deutsche Juristentag und die Absprachen im Strafprozeß, in: Eser et al. (Hrsg.), FS Meyer-Gossner, 2001, S. 49 (59 f.). Zu den Abstimmungsergebnissen, die einen gespaltenen Juristentag erahnen lassen a.a.O., S. 54.

21 *Schünemann/Hauer*, AnwBl 2006, 439 sprechen von weit mehr als 50 %, was jedenfalls überhöht ist, wenn die Verfahren vor den Amtsgerichten, an denen es auch zu Absprachen kommt, mit einbezogen werden und die Absprachenerledigung nach § 153a StPO unberücksichtigt bleibt. Die Zahlen dürften bzgl. Wirtschaftsstrafverfahren zutreffen, vgl. *Altenhain* et al., Die Vorschläge zur gesetzlichen Regelung der Urteilsabsprachen im Lichte aktueller rechtstatsächlicher Erkenntnisse, NStZ 2007, 71 (72). Vgl. auch *Heister-Neumann*, Absprachen im Strafprozess, ZRP 2006, 137, die von 80 % abgesprochener Urteile im Bereich der Organisierten Kriminalität spricht. Vgl. auch Schünemann (Fn. 4), S. 1188 f. zu verschiedenen Schätzungen.

22 Zu eng daher *Fischer* (Fn. 3), 433.

23 Vgl. *Streng*, Verfahrensabsprachen und Strafzumessung, in: Feltes et al. (Hrsg.), FS Schwind, 2006, S. 447 f. u. 465.

24 *Beulke*, Strafprozessrecht, 10. Aufl. Heidelberg 2008, Rn. 394; *Volk*, Grundkurs StPO, 6. Aufl. 2008, S. 277.

25 *Altenhain/Haimerl*, Die gesetzliche Regelung der Verständigung im Strafverfahren – eine verweigerte Reform, JZ 2010, 327.

26 BGHSt 42, 191 (193 f.).

gen[27]. Einen Rechtsmittelverzicht im Rahmen einer Absprache sah er insgesamt kritisch: das Gericht dürfe jedenfalls nicht darauf hinwirken, so der BGH.[28]

Zunächst finden sich nun ausdrückliche Regelungen in §§ 160b, 202a und 257b, die eine Erörterung des Verfahrensstandes unter den Beteiligten zulassen. Da dies schon bislang guter strafrichterlicher Praxis entsprach, bringen diese Regelungen nichts Neues. Gespräche, die einzelne Verfahrensabschnitte betreffen, hat es im deutschen Strafverfahren immer gegeben.[29] Angeklagter und staatliche Organe stehen sich nicht kompromisslos als Duellanten gegenüber. Der Richter ist keine Sphinx, dem man keine Regung oder Einschätzung anmerken dürfte. Der Angeklagte ist Prozesssubjekt mit eigenen Verfahrensrechten. Es kommt im Strafverfahren zu verbaler Kommunikation, wodurch sich das Strafverfahren zwangsläufig als kommunikatives Procedere gestaltet, was die Möglichkeit von teilweisem oder vollständigem Konsens eröffnet. Das Strafverfahrensrecht lässt solch einvernehmliches Verhandeln jedenfalls partiell zu, wenn beispielsweise im allseitigen Einvernehmen auf geladene Zeugen verzichtet wird. Sinn macht die neue Regelung, welche ausdrücklich auch das Gericht einbezieht, allenfalls, weil sie schon bislang aussichtslosen Befangenheitsanträgen[30] von vornherein den Boden entzieht.

Bei der Urteilsabsprache geht es aber um mehr. Die Verfahrensbeteiligten einigen sich nicht lediglich über den Stand und die Modalitäten des Verfahrens, sondern mit einer gewissen Verbindlichkeit über dessen Ergebnis.[31] Die Verständigung steuert nicht mehr das Verfahren, sondern ersetzt es in Teilen. Das lässt ausdrücklich nun § 257c Abs. 1 StPO zu, wobei eine richterzentrierte Einkleidung auffällig ist: „Das Gericht kann sich ... verständigen." In der Praxis kann die Initiative durchaus vom Vorsitzenden ausgehen, in der Mehrzahl der Fälle dürften allerdings Verteidiger und Staatsanwalt die anbahnenden Gespräche führen.

§ 257c Abs. 2 StPO untersagt den Beteiligten, über den Schuldspruch zu verhandeln. Es soll nicht über die Anwendung des materiellen Strafrechts zu einer Absprache kommen. Eine Verständigung auf Totschlag statt des verwirkten Mordes oder auf Körperverletzung statt der gefährlichen Körperverletzung darf es nicht geben. Einem solchen „Kuhhandel" mit der Gerechtigkeit hatte auch schon der BGH einen Riegel vorschieben wollen.[32] Zulässig sind aber Ab-

27 BGHSt 50, 40 (51).

28 BGHSt 50, 40 (57).

29 BGHSt 43, 195 (203); *Schmidt-Hieber*, Verständigung im Strafverfahren, in: Ministerium für Justiz, Bundes- und Europaangelegenheiten Baden-Württemberg (Hrsg.), Absprache im Strafprozeß, 1987, S. 50 (57 f.).

30 *Siolek*, in: LK, 26. Aufl. Berlin 2006, § 24 Rn. 59.

31 *Schünemann*, (Fn. 17), S. B 77.

32 BGHSt 50, 40 (48); zuvor bereits BGHSt 43, 195 (204).

sprachen zur Höhe der Strafe, zur Bewährung oder zum Prozessverhalten der Beteiligten, die etwa auf Beweisanträge verzichten.[33]

Die Leistung des Angeklagten sieht die StPO regelmäßig in einem Geständnis, was auch – wie bislang schon – eine Verständigung über Prozessverhalten nicht ausschließt.[34] Anforderungen an die Qualität des Geständnisses sind nicht in das Gesetz aufgenommen worden. Das war vielfach im Gesetzgebungsverfahren gefordert worden.[35] Festlegungen an eine wie auch immer geartete Qualität wären zu unbestimmt gewesen, so heißt es in der Gesetzesbegründung.[36] Im Ergebnis bleibt damit auch eine schlanke geständige Einlassung möglich, mit der weitgehend pauschal der Tatvorwurf eingeräumt wird und deren substanzarmer Inhalt vom Verteidiger wie eine diplomatische Note ausgefeilt wird.[37] Allerdings soll es bei der Aufklärungspflicht des Gerichtes im Grundsatz bleiben. In § 257c Abs. 1 S. 2 StPO heißt es ausdrücklich: „§ 244 Absatz 2 bleibt unberührt." Das entspricht ebenfalls der Linie der Rechtsprechung, die verlangt, dass ein Geständnis auf seine Glaubhaftigkeit überprüft wird, soweit sich aufgrund der Aktenlage eine weitergehende Sachaufklärung aufdrängt.[38] Damit ist nur dann ein schlankes Geständnis vereinbar, soweit der angeklagte Sachverhalt dadurch nachvollziehbar wird. Unzulässig ist aber ein inhaltsloses Formelgeständnis, in dem die Anklage nicht bestritten oder der Vorwurf ohne weitere Erklärung nur eingeräumt wird.[39]

§ 257c Abs. 3 StPO übernimmt weitere Kautelen, die aus der Entscheidung des Großen Senates bereits bekannt sind. Die Vereinbarung ist in der Hauptverhandlung offen zu legen, alle Verfahrensbeteiligten sind zu beteiligen, eine Strafobergrenze wie auch eine Strafuntergrenze darf zugesagt werden, nicht aber eine Punktstrafe. Diese Grenzen müssen noch schuldangemessen sein, so dass eine weit geöffnete Sanktionenschere, die den Angeklagten unter unlauteren Druck setzen würde, unzulässig ist.

§ 257c Abs. 3 S. 4 StPO statuiert, dass zum Zustandekommen einer Urteilsabsprache Staatsanwaltschaft und Angeklagter dieser zustimmen müssen. Aus dieser Regel beschwören manche eine neue Stellung der Staatsanwaltschaft in der Hauptverhandlung herauf: diese übernehme in verfassungswidriger Weise

---

33 BTDrs. 16/12310, 13.

34 LG Freiburg i.Brsg., Urteil vom 18.1.2010 – 7 Ns 610 Js 13070/09, juris Rn. 43.

35 *Meyer-Goßner*, Was nicht Gesetz werden sollte! ZRP 2009, 107 (108). So schon früh *Schünemann* (Fn. 17), S. B 83.

36 BTDrs. 16/12310, 13 f.

37 *Jahn/Müller* (Fn. 19), 2628. *Salditt* weist indes darauf hin, dass ein aussagekräftiges Geständnis die bessere Verteidigungsstrategie bedeute, in: Schöch et al. (Hrsg.), FS Widmaier, 2008, S. 545 (547).

38 BGHSt 50, 40 (49).

39 *Kölbel/Selter*, ACHTUNG: Absprache! JR 2009, 447 (449).

Aufgaben richterlicher Gewalt.[40] Dabei wird übersehen, dass eine Absprache prinzipiell nicht gegen die Staatsanwaltschaft funktionieren kann, und diese wie die weiteren zentralen Verfahrensbeteiligten auch darin eingebunden sein müssen.[41] Stimmt die Staatsanwaltschaft einem denkbaren Strafrahmen nicht zu, hat man sich gerade nicht *verständigt* und ist keine Absprache zustande gekommen.[42] Das lediglich auf einer Verständigung von Gericht und Verteidiger beruhende Ergebnis ist wegen Besorgnis der Befangenheit in der Revision aufzuheben.[43] Es wäre auch wenig konsistent, wenn bei Entscheidungen nach § 153a Abs. 2 und 154 Abs. 2 StPO das Gericht auf ein Einverständnis des Staatsanwaltes angewiesen wäre, nicht aber bei einer Absprache. Zudem entspricht die Regelung dem Wächteramt der Staatsanwaltschaft.[44] Insoweit statuiert der Gesetzgeber Selbstverständliches und geht auch hier nicht über die Vorgaben der Rechtsprechung und die bisherige Praxis hinaus.[45]

Die grundsätzliche Bindung an die Absprache kann bei objektiv nachprüfbaren neuen Erkenntnissen rechtlicher oder tatsächlicher Art entfallen: § 257c Abs. 4 StPO. Diese Regelung folgt dem Gedanken des Wegfalles der Geschäftsgrundlage. Das Gericht soll nicht sehenden Auges in ein falsches Urteil laufen müssen. Es hat dann aber Hinweispflichten zu beachten. Noch wichtiger und Ausdruck des Gebotes des fair trial ist aber die Regelung, dass dann das im Vertrauen auf die Absprache vorgeleistete Geständnis nicht verwertet werden darf. Dass sich solche Überlegungen zur gescheiterten Absprache schon andeutungsweise beim BGH finden, wurde bereits angesprochen. In dieser klaren Regelung wird man die größte Leistung des Gesetzgebers sehen dürfen, die gegen starke Widerstände durchgesetzt wurde,[46] aber als einzig vertretbare Lösung die Rechte des Angeklagten wahren kann.[47]

---

40 *Meyer-Goßner*, Strafprozessordnung, 52. Aufl. München 2009, Ergänzungsheft, § 257c Rn. 5; *Schünemann* (Fn. 2), 106; *Velten*, in: SK-StPO, Stand 64. Lfg. (Oktober 2009), § 257c Rn. 23.

41 BGHSt 43, 195 (206).

42 *Niemöller* et al. (Fn. 17), § 257c Rn. 17. A.A *Meyer-Goßner* (Fn. 40), § 213 Rn. 12; dass diese Ansicht realitätsfern ist, räumen *Altenhain/Haimerl*, Modelle konsensualer Erledigung des Hauptverfahrens, GA 2005, 281 (286 Fn. 20), ein. Der Große Strafsenat formuliert diese Frage als Regelungsdesiderat, BGHSt 50, 40 (51).

43 BGHSt 45, 312 (315 ff.), BGH, StV 2003, 481; NStZ 2005, 395 (396).

44 *Volk* (Fn. 24), S. 23; *Roxin/Schünemann*, Strafverfahrensrecht, 26. Aufl. 2009, S. 46 f.

45 Das wäre wohl bei dem weitergehenden Vorschlag anders, welcher die Strafobergrenze an einen Antrag der Staatsanwaltschaft bindet, vgl. *Salditt*, Möglichkeiten eines Konsensualprozesses nach deutschem Strafprozeßrecht, ZStW 115 (2003), 570 (580); *Fahl*, Der abgesprochene Rechtsmittelverzicht, ZStW 117 (2005), 605 (629). Zutreffend wie hier *Weigend*, Verständigung in der Strafprozessordnung – auf dem Weg zu einem neuen Verfahrensmodell? in: Bloy et al. (Hrsg.), FS Maiwald, 2010, S. 828 (835).

46 Vgl. die Stellungnahme des Bundesrates vom 6.3.2009, BTDrs. 16/12310, 18 (19) sowie den Referentenentwurf vom 18.5.2006, wonach die gescheiterte Absprache einer Verwertung der Aussage des Angeklagten nicht grundsätzlich entgegenstünde, abgedruckt

Es finden sich weitere Regelungen zur Choreographie des Verfahrens. Die Absprache ist aus Gründen der Transparenz mitteilungs- und protokollierungspflichtig und wird als wesentliche Förmlichkeit der Hauptverhandlung eingestuft. Die Dokumentation findet dabei wie üblich in der Sitzungsniederschrift, nicht im Urteil statt.[48] Irritierend ist das in § 273 Abs. 1a S. 3 StPO vorgesehene Negativtestat. Es ist zu protokollieren, wenn keine Absprache stattgefunden hat. Das ist mit Blick auf das Revisionsgericht gemeint[49] und soll belegen, dass keine heimlichen Verständigungen stattgefunden haben. Die Regelung suggeriert aber auch, dass die Absprache nicht mehr die Ausnahme, sondern die Regel im Strafverfahren darstellt.[50] Die Justizpraxis wird sich mit Stempeln oder vorgedruckten Protokollbögen zu helfen wissen.

In § 302 StPO findet sich die gesetzgeberische Entscheidung zum Streit, ob ein Rechtsmittelverzicht auch nach Absprachen wie in regulären Verfahren möglich sein soll. Der BGH hatte sich bekanntlich zu einer Ja-Aber-Lösung durchgerungen: zwar soll ein Verzicht nicht vereinbarungsfähig sein. Ist der Verurteilte aber besonders darauf hingewiesen worden, dass ihm auch nach einer Absprache ein Rechtsmittel frei stehe, sollte nach der Erfindung dieser qualifizierten Belehrung ein Rechtsmittelverzicht erklärt werden können.[51]

Zwar bleibt es weiterhin bei der qualifizierten Belehrung. Nicht ganz systemkonform wird aber gleichwohl der Rechtsmittelverzicht nach einer Absprache für unzulässig erklärt. In der Realität wird gleichwohl selten ein Rechtsmittel eingelegt werden. Wenn Gericht wie Staatsanwaltschaft von einem Revisionsverfahren ausgingen, würden sie sich nicht auf eine Absprache einlassen. Und auch ein Verteidiger wird nicht ohne besondere Gründe zu einem Rechtsmittel greifen, will er sich nicht als Verhandlungspartner unglaubwürdig machen.[52] Der Verurteilte könnte daher den falschen Eindruck gewinnen, das Ver-

---

bei Niemöller et al. (Fn. 17), S. 310: ebenso ein Gesetzesantrag des Landes Niedersachsen vom 29.3.2006 (§ 243a n.F. Abs. 5 S. 3), BRDrs. 235/06; dazu *Heister-Neumann* (Fn. 21), 138. S. *Bittmann*, Das Gesetz zur Regelung der Verständigung im Strafverfahren, wistra 2000, 414 (416); vermittelnde Position bei *Gieg*, Letzter Anlauf für eine gesetzliche Regelung von Verständigungen im Strafverfahren? GA 2007, 467 (480 f.).

47 Zutreffend *Duttge*, Von Flutwellen, Sümpfen und Wetterzeichen, in: Schöch et al. (Hrsg.), FS Böttcher, 2007, S. 53 (75); *Meyer-Goßner* (Fn. 35), 108; *ders.*, Absprachen im Strafprozess, in: Schöch et al. (Hrsg.), FS Böttcher, 2007, S. 105, 118; *Jahn/Müller* (Fn. 19), 2629.

48 BGH, StV 2010, 227.

49 Zutreffend *v. Heintschel-Heinegg* (Fn. 9), § 257c Rn. 44.

50 Als empirische Tatsache s. *Momsen*, Zur sog. „Rügeverkümmerung" vor dem Hintergrund konsensualer Verfahrensbeendigung, in: Jung et al. (Hrsg.), FS Egon Müller, 2008, S. 457 (471).

51 BGHSt 43, 195 (206); 50, 40 (61).

52 *Schünemann* (Fn. 17), S. B 46.

fahren sei unwiderruflich nach der Absprache beendet.[53] Offenbar ging auch der Gesetzgeber von diesen im Hintergrund wirkmächtigen Mechanismen aus; denn nur damit erklärt sich die weiterhin in § 35a StPO vorgesehene qualifizierte Belehrung.

IV. Irrtümer der Absprachenkritiker

Fragen wir nach dieser notgedrungen gerafften tour d'horizon durch das neue Verständigungsrechts, ob damit wirklich ein Paradigmenwechsel vorgenommen wurde, dem man nun zwar nicht mehr den Vorwurf machen kann, er stehe contra legem,[54] wohl aber, er sei ein Bruch mit dem System des deutschen Strafverfahrens und desavouiere den rechtsstaatlichen, aufgeklärten Strafprozess.[55]

Diese Fundamentalkritik an den Absprachen scheint mir zumindest vier Irrtümern zu unterliegen.

1. Die Absprache als ureigenstes Element des anglo-amerikanischen Prozessmodells

Die erste mehr oder weniger deutlich in der Diskussion mitschwingende Fehlvorstellung geht dahin, dass die Absprache ureigenstes Element des angloamerikanischen Strafverfahrens sei. Dieses sei adversatorisch als Parteiverfahren angelegt, wozu dann auch die Verfügung von Anklage und Verteidigung über den Prozessstoff strukturell passe, während das deutsche inquisitorische Verfahren ganz im Gegenteil der Wahrheitsermittlung verpflichtet sei und Absprachen keinen Raum lasse.

In der Tat haben sich Absprachen zunächst im System des plea bargaining in den USA herausgebildet. Am Anfang steht eine aus alter Zeit tradierte Verpflichtung des Beschuldigten, zum Anklagevorwurf Stellung zu nehmen. Entweder er erklärt sich nicht schuldig und gibt ein *plea of not guilty* ab, oder er erklärt sich schuldig und erklärt mit dem *plea of guilty*, dass er den Strafanspruch dem Grunde nach anerkennt.[56] Heute wird ein Anteil von 95 % aller Strafverfahren durch ein guilty plea erledigt,[57] wobei die Zahlen regional und

53 *Niemöller* et al. (Fn. 17), § 35a Rn. 3.

54 *Schünemann*, Strafrechtssystematisches Manifest, GA 2006, 378 (380); *ders.*, Bundesrechtsanwaltskammer auf Abwegen, ZRP 2006, 63; *ders./Hauer*, (Fn. 21), 439; *Roxin/Schünemann*, (Fn. 44), S. 90. Dagegen *Küpper*, Konflikt oder Konsens? HFR 2007, Beitrag 14, S. 9.

55 *Prantl* (Fn. 2), 60.

56 Vgl. *Trüg*, Erkenntnisse aus der Untersuchung des US-amerikanischen *plea bargaining*-Systems für den deutschen Absprachendiskurs, ZStW 120 (2008), 331 (340 f.). Als dritte Möglichkeit bleibt mit Zustimmung des Gerichts das *nolo contendere*, also die Erklärung, dass sich der Angeklagte nicht erklären will, mit der Wirkung eines guilty plea nur in diesem Verfahren, nicht also für etwaige zivilrechtliche Schadensersatzprozesse, *LaFave/Israel*, Criminal Procedure, 2. Aufl. 1992, S. 932.

57 Vgl. *Colquitt*, Ad hoc plea bargaining, 75 Tul. L.R. 2001, 695 (700); *Kobor* (Fn. 17), S. 22.

nach Tatbeständen differieren können. So lag 2008 in den U.S. District Courts, also der Bundesstrafgerichtsbarkeit, die guilty plea-Rate bei 96,3 %, mit einer Bandbreite von 79,7 % bei Morddelikten bis zu 99 % bei bestimmten Betäubungsmitteldelikten.[58] Die vollständige, streitige Hauptverhandlung jedenfalls stellt die Ausnahme dar.[59]

Der Siegeszug des guilty plea ist damit zu erklären, dass die prozessualen Konsequenzen durch die Parteien zuvor abgesprochen werden. Das Aushandeln, englisch: to bargain – daher der Begriff vom bargaining – betrifft zweierlei: Zum einen versucht der Verteidiger, beim amerikanischen Staatsanwalt eine Beschränkung der Anklagepunkte zu erreichen. Im Gegenzug wird zu den verbleibenden Anklagepunkten ein guilty plea seines Mandanten angeboten. Manchmal gehen Angebote und Gegenangebote beider Seiten mehrmals hin und her, bis man zu einem beidseits akzeptablen Ergebnis gekommen ist.[60] Andere Gratifikationsformen, nach denen beispielsweise Angehörige von strafrechtlicher Verfolgung verschont bleiben, sind ebenfalls mit der Staatsanwaltschaft verhandelbar.[61]

Eine Frage bleibt dabei aber ungelöst, und diese ist für den Beschuldigten die entscheidende: Die Höhe der zu erwartenden Strafe lässt sich schwer abschätzen.[62] Deswegen hat sich eine weitere Form des Aushandelns etabliert, das sog. sentence bargaining. Entweder beteiligt sich der Richter selbst am plea bargaining im Rahmen halboffizieller, nicht-öffentlicher Zusammenkünfte, bei dem es auch um die Strafe geht.[63] Oder der Richter ist an der Strafmaßfestsetzung beteiligt. So kann der (Berufs-)richter am englischen Crown Court das Strafmaß in Aussicht stellen und ist damit daran auch gebunden.[64] Oder der Richter akzeptiert einen von den Parteien gemeinsam präsentierten Vorschlag. Letzteres gilt etwa für die Bundesgerichtsbarkeit, bei der sich die Bundesrichter nach Rule 11 (c) (1) der Federal Rules of Criminal Procedure nicht am plea bargaining beteiligen dürfen, aber das ausgehandelte Strafmaß in öffentlicher Sitzung nach formalen Kriterien u.a. auf Freiwilligkeit kontrollieren (Rule 11 (b) (2)). Diese

58 S. Sourcebook of Criminal Justice Statistics des Bureau of Justice Statistics, abzurufen unter http://www.albany.edu/sourcebook/pdf/t5342008.pdf, abgerufen am 31.3.2010.

59 Das gilt ebenso – auch wenn die Quoten z.T. niedriger liegen – für England und Australien, vgl. *Boll*, Plea Bargaining and Agreement in the Criminal Process, 2009, S. 7 f.; *Vogler*, Konsensuale Elemente im Strafprozess in England und Wales sowie in den USA, ZStW 116 (2004), 130 (133); inzwischen auch für Schottland, vgl. *Hertel*, „Deal“ gleich „Bargain“? ZJS 2010, 198 (199). In England ist der Begriff „plea acceptance“ gebräuchlich, vgl. *Buss*, Staatsanwaltschaft und Crown Prosecution Service, Diss. 2010, 4.3.

60 *Weigend*, Absprachen in ausländischen Strafverfahren, 1990, S. 38.

61 *Trüg* (Fn. 56), 343.

62 *Weigend* (Fn. 60), S. 39 f., auch zum Folgenden.

63 Vgl. *Stuntz*, Plea Bargaining and Criminal Law’s Disappearing Shadow, Harvard L.R. 117 (2004), 2548 (2561); zu den möglichen Facetten s. *LaFave/Israel* (Fn. 56), S. 928 f.

64 *Buss* (Fn. 59), 4.3.2.

Kontrolle läuft in der Praxis vielfach leer, weil die Gerichte das ausgehandelte Ergebnis stets billigen.[65]

Nicht wenige glauben, das Modell des plea bargaining wäre eine Eigentümlichkeit des anglo-amerikanischen Prozessmodells.[66] Damit wäre man bereits – wie es *Ernst Rabel* ausdrückte – im Dickicht der Rechtsvergleichung den Pfeilen der Eingeborenen erlegen:[67] Denn zu diesem Ergebnis gelangt, wer vom eigenen dogmatischen Standpunkt ausgeht und dazu die Ergebnisse in Beziehung setzt, die er in den anglo-amerikanischen Verfahren vorfindet. Von dieser normativ-deskriptiven Methode[68] hat sich die Rechtsvergleichung allerdings längst gelöst. Stattdessen gilt als lege artis jeder rechtsvergleichenden Arbeit, dass die Funktionen der Rechtsgestaltung zu erfassen sind.[69] Denn das Recht als Kulturerscheinung kann nicht losgelöst von seinen Ursachen und Wirkungen gedacht werden. Vergleichsgegenstand ist also nicht primär die Norm oder das Normensystem, sondern der ihr vorgelagerte Lebenssachverhalt als regelungsbedürftiges soziales Ordnungsproblem.[70] Von den eigenen dogmatischen und systematischen Vorstellungen von Recht habe man sich radikal zu lösen.[71]

Am Phänomen des plea bargaining exemplifiziert heißt das: Ausgangspunkt ist das Sachproblem, dass knappe justizielle Ressourcen den Bedarf nach effektiver und verfahrensökonomischer Erledigung der anfallenden Strafverfahren

---

65 *Trüg* (Fn. 56), 343, 356 f. u. 361 ff. Zu den Regeln im Einzelnen a.a.O., 350 f.

66 *Schünemann* (Fn. 12), S. 527; *ders.*, Strafprozessuale Absprachen in Deutschland. Der Rechtsstaat auf dem Weg in die „Bananenrepublik", 2005, S. 10 f. In diese Richtung auch *Trüg*, Rezension von Susanne Kobor, ZIS 2010, 159 (160).

67 *Rabel*, Deutsches und amerikanisches Recht, RabelsZ 16 (1951), 340.

68 *Jescheck*, Entwicklung, Aufgaben und Methoden der Strafrechtsvergleichung, 1955, S. 37 u. 40.

69 S. *Rabel*, Aufgabe und Notwendigkeit der Rechtsvergleichung, in: Leser (Hrsg.), Gesammelte Aufsätze, Bd. III, 1976, S. 1 (4); *Rheinstein*, Einführung in die Rechtsvergleichung, 2. Aufl. 1987, S. 15; *Zweigert/Kötz*, Einführung in die Rechtsvergleichung, 3. Aufl. 1996, S. 33 u. 37; *Koch* et al., IPR und Rechtsvergleichung, 4. Aufl. 2010, S. 280; *Starck*, Rechtsvergleichung im öffentlichen Recht, JZ 1997 1021 (1028); *Junker*, Rechtsvergleichung als Grundlagenfach, JZ 1994, 921 (922); *Jung*, Über die Beobachtung als Methode der Strafprozessvergleichung, in: Hassemer et al. (Hrsg.), FS Volk, 2009, S. 223 (227); *Haase/Tax* Einführung in die Methodik der Rechtsvergleichung, JA 2005, 232 (235); *Rösler*, Rechtsvergleichung als Erkenntnisinstrument in Wissenschaft, Praxis und Ausbildung, JuS 1999, 1186 f.; *Stuckenberg*, Vorstudien zu Vorsatz und Irrtum im Völkerstrafrecht, 2007, S. 37 f.; *Kischel*, Vorsicht, Rechtsvergleichung!, ZVglRWiss 104 (2005), 10 (16). Ausführlich zur Methodendiskussion *Rosenau*, Plea bargaining in deutschen Strafgerichtssälen: Die Rechtsvergleichung als Auslegungshilfe am Beispiel der Absprachen im Strafverfahren betrachtet, in: Paeffgen et al. (Hrsg.), FS Puppe, 2010 (im Erscheinen), III.2. f.

70 *Eser*, Funktionen, Methoden und Grenzen der Strafrechtsvergleichung, in: Albrecht et al. (Hrsg.), FS Günther Kaiser, 1998, 2. Halbbd., S. 1499 (1521).

71 *Zweigert/Kötz* (Fn. 69), S. 33 u. 36; *Jescheck* (Fn. 68), S. 40.

erzeugen.[72] Es geht darum, so Chief Justice *Burger* im Jahr 1970, das Funktionieren des Strafjustizsystems zu erhalten:[73] schon eine Reduktion der plea guilty-Erledigungen um zehn Prozentpunkte bedeute eine Verdoppelung der Justizstellen und Ausstattung – „judges, court reporters, bailiffs, clerks, jurors and courtrooms".[74] Freilich lässt ein solcher rechtsvergleichender Ansatz zunächst offen, ob die in den USA entwickelten Problemlösungen mittels eines plea bargaining auch für das deutsche Strafrecht sachlich angemessene Strategien bieten könnten.

Der fundamentale Irrtum besteht vorliegend in der verbreiteten Ansicht, das Modell des plea bargaining wäre dem anglo-amerikanischen Prozessmodell eigen.[75] Das Gegenteil ist der Fall: Bis in die sechziger Jahre hinein existierte plea bargaining am Rande der Legalität.[76] Absprachen wurden informell praktiziert und blieben unsichtbar.[77] Erst ab diesem Zeitpunkt wurden sie breiter diskutiert.[78] Und erst mit einer Grundsatzentscheidung des U.S. Supreme Court im Jahr 1970 war der Weg für die rechtliche Anerkennung des plea bargaining frei.[79] Das auch in den USA früher geübte Versteckspiel wurde überflüssig. Eine kleine Verfahrensordnung des guilty plea wurde 1975 in die Federal Rules of Criminal Procedure aufgenommen. In der amerikanischen Prozesswissenschaft indes ist das plea bargaining bis heute umstritten.[80]

---

72 Vgl. *Feeley*, Plea Bargaining and the Structure of the Criminal Process, Justice System Journal 7 (1982), 338 (349 f.), der das Aufkommen der Absprachen mit der Professionalisierung und der zunehmenden Komplexität im Strafprozess verknüpft.

73 Santobello v. New York, 404 U.S. 257 (1971), 260.

74 Zit. nach *LaFave/Israel* (Fn. 56), S. 899, die ihm auch folgen.

75 Ein weiterer, kaum ausrottbarer Irrtum ist derjenige, dass es dem anglo-amerikanischen Prozess gar nicht um Wahrheitsfindung gehe; *Hertel* (Fn. 59), 206; s. dagegen *Rosenau* (Fn. 69), IV.1.; *Damaška*, Structures of Authority and Comparative Criminal Procedure, 84 Yale L.J. (1975), 480 (524 f.); *Herrmann*, Models for the Reform of the Criminal Trial in the People's Republic of China, in: Kühne, (Hrsg.), FS Miyazawa, 1995, S. 611 (620); *ders.*, Der amerikanische Strafprozeß, in: Jung (Hrsg.), Der Strafprozeß im Spiegel ausländischer Verfahrensordnungen, 1990, S. 133 (155). Es genügt, an dieser Stelle zum Richter Lord *Denning* zu zitieren: „Even in England, however, his object, above all, is to find out the truth.", Jones v. National Coal Board [1957] 2 Q.B. 55 (63).

76 *Weigend*, Strafzumessung durch die Parteien, ZStW 94 (1982), 200 (205); *ders.* (Fn. 60), S. 70.

77 *Kobor*, (Fn. 17), S. 47.

78 *Fisher*, Plea Bargaining's Triumph, 2003, S. 8 ff.; *Dielmann*, „Guilty Plea" and „Plea Bargaining" im amerikanischen Strafverfahren, GA 1981, 558 (562). Ähnliches gilt für Australien und England, *Boll* (Fn. 59), S. 33 ff. u. 55.

79 Brady v. United States, 397 U.S. 742 (1970).

80 Vgl. *Schulhofer*, Plea bargaining as disaster, Yale L.J. 101 (1992), 1979 (1988); *Damaška*, Der Austausch von Vorteilen im Strafverfahren: Plea-Bargaining und Absprachen, StV 1988, 398 (400); *Langbein*, Torture and Plea Bargaining, University of Chicago L.R. 46 (1978), 3 ff.; *Bibas*, Plea Bargaining outside the Shadow of Trial, 117 Harvard L.R. (2004), 2463 (2495); *Alschuler*, The Changing Plea Bargaining Debate, California L.R.

Wenn nicht alles täuscht, hat sich in Deutschland eine vergleichbare, nur um 25 Jahre versetzte Entwicklung abgespielt. Mit der Entscheidung des Großen Strafsenates dürfte die Urteilsabsprache auch in Deutschland endgültig anerkannt sein. Und eine Ergänzung des Gesetzes liegt uns inzwischen mit § 257c StPO ebenfalls vor. Ausgangspunkt war wie in Amerika das Sachproblem, einvernehmliche Verfahrenslösungen entwickeln zu müssen, die einen schnellen, ressourcensparenden Abschluss zulassen. Die dort entwickelte plea bargaining-Lösung ist nun keine, die im amerikanischen Prozessrecht vorgegeben oder als systemimmanent zu bezeichnen wäre,[81] sondern eine, die dem amerikanischen Prozessmodell nicht ohne Kontroversen nachträglich angegliedert wurde. Plea bargaining ist nicht dogmatisch im anglo-amerikanischen Strafprozess verankert,[82] es *wurde* im anglo-amerikanischen Strafprozess verankert, und zwar erst, als sich die Notwendigkeit effektiver Verfahrenserledigung stellte. Die Parallelen zu Deutschland sind bei methodengerechter, rechtsvergleichender Betrachtung unverkennbar.

2. Die Ablehnung des Konsensprinzips

Selbst bei Befürwortern von Absprachen ist zu lesen, dass mit den Absprachen das Konsensprinzip als *neuer* Verfahrensgrundsatz Eingang in den Strafprozess gefunden habe.[83] Doch ist der Konsensgedanke keineswegs der StPO völlig fremd gewesen, weswegen er auch nicht so neuartig ist, wie man meinen könnte.

Das zeigt ein Blick auf lange bewährte Rechtsinstitute. Die StPO lässt ausdrücklich de lege lata in § 153a StPO eine Verständigung zwischen den Verfahrensbeteiligten auch über das Ergebnis und die Erledigung eines Strafverfahrens zu.[84] Bei der vorläufigen Einstellung gem. § 153a Abs. 2 StPO müssen der Angeklagte und die Staatsanwaltschaft vor dem Beschluss des Gerichts ihre Zustimmung erteilen, was der Konstellation der Urteilsabsprache entspricht.[85] In

---

69 (1981), 652 (705 f.); *Schwander*, Plea Bargaining als „abgekürztes Verfahren" im Entwurf für eine Schweizerische Strafprozessordnung, SJZ 103 (2007), 142 (143 f.); *Hertel* (Fn. 59), 200 f. sowie die umfassende Darstellung bei *Weigend* (Fn. 49), S. 55 ff. und *Dielmann* (Fn. 78), 568 f., jeweils m.w.N.; *Rosenau* (Fn. 69), II.5.

81 So aber *Langer*, From Legal Transplants to Legal Translations: The Globalization of Plea Bargaining and the Americanization Thesis in Criminal Procedure, 45 Harvard International L.J. (2004), 1 (36); *Trüg* (Fn. 66), 160. Zutreffend dagegen *Ransiek*, Zur Urteilsabsprache im Strafprozess: ein amerikanischer Fall, ZIS 2008, 116 f.; auch *Schünemann* zeigt sich an einer Stelle zu Recht irritiert, (Fn. 4), S. 1192.

82 *Dielmann* (Fn. 78), 561; *Ransiek* (Fn. 81), 117. So aber *Trüg* (Fn. 56), 349.

83 *Jahn/Müller* (Fn. 19), 2631; vgl. anders *Hellmann*, Strafprozessrecht, 2. Aufl. 2006, Rn. 689.

84 BGHSt 43, 195 (203); *Marsch* (Fn. 19), 220. In der Analyse zustimmend *Duttge*, Möglichkeiten eines Konsensualprozesses nach deutschem Strafprozeßrecht, ZStW 115 (2003), 539 (559).

85 *Wagner*, Ziele des Strafprozesses? in: Hoyer, et al. (Hrsg.), GS Eckert, 2008, S. 939 (948).

der Tat führt das Verfahren nach § 153a StPO in der Praxis dazu, dass es mit dem Angeklagten bzw. seinem Verteidiger zu einer Art kleinen Absprache kommt,[86] sei es, dass der Angeklagte die Tat einräumt – was die Staatsanwaltschaft zuweilen als Voraussetzung verlangt, um dem Angeklagten die Wohltat der Verfahrenseinstellung ohne Schuldspruch zu gewähren –, sei es, dass der Angeklagte prozesstaktisch vorgeht und das Verfahren nach § 153a Abs. 2 StPO anstrebt, um unbestraft den Gerichtssaal zu verlassen. Unverkennbar wohnt dem § 153a StPO ein Verständigungsmoment inne. Und nicht von ungefähr haben sich die Absprachen im Strafverfahren in der Masse etabliert, als § 153a StPO im Jahr 1974 eingeführt wurde.[87] Im Bereich von Vergehen kommt es häufig auch zu Überschneidungen in der Anbahnung von Absprachen oder einer Erledigung nach § 153a StPO.[88] Es geht bei § 153a StPO zwar nicht um einen Schuldspruch, wohl aber um eine rechtskräftige[89] Verfahrensbeendigung, und wie bei der Urteilsabsprache in Gestalt eines Geständnisses muss der Angeklagte vorleisten: die angestrebte endgültige Verfahrenseinstellung erfolgt erst, wenn etwa die Geldauflage geleistet wurde; anderenfalls wird das Verfahren fortgesetzt.[90] Der Satz, die Verfahrensbeteiligten könnten über den Gegenstand des Verfahrens nicht disponieren, gilt folglich nicht uneingeschränkt. Die Konsensidee bezieht sich also auch auf den Verfahrensgegenstand und lässt sich nicht auf das Beweisrecht verengen.[91] Das zeigen im Übrigen auch die verfahrensökonomischen Bestimmungen der §§ 154 und 154a StPO.

Vielleicht noch deutlicher weist das Strafbefehlsverfahren in Richtung auf die Absprachenpraxis. Dort wird nach einer Prüfung nur anhand der Akten für den Angeklagten im Wege einer Art Informationslösung eine einseitige Strafe festgesetzt und diesem unterbreitet. Es genügt ein hinreichender Tatverdacht, das Gericht muss nicht von der Schuld des Täters überzeugt sein. Der Angeklagte muss dem Verfahren nicht zustimmen, insofern kommt es nicht zu Verhandlungen mit dem Beschuldigten.[92] Doch wird ein mutmaßliches Verhandlungsergebnis von der Staatsanwaltschaft einseitig vorweggenommen und mit deutlichen Abstrichen an der Strafhöhe honoriert. Und mehr noch: schon wenn der Beschuldigte nach Kenntnis nicht reagiert, sich also quasi dem Verfahren stillschweigend unterwirft, erwächst der Strafbefehl in Rechtskraft und steht nach § 410 Abs. 3 StPO einem rechtskräftigen Urteil gleich.

---

86 *Prantl* (Fn. 2), 62 f.

87 *Hettinger*, Von der Gleichheit vor dem Gesetz zur Ungleichheit vor Gericht? in: Jung, et al. (Hrsg.), FS Egon Müller, 2008, S. 261 (263); *Schünemann* (Fn. 66), S. 2; *ders*. (Fn. 4), S. 1183 f.

88 *Wagner* (Fn. 85), S. 956.

89 Zur Problematik der insoweit weitreichenden Rechtskraft vgl. *Radtke*, Die Systematik des Strafklageverbrauchs verfahrenserledigender Entscheidungen im Strafprozeß, 1994.

90 Das übergeht *Schünemann* (Fn. 12), S. 537.

91 So aber *Weßlau,* Konsensprinzip als Leitidee des Strafverfahrens, StraFo 2007, 1 (4).

92 *Dielmann* (Fn. 78), 570.

Unbestreitbar existieren also bereits konsensuale Elemente, die nun durch die gesetzlich geregelte Verständigung zu einem Konsensprinzip erstarkt sind,[93] auch wenn dies zahlreiche Kritiker nicht wahrhaben wollen.[94] Sie müssen sich aber vorhalten lassen, dass man Prozessmaximen nicht als immerwährendes, starres Gerüst sehen kann, sondern diese sich von ihrer Idee her mit den Zeiten verschieben, verändern, aufheben.[95] Die Prozessmaximen sind innovationsoffen und damit auch neuen Gesichtspunkten zugänglich, unter denen der Gesetzgeber mit rechtspolitischem Impetus das Verfahren neu sehen will. Und mit der Implementierung der §§ 153 ff. StPO, der §§ 407 ff. StPO und nun des § 257c StPO hat er die konsensualen Elemente zu einer Konsensmaxime verdichtet. *Rieß* hat völlig Recht: mit der gesetzgeberischen Entscheidung ist nicht nur die Zulässigkeit der Absprachen nicht mehr in Frage zu stellen, sondern ist auch das Prozessmodell der StPO neu zu justieren.[96]

Dass ein Strafverfahren nicht zum Kaffeekränzchen degenerieren darf und sich Vorstellungen in den siebziger Jahren, die den Prozess als eine Art Runden Tisch ausgestalten wollten,[97] zu Recht nicht durchgesetzt haben, streitet nicht gegen ein konsensuales Prozessverständnis. Das Strafverfahren gestaltet sich zwangsläufig als kommunikatives Procedere, was die Möglichkeit von teilweisem oder vollständigem Konsens eröffnet.[98] Zutreffend weist *Ignor* darauf hin, dass anerkanntermaßen der Angeklagte in vielfältiger Weise auf schützende

93 Vgl. den 1. Strafsenat des BGH, der von konsensualer Erledigung spricht, NStZ 2004, 164; ebenso *Roxin*, Die Strafrechtswissenschaft vor den Aufgaben der Zukunft, in: Eser et al. (Hrsg.), Die Deutsche Strafrechtswissenschaft vor der Jahrtausendwende, 2000, S. 369 (375 f.). *Weichbrodt* (Fn. 17) spricht insoweit sogar von weitgehender Einigkeit, von der aber – s. Fn. 94 – keine Rede sein kann.

94 *Duttge* (Fn. 84), 563 f.; *Murmann*, Reform ohne Wiederkehr? – Die gesetzliche Regelung der Absprachen im Strafverfahren, ZIS 2009, 526 (531); *Harms* (Fn. 2), S. 293; *Meyer-Goßner* (Fn. 40), § 257c Rn. 3; *Roxin/Schünemann* (Fn. 44), S. 94; *Temming*, in: HK, 4. Aufl. 2009, Einleitung Rn. 114; wohl auch *Saliger*, Absprachen im Strafprozess an den Grenzen der Rechtsfortbildung, JuS 2006, 8 (12); abwägend *Hassemer*, Konsens im Strafprozeß, in: Michalke et al. (Hrsg.), FS Hamm, 2008, S. 171 (186 einerseits, 188 andererseits).

95 *Kühne*, in: LK, 26. Aufl. 2006, Einl. Abschn. I Rn. 2. Unzutreffend dagegen *Altenhain/Haimerl* (Fn. 25), 328.

96 *Rieß*, Thesen zur rechtsdogmatischen und rechtspolitischen Fernwirkung der gesetzlichen Regelung der Urteilsabsprache, StraFo 2010, 10. Unzutreffend entsprechend *Weßlau* (Fn. 9), S. 789, die eine Art Schwangerschaftslösung annimmt: rechtswidrig, aber gestattet: a.a.O., S. 785.

97 *Schöch*, Neues Strafrecht und Struktur der Hauptverhandlung, in: Schreiber, Wassermann (Hrsg.), Gesamtreform des Strafverfahrens, Neuwied 1987, S. 99 (100); *Wassermann*, Die Verminderung des Machtgefälles in der Strafgerichtsverhandlung als rechtspraktisches und rechtspolitisches Problem, ZRP 1986, 133 (136).

98 *Jahn*, Zurück in die Zukunft - Die Diskurstheorie des Rechts als Paradigma des neuen konsensualen Strafverfahrens, GA 2004, 272 (285 f.).

Formen des Strafverfahrens verzichten kann, indem er beispielsweise einer einem Verbot unterfallenden Beweisverwertung nicht widerspricht oder sein rechtlichen Gehör nicht wahrnimmt.[99] Wer den Angeklagten als Prozesssubjekt ernst nimmt, wird ihm die Möglichkeit einräumen, sich einer erwarteten Strafe zu unterwerfen und damit im Rahmen einer Absprache die Verantwortung für seine Tat auf sich zu nehmen.[100] Letztlich steckt darin auch ein Anerkenntnis seiner Schuld. Die Normierung des Täter-Opfer-Ausgleiches als bestimmender Strafzumessungsgrund (§ 46a StGB) beruht im Grundsatz auf diesen Überlegungen.

Dass dem wilhelminischen Gesetzgeber im Jahre 1877 bei Erlass der Reichsstrafprozessordnung ein solches Rollenverständnis von Staat und Bürger fernlag, ist unbestreitbar. Es ist aber an der Zeit, auch für das Strafverfahren das überkommene Verständnis von Über- und Unterordnung aufzulockern.[101] Absprachen lassen sich in diesem Sinne verstehen. Sie sind Ausdruck kooperativer und konsensualer Streiterledigung, die dem Angeklagten ermöglicht, über seinen Verteidiger gestaltend in den Prozess der Schuldfeststellung und Straffestsetzung einzugreifen.[102] Dass ein solches Verfahrensmodell akzeptanzsteigernd ist und das Ziel fördern kann, Rechtsfrieden zu schaffen,[103] zeigen die Erfahrungen mit § 153a StPO.[104] Gleiches gilt für das amtsgerichtliche Strafverfahren, welches heute als summarisches Verfahren mit kursorischer Prüfung der Tatvorwürfe daher kommt. Hier ist ein einvernehmliches Verfahren mit einer hohen Befriedigungsrate Realität, was die geringen Anfechtungsquoten zeigen.[105] Denkbar erscheint auch, Ansätze aus der governance-Debatte des öffentlichen Rechts zu berücksichtigen,[106] wo selbst bei der Zuteilung von Lebenschancen, also überspitzt formuliert bei der Frage von Leben und Tod, die Staatsgewalt in zu-

---

99 *Ignor* (Fn. 19), S. 330 f.

100 *Vogler* (Fn. 59), 148.

101 Vgl. *Lesch*, Strafprozeßrecht, 2. Aufl. 2001, S. 159; *Ignor* (Fn. 19), S. 332.

102 *Herrmann*, Rechtliche Strukturen für Absprachen in der Hauptverhandlung, JuS 1999, 1162 (1166).

103 Ausführlich *Dippel*, Urteilsabsprachen im Strafverfahren und das Prozessziel der Wiederherstellung des Rechtsfriedens, in: Schöch et al. (Hrsg.), FS Widmaier, 2008, S. 105 (118 f.). Damit setzt auch das BVerfG die Absprachen in Beziehung, (Fn. 114), 2663, li. Sp.; zu skeptisch *Weigend* (Fn. 45), S. 830.

104 *Herrmann* (Fn. 102), 1167.

105 *Rieß*, Dreigliedriger Aufbau der Strafjustiz und Rechtsmittelreform in Strafsachen, JZ 2000, 813 (817 Fn. 35).

106 *Lüderssen*, „Regulierte Selbstregulierung“ in der Strafjustiz, Ein unorthodoxer Beitrag zur Frage der Legitimation der „Absprachen“, in: Weßlau/Wohlers (Hrsg.), FS Fezer, 2008, S. 531 ff.; zu Governance im Bereich der Justizgewährung s. *Schuppert*, Staatliche Ressourcenverantwortung für eine funktionsfähige Justiz, DRiZ 2006, 82 ff.

lässiger Weise Entscheidungsbefugnisse auf private Expertenkomitees delegiert.[107]

Ein fehlendes Gleichgewicht der Kräfte der beteiligten Akteure, welches selbst im Zivilverfahren oft genug Fiktion sein dürfte, hindert ein Modell konsensualer Verfahrensbeendigung nicht prinzipiell.[108] Die Willensfreiheit scheitert nicht schon daran, dass sich eine Person Zwängen ausgesetzt sieht und gleichwohl zwischen Alternativen zu entscheiden hat, mögen diese auch jeweils nachteilig wirken.[109] Wäre es anders, wäre beispielsweise der informed consent bei medizinischen Behandlungen reine Fiktion. Eine Sprechsituation nach dem Ideal der ethischen Diskurstheorie ist nicht zu verlangen.[110] Bereits die Diskussion um den nicht unproblematischen Begriff der „Waffengleichheit“[111] im Strafverfahren zeigt, dass auch der Beschuldigte eigene Handlungsoptionen im Strafverfahren hat. Eine solche ist diejenige, eine Verständigung nach § 257c StPO einzugehen und den Ausgang des Strafverfahrens zu beeinflussen – wie das auch im Rahmen einer streitigen Hauptverhandlung unstrittig möglich wäre – oder eben nicht einzugehen. Es werden dem Beschuldigten damit Wahlmöglichkeiten eröffnet, die ihn als Subjekt des Verfahrens qualifizieren.[112]

Damit wird aber keinesfalls die staatliche Kriminalstrafe in das Belieben des Bürgers gestellt, wie behauptet wird.[113] Sowohl von ihrer Prämisse wie der Folgerung falsch ist zudem die Aussage in der amtlichen Begründung, man wolle mit der Regelung der Absprachen eine konsensuale Verfahrenserledigung zurückdrängen.[114] Das verkennt, dass bereits die Absprache per se gerade solche

---

107 Das gilt für die Allokation in der Transplantation, vgl. *Rosenau*, Die Setzung von Standards in der Transplantation: Aufgabe und Legitimation der Bundesärztekammer, in: Ahrens et al. (Hrsg.), Medizin und Haftung, FS Deutsch zum 80. Geburtstag, 2009, S. 435 ff. m.w.N.

108 A.A. *Weigend* (Fn. 76), 224; differenzierter *ders.*, Der BGH vor der Herausforderung der Absprachenpraxis, in: Canaris et al. (Hrsg.), FS 50 Jahre Bundesgerichtshof, 2000, 1011 (1041); *Rönnau* (Fn. 17), S. 280.

109 Vgl. zu Recht *Altenhain/Haimerl* (Fn. 42), 291; *Steinhögl*, (Fn. 17), S. 143.

110 Richtig *Jahn* (Fn. 98), 282. So aber wohl *Lüderssen*, Verständigung im Strafverfahren, in: Michalke et al. (Hrsg), FS Hamm, 2008, S. 419 (436).

111 *Safferling*, Audiatur et altera pars - die prozessuale Waffengleichheit als Prozessprinzip? NStZ 2004, 181 (187 f.); *Tettinger*, Fairneß und Waffengleichheit, 1984, S. 32 f.; *Ambos*, Der Europäische Gerichtshof für Menschenrechte und Verfahrensrechte, ZStW 115 (2003), 583 (592 ff.); *Beulke* (Fn. 24), Rn. 148.

112 *Weßlau* (Fn. 17), S. 250. Ob damit nun aber eine Art zweispuriges Verfahrensrecht einhergeht, also die Absprachen als gesondertes, besonderes Verfahren geregelt werden, oder als Teil des Hauptverfahrens, ist eine absolut zweitrangige, weil rein rechtstechnische Frage; a.A. *Weßlau* (Fn. 9), S. 790; wohl auch *Weichbrodt* (Fn. 17), S. 365 f.

113 *Schünemann*, Zur Kritik des amerikanischen Strafprozessmodells, in: Weßlau et al. (Hrsg.), FS Fezer, 2008, S. 555 (560).

114 BTDrs. 16/12310, S. 8.

Elemente in verstärktem Maße in das deutsche Strafverfahren hineinlegt. Die Distanz des Gesetzgebers ist lediglich verbal, nicht auch konzeptionell.[115]

3. Der Untergang des rechtsstaatlichen Strafprozesses

Den „herrschenden nationalen Horizont durch Weltweite" zu ersetzen[116] deckt einen weiteren Irrtum auf: Die Annahme, mit Absprachen gehe ein rechtsstaatliches Strafverfahren zugrunde,[117] ist doch eine sehr deutsche Sichtweise in reiner Binnenperspektive. Es ist nirgends belegt, dass das Strafverfahrenssystem in Staaten, die in jüngerer Zeit Absprachen eingeführt haben, untergegangen wäre. Und dies waren einige, wie ein notgedrungen kursorischer Überblick zeigt.

In *Italien* sind Absprachen mit der Strafverfahrensreform 1989 gesetzlich normiert worden. Angeklagten, die ganz oder teilweise auf die Wahrnehmung ihrer Verteidigungsrechte verzichten (giudizio abbreviato), verspricht das Gesetz eine großzügige Milderung der Strafe auch unter das gesetzliche Mindestmaß. Im sog. patteggiamento, dem wohlklingenden italienischen Pendant für bargaining, wird auf Antrag des Beschuldigten eine zuvor mit der Staatsanwaltschaft ausgehandelte Strafe durch den Richter in nichtöffentlicher Verhandlung festgesetzt, und zwar in einem Urteil eigener Art, sofern nach Lage der Akten nicht ein Freispruch naheliegt oder die geforderte Strafe unangemessen erscheint.[118] Das Strafmaß kann bei Strafandrohungen nicht über sechs Jahren dabei um ein Drittel abgesenkt werden.[119] Dieses Abspracheverfahren ist 2003 ausgeweitet worden und erstreckt sich auf 90 % aller Straftaten. Im Jahr 1999 ist mit Blick auf ein Verfassungsgerichtsurteil, welches das patteggiamento für nicht verfassungskonform einstufte,[120] die Bestimmung Art. 111 Abs. 5 in die italienische Verfassung aufgenommen worden, wonach bei Konsens des Angeklagten auf ein streitiges Verfahren verzichtet werden kann.[121]

In *Frankreich* ist im Oktober 2004 mit der Loi Perben das sog. plaider coupable in Kraft getreten.[122] Ganz vergleichbar mit dem italienischen Modell kann auch hier die Staatsanwaltschaft solchen Angeklagten, die sich schuldig beken-

115 So aber *Weßlau* (Fn. 9), S. 788.

116 *Kegel*, Ernst Rabel – Werk und Person, RabelsZ 54 (1990), 1 (10).

117 *Schünemann* (Fn. 4), S. 1185; *ders.* (Fn. 113), S. 571.

118 Art. 444 C.p.p., abgedruckt bei *Budde*, Vereinbarungen im italienischen Strafprozeß, ZStW 102 (1990), 198 (210 f.); s. dazu *Amodio*, Neues italienisches Strafverfahren, ZStW 102 (1990), 171 (186); *Maiwald*, Eine neue Strafprozeßordnung für Italien, JZ 1989, 874 (876 f.); *ders.*, Einführung in das italienische Strafrecht und Strafprozeßrecht, 2009, S. 226 f.; *Marx/Grilli*, Der neue italienische Strafprozeß, GA 1990, 495 (504); *Weichbrodt* (Fn. 17), S. 246 ff.

119 *Langer* (Fn. 81), 49 f.; *Marx/Grilli* (Fn. 118), 504.

120 Corte cost., 26.6.1990, n. 313, 96 Racc. uff. corte cost. 1990, 89.

121 Verfassungsgesetz no. 2 vom 23.11.1999, s. *Weichbrodt* (Fn. 17), S. 230 ff.

122 Vgl. *Jung/Nitschmann*, Das Bekenntnis zum Schuldbekenntnis – zur Einführung des plaider coupable im französichen Strafprozess, ZStW 116 (2004), 785 ff.

nen, in einem verkürzten Verfahren und ohne Gerichtsverhandlung eine angemessene Strafe vorschlagen. Eine öffentliche Gerichtsverhandlung entfällt. Auch die neue StPO in der *Schweiz* eröffnet in Anlehnung an das amerikanische plea bargaining die Möglichkeit von Absprachen im Rahmen eines verkürzten Verfahrens (Art. 358 ff.), und auch hier waren Effizienzgesichtspunkte maßgeblich.[123]

Im supranationalen Kontext wird im Corpus Iuris für ein europäisiertes Strafverfahren die Möglichkeit einer konsensualen Verfahrensbeendigung vorgeschlagen (§ 22 Abs. 2 b)),[124] und auf die seit einiger Zeit geübte Praxis bestimmter Formen des plea bargaining vor dem Internationalen Strafgerichtshof für das ehemalige Jugoslawien (ICTY) haben die Richter im Dezember 2001 mit Regel 62ter in einer „kleinen" Verfahrensordnung für Absprachen reagiert.[125]

Beurteilen wir diese Befunde nach einer rechtsvergleichenden Umschau durch kritische Wertung, um grundsätzliche Lösungsansätze für ein Sachproblem zu erkennen. Im hiesigen Kontext brauchen wir die Wertung nicht sehr weit zu treiben. Entscheidend ist an dieser Stelle lediglich, dass in den Strafprozessordnungen das Element des konsensualen Aushandelns von Verfahrensergebnissen als notwendige Ergänzung aufgenommen wurde. Der Vorwurf, mit den Absprachen bewege sich der deutsche Strafprozess zurück in die Provinzialität,[126] liegt offenkundig neben der Sache.

Diese genannten Beispiele belegen den dritten Irrtum. Sie sind aber zugleich ein Beleg für die irrige Annahme, dass sich Strafverfahren und Konsens ausschlössen.[127] Im Gegenteil zeigt sich ein universelles Bedürfnis nach konsensualen Lösungen, welches in zahlreichen Ländern und Jurisdiktionen parallel verläuft.[128]

---

123 *Pieth*, Schweizerisches Strafprozessrecht, Basel 2009, S. 193 ff.; *Schwander* (Fn. 80), 142; *Kunz*, in: Jung et al. (Hrsg.), FS Egon Müller, 2008, S. 383 (385 ff.).

124 Die deutsche Fassung, besorgt von Walter, ist herunterzuladen unter: www.jura.uni-augsburg.de/fakultaet/lehrstuehle/rosenau/medienverzeichnis/Forschung/corpus_iuris_deutsch.pdf, abgerufen am 18.5.2010.

125 Vgl. *Bulaty*, *Plea-bargaining*-Tendenzen im Völkerstrafrecht, ZStrR 126 (2008), 214 ff.; *Hammer* (Fn. 17), S. 177 ff.; zu den Reserven angesichts der Akzeptanzprobleme bei den Opfern a.a.O., 238 f. und *Kreß*, Absprachen im Rechtsvergleich, ZStW 116 (2004), 172 (174 f.).

126 *Schünemann* (Fn. 2), 105.

127 So etwa *Prantl* (Fn. 2), 61.

128 *Hörnle*, Unterschiede zwischen Strafverfahrensordnungen und ihre kulturellen Hintergründe, ZStW 117 (2005), 801 (829 f.); *Matt/Vogel*, Urteilsabsprachen im Strafverfahren: Ein Alternativvorschlag einer gesetzlichen Regelung, in: Beulke et al. (Hrsg.), FS zu Ehren des Strafrechtsausschusses der BRAK, 2006, S. 391 (392); *Meyer-Goßner*, Domestikation der Absprachen im Strafprozess, in: Hefendehl (Hrsg.), Symposium Schünemann zum 60. Geburtstag, 2005, S. 235 (243).; vgl. *Weßlau*, Absprachen in Strafverfahren, ZStW 116 (2004), 150 (169 f.).

Diejenigen, die auf die Bemerkungen des österreichischen OGH in einem Beschluss aus dem Jahre 2004 verweisen,[129] wonach die Absprache in eklatantem Widerspruch zu tragenden Grundprinzipien des Strafverfahrensrechts stünden und disziplinarrechtlich, wenn nicht sogar strafrechtlich zu ahnden wären,[130] unterschlagen geflissentlich, dass dieses Verdikt nur auf dem Papier steht. Wer die Beteiligten befragt, bekommt zu hören, dass in *Österreich* Absprachen genauso auf der Tagesordnung stehen wie in Deutschland.[131]

4. Der Widerspruch zu tragenden Grundprinzipien des Strafverfahrens

Der OGH in Wien unterliegt mit seinem Ausspruch dem häufig auch in der hiesigen Diskussion festzustellendem vierten Missverständnis. So wird behauptet, eine Absprache tangiere oder widerspreche wesentlichen Prozessmaximen und könne daher nicht zulässig sein.[132] Das ist erstaunlich, weil dem OGH wie den Kritikern das an sich geläufige Wissen um die Relativität von Prozessgrundsätzen[133] abhanden gekommen zu sein scheint.

In der Tat sind bei vielen Maximen Abstriche zu machen.[134] Nach *Schünemann* stößt die Absprache an allen Ecken und Kanten auf Aporien.[135]

a) Die Instruktionsmaxime

Das Gebot der Amtsaufklärung (§§ 155 Abs. 2, 244 Abs. 2 StPO) ist der für die Absprachenpraxis heikelste Prozessgrundsatz. Es besagt, dass eine Sachaufklärung nicht zur freien Disposition der Verfahrensbeteiligten steht. Das Gericht hat sich selbst zu instruieren, hat in eigener Verantwortung den Sachverhalt vollständig zu erforschen. Dabei gilt das Prinzip der materiellen Wahrheit.[136] Nach der Instruktionsmaxime ist dem Gericht und der Staatsanwaltschaft untersagt, sich auf einen „Vergleich" im Gewande des Urteils, auf einen Handel mit der Gerechtigkeit einzulassen.[137] Daraus folgt zweierlei: Zum einen wird eine Absprache über den Schuldspruch nach § 257c Abs. 2 S. 3 StPO für unzulässig erklärt. Wenn das Verfahrensergebnis nicht der freien Verfügung der Prozessbeteiligten unterliegt, darf Grundlage des Urteils nur ein Sachverhalt sein, der nach Überzeugung des Gerichts tatsächlich gegeben ist. Die strafrechtliche Bewertung und Einordnung ist keiner Vereinbarung zugänglich. Zum zweiten entbin-

---

129 Vgl. nur *Roxin/Schünemann* (Fn. 44), S. 90.

130 OGH, Urteil vom 24.8.2004 – 11 Os 77/04, ÖJZ 2005, 275 (276).

131 Zur Diskussion in Österreich s. *Schmoller*, Neues Strafprozessrecht in Österreich, GA 2009, 505 (528 m.w.N.).

132 *Gössel*, Zur Zulässigkeit von Absprachen im Strafverfahren in der Rechtsprechung, in: Schöch et al. (Hrsg.), FS Böttcher, 2007, S. 79 (85).

133 *Kühne* (Fn. 95) Einl. Abschn. I Rn. 2.

134 *Roxin/Schünemann* (Fn. 44), S. 60.

135 *Schünemann* (Fn. 66), S. 7.

136 Vgl. BVerfGE 57, 250 (275).

137 BVerfG, 3. Kammer d. 2. Senats, NJW 1987, 2662 (2663); BGHSt 50, 40 (48).

det das Vorliegen eines Geständnisses den Richter nicht von seiner Ermittlungspflicht. Es ist allgemein anerkannt, dass ein Geständnis in jedem Einzelfall auf seinen Beweiswert hin kritisch hinterfragt werden muss. In der Diktion des Großen Strafsenats: „(Das) Geständnis muss auf seine Zuverlässigkeit überprüft werden. Das Gericht muss von seiner Richtigkeit überzeugt sein.“[138]

An dieser Stelle setzt die weitergehende Kritik an.[139] Das Gesetz postuliere zwar das Gebot bestmöglicher Sachaufklärung, welches als zentrales Ziel des rechtsstaatlich geordneten Strafverfahrens herausgehoben werde, ziehe hieraus aber keine Folgen. Der Ergebnisrichtigkeit und dem Streben nach möglichst umfassender Aufklärung des relevanten Sachverhaltes müsse das Verfahren verpflichtet bleiben, will es nicht den Anspruch verlieren, die durch die Straftat hervorgerufene Störung des Rechtsfriedens zu überwinden. Die prinzipielle Unvollkommenheit unserer Erkenntnisfähigkeit rechtfertige es nicht, vorschnell und vorzeitig die tatrichterliche Beweisaufnahme abzubrechen, nur weil ein Geständnis im Rahmen einer Absprache vorliege und sich aufgrund der Akten keine Fragen ergäben.[140]

Die Forderung halte ich für überzogen. Die zutreffende Rekonstruktion des wahren Geschehens ist zwar ein wesentliches Axiom des deutschen Strafverfahrens, gilt aber ihrerseits nicht uneingeschränkt. Die Prozessordnung kennt kein Streben nach Wahrheit um jeden Preis,[141] weil die Verabsolutierung dieses Prinzips im Hinblick auf die Rechtsfriedensfunktion der staatlichen Rechtsordnung kontraproduktiv wäre. Das Ziel größtmöglicher Annäherung an die materielle Wahrheit wird abgebrochen, sobald die Justizförmigkeit des Verfahrens in Gefahr gerät. Darüber hinaus ist das materielle Wahrheitsziel des deutschen Strafprozesses selbst ein prozedurales Ergebnis. Die Wirklichkeit wird im Strafverfahren niemals abgebildet, weil es dort erstens nicht um historische Aufklärung, sondern nur um die Überprüfung von Straftatbeständen geht.[142] Zweitens beschränken aufgrund der genannten rechtsstaatlichen Überlegungen mannigfache Regelungen die Wahrheitsfindung, wie etwa Zeugnis- oder Aussageverweigerungsrecht usf. Drittens schließlich werden wesentliche Vorverständnisse durch die Zusammenstellung von Ermittlungsergebnissen vorgeprägt, die ihrerseits Ergebnis eines Konstruktionsprozesses jenseits der Wirklichkeit sind.[143] Die Wahrheit im Prozess ist also stets ein Konstrukt.[144]

138 BGHSt 50, 40 (49).

139 Vgl. *Meyer-Goßner* (Fn. 40), § 257c Rn. 3.

140 *Duttge* (Fn. 84), 546 f.

141 BGHSt 14, 358 (365); 31, 304 (309).

142 *Duttge* (Fn. 84), S. 544.

143 *Kreuzer*, Der „strafrechtliche Fall“ in kriminologischer Sicht, in: Schünemann et al. (Hrsg.), FS Roxin, 2001, S. 1541 (1549).

144 *Weichbrodt* (Fn. 17), S. 91.

Das ist zugegebener Maßen eine sehr abstrakt gehaltene Erwiderung. Mit Blick auf die Absprachenproblematik lässt sich weiter mit der geltenden Rechtslage argumentieren. Dazu ist erneut auf die § 153a, §§ 154 ff. und §§ 407 ff. StPO zu verweisen. Diese Regeln zeigen, dass schon bislang die Instruktionsmaxime nur eingeschränkt gilt. Damit ist aber noch nicht gesagt, wo bei verfahrensbeendenden Absprachen die Schranken liegen. Wann sich eine Beweiserhebung nach einem Geständnis aufdrängt, wird der eine Richter eher bejahen als ein anderer. Aber im Grundsatz ist das Gericht gehalten, das Geständnis des Angeklagten nicht ohne weiteres seiner Verurteilung zugrunde zu legen. Der Einwand, bei Absprachen werde die materielle Wahrheit totaliter verfehlt, ist nicht berechtigt.[145]

b) Der Grundsatz schuldangemessenen Strafens (§ 46 StGB)

An das Geständnis knüpfen sich weitere Fragen. Es wird gesagt, dass ein im Rahmen der Absprache erfolgtes, womöglich prozesstaktisch inspiriertes Geständnisses überhaupt gar keine mildernde Wirkung entfalten könne.

Das überzeugt nicht. Jedem Geständnis kommt eine strafmildernde Bedeutung zu.[146] In einem schlichten, dahingemurmelten „Ja, ich war es. Ich habe das getan" kann mehr Reue stecken als in einer blumigen, umfassenden Schilderung des Tatherganges, dem man dann die Qualität eines qualifizierten Geständnisses zusprechen will. Vieles hängt hier von der Persönlichkeitsstruktur des Täters ab.[147]

Dem lässt sich auch nicht entgegnen, man könne ja auch so, ohne Absprache, ein Geständnis ablegen.[148] Dieser Einwand bietet eine verkürzte Sicht auf die Realitäten. Viele Beschuldigte sind dazu gerade nicht in der Lage. Wir sehen oft genug bei uns selbst, wie schwer es fällt, die Verantwortung für Fehlverhalten einzuräumen. Es ist daher eine große Leistung, wenn ein Gericht einen Angeklagten zu diesem Eingeständnis bewegen kann. Denn ein solches Geständnis ist stets auch ein erster Schritt zum Rechtsfrieden. Regelmäßig ist es auch für die Tatopfer der erste Schritt, um wieder zur Ruhe zu finden. Es ist daher ganz im Sinne des Strafverfahrens, die Hemmschwelle vor dem Geständnis zu überwinden, ähnlich wie eine Therapiebereitschaft bei kriminellen, behandlungsbedürftigen Probanden erst geweckt werden muss. Zudem gebietet ein Geständnis deutliche Strafmilderungen,[149] die sich um ein Drittel der sonst schuldangemessenen Strafe bewegen,[150] im Einzelfall aber auch höher sein können.

---

145 *Volk* (Fn. 24), S. 278.

146 BGHSt 43, 195 (210).

147 Vgl. *Schmidt-Hieber*, W. (Fn. 13), 1885.

148 *Roxin/Schünemann* (Fn. 44), S. 94.

149 Notorisch unterschätzt von *Schünemann*, etwa *ders./Hauer* (Fn. 21), 444; ebenso bei Altenhain/Haimerl (Fn. 25), 331.

150 *Bittmann* (Fn. 46), 415; *Hertel* (Fn. 59), 203.

c) Der nemo tenetur-Grundsatz

Nach dem nemo tenetur-Grundsatz braucht sich niemand selbst zu belasten. Er wird vorliegend anhand des § 136a StPO diskutiert.[151] Wird dem Angeklagten mit einer überhöhten Strafe gedroht, damit er gesteht, und wird ihm zugleich mit einem milden Urteil ein nicht vorgesehener Vorteil versprochen, wenn er gesteht, sei der Kernbereich des § 136a StPO berührt.[152] Unter dem Eindruck einer solchen im Raum stehenden Sanktionenschere[153] könne der Beschuldigte gar nicht anders, als dem Angebot Folge zu leisten, die Freiheit der Willensentscheidung sei unter diesen Umständen Utopie.[154] Den Absprachen sei ein Geständniszwang systemimmanent.[155]

d) Der Grundsatz des fair trial (Art. 6 Abs. 1 S. 1 EMRK)

Damit steht das fair trial-Prinzip im engen Zusammenhang. Denn der Angeklagte werde, so wird eingewandt, tatsächlich nicht mehr als Prozesssubjekt behandelt, sondern finde sich als Spielball der professionellen Akteure des Strafverfahrens wieder. Die Gefahr beruhe auf einer Interessenidentität der Gerichtssaalelite: Staatsanwalt, Richter und Verteidiger hätten das gleichgerichtete Interesse, das Verfahren mittels einer Absprache schnell und unproblematisch über die Bühne zu bringen.[156] Eine geglückte Absprache bedeutet für Gericht wie für Staatsanwaltschaft eine enorme Erleichterung ihrer beruflichen Arbeit, dem Verteidiger winkt zusätzlich eine deutliche Honorarsteigerung als Prämie für eine dem Mandanten erfolgreich dargestellte Absprache.[157] Ob letztere Annahme wirklich trägt, erscheint mir indes nicht unzweifelhaft.[158] Unter rein ökonomischen Gesichtspunkten kann für einen Verteidiger auch eine sich hinziehende Hauptverhandlung interessant sein. Selbst der Pflichtverteidiger erhält für jeden Hauptverhandlungstag, und dauert er nur eine halbe Stunde – was bei Fortsetzungsterminen, die in das Termintableau des Gerichts einzuschieben sind, nicht ungewöhnlich ist – über 200 € brutto. Was der Verteidiger etwa eines *Josef*

151 *Velten* (Fn. 40), § 257c Rn. 26.

152 *Temming* (Fn. 94), Einleitung Rn. 114.

153 Krasses Beispiel bei BGH, StV 2007, 619. Vgl. *Schünemann* (Fn. 17), S. B 43 ff. u. 63; *Weigend* (Fn. 108), 1041.

154 *Weigend*, Eine Prozeßordnung für abgesprochene Urteile? NStZ 1999, 57 (59).

155 *Ransiek* (Fn. 81), 122; *Schünemann* (Fn. 2), 106.

156 *Weigend*, Abgesprochene Gerechtigkeit, JZ 1990, 774 (775); *Schünemann* (Fn. 17), S. B 33 ff., B 63; instruktiv *Jungfer*, Zur Psychologie des Vergleichs im Strafverfahren, StV 2007, 380 (381 ff.).

157 *Nestler*, Gibt es Neues? – Schünemanns Gutachten zu den Absprachen im Strafverfahren von 1990, in: Hefendehl (Hrsg.), Symposium Schünemann zum 60. Geburtstag, 2005, S. 15 (21).

158 Andeutungsweise *Ranft*, Strafprozeßrecht, 3. Aufl. Stuttgart 2005, Rn. 1227.

Ackermann an einem langwierigen Verfahren verdient,[159] lässt sich leicht ausmalen. Gleichwohl ist empirisch belegbar, dass alle drei professionellen Akteure das abgesprochene Verfahren für sich als Gewinn verbuchen.

Der Angeklagte ist dagegen von der entscheidenden Phase der Absprache, nämlich dem Aushandeln, vollständig abgeschnitten. Zudem sieht er sich der höheren Sanktion ausgesetzt, wenn er nicht gesteht und auf ein umfängliches Verfahren besteht. Das sei in dessen Sicht eine Sanktionierung für die Inanspruchnahme seiner Prozessrechte.[160] Die Kritiker sehen damit den Angeklagten in die Rolle eines bloßen Prozessobjektes zurückgeworfen. Über seinen Kopf hinweg verhandele die Gerichtssaalelite der schwarzen Roben, die das gemeinsame gleichgerichtete Interesse habe, das Verfahren schnell und unproblematisch über die Bühne zu bringen.

Die Kritik ist nicht unberechtigt, das Bild der kollusiv zusammenwirkenden Juristen oder des Verteidigers als „eigentlichen Feind seines Mandanten“[161] ist aber überzogen, und dessen Prämissen halten der Wirklichkeit nicht in allen Punkten stand. Es dürfte weder dem vorherrschenden richterlichen Selbstverständnis entsprechen noch der Mehrheit der Verteidiger gerecht werden, die überwiegend für das Wohl ihrer Mandanten eintreten.[162]

e) Der Grundsatz der Öffentlichkeit (§ 169 S. 1 GVG)

Dieses Prinzip gebietet, dass das Prozessgeschehen in öffentlicher Hauptverhandlung abläuft. So soll eine alte demokratische Forderung erfüllt sowie das Vertrauen der Allgemeinheit in die rechtsprechende Gewalt gesichert werden.[163] Dass hier ein Problem besteht, liegt auf der Hand, weil sich die eigentlichen Absprachen nicht in, sondern außerhalb der Strafgerichtssäle abspielen. Hinter den Kulissen werden die Weichen gestellt und wird regelmäßig auch eine Verständigung abgeschlossen.[164] Damit ist das Entscheidende bereits festgelegt, bevor die Vorabsprache in der Hauptverhandlung bekanntgegeben und gemäß § 273 Abs. 1a StPO in das Protokoll aufgenommen wird. Gleichwohl überdehnt die Annahme, dass Vorgespräche nunmehr gänzlich verboten seien,[165] die gesetzliche Regelung über ihren Wortlaut hinaus. Das Gesetz regelt lediglich, dass erst und ausschließlich die Hauptverhandlung dazu in der Lage ist, das Verhandelte

159 Vgl. das Mannesmann-Verfahren, LG Düsseldorf, NJW 2004, 3275; BGHSt 50, 331, welches schließlich durch eine Einstellung nach § 153a Abs. 2 StPO endete, vgl. SZ v. 25.11.2006, 1.

160 *Schünemann* (Fn. 12), S. 540.

161 *Nestler* (Fn. 157), S. 21 f.

162 Vgl. *Sauer* (Fn. 17), S. 174 f.; *Altenhain/Haimerl* (Fn. 25), 333.

163 *Rüping*, Das Strafverfahren, 3. Aufl. 1997, Rn. 429; *Klesczewski*, Strafprozessrecht, 2007, Rn. 48.

164 *Ignor* (Fn. 19), S. 323; *Altenhain/Haimerl* (Fn. 42), 283; *Schünemann* (Fn. 12), S. 543.

165 *Schlothauer/Weider*, Das „Gesetz zur Regelung der Verständigung im Strafverfahren“ vom 3. August 2009, StV 2009, 600 (601); *Meyer-Goßner* (Fn. 40), § 257c Rn. 4.

zu einer Absprache i.S. der StPO zu qualifizieren. Dafür genügt es, wenn die Vorgespräche in die Hauptverhandlung hineingetragen werden, so dass nach dem Gesetz formal erst dort die Absprache zustande kommt und sie erst dort einen Vertrauenstatbestand begründen kann.[166] Dass die Vorabsprachen rechtlich ohne Relevanz sind, heißt nicht, dass sie nicht weiterhin stattfinden dürften.[167]

f) Der Grundsatz der freien Beweiswürdigung (§ 261 StPO)

Der Grundsatz der freien Beweiswürdigung ist in § 261 StPO verankert. „Über das Ergebnis der Beweisaufnahme entscheidet das Gericht nach seiner freien, aus dem Inbegriff der Verhandlung geschöpften Überzeugung". Der Richter ist prinzipiell an keinerlei Vorschrift gebunden, nach denen er eine Tatsache als bewiesen oder nicht bewiesen zu halten hat. Feststellungen sind daher grundsätzlich frei zu treffen.

Aus diesen Vorgaben folgt zwanglos, dass das Gericht verbindliche Zusagen zur Höhe der zu verhängenden Strafe nicht machen darf. Die richterliche Entscheidungsfindung darf nicht durch Festlegung auf eine konkrete Strafe vorweggenommen werden. Das Gesetz löst diese fundamentale Frage einer Bindungswirkung mit der Formel, dass keine konkrete Strafe zugesagt werden darf, wohl aber eine Strafobergrenze, welche das Gericht nicht überschreiten werde (§ 257c Abs. 3 S. 2 StPO).

Damit gerät nun der Angeklagte in eine prekäre Lage. Denn er ist derjenige, der im Vertrauen auf den Bestand der ihm avisierten Strafe eine Vorleistung erbringt, indem er ein Geständnis ablegt. Aus seiner Position kann ihm nur an festen Absprachen gelegen sein.[168] Das wird dadurch erreicht, dass die vom Gericht in Aussicht gestellte Strafobergrenze regelmäßig mit der verhängten Strafe übereinstimmt und in der Realität als Fixstrafe daherkommt.[169] Dadurch wiederum wird das Prinzip der freien Beweiswürdigung in Frage gestellt. Zwar bleibt das Gericht formal frei, wie es die § 257c Abs. 3 S. 2 und Abs. 4 StPO auch normieren, faktisch ist es aber nicht mehr frei. Das Procedere weist potemkinsche Elemente auf.

Es kommt allerdings noch ein weiteres hinzu. Ergeben sich schwerwiegende neue Umstände oder wurden dergleichen übersehen, so bleibt das Gericht an seine Zusage nicht gebunden. Diese Freistellung des Gerichts durch § 275c Abs. 4 StPO relativiert die aufgezeigten Bedenken zur freien Beweiswürdigung.

---

166 *Niemöller* (Fn. 17), § 257c Rn. 14.

167 *v. Heintschel-Heinegg* (Fn. 9), § 257c Rn. 13; *Velten* (Fn. 40), § 257c Rn. 19; vgl. in der Sache zustimmend *Ignor* (Fn. 19), S. 324 f.

168 Zutreffend *Sauer* (Fn. 19), 141 f.; *Schünemann* (Fn. 17), S. B 76 f.

169 *Schünemann* (Fn. 12), S. 545. Erstaunlicherweise wird dagegen die Untergrenze als regelmäßig festgesetzte Strafe vermutet (*Meyer-Goßner* (Fn. 40), § 257c Rn. 21), was aber den Erfahrungen in der Praxis widerspricht, vgl. *Altenhain* et al. (Fn. 21), 73.

Gleichwohl: Summa summarum zwingt die Urteilsabsprache zu Kompromissen mit den hergebrachten Prozessmaximen. Völlig bruchlos lässt sich eine solche Verfahrenserledigung nicht in die Architektur des deutschen Strafprozesses einfügen.[170] Mit diesen Befunden kann es aber nicht sein Bewenden haben. Es ist zu prüfen, ob die Abstriche nicht durch gegenläufige Maximen in einer Gesamtschau zu rechtfertigen sind, ob die von *Schünemann* ausgemachten Aporien[171] nicht aufzulösen sind.

g) Die Funktionstüchtigkeit der Strafrechtspflege

Die Funktionsfähigkeit der Strafrechtspflege ist das hohe, verfassungsrechtlich geforderte[172] Gut, welches für die umstrittene Praxis streitet. Das wird deutlich, wenn sich der Blick vom einzelnen Verfahren auf die Strafverfahrenswirklichkeit in ihrer Gesamtheit wendet. Der Große Senat weist auf die knappen Ressourcen der Strafjustiz ausdrücklich hin, die am Rande ihrer Belastbarkeit arbeite. Manifest wurde die Ressourcenknappheit der Strafjustiz in einem Erlass des Hessischen Ministeriums der Justiz, in dem aufgrund der angespannten Haushaltslage Personaleinsparungen angekündigt wurden und die Strafjustiz aufgefordert wurde, die Möglichkeiten der (kostengünstigen) Opportunitätseinstellungen nach §§ 153 ff. StPO oder des Strafbefehls nach §§ 407 ff. StPO verstärkt zu nutzen.[173] Ohne die Zulassung von Urteilsabsprachen lässt sich eine funktionierende Strafrechtspflege mit der rechtstaatlich gebotenen Forderung, den staatlichen Strafanspruch insgesamt mit Blick auf alle Strafverfahren so gut wie möglich durchzusetzen, nicht mehr aufrechterhalten.[174] Die Durchsetzung des materiellen Strafanspruches wird durch Absprachen in einer Gesamtbetrachtung nachhaltig befördert.[175]

h) Der Beschleunigungsgrundsatz und Belange des Opferschutzes

Als weiterer Prozessgrundsatz tritt die Beschleunigungsmaxime hinzu.[176] Diese folgt aus dem Rechtsstaatsprinzip des Art. 20 Abs. 3 GG, findet sich aber auch ausdrücklich in Art. 6 Abs. 1 S. 1 EMRK normiert. Das Strafverfahren muss in-

---

170 *Rieß*, Anm. zu BGHSt 40, 50, JR 2005, 435 (436); *Trüg* (Fn. 56), 367; *Weigend* (Fn. 45), S. 833; *Pieth* (Fn. 123), S. 200 zur selben Diskussion in der Schweiz. Etwas blauäugig auf den Gesetzestext fixiert dagegen *Kröpil*, Die gesetzliche Regelung der Verständigung im Strafverfahren und das strafprozessuale Verfahrensziel, JR 2010, 96 (99).

171 S. oben Fn. 66.

172 BVerfG (Fn. 137), 2664. Vgl. auch *Laue*, Das öffentliche Interesse an der Beschleunigung des Strafverfahrens, GA 2005, 648 (653 f.); *Landau*, Die Pflicht des Staates zum Erhalt einer funktionstüchtigen Strafrechtspflege, NStZ 2007, 121 ff.

173 Erlass vom 26.9.1996, NJW 1996, 241 f.

174 BGHSt 50, 40 (53 f.); *Kindhäuser*, Strafprozessrecht, 2006, S. 213; *Satzger*, JA 2005, 684 (686); a.A, freilich ohne Beleg, zudem die rechtsvergleichenden Ergebnisse ignorierend *Nestler* (Fn. 157), S. 19.

175 *Viering* (Fn. 17), S. 182.

176 *Maiwald* (Fn. 118), 877.

nerhalb einer angemessenen Frist abgeschlossen sein. Eine überlange Verfahrensdauer wird als objektiv rechtsstaatswidrig eingestuft und zwingt zur erheblichen Strafanrechnung,[177] ob auch Verfahrenshindernisse denkbar sind, ist streitig.[178] Daher ist auch die Rücksichtnahme auf verfahrensökonomische Belange geboten.

Dass sich die Absprachen auch mit dem im letzten Jahrzehnt überaus dynamischen Einfluss von Opferschutzüberlegungen[179] in Verbindung bringen lassen,[180] wurde bereits erwähnt.

i) Abwägung widerstreitender Prozessmaximen

Die anerkannten, aus dem Prinzip der Rechtsstaatlichkeit herzuleitenden Grundsätze der Funktionsfähigkeit der Strafrechtspflege und der Verfahrensbeschleunigung sowie der Opferschutzgedanke sprechen für die Zulassung von Urteilsabsprachen; andere Grundprinzipen scheinen ihnen entgegenzustehen. In einer derartigen Konstellation sich widerstreitender Maximen ist eine Lösung zu suchen, die nicht jeweils eine Seite völlig verdrängt, sondern versucht, im Wege einer Güterabwägung einen Ausgleich zu finden und diese jeweils zu modifizieren.[181] Wir kennen das Vorgehen bei der Einschränkung des Legalitätsprinzips durch das Opportunitätsprinzip, wir kennen es bei Abstrichen an der Instruktionsmaxime aufgrund rechtsstaatlicher Überlegungen. Im Prinzip gelten die von *Konrad Hesse* entwickelten Mechanismen praktischer Konkordanz entsprechend auch im Strafverfahren.[182] Auf beiden Seiten werden Einschränkungen vorzu-

177 Vgl. die Strafvollstreckungslösung des Großen Strafsenats, BGHSt 52, 124 ff.

178 Dazu *Waßmer*, Rechtsstaatswidrige Verfahrensverzögerungen im Strafverfahren als Verfahrenshindernis von Verfassungs wegen, ZStW 118 (2006), 159 ff.

179 *Herrmann*, Die Entwicklung des Opferschutzes im deutschen Strafrecht und Strafprozessrecht, in: Rosenau/Kim (Hrsg.), Straftheorie und Strafgerechtigkeit, 2010, S. 89 ff. (in diesem Band).

180 Wobei die subjektiv empfundenen Opferinteressen auch gegenläufig sein können, vgl. *Fischer* (Fn. 3), 182. Differenziert *Böttcher*, Opferinteressen im Strafverfahren und verfahrensbeendende Absprachen, in: Jung et al. (Hrsg.), FS Egon Müller, 2008, S. 87 (100 f).

181 Im Ansatz *Matt/Vogel* (Fn. 128), S. 392. Zu weitgehend die Forderung nach Umdeutung oder gar Aufgabe, *Zabel*, Urteilsabsprachen und Konkurrenzlehre, KritV 2009, 57 (65). Aus der Konkurrenzlehre lässt sich in diesem Zusammenhang wenig herleiten, weil diese in der Praxis schon bislang eine untergeordnete Rolle spielt, weil sie oftmals über die §§ 154 f. StPO obsolet wird.

182 Wie hier auch *Niemöller* (Fn. 17), Teil A, Rn. 27; ähnlich *Jahn*, Die Konsensmaxime in der Hauptverhandlung, ZStW 118 (2006), 427 (461). A.A. *Altenhain/Haimerl* (Fn. 25), 329.

nehmen sein und sind Grenzen zu ziehen, damit die kollidierenden Prinzipien insgesamt zu optimaler Wirksamkeit gelangen.[183]

V. Fazit zum 4. August 2009

Heruntergebrochen auf das Problem der Absprachen folgt deren grundsätzliche Zulässigkeit, wenn die Voraussetzungen der gesetzlichen Regelung eingehalten werden.

Werden diese Kautelen mit Gesetzeskraft nun beachtet? Daran könnte man angesichts der beharrlichen Vereinbarung von Absprachen in den Instanzgerichten über die vom BGH konzidierte Praxis hinaus Zweifel haben. Berichte aus der Prozessrealität vor Inkrafttreten der gesetzlichen Regelung zeigen, dass die Vorgaben des BGH nicht selten schlicht ignoriert wurden.[184] Mit Einfallsreichtum hatten die Instanzgerichte versucht, sich der revisionsgerichtlichen Kontrolle zu entziehen, häufig in Zusammenhang mit dem als „weltfremd" eingestuften[185] Verbot des Rechtsmittelverzichts.[186]

Die Unkenrufe[187] haben sich, wie erste Berichte aus den Gerichtssälen erkennen lassen, nicht bestätigt. Dort halten sich viele Tatrichter eng an die gesetzlichen Vorgaben. Es scheint nun doch der sich in der Praxis ausbreitende Wildwuchs domestiziert worden zu sein – auch wenn hier der rechtsvergleichende Blick skeptisch stimmt; denn in den USA werden guidelines und rules häufig von den Prozessparteien umgangen, so dass gerade nicht das entscheidende unabhängige Gericht für Fairness sorgt bzw. sorgen kann.[188] Möglicherweise ist die Absprache daher doch in einer Verfahrensordnung besser aufgehoben, in der der Richter mit einer inquisitorischen Stellung der Wahrheit verpflichtet ist und mit seinem gelebten Richterethos auch dafür sorgt, dass nur in der Sache vertretbare Absprachen zustande kommen und somit dem fair trial-

---

183 *Hesse*, Grundzüge des Verfassungsrechts der Bundesrepublik Deutschland, 20. Aufl. 1995, S. 28. Vgl. auch Strafrechtsausschuss des Deutschen Anwaltvereins, Soll der Gesetzgeber Informelles formalisieren? StraFo 2006, 89 (98).

184 *Murmann* (Fn. 94), 533; *Weßlau* (Fn. 128), 170; Strafrechtsausschuss des DAV (Fn. 183), 94.

185 *Schmitt*, Zu Rechtsprechung und Rechtswirklichkeit verfahrensbeendender Absprachen im Strafprozeß, GA 2001, 411 (425); *Meyer-Goßner*, Gesetzliche Regelung der „Absprachen im Strafprozess"? ZRP 2004, 187 (188).

186 *Satzger/Höltkemeier*, Zur Unwirksamkeit eines abgesprochenen Rechtsmittelverzichts, NJW 2004, 2487 (2488); *Weider*, Anm. zum Urteil des BGH v. 15.1.2003 – 1 StR 462/02, StV 2003, 266 (267); *Theile*, Der konsentierte Rechtsmittelverzicht, StraFo 2005, 409 (410 f.).

187 *Fischer* (Fn. 3), 435; *ders.* (Fn. 3) 185 u. 187; *Nestler* (Fn. 157), S. 16; *Niemöller*, in: Niemöller et al. (Fn. 17), Teil A, Rn. 34; *Weßlau* (Fn. 9), S. 792; *Altenhain/Haimerl* (Fn. 25), 329.

188 Vgl. *Trüg* (Fn. 56), 356 ff. m.w.N.; a.A. *Schünemann* (Fn. 66), S. 12 f.

Gebot des Art. 6 Abs. 1 S. 1 EMRK Genüge getan ist.[189] Durch die Einbeziehung des Richters lassen sich auch missbräuchliche Absprachen etwa bei ethnischen Minderheiten oder sonst schwächeren Angeklagten, die sich ihrer Rechte nicht bewusst sind,[190] einfangen. Dagegen ist es wenig konsequent, wenn man einerseits den Mangel richterlicher Kontrolle in den USA bemängelt, andererseits aber den die Absprache in Deutschland mit betreibenden und damit auch überwachenden Richter als Fehlbesetzung bewertet.[191] Bezeichnenderweise finden sich auch in den USA Stimmen, die eine aktivere Rolle des Richters in Analogie etwa zum Strafrichter in Deutschland einfordern.[192] Absprachen im Sinne des durch den US Supreme Court akzeptierten Alford-plea, bei denen der Angeklagte sich zwar schuldig bekennt, aber zugleich vorgibt, die ihm zur Last gelegte Tat nicht begangen zu haben,[193] scheinen in Deutschland auch in praxi nicht denkbar, ganz abgesehen davon, dass sie schon an § 257c Abs. 1 S. 1 StPO scheitern müssen.

Insgesamt gehören die seit dem 4. August 2009 gesetzlich geregelten Absprachen zu den auf Konsens aufbauenden Elementen der deutschen StPO. Sie stellen nach allem eine legitime Verfahrensform dar, deren Klarstellung durch den Gesetzgeber zu begrüßen ist.

VI. Anhang

§ 257c StPO

Das Gericht kann sich in geeigneten Fällen mit den Verfahrensbeteiligten nach Maßgabe der folgenden Absätze über den weiteren Fortgang und das Ergebnis des Verfahrens verständigen. § 244 Absatz 2 bleibt unberührt.

Gegenstand dieser Verständigung dürfen nur die Rechtsfolgen sein, die Inhalt des Urteils und der dazugehörigen Beschlüsse sein können, sonstige verfahrensbezogene Maßnahmen im zugrundeliegenden Erkenntnisverfahren sowie das Prozessverhalten der Verfahrensbeteiligten. Bestandteil jeder Verständigung soll ein Geständnis sein. Der Schuldspruch sowie Maßregeln der Besserung und Sicherung dürfen nicht Gegenstand einer Verständigung sein.

Das Gericht gibt bekannt, welchen Inhalt die Verständigung haben könnte. Es kann dabei unter freier Würdigung aller Umstände des Falles sowie der allgemeinen Strafzumessungserwägungen auch eine Ober- und Untergrenze der Strafe angeben. Die Verfahrensbeteiligten erhalten Gelegenheit zur Stellungnahme. Die Verständigung kommt zustande, wenn Angeklagter und Staatsanwaltschaft dem Vorschlag des Gerichtes zustimmen.

---

189 In diese Richtung einer vom Richter kontrollierten Verständigung *Rieß* (Fn. 96), 12; vgl. auch *Hertel*, (Fn. 59), 207 f.

190 Zur Problematik im anglo-amerikanischen Verfahren s. *Boll* (Fn. 59), S. 20 f.

191 *Schünemann* (Fn. 113), S. 563 sowie 570.

192 *Turner*, Judicial Participation in Plea Negotiations: a Comparative View, American Journal of Comparative Law 54 (2006), 199 (256); *Schulhofer* (Fn. 80), 1996 f.

193 North Carolina v. Alford, 400 U.S. 25 (1970); dazu *Weigend* (Fn. 60), S. 70; *Schumann* (Fn. 17), S. 169 ff.; *Ransiek* (Fn. 81), 121.

Die Bindung des Gerichtes an eine Verständigung entfällt, wenn rechtlich oder tatsächlich bedeutsame Umstände übersehen worden sind oder sich neu ergeben haben und das Gericht deswegen zu der Überzeugung gelangt, dass der in Aussicht gestellte Strafrahmen nicht mehr tat- oder schuldangemessen ist. Gleiches gilt, wenn das weitere Prozessverhalten des Angeklagten nicht dem Verhalten entspricht, das der Prognose des Gerichtes zugrunde gelegt worden ist. Das Geständnis des Angeklagten darf in diesen Fällen nicht verwertet werden. Das Gericht hat eine Abweichung unverzüglich mitzuteilen.

Der Angeklagte ist über die Voraussetzungen und Folgen einer Abweichung des Gerichtes von dem in Aussicht gestellten Ergebnis nach Absatz 4 zu belehren.

Zum Einfluss des Opferschutzes auf die Strafgesetzgebung (Strafrecht und Strafprozessrecht)

Makoto Tadaki

I. Einleitung

Als Opfer bezeichnet man eine Person, die durch ein Verbrechen einen Schaden erlitten hat. Opfer in diesem Sinne ist nicht nur das unmittelbare Opfer selbst, sondern bei einem geistigen oder wirtschaftlichen Schaden auch dessen Familie. Ebenfalls nicht gering ist der Schaden für den Arbeitsplatz und die Wohngegend des Opfers sowie für die Gesellschaft und den Staat, welchem das Opfer angehört. Andererseits kann aber auch der Täter selbst in gewissem Sinne als Opfer gesehen werden, indem er Verdammung und Bestrafung erfährt. Ebenso muss die Familie des Täters seelischen Schmerz ertragen, wenn das Verbrechen aufgeklärt, der Prozess durchgeführt und die Strafe vollstreckt wird. In diesen Zeiten gerät die Familie des Täters nicht selten in eine wirtschaftlich schwierige Lage und sieht sich bisweilen selbst den Vorwürfen der Gesellschaft ausgesetzt. Der Begriff „Opfer" vereint daher mehrere Sorten von Opfern in sich.

Abgesehen davon ist ein Opfer nicht immer ein Individuum. Wenn es z.B. um Ehrverletzung und Betrug geht, ist vielfach auch ein Kollektiv (z.B. ein Unternehmen) Verbrechensgeschädigter.

Nachfolgend werden sowohl die gegenwärtig durch Verbrechen Schaden erleidenden „realen Opfer" als auch die in der Zukunft möglicherweise durch Verbrechen geschädigten „potentiellen Opfer" untersucht und dabei ausschließlich als Individuen verstanden.

II. Opfer in den letzten zwanzig Jahren, die Lage der Gesetzgebung und die Aktivierung der Strafrechtsgesetzgebung

1. Gesetzgebung im Zusammenhang mit Verbrechensopfern – Entwicklung bis zum Erlass des Verbrechensopfer-Grundrechts, dessen Inhalt und die vielbeachtete Einführung eines neuen Systems[1]

Erstmals ist in Japan ein „Verbrechensopfer-Grundrecht" (im Folgenden „Grundrecht"), welches nach seinem Inhalt die Rechte des Verbrechensopfers und den Schutz seiner Interessen gewährleisten soll, Ende 2004 bekanntgemacht worden und am 1. April 2005 in Kraft getreten. Inhaltlich fordert es das Verständnis der Bevölkerung für die Verbrechensopfer (d.h. für das Opfer selbst,

---

1 Vgl. hierzu etwa die Folgenden: *Iijima,* Jurist Nr. 1364 (2008), 7 ff.; *Okumura,* Jurist Nr. 1285 (2005), 2 ff.; *Goto,* Hogaku-Semina Nr. 654 (2009), 14 ff.; *Shinya,* Horitu-Jiho, Bd. 81 Nr. 1 (2009), 55 ff.; *Baba,* Jurist Nr. 1364 (2008), 71 ff.; *Moriya,* Hogaku-Semina, Nr. 654 (2009) 4 ff.; Gesprächsrunde (Segawa, Otani, Kato, Kawaide, Kawakami, Takahashi) Jurist Nr. 1338 (2007), 2 ff.

seine Familie und Angehörigen), und versucht, durch 1. ausreichende Informationen, 2. Erweiterung des Schadenersatzsystems und 3. Ausbau des Leistungssystems für Verbrechensopfer und andere Maßnahmen eine Verbesserung des Standpunktes des Verbrechensopfers in der Strafjustiz durch die Achtung der Würde des Individuums, die Wiedergutmachung der diversen Verbrechensschäden und der Qualitätssicherung des sozialen Lebens zu erreichen.

Lange Zeit galt das Opfer innerhalb des Strafverfahrens nur als ein Beweis, der die Schuld des Täters manifestiert. Doch stieg in Europa und Amerika seit den 60er Jahren das Interesse an den Opfern. Indem man anfing, das System und die Gesetze zur staatlichen Entschädigung zu überprüfen, wuchsen auch innerhalb der Bevölkerung die Aktivitäten zur Unterstützung von Opfern stark. Infolge dieser Strömung wuchsen in den Achtzigerjahren auch Misstrauen gegen und Kritik an einer Strafjustiz, in der der Geschädigte, obgleich selbst Betroffener, nur ein Beweismittel war, das unter keinem Schutze stand und daher weitere, sogenannte Sekundärschäden erlitt. In den 90er Jahre wurden unter dem Einfluss dieser Bewegung Maßnahmen zur Verbesserung der Stellung des Opfers innerhalb des Strafverfahrens und zu seinem rechtlichen Schutz und der Wahrung seiner Behandlung entworfen und die Gesetze überprüft.

Infolge einer solchen Strömung ist auch in Japan erstmals im Jahre 1980 ein System staatlicher Entschädigungen für Verbrechensopfer eingeleitet worden. Darauf aufbauend wurden in den 90er Jahren entsprechende Verwaltungsmaßnahmen und Gesetzesrevisionen angegangen, an deren Ende die Einführung des erwähnten „Grundrechts“ stand.

Dieses umfasst hauptsächlich Alltagsunterstützung und Hilfsaktivitäten für Opfer und setzt grundlegende Richtlinien des Landes für die Unterstützung der Opfer fest. Nach der Entscheidung in der Kabinettssitzung zum Verbrechensopfer-Grundplan begann im Dezember 2005 die konkrete Gesetzgebung.

Durch die Einführung dieses neuen Grundrechts gerieten Unterstützung und Schutz von Verbrechensopfern in Bewegung. Besondere Erwähnung verdient hier der neue Versuch, ein System zur Wiedergutmachung der Schäden auf der Grundlage des erfolgreich abgeschlossenen Strafverfahrens sowie zur Teilnahme des Opfers am Strafprozess einzuführen.

Das System zur Wiedergutmachung der Schäden auf der Grundlage eines abgeschlossenen Strafverfahrens ist auf ein praktisches, schnelleres Zivilverfahren gerichtet, indem es die Mühen des Opfers verringert, (zivilrechtlichen) Schadenersatz zu fordern. Dadurch, dass die Staatsanwaltschaft bereits erfolgreich Beweis geführt hat, verringert sich die Beweisführungslast des Opfers. Die einmal gefundenen Ergebnisse sind so in sich überschneidenden Untersuchungen in Kriminal- und Zivilprozessen nutzbar.

Das System zur Teilnahme des Opfers am Strafverfahren hat die Wahrung der Interessen des betroffenen Opfers im Strafverfahren zum Ziel. Es soll ein Verfahren gewährleistet sein, das der Wiederherstellung der Ehre und geistigen

Erleichterung des Opfers dient. Dem liegt die Überlegung zugrunde, dass die Strafjustiz auch einen wichtigen Beitrag zur Wiederherstellung von Recht und Interessen des Opfers leisten soll.

Speziell die Teilnahme des Opfers am Strafprozess unterscheidet sich wesentlich vom bisherigen System, und zwar in folgenden Punkten: Auch wenn auf Schwierigkeiten hingewiesen worden ist und diese diskutiert worden sind, so sind heute durch die Befugnis des Opfers zur Teilnahme am Prozess Zeugenvernehmungen zu den Umständen, Fragen an den Angeklagten, Meinungsäußerungen als Plädoyer usw. durch das Opfer anerkannt. Direkte Fragen des Opfers an den Angeklagten werden als nützlich für seine Resozialisierung angesehen. Weiterhin waren zwar im Plädoyer die Äußerung der Gefühle des Opfers bezüglich des Schadens bereits anerkannt, jedoch hat das Opfer nunmehr im Prozess eine viel bedeutendere Rolle, da es als unmittelbar am Prozess Beteiligter seine Meinung zur Tat in rechtlicher und tatsächlicher Hinsicht kundtun kann.

Das entsprechende Gesetz ist im Juni 2008 bekannt gemacht worden und im Dezember 2008 in Kraft getreten. Seither sind bereits mehrmals Opfer vor Gericht erschienen. Über das Aufeinandertreffen mit den Angeklagten ist in den Medien berichtet worden.

Zudem hat es im Juni 2008 bezüglich des Rechts und der Interessen der Verbrechensopfer im Jugendrecht mehrere Revisionen gegeben (Dritte Verbesserung des Jugendrechts). Eine davon bewirkt, dass auch in Jugendstrafverfahren, allerdings nur bei Mord und anderen schweren Delikten, Opfer dem Prozess beiwohnen können. Bisher wurde aber keines der Urteile veröffentlicht. Genau wie hinsichtlich des „Grundrechts" wird auch hier der Standpunkt vertreten, dass dies der Achtung der Würde des Individuums des Opfers und der Erholung des Jugendlichen dienen kann.

2. Aktivierung der Gesetzgebung

Um die japanische Strafgesetzgebung herrschte lange Zeit Schweigen.[2] Dieses wurde seit 1995 aufgebrochen, und in Japan brach eine Zeit der Gesetzgebung und der Aktivierung der Strafgesetzgebung an. Die wichtigsten seit 1995 entstandenen Gesetze sind: das Schadenspräventionsgesetz nach dem Sarin-Vorfall (1995), das Gesetz zur Organverpflanzung (1997), das Gesetz zur Bestrafung organisierter Kriminalität (1999), das Verbot von unlauterem Zugriff auf Computerdaten (1999), das Gesetz zur Bestrafung von Jugendprostitution und Jugendpornographie (1999, geändert 2004), die Änderung des Jugendrechts (2000), das Gesetz zur Kontrolle der Klon-Technik (2000)[3], das Gesetz zur Bestrafung von Gewinn durch passive Bestechung bei Vermittlung (2000, geändert 2002), das Gesetz zur Kontrolle des Stalker-Unwesens (2000), Strafbarkeit wegen Fälschung der elektromagnetischer Aufzeichnungen von Zahlungskarten

2 *Matsuo*, Keiji-Soshoho-Hanrei-Hyakusen, 4. Aufl 1981, 2.
3 S. dazu *Rosenau,* ZJapanR 2004, Heft 18, S. 109 – 130.

(2001), gefährlichem Autofahren mit Verletzungs- oder Todesfolge (2001, geändert 2007), Verschärfung der Strafbarkeit im Verkehrsrecht von Trunkenheit am Steuer und Verstößen gegen die Rettungspflicht (2001), das Gesetz zur medizinischen Behandlung geistig und seelisch Geschädigter (2003), die Neufassung der Eingriffe in Handelsgeheimnisse im Gesetz zur Verhinderung unlauteren Wettbewerbs (2003, geändert 2005 und 2006), das Gesetz zur Bestrafung von Beiträgen auf Terror-Fonds (2004), die Verschärfung der Strafbarkeit von Mord und Vergewaltigung und Strafbarkeit von Gruppenvergewaltigung (2004), die Verschärfung der Strafbarkeit von illegaler Freiheitsberaubung und von Entführung Minderjähriger und Veränderung der Strafbarkeit von Menschenhandel (2005), Erhebung von Strafgeldern für Diebstahl und für Störung von Amtshandlungen sowie Erhöhung der Strafgelder für Dienstfahrlässigkeit mit Todesfolge (2006), Neufassung der Strafbarkeit von Autofahren mit fahrlässiger Verletzungs- oder Todesfolge (2007). Aus Platzgründen kann hier nur eine unvollständige Aufzählung erfolgen.[4]

III. Hintergründe des Opferschutzes und der Aktivierung der Strafgesetzgebung

1. Gemeinsames Klima

Zwischen der eben beschriebenen aktivierten Strafgesetzgebung und der weiter oben erwähnten Bewegung zum Schutz der Opfer bestehen enge Verbindungen, man kann von einem gemeinsamen Klima sprechen, aus dem die diversen Systementwürfe hervorgegangen zu sein scheinen.

Das „Opfer" war in der bisherigen, traditionellen Strafjustiz eine vergessene Existenz. Einerseits ist es sehr positiv, dass nun ein Licht auf die Opfer geworfen und Opferschutz und die Unterstützung des Opfers Beachtung gefunden haben. Dieser Prozess muss auch fortgeführt werden. Andererseits wird jedoch auch seit langem darauf hingewiesen, dass der Opferschutz, wie er gegenwärtig praktiziert wird, teilweise im Widerspruch zu Grundsätzen der Strafjustiz stehe. Mit anderen Worten: Obwohl die Forderung nach Opferschutz natürlich auf dem dringenden Wunsch des realen Opfers selbst beruht, kann auch nicht abgestritten werden, dass es eine Bewegung gibt, die darüber hinausgehend den Schutz des „Opfers" – in einem Sinne, dass dessen Standpunkt als mit dem des „Täters" nicht austauschbar ist[5] – einfordert, der durch eine noch extensivere Einmischung des Strafrechts, sowie durch weitere Strafverschärfung erreicht werden soll. Es ist daran festzuhalten, dass beide Trends nicht voneinander unabhängig, sondern auf gemeinsamer Grundlage diskutiert werden, und in dieser Phase beide verstanden werden müssen.

---

4 *Asada*, Keiho-Zasshi, Bd. 49 (2010), Nr. 2-3, 259; *Ida*, Jurist Nr. 1369 (2008), 55; *Kamei*, Horitu-Jiho, Bd. 81, Nr. 6 (2009), 88; *Matsumiya*, Keiho-Zasshi, Bd. 43, Nr. 2 (2004), 292.

5 *Matsubara*, Sekai (Februar 2007), 58.

2. Die Denkweise der "Risikogesellschaft"

Hier wird eine Denkweise sichtbar, die aus Anlass der sogenannten Theorie der Risikogesellschaft[6] die gegenwärtige Gesellschaft als „Angstgesellschaft" begreift. Diese hat auch der erwähnten Aktivierung des Strafrechts Vorschub geleistet und zugleich den Opferschutz gefördert, der mit einer Ausweitung und Verschärfung der Einmischungen der Strafjustiz zusammenfällt, und sich insgesamt auf das Klima innerhalb der Strafjustiz auswirkt.

Der „Angstgesellschaftstheorie" zufolge entstehen zu einem Zeitpunkt, in dem die Gesellschaft dem von politischen und ökonomischen Systemen verursachten Durcheinander nicht mehr hinreichend gewachsen ist, neue Gefahren wie zum Beispiel die Bedrohung durch Kernkraft und Terrorismus, die Umweltzerstörung und eine zunehmende Brutalisierung des Verbrechens. Dies führt zu einer zunehmenden Verängstigung der Menschen, die dann von Regierung und Verwaltung die Durchführung wirksamerer Maßnahmen verlangen, um diesen noch unbekannten Gefahren erfolgreich zu begegnen. Als potentielle Opfer, „Pseudo-Opfer", wollen die Menschen, dass die Gefahr der Begehung von Verbrechen bereits im Keim erstickt wird, indem Verbrechen rechtzeitig erkannt und verfolgt werden, auch wenn es kleine Fehltritte sind. Falls auf diese Art ein Verbrechen nicht verhindert werden kann, dann wollen sie, dass durch die strenge Bestrafung des Verbrechens Sicherheit und Frieden ihres Bürgerlebens erhalten werden.

Die Denkweise der Generalprävention, nach der das noch nicht eingetretene Verbrechen stets als „der eigenen Seite feindlich" angesehen wird, wird stärker, was die Niederschlagung des Verbrechens durch die drohende Kraft des Strafrecht nötig macht. Wenn die Gefahr als Verbrechen sichtbar wird, so wird weniger auf Maßregeln der Besserung als auf kriminalistische Bestrafung, weniger auf erzieherische Fürsorgemaßnahmen als auf Beseitigung aus der Gesellschaft abgezielt Im Zusammenhang dieser „Angstgesellschaft" sind „Opfer" und „Täter" zu sehen.

3. Die negative Spirale von Angstgesellschaft und Verbrechensberichten

In einer solchen „Angstgesellschaft" sind Verbrechensberichte gängig, die die Wahrheit übertreffen, unfair sind und übertriebene Sensationsgier anstacheln. Man wählt bewusst eine vergangene Tatsache, die zu einem Teilstück des aktuellen Verbrechens passt, übertreibt sie, erweckt die Neugierde der Leser mit bizarren Details, und ruht nicht, bis man für den Zwischenfall einen jedem verständlichen Grund ausfindig gemacht hat. Die Zuschauer und Leser sind die Pseudo-Opfer, welche diesem Verbrechen gegenüberstehen. Die Aussage der

---

6 *Ishizuka*, Hanzai-Shakaigaku-Kenkyu Nr. 19 (1994), 124; *Matsubara*, Horitu-Jiho, Bd. 75 Nr. 2 (2003), 20; *Matsubara*, Sekai (Februar 2007), 53; *Tadaki*, Keisei, Bd. 116 Nr. 4 (2005), 128; *Tadaki,* Keisei, Bd. 116 Nr. 7 (2005), 134, *Tadaki,* Hakumon, Bd. 59, Nr. 8 (2007), 6; *Tadaki,* Hakumon, Bd. 59 Nr. 9 (2007), 24.

Beiträge ist stets: „Immer werden bloß die Rechte des Täters beschützt, die des Opfers werden ignoriert."

Solch einseitige Verbrechensreportage, verbunden mit dem profitorientierten Denken der Medienunternehmen, stellt ein tief greifendes Problem dar. In den Verbrechensreportagen werden nämlich Verbrechen und Zwischenfall mit übertriebenen Geräuscheffekten vermengt und neu ediert. Es wird eine den Wünschen des „Verbrechen hassenden, Gerechtigkeit wahrenden" Zuschauers und Lesers entsprechende und ihrer Katharsis dienende bereinigte Show erzeugt. Um den Effekt zu erhöhen, wird das Verbrechensopfer stets ein guter Mensch, der Täter dagegen ein vollständiger Schurke sein. Derartige Berichterstattung gibt es in Fülle. Das Publikum will immer neue Nachrichten über Straftaten, während die Interessen des betroffenen Opfers, insbesondere seine wirkliche Erleichterung, dabei vergessen werden und eine angemessene Rückkehr des Täters in die Gesellschaft immer schwieriger wird. Für die potentiellen Opfer wirkt die in solcher Verbrechensberichterstattung „aus erster Hand" gebotene Stereotypisierung in „Opfer/Täter" meinungsbildend.

IV. Die Bedeutung des "Opfers"

1. Beziehung zum potentiellen Opfer

In solch einer Angstgesellschaft bedeutet „Opferschutz" einen, wenn auch nur teilweisen, Verstoß gegen die Prinzipien einer echten Strafjustiz. Weiterhin wird zuweilen darauf hingewiesen, der Opferschutz stehe dem Täterschutz und dem Gedanken der Resozialisierung des Straftäters entgegen und diene auch nicht unbedingt dem Schutze des Geschädigten selbst. Im Schatten der Bewegung zum Schutze des „Opfers" steht der konsequente Angriff auf den „Täter", also die Strafverschärfung, was vielleicht keiner der beiden Seiten dient.

Matsubara vertritt folgende Ansicht zur Beziehung zur Strafverschärfung:[7] Verbrechen ist ein gesetzlich sanktionierter Eingriff in ein Rechtsgut, das einem bestimmten Subjekt zugeordnet ist. Doch ist in der neuen Diskussion um Opferschutz und Strafverschärfung trotz des Blickpunkts von Rechtsgutschutz oder Rechtsgutsubjekt lediglich der Schaden und der geistige Schmerz des Opfers betont worden. Dabei gehören auch Familie oder Hinterbliebene zu den „Opfern". Die Erweiterung einer solchen Vorstellung von „Schaden" und „Opfer" gefährdet nach Ansicht *Matsubaras* die Sicherheit des Rechtsstaates, macht das Strafrecht zur Privatsache und die Trennung zwischen Bestrafung und Rache unklar.

Der durch das Strafrecht zu erzielende Schutz soll die Interessen der Opfer vor vorhersehbaren Eingriffen schützen; sind aber diese Interessen bereits verletzt worden, können sie auch durch das Strafrecht nicht wiederhergestellt werden. „Man kann sagen, die Empfindung, strengere Bestrafung des Täters gerei-

---

7 *Matsubara*, Horitu-Jiho, Bd. 75 Nr. 2 (2003), 20 ff.

che zur Sicherheit des Opfers, nehme die Interessen des Täters und die des Opfers als einander entgegengesetzt an und habe ihren Ursprung in dem Vergeltungsgedanken, demzufolge der Schaden des Opfers durch die Schmerzen des Täters ausgeglichen werde.“ Eine solche Abwägung von beidem ignoriert das Opfer und steht seinem Schutze entgegen. Der Sinn der Bestrafung liegt weder in der Befriedigung der Vergeltungsempfindung der Hinterbliebenen noch in der Tröstung des Opfers oder dessen Hinterbliebenen. Demnach wäre ein Opferschutz durch härtere Strafen nicht mehr als eine einfache Übertragung der Forderungen der Opfer nach eben solchen Strafverschärfungen.

Fraglich ist daher weiterhin, ob die Strafverschärfung dem Schutze der potentiellen Opfer dienen kann. Erstens besteht die Gefahr, dass das Wort „Opfer“ die Vorstellung vom – unter Verbrechensschaden leidenden, gegen den Täter entrüsteten – Opfer oder Hinterbliebenen ausdrückt und daher auf eine symbolische Gesetzgebung hinwirkt, welche gegen rationale Diskussion verstößt, die Strafforderungen des Volkes unterstützt und die Befriedigung von dessen Strafempfindungen zum Ziel hat. Zweitens hat es den Effekt psychischer Identifizierung mit dem realen Opfer und trägt die Gefahr einer Verletzung der Objektivität der Debatte von Volk und Gesetzgebern in sich. Drittens schwört es in noch stärkerem Maße den Gegensatz zwischen Opfer und Täter herauf, und indem es eine Konfrontationshaltung mit der potentiellen Tätergruppe herbeiführt, die einen selbst bedroht, könne es im Endeffekt dem verlangten Schutz des Opfers entgegenwirken, so *Matsubara.*

Zusammenfassend stellt *Matsubara* fest, dass es viele Probleme geben würde, wenn man Strafverschärfungen lediglich mit dem Hinweis auf die Durchsetzung eines besseren Opferschutzes systematisch durchsetzen wolle.

2. Beziehung zum realen Opfer

Andererseits gibt es die Ansicht von *Seelmann* zur Opferteilnahme am Prozess.[8] Seiner Ansicht nach verbessert das deutsche Opferschutzgesetz von 1987 den Status des Opfers im Prozess. Es erweitere darüber hinaus die Möglichkeiten des Schadensausgleichs und treffe außerdem Regelungen zur Nebenklage, zum Akteneinsichtsrecht, zur Berücksichtigung von Versöhnungen im Bereich der Strafzumessung, zum Adhäsionsverfahren sowie zu Maßnahmen zur Erweiterung der Möglichkeiten von Entschädigungen und zur Vermeidung von Sekundärschäden im Verfahren.[9] Jedoch tauchten beim Schutze des realen Verbrechensopfers (im Gegensatz zum potentiellen Verbrechensopfer) dreierlei Paradoxa auf.

Erstens trete im modernen Strafrecht der Staat an Stelle des Opfers dem Verbrechen entgegen, nehme der Privatperson das Recht zur Rache weg. Der

8 *Sato*, Koike, Hogaku-Kenkyu, Bd. 82 Nr. 3 (2009), 83 ff.; *Seelmann*, Täterschutz versus Opferschutz, 2009.

9 Vgl. auch *Seelmann*, Schweizer Opferhilfegesetz von 1991.

Staat entferne das Opfer aus dem Strafverfahren und rationalisiere die Beziehung zwischen Straftäter und Opfer, was zu einer Entdramatisierung führe. Hingegen wirke die Stärkung der Rechte des am Verfahren beteiligten Opfers gerade seiner Entfernung aus dem Verfahren und der Enddramatisierung der Beziehung zwischen Straftäter und Opfer entgegen. Auch die Berücksichtigung der aus dem Genugtuungsbedürfnis des Opfers hervorgegangenen Empfindungen wirke der Tradition der bisherigen Strafjustiz entgegen. In einer solchen Bewegung werde jemand, der bloßen Verdacht auf sich gezogen habe, bereits als wahrscheinlicher Verbrecher behandelt, und der Grundsatz, Unschuld anzunehmen, werde ins Gegenteil verkehrt (Verfahrensparadox).

Zweitens intendiere das traditionelle Strafziel der Generalprävention den Schutz der potentiellen Opfer, hierbei sei es gleich, ob dies aktiv oder passiv erreicht werde. Da jedoch für das reale Opfer (wie auch für die potentiellen Opfer) Ziel seiner Forderungen jedoch ein entsprechender tatsächlicher Schadensausgleich sei, entstehe hier ein weiteres Paradox (Gerichtsrechtliches Paradox).

Drittens bezieht man, wie im Bereich der Schadensausgleichszahlungen zu sehen ist, das Opfer umso mehr in die Bewertung des Verbrechens ein, je mehr das reale Opfer damit verbunden ist. Daher richte sich der Blick auf das konkrete Schadensausmaß, eigene Verantwortlichkeiten des Opfers und die Beziehung zwischen Opfer und Täter, was der bisherigen Schuldbestätigung entgegenwirke, welche nach der Verantwortung des Straftäters selbst frage. So komme es zum Zusammenbruch der Vorstellung vom „Opfer“.

V. Einfluss des „Opfers“ auf das Strafverfahrensrecht und Strafrecht

1. Einfluss auf das Strafverfahrensrecht: Erweiterung derTeilnahme des realen Opfers

In Japan ist im Dezember letzten Jahres (2008) ein Opferteilnahmesystem eingeführt worden, wonach in Fällen von Mord oder Körperverletzung, Sittlichkeitsverbrechen mit Nötigung oder Vergewaltigung, Autofahren mit fahrlässiger Verletzungs- oder Todesfolge usw. das Opfer und seine Familie persönlich am Kriminalprozess teilnehmen können. Ziel ist die Verbesserung der Stellung des Opfers, das davor zwar am Prozess beteiligt war, in diesem jedoch lange Zeit hindurch in die Ecke getrieben und ausgeschlossen worden war. Das Opfer soll vor Gericht dem angeklagten Täter gegenübertreten und ihm Fragen stellen können, wovon man sich eine bessere Aufklärung des Falles und einer raschen Erholung der Gefühle des Opfers verspricht.[10]

---

10 Seit 2009 wird in bestimmten Fällen die Anwesenheit von Verbrechensopfern bei der Urteilsfindung anerkannt, und zwar nicht wie bisher als „Urteilsmitarbeiter“, sondern in einem anderen Sinne. Entsprechend ist der Schutz der Rechte und Interessen des Opfers im Jugendschutzverfahren über die Rücksichtnahme gegenüber Opfern innerhalb des Rahmens der gesunden Erziehung Minderjähriger hinaus anerkannt worden (so *Goto*, Hogaku-Semina Nr. 654 (2009), 14 ff.). Doch: Es wird anerkannt, dass fallweise zur

Bei der Einführung dieses Systems dachte man, das Opfer würde vom Täter verlangen, dass dieser seine Reue zum Ausdruck brächte und dadurch in Zukunft auf den Weg der Besserung gelangen könnte. Doch das Opfer direkt mit dem Angeklagten vor Gericht zusammentreffen zu lassen, um auf diese Art und Weise Wut und Hass – die daraus entstehen, dass das Opfer selbst seinen inneren Schmerz, die Familienmitglieder ihren Groll und Ärger, ob gewollt oder nicht, nachlebten – zu lindern und zu beruhigen und das Vergeltungsgefühl zu befriedigen, ist für eine Problemlösung doch wohl allzu überstürzt und direkt.

Was das Verlangen nach Bußbekundungen und einer ehrlichen Entschuldigung durch den Täter anbelangt, ist Folgendes zu sagen: Abgesehen von der Tatsache, dass für den Angeklagten die Unschuldsvermutung gilt, kann es sein, dass der Täter seiner eigenen Schuld, je schwerer diese ist, noch immer nicht gegenübertreten kann und innerlich ähnlich aufgewühlt ist wie das Opfer. In dieser Phase eine sofortige Antwort und noch dazu eine Entschuldigung zu erzwingen, mag zuweilen zu Worten und Taten führen, die fern von dem sind, was sich das Opfer gewünscht hat. Aussagen in diesem Zusammenhang können das Opfer vielmehr erneut stark psychisch belasten. Auch mag es nicht selten vorkommen, dass das, was zwar äußerlich dem Wunsch des Opfers entspricht, in Wahrheit eine nur so hingesagt und nicht ernst gemeinte Entschuldigung ist und letztlich eine reine Formalität.

Eine weitere notwendige Folge ist das Dilemma, dass das Opfer gewöhnlich eine schwerere Bestrafung des Täters wünscht, als sie das Gesetz vorsieht, und dass es das tatsächlich verhängte gewöhnliche Strafmaß als zu milde empfindet und unzufrieden ist.

Falls weiterhin etwa die Familie eines Mordopfers für den Täter nicht die Höchststrafe (z.B. Todesstrafe) verlangen würde, würden sie selbst ein schlechtes Gewissen haben, weil das von mangelnder familiärer Verbundenheit zum Opfer zeugen könnte und andere ihnen dies vorwerfen könnten.

All diese Dinge laufen den Zielen entgegen, die durch die Teilnahme des Opfers am Strafprozess erreicht werden sollten. Das Ziel des erweiterten Schutzes für das Opfer ist daher noch nicht erreicht, wir befinden uns jedoch auf dem Wege dorthin.

Es drängt sich die Frage auf, ob das System der Opferteilnahme nicht etwa eine so subjektive Ursache wie die zwischenmenschliche Beziehung zwischen Täter und Opfer nach der Tat zum entscheidenden Faktor bei der Strafzumessung nimmt, und nicht vielmehr – entgegen den Bestrebungen des Systems der Opferbeteiligung – tatsächlich die geistige Verarbeitung und die damit verbundene Erleichterung des Opfers unmöglich mache.[11] Besonders im Gerichtsmit-

---

Verwirklichung des Letzteren (gemeint ist das Opferinteresse) das Erstere (die gesunde Erziehung) zurückbleibt (so *Kawaide*, Mitudo-Sensei-Koki- Shukuga-Ronbun-Shu, Tokio 2008, S. 902.

11 *Moriya*, Hogaku-Semina, Nr. 654 (2009) 4.

gliedersystem, welches im Mai 2009 eingeführt wurde, ist fraglich, ob die Beteiligung eines Opfers, dessen Opferstellung vor dem Abschluss des Prozesses lediglich vorläufig ist, am Prozess nicht zur Bildung vorgefertigter Entscheidungen bei den Mitgliedern führt. Das Opfer ist gleichzeitig Kläger (z.B. bzgl. eines Schadensersatzanspruchs) und Zeuge; der Grundsatz der Trennung von Anklage und Zeugenaussage wird nicht durchgehalten. Die Emotionen des Opfers haben möglicherweise starken Einfluss auf die Empfindungen der Mitglieder. Wenn dies der Fall ist, wird vielleicht eine Zweiteilung des Verfahrens in Tatsachenermittlung und Strafzumessung nötig. Und wenn dem Wunsch des Opfers nach einem geeignetem Strafmaß nicht entsprochen wird, so wird „der Wunsch eines Bürgers durch gleiche Bürger abgelehnt“. Das System zum Opferschutz führt womöglich zu neuen Schädigungen, wenn den Erwartungen des Opfers, „die Wahrheit zu erfahren“, vielleicht nicht entsprochen werden kann. Zuletzt wird kritisiert, dass die Kombination von Opferteilnahme und Mitgliedersystem möglicherweise zu einem Strafverfahren führt, das sowohl den Angeklagten als auch das Opfer verletzt.[12]

Das gegenwärtige Strafverfahrensrecht geht davon aus, dass es sinnvoll ist, den Staat an Stelle des Opfers dem Straftäter gegenübertreten zu lassen. Das System der Opferteilnahme verbessert das Strafverfahrensrecht und verlangt auch aus dem Blickwinkel der neuen restaurativen Justiz und dem Gerichtsmitgliedersystem sorgfältige Erwägungen.[13]

2. *Einfluss auf das materielle Recht: Erweiterung des Schutzes potentieller Opfer*

Um Straftaten zu verhindern und damit potentielle Opfer zu schützen, spielt der Gedanke der Generalprävention in der Strafgesetzgebung einer Angstgesellschaft eine wichtige Rolle; teilweise erfolgt die Gesetzgebung symbolisch.[14] Der Beginn der Strafbarkeit wird oftmals vorverlagert, mehrere neue Verhaltensweisen werden mit Strafe bedroht. Dies führt teilweise zu einer zu weit gehenden Kriminalisierung von Verhaltensweisen.

Ein Beispiel aus dem Strafgesetzbuch: die „Strafbarkeit der Fälschung elektromagnetischer Aufzeichnungen von Zahlungskarten“. Die Vorschrift wurde dahingehend geändert, dass nunmehr auch der Versuch sowie die Vorbereitung der Begehung der Tat unter Strafe gestellt wird.[15] War früher ein Schaden als Verletzungserfolg Voraussetzung für eine Strafbarkeit, so genügt nun eine reine Gefährdung des geschützten Rechtsguts. Des Weiteren gibt es immer mehr abstrak-

---

12 *Shinya*, Horitu-Jiho, Bd. 81 Nr. 1 (2009), 55. Siehe auch *Horie,* Horitu-Jiho, Bd. 79 Nr. 5 (2007), 79; *Tadaki*, Horitu-Jiho, Bd. 81 Nr. 6 (2009), 50.

13 Das System der Opferteilnahme ist möglicherweise auch für die restaurative Justiz von Vorteil. So *Takahashi*, Keiho-Zasshi, Bd. 48 Nr. 1 (2009), 58.

14 *Matsubara*, Sekai (Februar 2007), 57.

15 *Matsumiya*, Keiho-Kakuron-Kogi, 2. Aufl 2008, S. 388.

te Gefährdungsdelikte. Tatbestandsvoraussetzungen wie beispielsweise ein „gefährliches Autofahren mit Verletzungs- oder Todesfolge“[16] sind noch unpräziser.

Dazu wird zum Schutz potentieller Opfer die Forderung nach Beseitigung der Rechtsbrecher aus der Gesellschaft laut. Maßnahmen zur Isolation des Straftäters als erzieherische Maßnahmen werden angestrebt, was letztendlich zur Resozialisierung des Täters beitragen soll. Die sogenannte Strafverschärfung schreitet fort, es ergehen Urteile mit höheren Strafen, und vorläufige Entlassungen und Bewährungsfristen nehmen ab. Wenn die Gefängnisse deshalb überbelegt sind, werden neue Einrichtungen gebaut, für die wiederum Personal rekrutiert werden muss. Die Kosten dafür trägt letztlich der Steuerzahler, also das Volk.

Gleichzeitig drängt die Inflation strafrechtlicher Gesetze und Verordnungen das strafrechtliche Subsidiaritätsprinzip zurück, sie verändert den Sinn des Strafrechts vom „Schutz des Alltags der Bürger“ zur „Kontrolle des Alltags der Bürger“. Wenn aber die Grenzen der Strafbarkeit zu weit ausgedehnt werden, wird die strafbewehrte Ahndung eines Gesetzesverstoßes bloß noch als „Pech gehabt“ aufgefasst werden; das Recht verliert seine Glaubwürdigkeit.

In einem solchen Plan, in dem, wie oben gesagt, der Feind die guten Bürger und potentiellen Opfer bedroht, sind Strafbestimmungen Massenware. Andererseits entsteht ein Teufelskreis, der die Gesellschaft schwächt und eine neue Risikogesellschaft herbeiführt, die sich ständig reproduziert. So betonen es die Vertreter der Meinung von der Risikogesellschaft.

An dieser Stelle möchte ich darauf hinweisen, dass die gegenwärtige Tendenz zur Strafverschärfung nicht notwendige Folge des Vergeltungsgedankens ist. Andererseits entfaltet auch eine dem Präventionsgedanken nicht unbedingt immanente Strafbeschränkung ihre Wirkung. Es genügt im Hinblick auf das Ziel der Prävention nicht, einfach nur darauf hinzuarbeiten, Strafen zu verringern. Die Prävention führt dazu, dass neue Ziele entstehen und greift zu deren Verwirklichung zu immer härteren Mitteln.

> „Prävention versucht sich ihrer eigenen Logik entsprechend so weit zu verbessern, dass auch Täter leichter Straftaten diese nicht begehen, und wenn die Abschreckung mit ihren früheren Mitteln keinen Erfolg hatte, so wird sie ständig neue Abschreckung und Zwang auszuüben versuchen. … Heute ist die Prävention ein strafrechtliches Ziel ohne Konkurrenz. Auch strafrechtliche Normen sind jedoch an den Grundsatz der Angemessenheit gebunden“.[17]

---

16 Auch ist auf die Problematik hingewiesen worden, dass das vorsätzliche Grunddelikt des erfolgsqualifizierten Delikts im japanischen Strafrecht nicht bestraft wird (es gibt keinen Straftatbestand bezüglich dieser vorsätzlichen Grunddelikte dieser erfolgsqualifizierten Delikte), und dass die Urteilsstrafen bei diesem erfolgsqualifizierten Delikt sehr hoch sind.

17 *Hassemer*, Strafrecht, Prävention, Vergeltung, in: Hoyer u.a. (Hrsg.), FS Friedrich-Christian Schroeder zum 70. Geburtstag, 2006, S. 59, 65. In diesem Sinne ist „zu tadeln und zu bestrafen nicht der Täter, sondern die Tat“.

VI. Zum Schluss

Von wo rührt wohl der zu weit gegangene Angriff auf den Täter her, bei dem man von eigentlichem Opferschutz nicht sprechen mag? Häufig wird der Vergeltungsgedanke oder das Verlangen nach gerechter Bestrafung eine Rolle spielen. Übertriebenes Vergeltungsdenken führt in falsche Richtungen und beschleunigt eine solche Bewegung. Aber ist das wirklich so? Hat nicht die Auffassung von Bestrafung aus utilitaristischem Präventionswillen und von zielgerichteter Bestrafung selbst eine solche Gefahr entstehen lassen? Präventive Erwägungen haben zur Folge, dass hieraus gerade ein Feindstrafrecht entsteht, welches von *Roxin*[18] und *Rosenau*[19] als antikonstitutionalistisch und antiliberal kritisiert wird. Indem sie General- oder Spezialprävention zum Strafziel machten, und bei der Bestrafung den Aspekt der Prävention einführten, führten sie den Verlust der Strafmaßskala herbei. Ist es dadurch nicht schwieriger geworden, Strafen festzulegen als zu Zeiten, in denen ein Delikt nur unter Berücksichtigung des Verhältnismäßigkeitsgrundsatzes abgeurteilt wurde? Die Prävention ist durch die Erwägung der Strafmaßnahmen als Beschränkung der Verantwortungsstrafe bezeichnet worden. Doch kann man genau sagen, in welcher Form das der Fall ist? Und existieren etwa immanente Einschränkungen für die Verfolgung des Ziels der Verbrechensprävention?[20] Wäre demnach nicht vielmehr auf der Grundlage des Vergeltungsstrafgedankens zu einer Strafauffassung zu kommen, die diesen Gedanken verfeinert?

In diesem Sinne verdient neuerdings eine Bewegung Beachtung, die es für nicht angemessen hält, den Präventionsgedanken zur Rechtfertigung für die Bestrafung heranzuziehen, sondern eine neue Vergeltungstheorie aufstellt. Diese Vergeltungstheorie lässt sich bis *Aristoteles* zurückverfolgen und stützt sich zu ihrer Begründung auch auf *Feuerbach*, der die Grundlagen der negativen Generalprävention schuf. Die Berechtigung eines Strafsystems ist aus seiner durchschnittlichen Gerechtigkeit zu ersehen, doch ein Strafsystem muss auch in dem Sinne konkret rechtens sein, dass die einzelnen Strafen in ihrer Summe der Menge des ausgeführten Unrechts entsprechen.[21] *Neumann* vertritt folgende Auffassung:[22] Strafe ist ein dem schuldhaften Eingriff eines Täters in die Interessen Anderer entsprechender Eingriff in die eigenen Interessen, der aber nicht Restitution anstrebe, sondern nur durch den Gedanken gerechtfertigt sei, es sei richtig, durch Eingreifen in des Täters eigene Interessen zu antworten. Dieser

18 *Roxin*, Strafrecht Allgemeiner Teil, Bd. 1, 4. Aufl 2006, S. 56.

19 *Rosenau*, Das Feindstrafrecht Jakobs' als Feind des Rechts, Comparative Law Review, Bd. 42 Nr. 1 (2008), 27.

20 *Takahashi*, Tokai-Daifaku-Bunmei-Kenkyujo-Kiyo Nr. 20 (2000), S. 102.

21 *Pawlik*, Kritik der präventionstheoretischen Strafbegründungen, in: Rogall u.a. (Hrsg.), FS Rudolphi zum 70. Geburtstag, 2004, S. 213 ff.

22 *Neumann*, Institution, Zweck und Funktion staatlicher Strafe, in: Pawlik u.a. (Hrsg.), FS Jakobs zum 70. Geburtstag, 2007, S. 435 ff., insb. S. 448.

Retributionsgedanke als Grundlage des Bestrafungssystems muss gerechtfertigt werden. Der Begründung bedarf, dass die Bestrafung des Täters gerade dadurch gerechtfertigt werde, er habe das Verbrechen begangen.

Hassemer[23] spricht vom Siegeszug der Prävention wie folgt: „Der Strafgesetzgeber läßt sich vom aggressiven und punitiven Stil des kriminalpolitischen Diskurses beeindrucken, gibt die ihm angemessene Zurückhaltung auf und bedient sich zunehmend einer Rhetorik der ‚Bekämpfung von Kriminalität', ganz als sei die Annahme der Unschuld außer Kraft. Reformen im materiellen Strafrecht und im Strafverfahrensrecht zentrieren sich seit geraumer Zeit um Verschärfungen von Strafandrohungen, um neue Straftatbestände, um wirksamere Kontroll- und Ermittlungsinstrumente, um Effizienz der Strafjustiz." Der Tatverdacht als Ermittlungsvoraussetzung, der Grundsatz individueller Verantwortung, der ultima ratio-Grundsatz und andere traditionelle Garantien des Strafrechtssystems seien angesichts der Kraft der präventiven Bedürfnisse und der Hoffnungen auf des Strafrechts Fähigkeit zur Lösung von Problemen am Verblassen.

Umsichtiger und vorausschauender Umgang bei der Konfrontation mit Verbrechen, pragmatische Skepsis gegen Ausweitungen der Strafrechtskontrolle und rechtsstaatliche Sorge gegenüber dem bestrafenden Leviathan bestimmen unser kriminalpolitisches Klima schon nicht mehr. Sie haben der Prävention weichen müssen und den Weg freigegeben. Sie haben dem weichen müssen, damit Risiken frühzeitig entdeckt und sicher ausgeschaltet werden können, Bedrohungen frühzeitig erkannt und effektiv bekämpft werden können, so *Hassemer*.

Sowohl das potentielle Opfers als das realere Opfer würden manchmal übermäßig geschützt. Ein Grund dafür müsste die Angstgesellschaft sein. Was Strafrechtstheorie angeht, kann man den Präventionsgedanken als Anlass hierzu ermitteln.

Gerade weil es in der gegenwärtigen Gesellschaft mehrere Risiken gibt, muss von uns verlangt werden können, eine autonome Gesellschaft herzustellen, in der man dieses Risiko in aller Ruhe analysieren, den innersten Kern der Frage ermitteln und dadurch nach Lösungen suchen kann. Zudem müssen wir erneut über die Gültigkeit von Präventionslehren nachdenken.

Ich denke, sowohl der reale Opferschutz als auch der Schutz potentieller Opfer müssen sich im Gleichgewicht mit den Grundsätzen der Strafjustiz befinden.

---

23 *Hassemer*, Strafrecht, Prävention, Vergeltung, in: Hoyer u.a. (Hrsg.), FS Friedrich-Christian Schroeder zum 70. Geburtstag, 2006, S. 57 ff.

Die Entwicklung des Opferschutzes im deutschen Strafrecht und Strafprozessrecht – Eine unendliche Geschichte –

Joachim Herrmann

A. Ein kurzer Rückblick

Die Stellung des Verbrechensopfers im deutschen Strafprozess hat sich im Laufe der Jahrhunderte mehrfach entscheidend gewandelt. In der germanischen und karolingischen Zeit bestimmte das Opfer als Ankläger Einleitung und Durchführung des Verfahrens.[1] Das Opfer verlor jedoch seine aktive Rolle, als mit dem Erstarken der Staatsgewalt die Verfolgung von Straftaten Aufgabe der Gemeinschaft und der Inquisitionsprozess eingeführt wurde. Theoretisch behielt das Opfer zwar seine Anzeigebefugnis, in der Praxis lagen Einleitung und Durchführung des Verfahrens aber in der Hand des Inquisitionsrichters; das Opfer trat nur noch als Zeuge auf. Daran änderte sich wenig, als in den deutschen Partikularstaaten um die Mitte des 19. Jahrhunderts der reformierte Strafprozess mit der Staatsanwaltschaft als Anklageorgan sowie öffentlicher und mündlicher Hauptverhandlung eingeführt wurde.

Eine Wende brachten das Reichsstrafgesetzbuch von 1871 mit dem Strafantragsrecht des Opfers und die Reichsstrafprozessordnung von 1877, die das Klageerzwingungsverfahren, die Privatklage und die Nebenklage einführte.[2] Grund für diese Reformen war jedoch nicht eine Rückbesinnung auf die Stellung des Opfers im altdeutschen Strafprozess oder eine grundsätzliche Neubestimmung von dessen Prozessrolle, sondern ein Anknüpfen an einzelne Partikularrechte und vor allem die Aufnahme von Vorschlägen, die in vorangegangenen Auseinandersetzungen in der Wissenschaft entwickelt worden sind.

Trotz dieser neu gewonnenen Rechte blieb das Opfer eine „vergessene Figur" in der Praxis des Strafverfahrens.[3] Daran änderte sich auch nichts, als im Jahr 1943, aus Ersparnisgründen in Kriegszeiten, das Adhäsionsverfahren eingeführt wurde, das die Durchsetzung vermögensrechtlicher Ansprüche im Strafverfahren ermöglichte und damit eine doppelte Feststellung desselben Sachverhalts im Strafverfahren und im Zivilprozess vermieden werden sollte.[4]

---

1 Hierzu und zum Folgenden *Weigend*, Deliktsopfer und Strafverfahren, 1989, S. 28 ff.; *Eberhard Schmidt*, Einführung in die Geschichte der deutschen Strafrechtspflege, 37 ff.; *Koch*, Denunciatio – Zur Geschichte eines strafprozessualen Rechtsinstituts, 2006.

2 *Weigend* (Fn. 1), S. 110 ff.

3 *Weigend*, ZStW 96 (1984), 761.

4 *Weigend* (Fn. 1), S. 164 ff.; Hilger: in Erb u.a. (Hrsg.), *Löwe-Rosenberg*, Strafprozessordnung, Bd. 8, 26. Aufl. 2009, Rn. 3 ff. vor § 403.

B. Entwicklung des Opferschutzes in kleinen Schritten

Eine tiefgreifende Wende setzte in den achtziger Jahren des letzten Jahrhunderts ein. Nachdem es dem Gesetzgeber in den vorangegangenen Jahren vor allem darum gegangen war, das Strafverfahren zu einem schlagkräftigen Instrument moderner Verbrechensbekämpfung zu gestalten und neu entwickelte technische Mittel für die Aufklärung von Straftaten nutzbar zu machen, kam es jetzt zu einer Wiederentdeckung des lange nicht beachteten Opfers. Anlass hierfür waren neuere wissenschaftliche Diskussionen und viktimologische Forschungen im Inland und Ausland, die darauf abzielten, die Rolle des Opfers im Strafverfahren, aber auch im materiellen Strafrecht neu zu bestimmen.[5]

Bemerkenswert an dieser Entwicklung ist, wie rasch die neuen Denkanstöße Eingang in das deutsche Strafverfahren gefunden haben. Im Herbst 1984 befasste sich der 55. Deutsche Juristentag mit der „Rechtsstellung des Verbrechensopfers".[6] Die Beschlüsse des Juristentages, die in mehrfacher Hinsicht eine Neubestimmung der Opferrolle empfahlen, wurden zur Grundlage des Opferschutzgesetzes, das schon im Herbst 1986 erging.[7]

Das Opferschutzgesetz brachte zahlreiche, an die vorhandenen Strukturen des Strafverfahrens anknüpfende Änderungen, die auf eine Besserstellung des Opfers, nicht zuletzt des Opfers von Sexualdelikten, abzielten. In Wissenschaft und auf politischer Ebene kam man jedoch schon bald zu der Überzeugung, dass zusätzlicher Reformbedarf bestand. Außerdem stellte der Rat der Europäischen Union in seinem Rahmenbeschluss vom 15. März 2001 einen detaillierten Forderungskatalog zur Verbesserung der Rolle des Opfers in den Strafverfahren auf.[8]

Als Folge dieser Initiativen ergingen weitere Gesetze, die den Opferschutz mehr und mehr verstärkten. Zu nennen sind vor allem das Verbrechensbekämpfungsgesetz 1994,[9] das Zeugenschutzgesetz 1998,[10] das Gesetz zur strafverfahrensrechtlichen Verankerung des Täter-Opfer-Ausgleichs 1999,[11] das Opferrechtsreformgesetz 2004[12] und das Zweite Opferrechtsreformgesetz 2009.[13]

5 *Weigend* (Fn. 1), S. 13 ff.; *Kühne:* in Erb u.a. (Hrsg.), *Löwe-Rosenberg*; Strafprozessordnung, Bd. 1, 26. Aufl. 2006, Einleitung, Rn. 125.

6 Verhandlungen des 55. Deutschen Juristentages, Gutachten von *Rieß*, Bd. 1, S. C 1 ff.; Referate v. *Hammerstein* u. *Odersky*, Bd. 2, 1984, S. L 7 ff. und L. 29 ff.

7 BGBl I 2496. Zum Inhalt des Gesetzes siehe: *Böttcher*, JR 1987, 133; *Jung,* JuS 1987, 157; *Rieß/Hilger*, NStZ 1987, 145; *Weigend*, NJW 1987, 1170.

8 2001/220/JI, Amtsblatt der EG v. 22. 3. 2001, L82, S. 1.

9 BGBl I 3186. Siehe *Dahs*, NJW 1995, 553; *König/Seitz*, NStZ 1995, 1.

10 BGBl I 820. Siehe *Caesar*, NJW 1998, 2313; *Rieß*, NJW 1998, 3240; *Seitz*, JR 1998, 309.

11 BGBl I 2491. Siehe *Rieß*, in: FS Jung, 2007, 751 (759); *Tolmein* ZRP 1999, 409.

12 BGBl I 1354. Siehe *Ferber* NJW 2004, 2562; *Hilger* GA 2004, 478; *Stiebig* Jura 2005, 592.

13 BGBl I 2280. Siehe *Bung*, StV 2009, 430.

Der Preis für diese rasche Entwicklung war allerdings, dass es nicht zu einer Reform aus einem Guss gekommen ist. Man nahm sich nicht die Zeit für eine an sich gebotene, grundsätzliche rechtpolitische Neubestimmung der Opferrolle im Strafverfahren. In jedem neuen Gesetz ging es lediglich um die Korrektur von ad hoc erkannten Einzelproblemen. Der Reformprozess verlief in der Form von kleinen, nicht selten zaghaften Trippelschritten. In gewisser Weise erinnert diese Methode der Patchwork-Reform an Reformen, die in der letzten Zeit in anderen Bereichen der Strafprozessordung durchgeführt wurden.

Wird die Opferrolle gestärkt, so ist es unvermeidlich, dass dies zu Lasten der Stellung des Beschuldigten gehen kann. Dieses Problem wurde im Zusammenhang mit den Reformen nicht grundsätzlich erörtert. In den Begründungen zu den Reformgesetzen wurde zwar wiederholt darauf hingewiesen, dass die Opferrechtsreform nicht zu einer Benachteiligung des Beschuldigten führe,[14] es wird sich aber immer wieder zeigen, dass dieser Grundsatz keineswegs konsequent befolgt wurde.

Im Folgenden soll die Entwicklung des Opferschutzes seit Erlass des Opferschutzgesetzes 1986 in ihren entscheidenden Punkten dargestellt werden. Diese Darstellung soll sich nicht auf den – vorläufigen – Endzustand des Reformprozesses beschränken. Wo es der Veranschaulichung dient, werden die einzelnen Reformschritte, die aufeinander gefolgt sind, kritisch beleuchtet.

Rückblickend kann man vier Schwerpunkte des Reformprozesses feststellen:

- Die Einführung von Rechten des Opfers auf Information und anwaltlichen Beistand
- Die Verbesserung des Persönlichkeitsschutzes von Opfern und Zeugen
- Die Umgestaltung der Nebenklage
- Die Verbesserung der Schadenswiedergutmachung zugunsten des Opfers.

Angesichts der kaum übersehbar großen Zahl von Änderungen, die die einzelnen Gesetze gebracht haben, muss sich die folgende Darstellung auf die wichtigsten Neuregelungen beschränken.

I. Neue Rechte des Opfers auf Information und anwaltlichen Beistand

1. Information über verfahrensabschließende und andere Entscheidungen

Das Opferschutzgesetz 1986 führte für sämtliche Verbrechensopfer ein Informationsrecht ein (§ 406d Abs. 1 StPO). Jedem Opfer muss auf dessen Antrag hin eine das gerichtliche Verfahren abschließende Entscheidung mitgeteilt werden. Auf diese Weise soll verhindert werden, dass das Opfer sich vergessen und ver-

---

14 Entwurf der Bundesregierung zum Opferschutzgesetz, BT-Drucks. 10/5305, S. 1; Entwurf der Bundesregierung zum 2. Opferrechtsreformgesetz, BT-Drucks. 16, 12098, S. 12; *Hilger* (Fn. 12), S. 486. Kritisch dagegen *Bung* (Fn. 13), S. 431 ff.

lassen fühlt, weil es nicht erfährt, was mit dem geschehen ist, der ihm Unrecht getan hat.

Das Opferrechtsreformgesetz 2004 hat das Informationsrecht des Opfers in mehrfacher Hinsicht erweitert. Da inzwischen zahlreiche Strafverfahren aus Opportunitätserwägungen ohne gerichtliches Verfahren durch Einstellung beendet werden, muss das Opfer jetzt auf Antrag auch über eine Einstellung unterrichtet werden (§ 406d Abs.1 n. F. StPO). Um dem persönlichen Schutz und dem Sicherheitsbedürfnis des Opfers Rechnung zu tragen, muss es ferner über die Verhängung oder Beendigung von Untersuchungshaft oder einer anderen freiheitsentziehenden Maßnahme gegen den Beschuldigten oder Verurteilten sowie über Vollzugslockerungen und Urlaub aus der Haft unterrichtet werden (§ 406d Abs. 2 StPO). Dies muss allerdings nur geschehen, wenn das Opfer dies beantragt und ein berechtigtes Interesse darlegt.

2. Recht auf Beiziehung eines Rechtsanwalts

Wichtig für die Mitwirkungsmöglichkeit des Opfers am Verfahren ist das durch das Opferschutzgesetz 1986 geschaffene Recht auf Beiziehung eines Rechtsanwalts, und zwar schon während des Ermittlungsverfahrens (§ 406f StPO). Die Kosten für den Anwalt muss das - nicht nebenklageberechtigte - Opfer allerdings selbst tragen, eine Bedingung, durch die das Recht für sozial Schwache entwertet wird.[15]

Nach dem Opferschutzgesetz war dem Rechtsanwalt die Anwesenheit nur bei der Vernehmung des Opfers durch den Richter und die Staatsanwaltschaft – nicht aber durch die Polizei – gestattet. Die Bedeutung dieser Anwesenheitsbefugnis war freilich begrenzt, da Vernehmungen in der Praxis in aller Regel von der Polizei durchgeführt werden.

Das Opferschutzgesetz ist zudem hinter den Anforderungen des Bundesverfassungsgerichts zurückgeblieben. Das Gericht hatte nämlich schon 1974 aus dem Rechtsstaatsprinzip die Forderung abgeleitet, dass grundsätzlich bei jeder Vernehmung eines Zeugen dessen Anwalt zugegen sein darf.[16] Erst das 2. Opferrechtsreformgesetz 2009 hat daraus die notwendige Konsequenz gezogen und die Anwesenheit eines Rechtsanwalts auch bei der polizeilichen Vernehmung des Opfers (§ 406f Abs. 1 S. 2 StPO) – ebenso wie bei der Vernehmung eines jeden Zeugen (§ 68b Abs. 1 S. 2 StPO) – zugelassen.

Damit hat das 2. Opferrechtsreformgesetz die Symmetrie der Verfahrensrechte von Opfer und Beschuldigtem allerdings ganz entscheidend gestört, denn der Beschuldigte hat bis heute kein Recht auf Anwesenheit seines Verteidigers bei der polizeilichen Vernehmung. Es hätte nahegelegen, dieses Ungleichgewicht durch das 2. Opferrechtsreformgesetz zu korrigieren. Dem hätten jedoch die Ermittlungsbehörden wohl kaum zugestimmt, denn die Erlangung eines Ges-

---

15 *Weigend* (Fn. 7), S. 1173.

16 BerfGE 38, 105.

tändnisses spielt bei der polizeilichen Vernehmung die entscheidende Rolle, und die Erfahrung lehrt, dass Geständnisse leichter zu erlangen sind, wenn bei der Vernehmung kein Rechtsanwalt zugegen ist.[17]

Seit dem Opferschutzgesetz 1986 kann auf Antrag des Opfers neben dem Rechtsanwalt auch eine Vertrauensperson, z. B. ein Angehöriger, zu Vernehmungen hinzugezogen werden (§ 406f Abs. 3 StPO). Die psychische Betreuung soll vor allem Opfern von Vergewaltigungen und Sexualdelikten zugute kommen und damit nicht zuletzt auch der Wahrheitsfindung dienen. Stand es nach dem Opferschutzgesetz 1986 noch im Ermessen des die Vernehmung Leitenden, ob eine Vertrauensperson zugelassen wird, so hat das Opferrechtsreformgesetz 2004 die Position des Opfers gestärkt, indem es bestimmte, dass die Vertrauensperson zuzulassen ist, solange der Untersuchungszweck nicht gefährdet wird.

3. Akteneinsichtsrecht

Das Opfer hat seit dem Opferschutzgesetz 1986 ein gesetzlich verbürgtes Akteneinsichtsrecht, es kann dieses Recht aber, ebenso wie der Beschuldigte, nur durch einen Rechtsanwalt ausüben (§ 406e Abs. 1 StPO). Aus datenschutzrechtlichen Gründen kann Akteneinsicht versagt werden, wenn überwiegende schutzwürdige Interessen des Beschuldigten oder anderer Personen entgegenstehen (§ 406e Abs. 2 StPO).

Trotz dieser Einschränkungsklausel erscheint das Akteneinsichtsrecht problematisch, weil es dem Opfer ermöglicht, Informationen zu sammeln, die in die Privatsphäre des Beschuldigten eingreifen, und weil die Akteneinsicht zu Ausforschungszwecken missbraucht und damit die Verteidigungsmöglichkeit des Beschuldigten beschränkt werden kann.[18]

Sehr viel gravierender ist allerdings die Gefahr, dass das Opfer aus den Akten Informationen erhält, mit denen es seine Zeugenaussage in der Hauptverhandlung - bewusst oder unbewusst - zu seinen Gunsten färben und den Angeklagten zu Unrecht belasten kann.[19] Diese Gefahr wurde durch das Opferrechtsreformgesetz 2004 weiter verstärkt, weil der Nebenklageberechtigte, d.h. das Opfer, das Nebenklage erheben kann, dies aber nicht getan hat, ein Recht auf Anwesenheit in der Hauptverhandlung erhalten hat (§ 406g Abs. 1 S. 1 StPO). Das nebenklageberechtigte Opfer, das in der Hauptverhandlung in aller Regel als Zeuge aussagen muss, kann jetzt seine Aussage an dem ausrichten, was es zuvor bei der Vernehmung des Angeklagten und der anderen Zeugen gehört hat. Der Grundsatz, dass Zeugen vor ihrer Aussage nicht wissen sollen, was der An-

---

17 Der Streitstand ist wiedergegeben bei *Senge,* in: FS Egon Müller, 2008, 693 ff. Wie zu erwarten, lehnt *Senge* als ehemaliger Bundesanwalt beim Bundesgerichtshof ein Anwesenheitsrecht des Verteidigers ab.

18 *Hilger* (Fn. 4), § 406e Rn. 3 u. 9; *Thomas*, StV 1985, 433; *Weigend* (Fn. 7), S. 1174.

19 Hierzu und zum Folgenden *Roxin/Schünemann*, Strafverfahrensrecht, 26. Aufl. 2009, § 65 Rn. 14; *Schünemann*, NStZ 1986, 193 (199); *Weigend* (Fn. 7), S. 1174.

geklagte und andere Zeugen bekundet haben (§§ 58 Abs. 1; 243 Abs. 2 S. 1 StPO), wird damit auf den Kopf gestellt. Opferschutz kann zu einer ernsthaften Gefährdung der Wahrheitsfindung und damit zu einer Schlechterstellung des Beschuldigten führen.

4. Information des Opfers über seine Rechte im Verfahren

Erst wenn das Opfer weiß, was seine Rechte sind, kann es davon Gebrauch machen. Das Opferschutzgesetz 1986 sieht deshalb vor, dass das Opfer auf die neu geschaffenen Rechte hinzuweisen ist (§ 406h StPO).

Opferschutzverbänden ging die durch das Opferschutzgesetz 1986 eingeführte, allgemeine Informationspflicht jedoch nicht weit genug. Auch der Rahmenbeschluss der Europäischen Union hatte geradezu perfektionistisch festgelegt, wie und wann die Information des Opfers erfolgen soll.[20] Dies führte zu einer Präzisierung und erheblichen Erweiterung der Informationspflicht durch das 2. Opferrechtsreformgesetz 2009 (§ 406h StPO). Es ist jetzt ausdrücklich festgelegt, dass die Information „möglichst frühzeitig", regelmäßig „schriftlich" und soweit möglich in einer für das Opfer „verständlichen Sprache" erfolgt. Der Deutsche Richterbund hat angesichts dieser Ausdehnung der Informationspflicht gewarnt, dass die Strafverfolgungsbehörden „überstrapaziert" werden.[21]

II. Opferschutz durch Zeugenschutz

1. Beschränkung des Fragerechts

In Hauptverhandlungen wegen Straftaten gegen die sexuelle Selbstbestimmung ist es immer wieder geschehen, dass Opfer, die als Zeugen aussagen, auf aggressive Weise nach Einzelheiten ihres Privat- und Intimlebens gefragt und geradezu als die eigentlich Schuldigen hingestellt wurden.[22] Eine gesetzliche Bestimmung sah zwar vor, dass Fragen, die dem Zeugen „zur Unehre gereichen können", nur dann gestellt werden sollen, wenn sie zur Wahrheitsfindung unerlässlich sind (§ 68a Abs.1 StPO). Diese Klausel konnte jedoch die Auswüchse der Praxis nicht verhindern. Das Opferschutzgesetz 1986 hat deshalb auch Fragen ausgeschlossen, die den „persönlichen Lebensbereich" betreffen.

Die Gesetzesänderung wurde treffend dadurch charakterisiert, dass sie den Zeugenschutz „um eine kleine Nuance verbessert" hat.[23] Beispiele aus der Praxis zeigen, dass die Gesetzesänderung nicht den erhofften Erfolg gebracht hat, zumal der Bundesgerichtshof Fragen, mit denen die Glaubwürdigkeit von Zeugen

---

20 Rahmenbeschluss (Fn. 8), Art. 4.

21 Stellungnahme des Deutschen Richterbundes zum Entwurf des 2. Opferrechtsreformgesetzes v. März 2009, S. 4. - Onlineversion unter http://www.drb.de, abgerufen am 13.3.2010.

22 *Dahs*, NJW 1984, 1921; *Weigend* (Fn. 7), S. 1191, jeweils mit weiteren Nachweisen.

23 *Böttcher* in: FS Kleinknecht , 1985, S. 25 (37).

überprüft werden soll, im Hinblick auf das Gebot der Wahrheitsfindung schon immer großzügig zugelassen hat.[24]

2. Zeugenaussage in Abwesenheit des Angeklagten

Muss das Opfer in der Hauptverhandlung als Zeuge aussagen, so kann es die persönliche Begegnung mit dem Angeklagten als überaus belastend empfinden. Das Opferschutzgesetz 1986 hat deshalb die Möglichkeit geschaffen, dass ein Opferzeuge – wie auch jeder andere Zeuge – in Abwesenheit des Angeklagten aussagen kann, wenn die dringende Gefahr besteht, dass es anderenfalls zu einem schwerwiegenden Nachteil für dessen Gesundheit kommt (§ 247 S. 2 StPO). Der Angeklagte muss in solchen Fällen zwar über den wesentlichen Inhalt der Zeugenaussage unterrichtet werden, nachdem er in den Sitzungssaal zurückgekehrt ist. Er ist gleichwohl in seiner Verteidigung beschränkt, weil es für ihn keine Möglichkeit gibt, unmittelbare Fragen an den Zeugen zu stellen.

3. Ausschluss der Öffentlichkeit in der Hauptverhandlung

Dem Opferschutz dient ferner die Einschränkung des Grundsatzes der Öffentlichkeit der Hauptverhandlung, die das Opferschutzgesetz 1986 gebracht hat. Das Gesetz dient nicht allein dem Schutz des Opfers, sondern sämtlicher Verfahrensbeteiligter und Zeugen. Bislang konnte die Öffentlichkeit nur ausgeschlossen werden, wenn Umstände aus dem persönlichen Lebensbereich eines Prozessbeteiligten oder Zeugen zur Sprache kamen, deren öffentliche Erörterung „überwiegende schutzwürdige Interessen" verletzen würde. Aufgrund des Opferschutzgesetzes genügen jetzt „schutzwürdige Interessen", soweit nicht das Interesse an der öffentlichen Erörterung der privaten Lebensumstände überwiegt (§ 171b GVG). Wichtiger als diese fein gesponnene Neuabwägung der Interessen ist die Bestimmung des Gesetzes, dass der persönliche Lebensbereich des Opfers jetzt auch dann geschützt ist, wenn es nicht als Zeuge oder Nebenkläger an der Hauptverhandlung teilnimmt.

4. Aufzeichnung von Zeugenaussagen und audiovisuelle Zeugenvernehmung

Der Zeugen- und Opferschutz wurde durch das Zeugenschutzgesetz 1998 weiter ausgebaut. Anlass für das Gesetz waren mehrere Strafverfahren wegen sexuellen Missbrauchs von Kindern, die zu besonderen psychischen Belastungen der in der Hauptverhandlung vernommenen kindlichen Opferzeugen geführt hatten.[25] Die Bestimmungen des Zeugenschutzgesetzes betreffen zwar sämtliche Zeugen, sie kommen aber in erster Linie dem Opfer zugute, da diesem normalerweise die Rolle des Belastungszeugen zufällt.

Aufgrund des Gesetzes können Aussagen von jugendlichen Zeugen – zunächst unter sechzehn, seit dem 2. Opferrechtsreformgesetz 2009 unter achtzehn

---

24 BGHSt 13, 252; BGHSt 21, 334 (360); *Böttcher* (Fn. 7), S. 139.

25 *Rieß* (Fn. 10), S. 3240; *Caesar*, (Fn. 10), S. 2314.

Jahren - im Vorverfahren auf Bild- und Tonträger aufgenommen und deren erneute Aussage in der Hauptverhandlung unter bestimmten Voraussetzungen durch Abspielen der Aufnahme ersetzt werden (§§ 58a, 255a StPO).[26]

Ist es schon im Vorverfahren zum Schutz des Zeugen notwendig, dessen Konfrontation mit dem Beschuldigten zu vermeiden, so kann sich der Ermittlungsrichter mit dem Zeugen in einen gesonderten Raum begeben und die Vernehmung zeitgleich in Bild und Ton zu den anderen Verfahrensbeteiligten übertragen. Diese können mit Hilfe der Übertragungsanlage Fragen an den Zeugen stellen, entweder direkt oder über den Richter (§ 168e StPO). Die bei der Vernehmung hergestellte Video-Aufnahme kann später in der Hauptverhandlung abgespielt werden.

Sollen während der Hauptverhandlung schwerwiegende Nachteile für das Wohl des Zeugen, insbesondere durch eine Konfrontation mit dem Angeklagten, vermieden werden, so kann dessen Vernehmung so gestaltet werden, dass der Zeuge sich nicht im Sitzungssaal, sondern an einem anderen Ort aufhält und die Vernehmung in Form einer Videokonferenz zeitgleich in den Sitzungssaal übertragen wird (§ 247a StPO).

5. Beiordnung eines Rechtsanwalts

Das Zeugenschutzgesetz 1998 sieht des Weiteren vor, dass Zeugen für die Dauer der Vernehmung ein Rechtsanwalt auf Staatskosten beigeordnet werden kann, wenn dies zur Wahrung ihrer schutzwürdigen Interessen notwendig erscheint (§ 68b StPO). Auf Antrag des Zeugen muss ein Zeugenbeistand bestellt werden, wenn die Zeugenvernehmung bestimmte schwere, insbesondere gegen die Sexualsphäre gerichtete Straftaten zum Gegenstand hat.

Das 2. Opferrechtsreformgesetz 2009 hat das Recht auf einen Zeugenbeistand erweitert. Die Beiordnung eines Rechtsanwalts muss jetzt immer erfolgen, wenn dies im Hinblick auf schutzwürdige Interessen des Zeugen erforderlich ist. Ist erst einmal festgestellt, dass ein Zeuge schutzbedürftig ist, so erscheint eine zusätzliche Unterscheidung von Fällen, in denen ein Rechtsanwalt beigeordnet werden kann, und solchen, in denen dies geschehen muss, nicht gerechtfertigt. Andererseits verlangt das 2. Opferrechtsreformgesetz jetzt, dass „besondere Umstände“ vorliegen müssen, aus denen sich die Schutzbedürftigkeit des Zeugen ergibt. Damit soll klargestellt werden, dass die Beiordnung eines Zeugenbeistandes die Ausnahme bleibt.

III. Opferschutz durch veränderte Zuständigkeitsregelung

Für Fälle „besonderer Schutzbedürftigkeit“ des Opfers hat das Opferrechtsreformgesetz 2004 die Möglichkeit eröffnet, dass die Staatsanwaltschaft Anklage nicht beim an sich zuständigen Amtsgericht, sondern beim Landgericht erhebt

26 Über den unmittelbaren Gesetzeszweck hinausgehend ermöglicht § 58a StPO auch Video-Aufnahmen bei drohendem Beweisverlust.

(§ 24 Abs.1 Nr. 3 GVG). Auf diesem Wege soll vermieden werden, dass es nach einem Verfahren vor dem Amtsgericht im Fall einer Berufung zu einer zweiten Tatsacheninstanz vor dem Landgericht kommt, in der das Opfer bei einer erneuten Vernehmung möglicherweise zusätzlichen psychischen Belastungen ausgesetzt ist. Durch diese vor allem im Hinblick auf Opfer von Sexualdelikten geschaffene Reform entfällt allerdings für den Angeklagten die zweite Tatsacheninstanz, in der die gegen ihn vorgebrachten Belastungsbeweise erneut überprüft werden könnten.

IV. Strafantrag

Eine Reihe von Straftaten wird nur verfolgt, wenn das Opfer einen Strafantrag gestellt hat (§ 77 StGB). Der staatliche Strafanspruch kann bei Antragsdelikten erst dann durchgesetzt werden, wenn das Opfer durch seinen Strafantrag zum Ausdruck bringt, dass der Täter strafrechtlich verfolgt werden soll.

Das Strafantragserfordernis beruht auf verschiedenen Erwägungen. Beim Familiendiebstahl (§ 247 StGB) dient es der Erhaltung des Familienfriedens, bei Beleidigung und Verletzung von Privatgeheimnissen (§§ 194 Abs. 1, 205 StGB) schützt es die Privat- und Intimsphäre des Opfers und bei Hausfriedensbruch und Sachbeschädigung (§§ 123 Abs. 2, 303c StGB) ist es der Bagatellcharakter der Taten. Bei manchen Antragsdelikten, z. B. bei der einfachen vorsätzlichen und der fahrlässigen Körperverletzung (§ 230 Abs. 1 StGB), bei Diebstahl und Unterschlagung geringwertiger Sachen (§ 248a StGB) und bei Sachbeschädigung (§ 303c StGB), kann der fehlende Strafantrag dadurch ersetzt werden, dass die Staatsanwaltschaft das „besondere öffentliche Interesse“ an der Strafverfolgung durch den Staat bejaht.

Am Strafantrag ist vor allem in der Vergangenheit kritisiert worden, dass er eine ungleichmäßige Durchsetzung des Strafrechts ermögliche und vom Opfer als Nötigungsmittel missbraucht werden könne.[27] In neuerer Zeit wird der Strafantrag jedoch allgemein als berechtigt und in seiner Ausgestaltung als praktikabel angesehen. Im Rahmen der Opferschutzreformen der letzten Jahre wurden deshalb keine Änderungen des Strafantragsrechts vorgenommen.

V. Privatklage

Das Opfer kann Straftaten, die seinen unmittelbaren Lebensbereich betreffen, aber nicht schwer wiegen, im Wege der Privatklage selbständig verfolgen und zur Anklage bringen (§§ 374 ff. StPO). Mit der Privatklage macht das Opfer nicht eigene Interessen, sondern den Strafanspruch des Staates geltend. Die Staatsanwaltschaft erhebt wegen dieser Straftaten nur dann Anklage, wenn dies im öffentlichen Interesse geboten erscheint.

27 S. *Rieß*, Gutachten, 55. Deutscher Juristentag, Bd. 1 Teil C, 1984, Rn. 93 ff. mit Nachweisen; *Schmid,* in: Laufhütte/Rissing-van Saan/Tiedemann (Hrsg.), Strafgesetzbuch, Leipziger Kommentar, Bd. 3, 12. Aufl. 2008, vor § 77 Rn. 1.

In der Praxis ist die Privatklage für das Opfer oft ein zweischneidiges Schwert. Das Opfer kann zwar die Verfolgung seiner Rechte selbst in die Hand nehmen, wenn es will, mit Hilfe eines Rechtsanwalts. Dies ist aber mit zeitlichem Aufwand und erheblichen Kosten verbunden, und eine Privatklage hat geringe Erfolgsaussichten. Es wurde deshalb schon vom „Leidensweg des Privatklägers" gesprochen.[28] In der Rechtswirklichkeit spielt die Privatklage kaum eine Rolle. Die amtliche Justizstatistik belegt, dass es 2006 nur 564 und 2007 nur 528 Privatklageverfahren gab.[29] Nicht zuletzt wegen der geringen Bedeutung in der Praxis wurde mehrfach gefordert, die Privatklage abzuschaffen.[30] Es ist deshalb kaum erstaunlich, dass die Reformgesetze der letzten Zeit entgegen der allgemeinen Tendenz, die Position des Opfers zu stärken, nicht versucht haben, der Privatklage neues Leben einzuhauchen.

VI. Klageerzwingungsverfahren

Hat die Staatsanwaltschaft ein Ermittlungsverfahren eingestellt, weil keine Straftat vorliegt, so hat das Opfer, das damit nicht einverstanden ist und keine Privatklage erheben kann, die Möglichkeit, diese Entscheidung im Wege des Klageerzwingungsverfahrens überprüfen zu lassen (§§ 172 ff. StPO). Das Opfer kann zunächst Beschwerde beim Generalstaatsanwalt einlegen. Weist dieser die Beschwerde zurück, so kann das Opfer durch einen Rechtsanwalt eine Entscheidung durch das Oberlandesgericht beantragen. Beschließt das Gericht, dass Anklage zu erheben ist, so muss die Staatsanwaltschaft dem Folge leisten.

Das Klageerzwingungsverfahren dient der Absicherung des Legalitätsprinzips, die Durchsetzung der Interessen des Opfers ist nur eine Nebenfolge.[31] Deshalb können Einstellungen, die die Staatanwaltschaft aufgrund des Opportunitätsprinzips vornimmt, nicht im Wege des Klageerzwingungsverfahrens überprüft werden.

Nachdem für den Bereich der kleinen und zum Teil auch der mittleren Kriminalität im Ergebnis das Opportunitätsprinzip eingeführt wurde und die Staatsanwaltschaft dies zum Anlass nimmt, in großem Stil Verfahren einzustellen, wurde von verschiedenen Seiten gefordert, auch Ermessens-Einstellungen auf der Grundlage des Opportunitätsprinzips mit Hilfe des Klageerzwingungsverfahrens überprüfbar zu machen.[32] Gerichte können natürlich nicht ihr Ermessen an die Stelle des staatsanwaltschaftlichen Ermessens setzen, sie sollten aber überprüfen können, ob die Staatsanwaltschaft ihr Ermessen rechtlich fehlerfrei

28 *Rieß* (Fn. 27), Rn. 23 u. 26.

29 Statistik des Bundesamtes: Strafgerichte 2006 und 2007, Tabelle 2.1.

30 *Hilger* (Fn. 4), vor § 374, Rn. 13 mit Nachweisen.

31 *Graalmann-Scheerer,* in: Erb u.a. (Hrsg.), Löwe-Rosenberg, Stafprozessordnung, Bd. 5, 26. Aufl. 2008, § 172 Rn. 1; *Meyer-Goßner*, Strafprozessordnung, 52. Aufl. 2009, § 172 Rn. 1.

32 Nachweise bei *Graalmann-Scheerer* (Fn. 31), Rn. 4; siehe auch *Rieß* (Fn. 27), Rn. 113; *Schünemann,* in: FS-Hamm, 2008, S. 698 f.; *Dölling,* in: FS Jung, 2007, S. 77 (85).

ausgeübt hat. Obwohl viel dafür spricht, die neu gewonnene Einstellungsmacht der Staatsanwaltschaft auf diese Weise einer rechtlichen Kontrolle zu unterwerfen, haben die Reformgesetze der letzten Zeit keine Änderungen gebracht.

Dabei mag eine Rolle gespielt haben, dass es in der Praxis nur selten einmal zu einem Klageerzwingungsverfahren kommt und dass dessen Erfolgsaussichten denkbar gering sind.[33] Die Bedeutung des Klageerzwingungsverfahrens wird deshalb vor allem in dessen präventiver Wirkung zu sehen sein.[34]

VII. Grundlegende Neugestaltung der Nebenklage

1. Änderung und radikale Ausdehnung der Nebenklagebefugnis

Ein Schwerpunkt der Reformgesetzgebung war die Neugestaltung der Nebenklage. Mit einer Nebenklage kann sich das Opfer einer von der Staatsanwaltschaft erhobenen Klage anschließen und wie ein zweiter Staatsanwalt mit eigenen Rechten selbständig am Strafverfahren teilnehmen. Ursprünglich war die Nebenklage vor allem zulässig, wenn die Staatsanwaltschaft die Verfolgung eines Privatklagedelikts übernahm. Das Opferschutzgesetz 1986 löste die Nebenklage aus ihrer engen Verbindung mit der Privatklage. Im Gegensatz zur Privatklage war die Nebenklage jetzt auch bei schweren, gegen höchstpersönliche Rechtsgüter gerichteten Straftaten zulässig, z. B. bei versuchter Tötung, bestimmten Sexualdelikten, vorsätzlicher Körperverletzung, Aussetzung und schweren Delikten gegen die persönliche Freiheit (§ 395 Abs. 1 StPO). Grund für diese Neuausrichtung der Nebenklage war nicht die Berücksichtigung von Rache- und Genugtuungsinteressen des Opfers, sondern vielmehr dessen Schutzbedürfnis. Opfer von Straftaten, die jetzt zur Nebenklage berechtigten, vor allem weibliche Opfer von Sexualdelikten, sollten die Möglichkeit zu einer aktiven Beteiligung an der Hauptverhandlung haben, um sich dort gegen unberechtigte Schuldzuweisungen und andere Angriffe von Seiten des Angeklagten zu wehren.

Trotz dieser grundsätzlichen Neuausrichtung brach das Opferschutzgesetz 1986 nicht völlig mit der Vergangenheit. Es hielt an der Nebenklage fest bei Beleidigungsdelikten, Straftaten gegen den gewerblichen Rechtsschutz und das Urheberrecht, für Opfer, deren Klageerzwingungsantrag erfolgreich war, sowie für nahe Angehörige eines Getöteten.

Im Hinblick auf die neue Tendenz, Nebenklage bei schweren, gegen höchstpersönliche Rechtsgüter gerichteten Delikten zuzulassen, leuchtete es nicht ein, dass die Nebenklage bei einer ganzen Reihe von Straftaten, die ähnlich gravierend in persönliche Rechtsgüter des Opfers eingreifen, ausgeschlossen blieb. Erste Schritte zur Korrektur dieses Ungleichgewichts wurden durch verschiedene in der Folgezeit ergangene Gesetze unternommen, die den Katalog der ne-

---

33 *Graalmann-Scheerer* (Fn. 31), § 172, Rn. 3.

34 *Beulke*, Strafprozessrecht, 10. Aufl. 2008, Rn. 344.

benklagefähigen Delikte vorsichtig erweiterten, vor allem durch Einfügen des Menschenhandels (§§ 232 – 233a StGB), der Ausbeutung von Prostituierten und der Zuhälterei (§§ 180a, 181a StGB) sowie des Stalking (238 StGB).

Eine umfassende Reform brachte schließlich das 2. Opferrechtsreformgesetz 2009. Es setzte zwar den eingeschlagenen Weg der punktuellen Reformen fort, indem es die nebenklagefähigen Delikte uner anderem um die Zwangsverheiratung und die Nötigung zu sexuellen Handlungen (§ 240 Abs. 4 StGB) erweiterte. Von größerer Bedeutung ist jedoch, dass das 2. Opferrechtsreformgesetz eine Generalklausel einführte, nach der das Opfer einer jeden „anderen rechtswidrigen Tat" zur Nebenklage berechtigt ist, wenn dies „aus besonderen Gründen, insbesondere wegen der schweren Folgen der Tat, zur Wahrnehmung seiner Interessen geboten erscheint" (§ 395 Abs. 3 StPO).

Damit hat das 2. Opferrechtsreformgesetz die sonst allgemein befolgte rechtspolitische Linie vorsichtiger Änderungen zugunsten einer radikalen Reform aufgegeben. In der Begründung des Regierungsentwurfs zu dem Gesetz wurde zwar hervorgehoben, dass schwere Folgen „insbesondere dann vorliegen, wenn beim Verletzten körperliche oder seelische Schäden mit einem gewissen Grad an Erheblichkeit bereits eingetreten oder zu erwarten sind".[35] Im Gesetzestext ist diese Einschränkung jedoch nicht zum Ausdruck gekommen. Das Gesetz hat vielmehr nicht nur den erst kurz zuvor hergestellten Bezug zu den höchstpersönlichen Rechtsgütern entscheidend gelockert, sondern zugleich die Tür zu einer unbegrenzten Ausweitung und erneuten Zweckänderung der Nebenklage geöffnet. Haben Opfer von Eigentums- und Vermögensdelikten große finanzielle Verluste erlitten, z.B. die Ersparnisse zur Finanzierung einer Berufsausbildung oder ihrer Alterssicherung verloren, so dürfte für das Gericht angesichts solch schwerer Tatfolgen kaum eine Möglichkeit bestehen, deren Nebenklage zurückzuweisen.

Anwälte von Opfern mit hohem Vermögensschaden mögen ihren Mandanten zur Erhebung einer Nebenklage raten, um die Aufklärung des Sachverhalts im Strafverfahren in ihrem Sinne zu beeinflussen und dadurch die Beweisaufnahme in einem Zivilprozess zu vereinfachen. Ziel der Nebenklage ist dann nicht mehr die Abwehr unberechtigter Schuldzuweisungen durch den Angeklagten, sondern die Durchsetzung finanzieller Interessen. Die Nebenklage wird damit von einem Verteidigungs- zu einem Angriffsmittel umgewertet. Die schon heute in Verfahren wegen Vergewaltigung und Sexualstraftaten oft festzustellende, aggressive und emotional aufgeladene Konfrontation von Opfer und Beschuldigtem dürfte kaum geringer werden, wenn Opfer um verlorenes Vermögen kämpfen, zumal das Opfer und sein Rechtsanwalt im Gegensatz zur Staatsanwaltschaft nicht zu Objektivität verpflichtet sind.[36]

---

35 Gesetzentwurf der Bundesregierung zum 2. Opferrechtsreformgesetz (Fn.14), S. 49.

36 Kritik auch bei *Bung* (Fn. 13), S. 434 ff.; *Schünemann* (Fn. 32), S. 691 ff.

Es kann auch nicht ausgeschlossen werden, dass Opfer umfangreicher Betrügereien in großer Zahl Nebenklage erheben, sodass es zu Massenverfahren kommt. Dies würde zu einer durchgreifenden Umgestaltung der Hauptverhandlung führen, in der der Angeklagte einem Heer von Anklägern gegenübersteht. Das Conterganverfahren hat gezeigt, welche Probleme ein Verfahren dieser Art mit sich bringen kann.[37]

2. Die Rechte des Nebenklägers in der Hauptverhandlung

Dem Nebenkläger stehen in der Hauptverhandlung die Rechte zu, deren er zur Wahrnehmung seiner Interessen, insbesondere seiner Darstellung des Sachverhalts und der Abwehr von unberechtigten Schuldzuweisungen durch den Angeklagten, bedarf (§ 397 StPO). Hierzu gehören vor allem die folgenden Rechte:

- Anwesenheit in der – auch nicht öffentlichen – Hauptverhandlung
- Beistand eines oder Vertretung durch einen Rechtsanwalt
- Akteneinsicht
- Anspruch auf rechtliches Gehör
- Fragerechte
- Erklärungsrechte
- Beweisantragsrechte

An diesen Rechten wurde durch die Reformgesetze inhaltlich nichts geändert. Es war umstritten, ob der Nebenkläger sein Beweisantragsrecht behalten soll. Die Wissenschaft sprach sich weitgehend dagegen aus, weil es für die Verteidigung gegenüber Schuldzuweisungen durch den Beschuldigten nicht erforderlich sei und zu Verfahrensverzögerungen führen könne.[38] Der Gesetzgeber hat jedoch auf Stimmen der Anwaltschaft und von Opferschutzverbänden gehört und das Beweisantragsrecht beibehalten. Dies erscheint nur konsequent, nachdem die Nebenklage jetzt auch als Angriffsmittel dienen kann.

Auf das Problem, dass die Zeugenaussage des während der gesamten Hauptverhandlung anwesenden Opfers nicht als Aussage eines „unbefangenen" Zeugen gewertet werden kann, wurde schon hingewiesen. Dieses Problem wird verschärft, wenn das Opfer zugleich als Zeuge und Nebenkläger auftritt. Die Aussage des Opfers muss deshalb trotz der den Zeugen treffenden Wahrheitspflicht zugleich als interessengeleitete Parteierklärung angesehen werden, der bei der Beweiswürdigung mit besonderer Vorsicht zu begegnen ist.[39]

---

37 Siehe *Herrmann,* ZStW 85 (1973), 255 (258 mit Nachweisen).

38 *Weigend* (Fn. 1), S. 512, und (Fn. 7), S. 1175 jeweils mit Nachweisen; weitere Nachweise bei *Hilger* (Fn. 4), § 397, Rn. 8.

39 Kritisch auch *Schünemann* (Fn. 32), S. 693.

3. Prozesskostenhilfe und Opferanwalt auf Staatskosten

Schon vor Erlass der Reformgesetze konnte der Nebenkläger, der einen Rechtsanwalt beauftragen wollte, Prozesskostenhilfe beantragen. Wird Prozesskostenhilfe gewährt, so muss der Nebenkläger entsprechend seinen Einkommens- und Vermögensverhältnissen keine oder nur einen Teil der Anwaltskosten zahlen.

Das Opferschutzgesetz 1986 hatte diese Regelung im Wesentlichen beibehalten. Das Zeugenschutzgesetz 1998 hat jedoch ergänzend zur Prozesskostenhilfe den Opferanwalt auf Staatskosten eingeführt und die Nebenkläger insoweit in zwei Klassen eingeteilt (§ 397a StPO). Nebenkläger, die Opfer eines Sexualverbrechens, eines versuchten Tötungsdelikts oder eines Menschenhandels sowie Angehörige eines durch eine Straftat Getöteten sind, haben jetzt Anspruch auf Bestellung eines Rechtsanwalts. Ein kostenloser Opferanwalt wird selbst dann bestellt, wenn ein Nebenkläger über ausreichende Mittel zur Bezahlung verfügt. Nebenkläger, die Opfer anderer Straftaten sind, müssen sich weiterhin mit der Prozesskostenhilfe begnügen.

Eine weitere Besserstellung des Opfers brachte das 2. Opferrechtsreformgesetz 2009. Das Gesetz hat den Katalog der Straftaten, die zur Beiordnung eines kostenlosen Rechtsanwalts berechtigen, ganz erheblich erweitert (§ 397a StPO). Anlass hierfür waren Forderungen von Opferschutzverbänden. Deren Empfehlungen führten auch dazu, dass die Voraussetzungen für die Gewährung von Prozesskostenbeihilfe gelockert wurden. Die bislang bestehende Klausel, dass Prozesskostenhilfe nur bei „Schwierigkeit der Sach- und Rechtslage" gewährt wird, wurde gestrichen, da es auch in einfach gelagerten Fällen für das Opfer nicht zumutbar sein könne, seine Interessen selbst wahrzunehmen.[40]

Das Recht auf Bestellung eines kostenlosen Anwalts sowie Prozesskostenhilfe steht auch dem Opfer zu, das Nebenklage zwar erheben könnte, dies aber nicht getan hat (§ 406g Abs. 1 StPO). Das nebenklageberechtigte Opfer kann einen entsprechenden Antrag auch schon im Vorverfahren stellen.

Es kann nicht zweifelhaft sein, dass die großzügige Gewährung des kostenlosen Opferanwalts und der Prozesskostenhilfe die Gewichte im Strafverfahren – entgegen der wiederholt geäußerten Ansicht des Gesetzgebers – stark zu Lasten des Beschuldigten verschoben hat. Das Opferschutzgesetz 1986 hat zwar vorgesehen, dass der Richter dem Beschuldigten einen Verteidiger bestellen kann, wenn „ersichtlich ist", dass dieser sich nicht selbst verteidigen kann, weil dem Nebenkläger oder dem Nebenklageberechtigten ein Opferanwalt beigeordnet wurde (§ 140 Abs 2 S. 1 StPO). Die Bestellung des Verteidigers steht aber im Ermessen des Richters, während die Beiordnung des Opferanwalts erfolgen muss, wenn die Voraussetzungen gegeben sind. Wie mit der Bestellung eines Verteidigers für den Beschuldigten zu verfahren ist, wenn das Opfer einen Rechtsanwalt auf eigene Kosten beauftragt hat, hat der Gesetzgeber völlig offen

40 Gesetzentwurf der Bundesregierung zum 2. Opferrechtsreformgesetz (Fn. 14), S. 54.

gelassen. Es wird deshalb Aufgabe der Gerichte sein, die aus den Fugen geratene Verfahrensbalance wieder herzustellen.

VIII. Schadenswiedergutmachung

Ein zentrales Thema der Reformbewegung war die Verbesserung des Schadensausgleichs zwischen Täter und Opfer. Der Gesetzgeber hat nicht nur Änderungen am schon bestehenden Adhäsionsverfahren vorgenommen, sondern verschiedene neue, teils prozessuale, teils materiell-rechtliche Einrichtungen geschaffen, sodass dem Opfer heute zahlreiche Möglichkeiten zur Verfügung stehen, seine zivilrechtlichen Ansprüche im Rahmen des Strafverfahrens durchzusetzen. Hier sollen nur die wichtigsten dieser Möglichkeiten genannt werden.

1. Adhäsionsverfahren

Im Adhäsionsverfahren kann das Opfer Schadensersatzansprüche, die ihm aus einer Straftat erwachsen sind und für die an sich ein Zivilgericht zuständig wäre, im Rahmen des Strafverfahrens verfolgen. Das Adhäsionsverfahren hat für das Opfer mehrere Vorteile. Anstelle einer Klageschrift genügt ein einfacher Antrag. Auch im Verfahren vor dem Landgericht besteht kein Anwaltszwang. Da im Strafprozess der Amtsermittlungsgrundsatz gilt, muss das Opfer dem Gericht, anders als im Zivilprozess, nicht die Tatsachen unterbreiten und Beweismittel benennen, die seinen Antrag stützen.

Das Adhäsionsverfahren soll der Verfahrensvereinfachung dienen, weil es eine Würdigung desselben Sachverhaltes durch zwei voneinander unabhängige Gerichte überflüssig macht. Gleichwohl spielte das Adhäsionsverfahren seit seiner Einführung im Jahr 1943 im Prozessalltag kaum eine Rolle.[41] Die Strafgerichte scheuten offensichtlich die mit diesem Verfahren verbundene Mehrarbeit und machten deshalb regelmäßig Gebrauch von der Gesetzesbestimmung, nach der sie von einer Entscheidung absehen können, wenn sich der Antrag auf Schadensersatz zur Erledigung im Strafverfahren „nicht eignet", insbesondere wenn sich das Verfahren dadurch verzögern würde (§ 405 S. 2 a. F. StPO). Zudem war das Adhäsionsverfahren für die Rechtsanwälte aus gebührenrechtlichen Gründen uninteressant.

Die Reformgesetze haben versucht, das Adhäsionsverfahren praktikabler und für das Opfer attraktiver zu machen. Zunächst brachte das Opferschutzgesetz 1986 einige vorsichtige Verbesserungen. Es bestimmte, dass vor dem Amtsgericht, wo die meisten Strafverfahren stattfinden, Schadensersatzansprüche auch dann geltend gemacht werden können, wenn die für amtsgerichtliche Zivilprozesse bestehende Streitwertgrenze von 5000 € überschritten wird (§ 403 Abs. 1 StPO). Das Gesetz ließ ferner im Adhäsionsverfahren Grund- und Teilurteile zu. Bei Grundurteilen entscheidet das Strafgericht nur über die Begründet-

41 *Rieß* (Fn. 27), Rn. 43; *Meier/Dürre*, JZ 2006, 18 (19); *Spiess*, Das Adhäsionsverfahren in der Rechtswirklichkeit, 2008, S. 108 ff.

heit des Schadensersatzanspruchs, während die Festlegung der Schadenshöhe in einem späteren Zivilprozess erfolgt (§ 406 Abs. 1 S. 2 StPO). Schließlich sah das Opferschutzgesetz vor, dass dem Opfer – und aus Gründen der Gleichbehandlung auch dem Beschuldigten – für das Adhäsionsverfahren Prozesskostenhilfe gewährt werden kann (§ 404 Abs. 5 StPO).

Da die Reformen des Opferschutzgesetzes 1986 nicht zu einem häufigeren Gebrauch des Adhäsionsverfahrens führten, wurde mit dem Operrechtsreformgesetz 2004 erneut versucht, dem Adhäsionsverfahren mehr Leben einzuhauchen.[42] Das Opfer musste jetzt „in der Regel und so früh wie möglich" darauf hingewiesen werden, dass es ein Adhäsionsverfahren anstrengen kann (§ 406h Abs. 2 StPO). Anders als in der Vergangenheit ist nun im Adhäsionsverfahren ein – vollstreckbarer – gerichtlicher Vergleich zulässig (§ 405 Abs. 1 StPO). Die Möglichkeit des Gerichts, von einer Entscheidung abzusehen, wurde eingeschränkt. Dies durfte jetzt nur noch geschehen, wenn sich der Antrag des Opfers „unter besonderer Berücksichtigung der berechtigten Belange" des Opfers zur Erledigung im Strafverfahren nicht eignet, insbesondere wenn dessen Prüfung das Verfahren „erheblich" verzögern würde (§ 406 Abs. 1 S. 3 u. 4 StPO).

Im Schrifttum meldeten sich alsbald skeptische Stimmen, die insbesondere darauf hinwiesen, dass das Adhäsionsverfahren kaum an Bedeutung gewinnen dürfte, solange es nicht von der Praxis akzeptiert wird.[43] Die angemeldeten Bedenken wurden durch die Praxis bestätigt. In den Jahren 2007 und 2008 erging lediglich in etwa fünftausend amtsgerichtlichen Verfahren ein Urteil im Adhäsionsverfahren, bei den landgerichtlichen Verfahren waren es 450 bzw. 600.[44] An der ablehnenden Haltung der Gerichte dürfte sich nur dann etwas ändern, wenn sie, ähnlich wie der französische Richter im Falle einer „Action civile", grundsätzlich verpflichtet werden, auf Antrag des Opfers über dessen Ersatzansprüche im Adhäsionsverfahren zu entscheiden.[45] Es passt jedoch in das Bild der durch kleine und zaghafte Schritte bestimmten Reformgesetzgebung, dass das 2. Opferrechtsreformgesetz 2009 nicht zum Anlass genommen wurde, das Problem an der Wurzel zu packen.

2. Täter-Opfer-Ausgleich und Wiedergutmachung

Auch im Rahmen des Sanktionsrechts haben die Interessen des Opfers größere Bedeutung erlangt. Bei der Strafzumessung wurde bislang schon zu Gunsten des Täters berücksichtigt, wenn er den Schaden ganz oder zum Teil wiedergutgemacht hat. Das Opferschutzgesetz 1986 hat an die bestehende Praxis ange-

---

42 S. hierzu *Meier/Dürre* (Fn. 41), S. 18.

43 *Hilger*, GA 2004, 478, 485; *Dallmeyer* JuS 2005, 327 (330).

44 Statistisches Bundesamt, Strafgerichte 2007 und 2008, Tab. 2.1, 4.1; s. auch *Spiess* (Fn. 41), S. 152.

45 Zur Action civile s. *Spiess* (Fn. 41), S. 246 ff.; *Pfefferkorn*, Einführung in das französische Strafverfahren, 2006, S. 111 ff.

knüpft, indem es neben dem Bemühen, den Schaden wieder gutzumachen, „das Bemühen des Täters, einen Ausgleich mit dem Verletzten zu erreichen“ als weiteren Strafzumessungsgrundsatz hinzufügte (§ 46 Abs. 2 StGB). Auf diese Weise sollten auch andere als materielle Ausgleichsleistungen bei der Strafzumessung Berücksichtigung finden.

Das Verbrechensbekämpfungsgesetz 1994 ist einen entscheidenden Schritt weiter gegangen, denn es hat einerseits den Täter-Opfer-Ausgleich und andererseits besondere Formen der Schadenswiedergutmachung als Grund für eine zusätzliche Strafmilderung oder ein Absehen von Strafe vorgesehen (§ 46a StGB).[46] Nachdem die Praxis vor allem im Jugendstrafrecht schon mit dem Täter-Opfer-Ausgleich experimentiert hatte, wurde jetzt eine gesetzliche Grundlage hierfür geschaffen.

Voraussetzung für den Täter-Opfer-Ausgleich ist ein kommunikativer Prozess zwischen Täter und Opfer, möglichst unter Anleitung eines Dritten. In dem Prozess soll der Täter zeigen, dass er zu seiner Verantwortung steht und Wiedergutmachung zumindest ernsthaft erstrebt.

Für den besonderen Strafmilderungsgrund der Wiedergutmachung genügt nicht allein die Bezahlung von Schadensersatz. Es wird vom Täter vielmehr verlangt, dass er als Ausdruck seines Verantwortungsbewusstseins eine zusätzliche „persönliche Leistung“ erbringt oder Einschränkungen in Form von „persönlichem Verzicht“ auf sich nimmt.

Durch den Täter-Opfer-Ausgleich treten im unteren und mittleren Kriminalitätsbereich die Verständigung mit dem Opfer sowie die Schadenswiedergutmachung neben die herkömmlich anerkannten Strafzwecke des Schuldausgleichs und der Abschreckung. Das ist nur möglich, wenn vom Täter nicht nur der ohnehin geschuldete Ersatz des von ihm verursachten materiellen Schadens, sondern als zusätzliches pönales Element ein Ausgleich für den „ideellen Verbrechensschaden“ gefordert wird.[47]

In der Praxis sind dem Täter-Opfer-Ausgleichs-Verfahren enge Grenzen gesetzt, denn es fehlt an den mit sozialpädagogisch ausgebildeten Vermittlern besetzten Einrichtungen.[48] Zudem kann es zu dem geforderten kommunikativen Prozess von Täter und Opfer nur kommen, wenn beide hierfür aufgeschlossen sind. Die Erfahrung zeigt, dass dies durchaus nicht immer der Fall ist.

Das Gesetz zur strafverfahrensrechtlichen Verankerung des Täter-Opfer-Ausgleichs usw. 1999 hat versucht, den bislang nur verhältnismäßig selten praktizierten Täter-Opfer-Ausgleich stärker ins Bewusstsein der Strafjustiz zu heben und dem Ausgleichsverfahren durch eine prozessuale Verankerung einen breite-

46 BGBl I, S. 3186.

47 Alternativentwurf Wiedergutmachung , 1992, S. 38.

48 *Lackner/ Kühl*, Strafgesetzbuch, 26. Aufl. 2007, § 46a, Rn. 1; *König/Seitz*, NStZ 1995, 1 (2).

ren Anwendungsbereich zu verschaffen.[49] Durch das Gesetz werden Staatsanwaltschaft und Gericht ausdrücklich verpflichtet, in jedem Stadium des Verfahrens zu prüfen, ob ein Täter-Opfer-Ausgleich in Frage kommt, und in geeigneten Fällen auf einen solchen Ausgleich hinzuwirken (§ 155a StPO). Staatsanwaltschaft und Gericht können ein Verfahren vorläufig einstellen, um einen Täter-Opfer-Ausgleich oder eine Schadenswiedergutmachung herbeizuführen (§ 153a Abs. 1 S. 2 Nr. 5 StPO). Das Ausgleichsverfahren kann einer privaten Stelle übertragen werden, der zu diesem Zweck auch personenbezogene Daten übermittelt werden dürfen (§ 155b StPO). Ob der Täter-Opfer-Ausgleich aufgrund dieses erneuten Anlaufs durch den Gesetzgeber von der Praxis in größerem Umfang akzeptiert worden ist, erscheint allerdings zweifelhaft.[50]

3. *Berücksichtigung der Schadenswiedergutmachung bei Festsetzung der Geldstrafe und Strafaussetzung zur Bewährung*

Durch die Reformgesetze wurde auch festgelegt, welche Rolle die Schadenswiedergutmachung bei der Festsetzung der Geldstrafe und im Rahmen der Bewährungsauflagen spielen soll.

Das 2. Justizmodernisierungsgesetz 2006 bestimmt, dass bei Verhängung der Geldstrafe Zahlungserleichterungen, insbesondere Ratenzahlungen, auch dann gewährt werden sollen, wenn ohne eine solche Bewilligung die Schadenswiedergutmachung durch den Täter erheblich gefährdet wäre (§ 42 S. 3 StGB).[51] Der Entschädigung des Opfers wird damit der Vorrang vor der Bezahlung der Geldstrafe eingeräumt.

Das Verbrechensbekämpfungsgesetz 1994 sieht vor, dass die Schadenswiedergutmachung bei der Strafaussetzung zur Bewährung in doppelter Hinsicht zu berücksichtigen ist.[52] Einerseits legt das Gesetz fest, dass das Bemühen des Täters um Schadenswiedergutmachung bei der Entscheidung zu beachten ist, ob überhaupt eine Strafaussetzung in Betracht kommt (§ 56 Abs. 2 S. 2 StGB). Dies war allerdings schon zuvor gängige Praxis der Gerichte; der Bestimmung kommt deshalb nur eine deklaratorische Bedeutung zu.[53] Andererseits bestimmt das Gesetz, dass bei der Festsetzung von Bewährungsauflagen die Schadenswiedergutmachung den anderen Auflagen vorgeht (§ 56b Abs. 2 StGB). In der Praxis haben Opferanwälte diese Bestimmung zum Anlass genommen, entsprechende Anträge zu stellen, um auf einfache Weise Schadensersatzleistungen an das Opfer zu sichern.

---

49 BGBl I S. 2491.

50 *Beulke*, in: Erb u.a. (Hrsg.), Löwe-Rosenberg, Strafprozessordnung, 26. Aufl. 2008, § 155a Rn. 2 mit Nachweisen.

51 BGBl. I S. 3416.

52 BGBl I S. 3186.

53 *König/Seitz*, NStZ 1995, 1 (2).

4. Zurückgewinnungshilfe

Im Wege der Zurückgewinnungshilfe können die Strafverfolgungsorgane die durch eine Straftat erlangten Vermögenswerte oder deren Surrogate im Interesse des Opfers durch Beschlagnahme sicherstellen (§ 111b Abs. 5 StPO i.V. mit § 73 Abs. 1 S. 2 StGB). Dies kann schon im Vorverfahren und ohne einen Antrag des Opfers geschehen. Das Opfer hat sodann die Möglichkeit, auf die beschlagnahmten Gegenstände zuzugreifen.

Das Verfahren der Zurückgewinnungshilfe ist in komplizierten und unübersichtlichen gesetzlichen Bestimmungen geregelt, sodass in der Praxis selten davon Gebrauch gemacht wird.[54] Das Verfahren dürfte ohnehin nur bei Straftaten mit hohem Vermögensschaden in Frage kommen. Obwohl Vereinfachungen der gesetzlichen Bestimmungen gefordert wurden, hat das 2006 ergangene Gesetz zur Stärkung der Rückgewinnungshilfe und der Vermögensabschöpfung bei Straftaten nur eine Erweiterung der Zugriffsmöglichkeiten des Opfers auf die beschlagnahmten Vermögenswerte sowie eine weitere Perfektionierung gebracht.[55]

C. Schlussbemerkung – Ein kurzer Blick in die Zukunft

Der Reformprozess der letzten 25 Jahre hat gezeigt, dass die Aufwertung des Opfers zu einem „kriminalpolitischen Dauerzustand“ geworden ist.[56] Die Entwicklung ist bis in die jüngste Zeit so dynamisch verlaufen, dass ein Ende nicht abzusehen ist.

Immerhin hat eine Kammer des Bundesverfassungsgerichts den Gesetzgeber schon zu weiterem Tätigwerden aufgefordert.[57] In dem Fall ging es um die Frage, ob ein Opfer, das entgegen der gesetzlichen Vorgabe nicht auf sein Recht zur Nebenklage hingewiesen worden ist, Wiedereinsetzung in den vorigen Stand beantragen kann. Das Bundesverfassungsgericht lehnte dies zwar im Einklang mit der herrschenden Meinung ab. Es stellte jedoch in einem obiter dictum fest, dass der Opferrechtsschutz „umfassender umgesetzt worden wäre, wenn ein Verstoß gegen die Hinweispflicht ... durch eine Wiedereinsetzungsregelung flankiert worden wäre“. Dieses Versäumnis bezeichnete das Bundesverfassungsgericht als „rechtspolitisch bedauerlich“, eine Bewertung, die dem Gericht an sich nicht zustand, denn das Gericht hat sich zu verfassungsrechtlichen, nicht aber zu rechtspolitischen Fragen zu äußern.

In jüngster Zeit wurde auch von Seiten der Wissenschaft, nicht zuletzt im Hinblick auf die verfassungsrechtlichen Gebote des fairen Verfahrens und des

---

54 *Rieß*, (Fn. 27), Rn. 52.

55 BGBl. I S. 2350.

56 *Bung* (Fn. 13), S. 433.

57 Nichtannahmebeschluss v. 9. 10. 2007, 2 BvR 1671/07. S. dazu *Wenske*, NStZ 2008, 434.

rechtlichen Gehörs, ein weiterer Ausbau der Opferrechte angemahnt.[58] Dem Opfer sollte die Möglichkeit eingeräumt werden, in der Hauptverhandlung darzulegen, wie die abzuurteilende Straftat sein Leben beeinflusst hat und welche Folgen sich aus seiner Sicht daraus für die Strafzumessung ergeben. Zumindest nebenklageberechtigte Opfer sollten das Recht haben, eine ergänzende Anklageschrift bei Gericht einzureichen. Ferner sollten Opfer vor Entscheidungen über die Untersuchungshaft gehört werden.

Von verschiedenen Seiten wurde gefordert, Einstellungen aus Opportunitätserwägungen und verfahrensbeendende Absprachen von der Zustimmung des Nebenklägers abhängig zu machen.[59] Die Möglichkeiten des Opfers, Rechtsmittel einzulegen, sollten erweitert werden. Verfassungsrechtlich geboten soll schließlich eine Pflicht der Strafverfolgungsbehörden sein, auf Anzeige eines – mutmaßlichen – Opfers zunächst eine Vorprüfung und bei Verdichtung des Anfangsverdachts ein Ermittlungsverfahren durchzuführen.[60]

Angesichts solcher Forderungen wird der Ausbau des Opferschutzes wohl weiterhin Konjunktur haben. Wenn man berücksichtigt, dass die Opfer schon heute von zahlreichen ihrer Mitwirkungsrechte nur wenig Gebrauch machen, dann sollte allerdings ernsthafter als bislang geprüft werden, inwieweit weitere Reformen geeignet sind, die Praxis des Strafverfahrens tatsächlich zu beeinflussen. Es sollte ausgeschlossen werden, dass neue Reformgesetze, nicht anders als viele der bereits ergangenen, weitgehend nur symbolische Wirkung haben.

Unabhängig davon sollte man nicht übersehen, dass der Beschuldigte bei der beabsichtigten Fortsetzung der Reform weiterhin auf dem besten Wege sein wird, die ehemalige Rolle des Opfers zu übernehmen und zur „vergessenen Figur“ im Strafverfahren zu werden.

---

58 Hierzu und zum Folgenden *Walther*, GA 2007, 615 und JR 2008, 405.

59 Gesetzentwurf des Saarlandes v. 4. 3. 2009, BR-Drucksache 65/3/09; *Böttcher,* in: FS Egon Müller, 2007, S. 87 ff. S. auch *Barton,* JA 2009, 753, 757.

60 *Walther,* in: FS Jung, 2007, S. 1045.

II. Strafrechtliche Fragestellungen

Funktion der Strafe und Maßregelbehandlung[1] — Alternativen für die Gesellschaft im Gefühl der Unsicherheit in Japan

Kazushige Asada

A. Einführung

In Deutschland sind die Maßregeln zur Besserung und Sicherung durch das Gewohnheitsverbrechergesetz vom 24.11.1933 eingeführt und auch nach dem Zweiten Weltkrieg zwar teilweise geändert, aber im Grunde beibehalten worden. Dagegen hat der Gesetzgeber in Japan seit der Entstehung des geltenden Strafgesetzbuches von 1907 wiederholt versucht, ein System der Zweispurigkeit von Strafe und Maßregeln einzuführen und ist damit stets gescheitert.

Im Jahre 2003 ist „das Gesetz betreffend die Heilbehandlung und Beobachtung eines Täters, der im Zustand der Schuldunfähigkeit eine schwere Straftat begangen hat (Schuldunfähigkeitsgesetz)“, erlassen worden. Dieses Gesetz sieht zwar eine zwangsweise Unterbringung des psychisch kranken Rechtsbrechers vor; diese stellt jedoch keine echte Maßregel als strafrechtliche Sanktion dar. Hintergrund dieser Gesetzgebung war ein Aufsehen erregender Fall (*Ikeda-Volksschule-Fall*), der zu einem Gefühl der Unsicherheit in der Bevölkerung führte und den Blick auf die Situation der psychisch Kranken in Japan lenkte.

Im Folgenden möchte ich daher die Geschichte der Strafrechtsreformarbeit in erster Linie in Bezug auf Maßregeln der Besserung und Sicherung sowie die Entwicklung der Behandlung psychisch kranker Personen vor und nach dem Zweiten Weltkrieg erläutern und schließlich das Schuldunfähigkeitsgesetz erklären.

B. Die Entwicklungen vor dem Zweiten Weltkrieg

I. Strafrechtsreformarbeiten zur Zweispurigkeit der Sanktionen

Das geltende StGB von 1907 enthielt keine Maßregeln der Besserung und Sicherung, obwohl es unter dem Einfluss der damaligen modernen Schule, die solche Maßregeln nachdrücklich vorschlug, verwirklicht worden war.

Schon im Jahre 1926 hatte die Regierung „den Grundriss einer Strafrechtsreform“ veröffentlicht, der vierzig Vorschläge zur Strafrechtsreform enthielt und vor allem die Einführung von Sicherungsmaßregeln für Arbeitsunwillige, Alkoholiker und psychisch Kranke forderte.[2]

---

1 Das Manuskript hat Herr Kollege Kunz freundlicherweise korrigiert, wofür ich ihm hiermit herzlich danken möchte.

2 *Nakayama*, Hoan Shobun (Sicherungsmaßregeln), in: Hirano/Hiraba (Hrsg.), Keiho Kaisei – Keiho Kaiseian Hihan (Strafrechtsreform – Kritik gegen den Entwurf des Strafge-

Entsprechend diesen Vorschlägen enthielt der „Vorbereitende Entwurf" zur Strafrechtsreform von 1927 vier Sicherungsmaßregeln, nämlich die vorbeugende Aufsicht und Pflege für den psychisch kranken oder taubstummen Täter (Aufsichts- und Pflegemaßregel), eine Besserungsmaßregel für den abhängigen Alkoholiker (Entziehungsmaßregel), die Unterbringung in einem Arbeitshaus für Arbeitsunwillige (Arbeitsmaßregel) und die vorbeugende Sicherungsverwahrung nach der Strafverbüßung (Sicherungsverwahrung).[3]

Auch der „Vorläufige Entwurf" zur Strafrechtsreform von 1940, der ein Endergebnis der Strafrechtsreformarbeit vor dem zweiten Weltkrieg darstellte, folgte dem „Vorbereitenden Entwurf" und sah Aufsichts- u. Pflegemaßregeln, Entziehungsmaßregeln, Arbeitsmaßregeln und Sicherungsverwahrung vor.

Die Aufsichts- und Pflegemaßregel des „Vorläufigen Entwurfs" ist eine Maßregel für den psychisch kranken Rechtsbrecher, der eine Straftat begangen hat, die mit keiner geringeren Strafe als einer Gefängnisstrafe geahndet wird, Sie wird angeordnet, wenn sie sich unter dem Gesichtspunkt der öffentlichen Sicherheit als notwendig erweist. Der Betreffende wird in einer Pflegeanstalt, die dem Justizministerium untersteht, untergebracht und einer Heilbehandlung sowie anderen zur Aufsicht und Pflege erforderlichen Maßnahmen unterzogen. Die Unterbringungsdauer beträgt fünf Jahre, kann aber verlängert werden. Wenn diese Maßregel und die Strafe zusammen verhängt werden, wird die Strafe grundsätzlich vor der Maßregel vollzogen.[4]

Wegen der Kriegsereignisse ist diese Reformarbeit unterbrochen worden und wurde erst nach dem Krieg wieder fortgesetzt.

II. Die Behandlung von psychisch Kranken

In Japan wurde das erste moderne Gesetz, das psychisch Kranke betraf, im Jahre 1900 erlassen, das sog. „Gesetz zur Aufsicht und Pflege von psychisch Kranken". Es legte die Reihenfolge der Personen fest, die zur Aufsicht und Pflege des psychisch Kranken verpflichtet waren. Diese benötigten hierzu im Falle der Unterbringung eines Patienten, abgesehen von einer siebentägigen vorläufigen Unterbringung, eine Erlaubnis des Verwaltungsamtes. Gab es keine zur Aufsicht und Pflege verpflichteten Personen oder konnten diese ihre Pflicht nicht erfüllen, musste der Gemeindevorsteher die Verwahrung durchführen.[5]

Obwohl die Regierung, als dieses Gesetz erlassen wurde, versprochen hatte, öffentliche psychiatrische Kliniken einzurichten, kam es hierzu nicht. In Folge

---

setzbuches), 1972, Nihon Hyoron Sha, S. 73 ff.; *H. Katoh*, Chiryo Kaizen Shobun no Kenkyu (Untersuchungen der Behandlungs- u. Besserungsmaßregeln), 1981, Keiou Tsushin, S. 38 ff.

3 Kimura (Hrsg.), Taikei Keiho Jiten (Systematisches Wörterbuch des Strafrechts), 1966, Seirin Shoin Shinsha, S. 695 ff.

4 *Kimura* (Fn. 3), S. 715 ff.

5 *Katoh* (Fn. 2) S. 23 ff.; *Asada*, Keiji Sekinin Noryoku no Kenkyu (Untersuchungen der strafrechtlichen Schuldfähigkeit), Bd. 2, 1999, Seibundo, S. 50 ff.

dessen wurden die meisten psychisch Kranken ohne Heilbehandlung in privaten Wohnungen untergebracht. Im Jahre 1918 brachte *Shuzo Kure*, der die Lage der psychisch Kranken in Japan untersuchte und immer wieder die Einrichtung öffentlicher psychiatrischer Kliniken verlangt hatte, sein Bedauern so zum Ausdruck: „Mehr als 100.000 psychisch Kranke haben in Japan doppeltes Unglück, nämlich psychisch krank und in Japan geboren zu sein".[6]

Im Jahre 1919 wurde das „Gesetz für psychiatrische Kliniken" erlassen. Obwohl es die Einrichtung derartiger öffentlicher Krankenhäuser vorsah, wurde es nicht hinreichend umgesetzt.[7]

Wegen dieser bedauernswerten Lage der psychisch Kranken, vor allem wegen ihrer Unterbringung in privaten Wohnungen, sah man es in Japan vor dem zweiten Weltkrieg als dringend erforderlich an, sie in psychiatrischen Kliniken unterzubringen. In diesem Zusammenhang ist davon auszugehen, dass die Aufsichts- und Pflegemaßregel damals eine Schutzfunktion für die psychisch Kranken einnahm.

C. Die Entwicklungen nach dem Zweiten Weltkrieg

I. Strafrechtsreformarbeiten zur Zweispurigkeit der Sanktionen

Der „Vorentwurf" der Strafrechtsreform von 1961 sah nur die Heilbehandlungsmaßregel und die Entziehungsmaßregel vor und verzichtete damit auf die Arbeitsmaßregel und die Sicherungsverwahrung.

Grund für den Verzicht auf eine Arbeitsmaßregel, wie sie der „Vorläufige Entwurf" vorsah, war, dass eine solche Maßnahme an sich eine Aufgabe der allgemeinen Sozialpolitik darstellt und zudem inhaltlich einer Zuchthausstrafe nahekommt und dass das Feststellungskriterium für Arbeitsunwillige nicht klar festzulegen ist.

Die Gründe für den Verzicht auf die Sicherungsmaßregel lagen darin, dass das Kriterium der besonderen Gefährlichkeit als Voraussetzung für diese Maßregel nur schwer zu beurteilen ist; hinzu kommt, dass die zu einer Realisierung der Sicherungsmaßregel erforderlichen Gebäude nicht nur auf die jeweilige Person zugeschnitten sein sollen, sondern auch sonst schwer einzurichten sind, und dass man Gewohnheitsverbrechern durch eine zeitlich nicht festgelegte Strafe, die der „Vorentwurf" auch vorschlug, begegnen kann.

---

6 *Kure/Kashida*, Seishin Byosha Shitaku Kanchi no Jikkyo (Gegenwärtige Lage der Unterbringung des psychisch Kranken in privater Wohnung), zit. nach Matsuzawa Byoin Ikyoku Byoin Mondai Kenkyukai (Hrsg.), Seishin Eiseiho womeguru Shomondai (Probleme des Gesetzes zur psychischen Hygiene), 1964, S. 84 ff.; *Kazamatsuri*, Wagakuni no Seishinka Iryo no Rekishi (Geschichte der psychiatrischen Medizin in Japan), in: Machino (Hrsg.), Seishin Iryo to Shinshin Soshitusha Tou Iryo Kansatsu Ho (Psychiatrie und Schuldunfähigkeitsgesetz), 2004, Yuhikaku, S. 201 ff.

7 Okada (Hrsg.), Seishin Iryou – Seishin Byo wa Naoseru (Psychiatrische Medizin, Heilbarkeit der psychischen Krankheit), 1964, Keisoshobo.

Nach der Behandlungsmaßregel des „Vorentwurfs“ wird für einen psychisch Kranken, der eine Straftat begangen hat, die mit keiner geringeren Strafe als einer Gefängnisstrafe geahndet wird, und der als schuldunfähig oder vermindert schuldfähig eingestuft wird, die Heilbehandlung angeordnet, wenn sie unter dem Gesichtspunkt der sozialen Sicherheit als notwendig angesehen wird. Der Betreffende wird in einer Sicherungseinrichtung untergebracht und einer Heilbehandlung sowie anderen zur Pflege erforderlichen Maßnahmen unterzogen. Die Unterbringungsdauer beträgt fünf Jahre, kann aber jeweils nach drei Jahren erneuert werden. Wenn diese Maßregel und eine Strafe zusammen verhängt werden, wird die Strafe grundsätzlich vor der Maßregel vollzogen.[8]

Auch der „Regierungsentwurf“ zur Strafrechtsreform von 1974 sah wie der „Vorentwurf“ lediglich die Heilbehandlungsmaßregel und die Entziehungsmaßregel vor. Danach wird die Heilbehandlungsmaßregel wie im „Vorentwurf“ für einen psychisch Kranken, der eine Straftat begangen hat, die mit keiner geringeren Strafe als einer Gefängnisstrafe geahndet wird, und der als schuldunfähig oder vermindert schuldfähig beurteilt wird, angeordnet, wenn zu befürchten ist, dass er eine solche Straftat ohne diese Maßregel wiederholt und wenn sie unter dem Gesichtspunkt der Sicherheit als notwendig angesehen wird.

Der Betreffende wird in einer Sicherungseinrichtung untergebracht und einer Heilbehandlung sowie anderen zur Pflege erforderlichen Maßnahmen unterzogen. Die Unterbringungsdauer beträgt drei Jahre, kann aber nach jeweils zwei Jahren zunächst zweimal, danach unbegrenzt verlängert werden, wenn die Befürchtung der Wiederholung eines Verbrechens besteht, das mit Todesstrafe, lebenslanger Freiheitsstrafe oder Freiheitsstrafe nicht unter drei Jahren geahndet wird. Wenn diese Maßregel und eine Strafe zusammen verhängt werden, wird die Strafe grundsätzlich vor der Maßregel vollzogen.

Hervorzuheben ist, dass während der Diskussion in dem Sonderausschuss zur Strafrechtsreform ein anderer Vorschlag eingebracht wurde. Danach sollte das Gericht entweder eine Sicherungseinrichtung beziehungsweise eine allgemeine psychiatrische Klinik als Unterbringungsanstalt wählen oder aber eine Aufsichtsmaßnahme mit Aussetzung der Unterbringung anordnen können. Die Unterbringungsdauer sollte drei Jahre betragen und nach jeweils zwei Jahren um bis zu insgesamt sieben Jahre verlängert werden können. Im Falle der Verhängung einer Maßregel und einer Strafe sollte die Maßregel vor der Strafe vollzogen und die Strafe nach dem Maßregelvollzug unter Umständen gänzlich oder teilweise ausgesetzt werden.[9]

Dieser Vorschlag ist deshalb so bemerkenswert, weil der Heilbehandlungszweck gegenüber dem Sicherheitszweck Vorrang hat. Jedoch wurde dieser Vor-

8 Keiho Kaisei Junbikai, Kaisei Keiho Junbi Souan (Vorentwurf eines Strafgesetzbuches mit Begründung), 1961, S. 29 ff., 175 ff.

9 Housei Shingikai Keijiho Tokubetsu Bukai, Kaisei Keiho Souan (Regierungsentwurf eines Strafgesetzbuches mit Begründung), 1972, S. 27 ff., 155 ff.

schlag deswegen abgelehnt, weil der Zweck der Maßregel nach der überwiegenden Meinung gerade in der sozialen Sicherheit liegt.

Gegen den „Regierungsentwurf", vor allem gegen die Maßregeln der Besserung und Sicherung, wurde von mehreren Strafrechtslehrern, dem Japanischen Rechtsanwaltsverein und der Gesellschaft japanischer Psychiater heftige Kritik erhoben, was auch auf Seiten der Bevölkerung Unterstützung fand.

Die Befürworter der Heilbehandlungsmaßregel vertraten die Auffassung, dass die zwangsweise Unterbringung eines gefährlichen psychisch Kranken in einer psychiatrischen Klinik, die verwaltungsrechtlich durch den Leiter einer Präfektur angeordnet werden könne, nicht zur Aufrechterhaltung der sozialen Sicherheit ausreichend sei. Der gefährliche psychisch Kranke könne deswegen nicht in einer normalen psychiatrischen Klinik untergebracht werden, weil sich in diesen Kliniken inzwischen die offene Heilbehandlung durchgesetzt habe und die Wahrscheinlichkeit der Wiederholung des Verbrechens (Wiederholungsgefahr) medizinisch nicht mit hinreichender Sicherheit beurteilt werden könne.

Dagegen vertraten die Gegner dieser Auffassung die Meinung, dass dringende Aufgabe der Regierung nicht die Verstärkung der Sicherheitsmaßnahmen sei, sondern die gründliche Verbesserung der allgemeinen psychiatrischen Medizin in Japan, die zum Ziel haben müsse, Verbrechen von psychisch Kranken zu verhindern. Die Entwicklung der offenen Heilbehandlung in psychiatrischen Kliniken belege die Schwierigkeiten der Heilbehandlung in geschlossenen Einrichtungen wie den Sicherungseinrichtungen. Die Unterbringung in selbigen sei ein Einsperren ohne Heilbehandlung. Die meisten Psychiater behaupten im Übrigen, es sei überhaupt unmöglich, ein Urteil über die Wiederholungsgefahr abzugeben.[10]

Im Jahre 1981 hat die strafrechtliche Abteilung des Justizministeriums bei einem Meinungsaustausch mit dem Japanischen Rechtsanwaltsverein einen neuen Vorschlag vorgelegt, nach dem die betreffenden Straftaten, die eine Besserungsmaßregel begründen, auf Brandstiftung, Tötung, Körperverletzung, Vergewaltigung und Raub eingeschränkt werden sollen. Die Unterbringungseinrichtung solle eine psychiatrische Klinik sein und die Dauer der Unterbringung solle ein Jahr betragen, könne aber um jeweils ein Jahr bis zu insgesamt sieben Jahren ausgedehnt werden bzw. dann unbegrenzt festgesetzt werden, wenn der Betreffende ein mit Todesstrafe oder lebenslanger Freiheitsstrafe zu ahndendes Verbrechen begangen habe und die Wiederholung eines solchen Verbrechens zu befürchten sei.[11]

---

10 *Asada u.a., Keiho Soron* (Strafrecht, Allgemeiner Teil), 1997, Seirin Shoin, S. 31 ff. (Asada).

11 Homusho Keijikyoku, Hoan Shobun Seido (Keijikyoku An) no Ksshi (Der Kern des Systems von Sicherungsmaßregeln (durch den Entwurf des Justizministeriums), in: Jurist Nr. 772 (1982), 85 ff.

Obwohl dieser Vorschlag von großem Entgegenkommen zeugte, musste die Regierung wegen der weiter heftigen Kritik schließlich auf die gesamte Strafrechtsreform ihres „Regierungsentwurfs“ verzichten.

II. Rechtsinstitutionen für psychisch Kranke

Im Jahre 1950 wurde das „Gesetz zur psychischen Hygiene“ erlassen, das die beiden oben erwähnten Gesetze, das „Gesetz zur Aufsicht und Pflege von psychisch Kranken“ von 1900 und das „Gesetz für psychiatrische Kliniken“ von 1919, zusammenfasste.

Dieses Gesetz verpflichtet jede Präfektur zur Einrichtung einer psychiatrischen Klinik und verbietet gleichzeitig die Unterbringung in privaten Wohnungen. Darüber hinaus führt es die neue Institution der zwangsweisen Unterbringung des psychisch Kranken in einer psychiatrischen Klinik ein, die der Leiter einer Präfektur anordnen kann. Voraussetzung dafür ist die übereinstimmende Meinung zweier Psychiater darüber, dass der Betreffende psychisch krank ist und zu befürchten ist, dass er sich selbst oder andere verletzt.[12]

Im Jahre 1964 kam es dazu, dass der amerikanische Botschafter Edwin Reischauer durch einen jungen Mann, der zuvor Patient in einer psychiatrischen Klinik war, angegriffen und verletzt wurde. Aus diesem Anlass wurde das „Gesetz zur psychiatrischen Hygiene“ zu Gunsten der sozialen Sicherheit geändert, d. h. die Anordnung der zwangsweisen Unterbringung usw. wurde eingeführt.[13]

Seit den 50er Jahren des 20. Jahrhunderts hat sich die psychiatrische Medizin in der Welt allmählich, vor allem aufgrund der Erfindung und Verbreitung psychotroper Stoffe, von der Behandlung in geschlossenen Kliniken über die offene Behandlung zur Behandlung in Bezirken entwickelt.

Im Jahre 1984 ereignete sich der sog. *Utsunomiya-Krankenhaus-Fall*, bei dem zwei Patienten durch Gewalttätigkeiten von Pflegern starben. Dieser Fall wurde weltweit bekannt und rief internationale Kritik hervor. Im Jahre 1987 ist daher das „Gesetz zur psychiatrischen Hygiene“ zum „Gesetz zur psychiatrischen Gesundheitspflege“ reformiert worden. Unter dem Gesichtspunkt der Menschenwürde des psychiatrischen Patienten wurde eine Prüfungskommission für die psychiatrische Behandlung in jeder Präfektur eingerichtet, ferner wurde das Antragsrecht des Patienten auf Entlassung bzw. Verbesserung der Behandlung anerkannt und es wurden Anstalten zur Resozialisierung eingerichtet.[14]

Eine weitere Entwicklung in diese Richtung ist, dass „das Gesetz zur psychiatrischen Gesundheitspflege“ von 1987 im Jahre 1995 zum geltenden „Ge-

---

12 *Oya u.a.* (Hrsg.). Jokai Seishin Hoken Fukushi Ho (Kommentar des Gesetzes zur psychiatrischen Gesundheitspflege), 1991, Kobundo, S. 4 ff.

13 *Okada*, Raishawa Jiken wo Megutte (Über den Fall Reischauer), in: Matsuzawa Byoin Ikyoku Byoin Mondai Kenkyukai (Hrsg.) (Fn. 6), S. 35 ff.; *Kazamatsuri* (Fn. 6), S. 205.

14 *Oya*, Seishin Hoken Fukushi Ho Kogi (Vorlesung des Gesetzes zur psychiatrischen Gesundheitspflege und zum Wohl des psychisch Kranken), 1996, Seibundo, S. 17 ff.

setz zur psychiatrischen Gesundheitspflege und zum Wohl des psychisch Kranken“ reformiert wurde.

D. Das Schuldunfähigkeitsgesetz

I. Die Entstehung des Gesetzes

Im Jahre 1991 hatte die Beratungskommission zur öffentlichen Gesundheitspflege „den Zwischenbericht über die Maßnahmen gegen schwer zu behandelnde psychisch Kranke“ veröffentlicht. Er schlug vor, Stationen zur konzentrierten Heilbehandlung in den staatlichen psychiatrischen Kliniken einzurichten. Als schwer zu behandelnde psychisch Kranke wurden dort psychisch kranke Straftäter, schwer zu behandelnde psychisch Kranke und lange in geschlossenen Abteilungen verbliebene psychisch Kranke genannt. Dieser Vorschlag wurde jedoch von Psychiatern sowie von Patienten und deren Familien so heftig kritisiert, dass das Wohlfahrtsministerium im Jahre 1995 auf die Einrichtung solcher Stationen verzichtete.[15]

Bei Erlass des oben erwähnten Gesetzes von 1995 wurde jedoch ein Nebenbeschluss darüber gefasst, dass Maßnahmen gegen schwer zu behandelnde psychisch Kranke weiter untersucht werden sollen.

Im Jahre 1998 hat die Gesellschaft der japanischen psychiatrischen Kliniken dem Wohlfahrtsminister schriftlich den Wunsch mitgeteilt, neue Maßnahmen gegen psychisch kranke Rechtsbrecher zu ergreifen. Erst im Januar 2001 hat dann ein gemeinsamer Ausschuss von Wohlfahrtsministerium und Justizministerium mit der Prüfung dieses Problems begonnen.[16]

Am 8.6.2001 drang gegen zehn Uhr vormittags ein Mann in die Ikeda-Volksschule ein und tötete dort ein Kind der ersten Klasse sowie sieben Kinder der zweiten Klasse mit einem Messer und verletzte dreizehn weitere Kinder und zwei Lehrer.

Unmittelbar danach erklärte der damalige Ministerpräsident Koizumi, dass sowohl die Untersuchung des psychisch kranken Täters als auch eine Strafrechtsreform dringend erforderlich seien. Diese Erklärung beschleunigte die Arbeit des oben genannten gemeinsamen Ausschusses. Der Täter wurde im späteren Strafverfahren durch das Gericht als voll schuldfähig beurteilt und zum Tode verurteilt.

Im März 2002 ist ein Entwurf des „Gesetzes betreffend die Heilbehandlung und Beobachtung eines Täters, der im Zustand der Schuldunfähigkeit eine

---

15 *Tomita*, Hoan Shobun no Rekishi Nenpyo to Mondai no Shozai (Geschichtliche Zeittafel der Sicherungsmaßregeln und ihre Probleme), Seishiniryo, Serie 4, Heft 6, S. 70.

16 *Segawa*, Keiji Shiho to Seishin Iryo, Joron (Strafrechtspflege und psychiatrische Medizin, Einführung), Keihozasshi Bd. 42, Heft 2 (2003), S. 217 ff.; *Adachi*, Shokuho Seishin Shogaisha Mondai no Konnichiteki Joukyo (Gegenwärtige Situation des Problems über den psychisch kranken Straftäter), Horitsujiho Bd.74, Heft 2 (2002), S. 4 ff.

schwere Straftat begangen hat (Schuldunfähigkeitsgesetz)“, dem Parlament vorgelegt worden.[17]

II. Der Inhalt des Gesetzes[18]

Der Entwurf von 2002 sieht Folgendes vor:

Im Falle, dass die öffentliche Anklage gegen einen psychisch kranken Täter, der eine Brandstiftung,

Vergewaltigung, Tötung (Mord, Totschlag, Tötung auf Verlangen oder Mitwirkung am Selbstmord), einen Raub oder eine Körperverletzung begangen hat, wegen Schuldunfähigkeit oder verminderter Schuldfähigkeit durch den Staatsanwalt eingestellt wurde und er schließlich wegen Schuldunfähigkeit durch das Gericht freigesprochen oder wegen verminderter Schuldfähigkeit von einer Strafe abgesehen wurde, sollte grundsätzlich der Staatsanwalt den Antrag auf Unterbringung oder Beobachtung des Täters stellen.

Beim Landgericht soll ein besonderer Senat eingerichtet werden, der aus einem Richter und einem Psychiater besteht. Dieser Senat soll beurteilen, ob der psychisch kranke Straftäter zwangsweise in einer speziellen psychiatrischen Klinik untergebracht oder unter Aufsicht für eine gewisse Zeit zur Beobachtung in eine psychiatrische Klinik geschickt werden soll, wenn ohne eine fortdauernde Heilbehandlung (Unterbringung oder Beobachtung) zu befürchten ist, dass er die begangenen Straftaten wiederholt.

Weil die Unterbringungsdauer nicht festgelegt ist, muss der Leiter des Krankenhauses jeweils nach sechs Monaten beim Landgericht einen neuen Antrag auf Fortsetzung der Unterbringung stellen, über den der oben genannte Senat entscheidet. Darüber hinaus ist der Leiter des Krankenhauses dazu verpflichtet, einen Antrag auf Entlassung zu stellen, wenn die Heilbehandlung durch Unterbringung für den Betreffenden nicht mehr erforderlich ist. Der Betreffende und sein Rechtsanwalt können jederzeit Antrag auf Entlassung bei dem Senat stellen. Die Beobachtungsdauer beträgt drei Jahre; der Senat kann sie insgesamt um bis zu zwei Jahren verlängern.

Gegen Ende der parlamentarischen Debatte stellte die Regierungspartei einen Verbesserungsantrag, der die Resozialisierung des psychisch kranken Straftäters betraf. Die Voraussetzungen für die zwangsweise Heilbehandlung wurden geändert, sodass sie nur dann erfolgen sollte, wenn die in diesem Gesetz vorgesehene Heilbehandlung als erforderlich beurteilt worden war, um den psychi-

---

17 Nihon Bengoshi Rengo Kai, Shinshin Soshitsusha Tou Iryo Kansatsu houan (Shusei An) nitaisuru Gimon (Fragestellung gegen den (revidierten) Entwurf des Schuldunfähigkeitsgesetzes), 2003, S.1 ff.; *Asada*, Shinshin Soshitsusha Tou Iryo Kansatsu Houan (Shusei An) no Hoteki Kento (Rechtliche Prüfung des (revidierten) Entwurfes des Schuldunfähigkeitsgesetzes), Jiyu to Seigi, Bd. 54, Heft 4 (2003), S. 39 ff.

18 Nichibenren Keiji Hosei Iinkai, Q & A Shinshin Soshitusha Tou Iryo Kansatsu Ho Kaisetsu (Q & A Erläuterungen des Schuldunfähigkeitsgesetzes), 2005, Sanseido.

schen Zustand des Betreffenden zu verbessern und ihm, ohne dass eine ähnliche Straftat befürchtet werden müsste, die Rückkehr in die Gesellschaft zu ermöglichen.

Am 10. 07. 2003 ist das Gesetz einschließlich dieser Verbesserungen, trotz der Gegenstimmen der Demokratischen Partei, der Sozial-Demokratischen Partei und der Kommunistischen Partei, verabschiedet worden und am 10.7.2005 in Kraft getreten.

III. Probleme

Seit der Veröffentlichung des Entwurfs im Jahre 2002 ist in der Literatur vor allem diskutiert worden, ob die Maßnahmen dieses Gesetzes eine Art der (verdeckten) Maßregel der Besserung oder eine besondere gerichtliche Maßnahme seien. Gegen die Annahme, es handle sich um eine strafrechtliche Maßregel, spricht, dass kein Strafgericht, sondern eine besondere Abteilung des Landgerichts die Unterbringung oder Beobachtung des psychisch kranken Straftäters beurteilt. Für einen maßregelähnlichen Charakter spricht jedoch, dass sie wegen schwerer Straftaten angeordnet werden.[19]

In dieser Hinsicht ist bemerkenswert, welche Bedeutung die oben erwähnte Änderung der Voraussetzungen für derartige Maßnahmen hat; denn die Befürchtung einer Wiederholungsgefahr ist nicht mehr als ausdrückliche Voraussetzung genannt, sondern lediglich zu einem Element der Resozialisierung geworden.

Obwohl der Japanische Rechtsanwaltsverein sich dieser Gesetzgebung heftig widersetzt hatte, unterstütze seine Arbeitsgruppe nach dem Erlass des Gesetzes die Rechtsanwälte begleitend, um zu verhindern, dass sich die Maßnahmen dieses Gesetzes in der Praxis der strafrechtlichen Maßregel annähern.

Für die Maßnahmen dieses Gesetzes braucht man spezielle staatliche Einrichtungen, ferner Behandlungsgruppen von Psychiatern, psychiatrische Mitarbeiter, Psychologen und Personen zur Resozialisierung. Bis heute hat die Heilbehandlung und Resozialisierung der psychisch kranken Täter insbesondere wegen der mühevollen Anstrengungen des Personals und der Rechtsanwälte als Begleiter einen verhältnismäßig großen Erfolg.

Jedoch sind bis zum 1.2.2009 nur 386 Betten in 14 staatlichen Einrichtungen geschaffen worden, so dass einige psychisch Kranke in einer Einrichtung untergebracht werden mussten, die sehr weit von ihrem eigentlichen Wohnort lag. Darüber hinaus gestaltet sich der Bau neuer Einrichtungen aufgrund von Vorbe-

19 *Asada* (Fn. 18), S. 40 ff.; *Nakajima*, Iryo Kansatsu Ho no Mondaiten (Probleme des Schuldunfähigkeitsgesetzes), in: Nakatani u.a. (Hrsg), Seishinka Iryo to Ho (Psychiatrische Medizin und Recht), 2008, Kobundo, S. 177 ff.; *Machino*, Iryo Kansatsu Ho Shikou no Igi (Bedeutung des Inkrafttretens des Schuldunfähigkeitsgesetzes), in: Machino u. a. (Hrsg.), Shokuho Seisin Shougaisha no Shogu, Zouhoban, (Behandlung des psychisch kranken Straftäters, ergänzte Auflage), 2006, Shinzansha, S. 761 ff.

halten der Anwohner zum Teil schwierig, so dass das Wohlfahrtsministerium neuerdings angeordnet hat, vorläufig Betten der öffentlichen allgemeinen psychiatrischen Kliniken zu benutzen, was jedoch sehr bedenklich ist.

E. Fazit

Maßregeln der Besserung und Sicherung als strafrechtliche Sanktionen sind in Japan bis jetzt trotz wiederholter Vorschläge der Regierung nicht eingeführt worden. Insofern hat das Schuldprinzip größeres Gewicht als in Deutschland. Würde nämlich – der Maßregel gemäß – dem psychisch kranken Straftäter die Freiheit entzogen und der Täter ohne Schuld diese strafrechtliche Sanktion erleiden, so könnte das Schuldprinzip seine Kernfunktion, die staatliche Gewalt zu begrenzen, nicht mehr wahrnehmen. Unter dem Maßregelsystem kann man wegen einer rechtswidrigen Straftat seiner Freiheit beraubt werden, wenn dies dem Verhältnismäßigkeitsprinzip gemäß § 62 des deutschen StGB entspricht. Danach soll die Unterbringungsdauer nicht nur hinsichtlich der zu erwartenden Taten, sondern auch der begangen Taten verhältnismäßig sein.[20]

Allerdings wurde in Japan seit langem Kritik daran geübt, dass anstelle der Anwendung der Sicherungsmaßregel der Leiter einer Präfektur auf verwaltungsrechtlichem Wege die zwangsweise Unterbringung eines psychisch kranken Straftäters in einer psychiatrischen Klinik veranlassen konnte. Das Schuldfähigkeitsgesetz kann diese Aufgabe viel leichter übernehmen. Wir müssen daher immer prüfen, ob sich eine Maßnahme auf die Heilbehandlung und die Resozialisierung eines psychisch kranken Straftäters konzentriert oder ob sie lediglich dessen Unterbringung ohne Heilbehandlung zum Ziel hat.[21]

Ein besonderes Problem stellen in Japan die mehr als 300.000 Klinikpatienten dar. Obwohl sich die moderne psychiatrische Medizin in der Welt nach der offenen Heilbehandlung zusammen mit Bewohnern orientiert, sich also nach der sog. Normalisierung ausrichtet, verbleiben über 70.000 Patienten in Japan allein deswegen in psychiatrischen Kliniken, weil es keine Person gibt, die bereit ist, den Patienten bei sich aufzunehmen (sog. Unterbringung aus sozialen Gründen).

Das beste Rezept zur Bekämpfung der durch psychisch Kranke begangenen Straftaten ist immer die Verbesserung der allgemeinen psychiatrischen Medizin.

---

20 Vgl. auch § 67d Abs.1 Alt. 2 dStGB.

21 *Asada*, Keijiho niokeru Sekininshugi (Schuldprinzip im Strafrecht); Horitsujiho, Bd. 74 Heft 2 (2002), S. 10 ff.; *ders.*, Keihou Kaisei Mondai to Seishin Iryou (Probleme der Strafrechtsreform und psychiatrische Medizin), in: Machino (Hrsg.) (Fn. 6), S. 223 ff.

Funktion von Strafen und Maßregeln – Alternativen vor dem Hintergrund eines wachsenden gesellschaftlichen Unsicherheitsgefühls in Deutschland und in Japan*

Arndt Sinn

A. Einleitung

Die Veranstalter dieses herausragenden Symposiums über „Straftheorie und Strafgerechtigkeit" im deutsch-japanischen Vergleich haben mich mit dem mir gestellten Thema vor eine große Herausforderung gestellt. Denn allein die „Funktion von Strafen und Maßregeln" seriös wissenschaftlich zu durchleuchten, dürfte das Studium ganzer Bibliotheken erfordern, und es bedürfte sicherlich mehrerer Forschungssemester, um im Anschluss daran die daraus abzuleitenden Alternativen vor dem Hintergrund gegenwärtig verfolgter kriminalpolitischer Ziele darzustellen. Ich möchte also von vornherein nicht den Anspruch erheben, die zahlreichen Facetten mit meinem Vortrag anzusprechen. Vielmehr möchte ich folgende Komplexe besonders hervorheben:

1. Die Funktion von Strafen
2. Die Funktion von Maßregeln
3. Alternativen

B. Die Funktion von Strafen

Über die Funktion oder den Zweck staatlichen Strafens ist viel gestritten worden. Aber was versteht man unter einer Strafe? Um den Untersuchungsgegenstand noch weiter einzugrenzen, präzisiere ich die Frage auf: „Was versteht man unter einer Kriminalstrafe?"

Bevor ich diese Frage beantworte, möchte ich sie in das Jahr 1757 entführen:

Damien hatte am 5. Januar 1757 in Versailles versucht, *Ludwig XV.* zu töten und ihn mit einem Messerstich verletzt. Am 2. März 1757 war *Damien* dazu verurteilt worden „vor dem Haupttor der Kirche von Paris öffentliche Abbitte zu tun", wohin er „in einem Stürzkarren gefahren werden sollte, nackt bis auf ein Hemd und eine brennende zwei Pfund schwere Wachsfackel in der Hand; auf dem Grève-Platz sollte er dann im Stürzkarren auf einem dort errichteten Gerüst an den Brustwarzen, Armen, Oberschenkeln und Waden mit glühenden Zangen gezwickt werden; seine rechte Hand sollte das Messer halten, mit dem er den Vatermord begangen hatte, und mit Schwefelfeuer gebrannt werden, und auf die

---

* Der vom Verfasser anlässlich des Deutsch-Japanischen Symposiums am 3.9.2009 in Augsburg gehaltene Vortrag wurde für den Druck leicht überarbeitet. Der Vortragsstil wurde beibehalten.

mit Zangen gezwickten Stellen sollte geschmolzenes Blei, siedendes Öl, brennendes Pechharz und mit Schwefel geschmolzenes Wachs gegossen werden; dann sollte sein Körper von vier Pferden auseinandergezogen und zergliedert werden, seine Glieder und sein Körper sollten vom Feuer verzehrt und zu Asche gemacht, und seine Asche in den Wind gestreut werden."[1]

Demgegenüber liest sich ein Schuldspruch, nur 252 Jahre später, bei einer Verurteilung zu einer lebenslangen Freiheitsstrafe beinahe harmlos. In beiden Fällen geht es aber um eine Bestrafung des Täters.

Erst am Ende des 18. Jhd., zu Beginn des 19. Jhd., ist das düstere Fest der „Strafe" im Begriff zu erlöschen.[2] Mit dem Abschaffen der „peinlichen Strafen" verschwindet auch der Körper als Hauptzielscheibe der strafenden Repression[3] aus der Öffentlichkeit. Es beginnt das Zeitalter, so *Foucault*, der „Strafnüchternheit"[4], *Müller-Dietz* nennt es „Humanisierung des Strafrechts".[5] Mit der Wahrnehmung, dass mit dem Körper ein Individuum verbunden ist, entwickelt sich das Strafrecht vom „rohen Strafen zu einem System der differenzierten sozialkonstruktiven Reaktion auf kriminalisiertes abweichendes Verhalten".[6] Aber der Zugriff auf den Körper des Täters hat sich nicht vollständig von dem Begriff der Strafe lösen können. Zwar ist die Marter abgeschafft, aber die Strafen zielen weiterhin auf den Verlust eines Rechtes ab, sei es ein Eigentumsrecht (Geldstrafe) oder ein Freiheitsrecht (Freiheitsstrafe). Ein wesentlicher Punkt in der Definition der Strafe ist also die „Zufügung eines Übels" geblieben. Folglich findet er sich auch in der wohl herrschenden Definition zum Begriff „Strafe" wieder:

Unter einer *Kriminalstrafe* versteht man die *Rechtsfolge* aus der Verwirklichung eines von einem Tatbestand des Strafgesetzes in seinen Merkmalen festgelegten, mit Strafe bedrohten Unrechts, für die der Täter einen Schuldvorwurf verdient. Materiell ist Strafe der „Ausgleich einer erheblichen Rechtsverletzung durch Auferlegung eines der Schwere von Unrecht und Schuld angemessenen Übels, das eine öffentliche Missbilligung der Tat ausdrückt und dadurch Rechtsbewährung schafft".[7]

---

1 Zitiert nach *Foucault*, Überwachen und Strafen, 1976, S. 9.

2 *Foucault* (Fn. 1), S. 15.

3 *Foucault* (Fn. 1), S. 15.

4 *Foucault* (Fn. 1), S. 23.

5 *Müller-Dietz*, Strafvollzug und Gesellschaft, 1974, S. 75.

6 *Britz*, Strafe und Schmerz – eine Annäherung, in: Britz/Jung/Koriath/Müller (Hrsg.), FS Müller-Dietz, 2001, S. 73 (87) im Anschluss an BVerfGE 45, 187 (229).

7 *Jescheck/Weigend*, AT, 5. Aufl. 1996, § 2 Abs. 2 1; vgl. auch *Schmidhäuser*, Vom Sinn der Strafe, 2. Aufl. 1971, S. 34 ff.; *Schreiber*, ZStW 94 (1982), 280. Ob die Strafe zwingend in der Auferlegung gerade eines Übels bestehen muss, ist umstritten, vgl. *Roxin*, AT I, 4. Aufl. 2006, § 3 Rn. 44: Strafe als Zwangseingriff des Staates; *Schild*, SchwZStr 99 (1982), 364 (380 f.); *ders.*, ARSP 1984, 104 (109): Vermeidung des Ausschlusses des Täters aus der Gesellschaft, Versöhnung durch Schuldspruch.

Von der Kriminalstrafe unterscheiden sich die nichtkriminellen Strafen dadurch, dass bei ihnen jene öffentliche Missbilligung wegen der Normverletzung i. d. R. nicht in vergleichbarem Umfang besteht. Zu den *nichtkriminellen Strafen* gehören die nichtkriminellen öffentlichen Strafen wie etwa die Zwangsmittel in §§ 888, 889 Abs. 2 ZPO, die Geldbußen und Verwarnungen nach §§ 1, 56 ff. OWiG, Zuchtmittel nach § 13 JGG oder Disziplinarmaßnahmen gegen Beamte nach § 5 BDG. Nichtkriminelle Strafen sind außerdem Privatstrafen (wie etwa die Vertragsstrafe nach § 339 BGB), Betriebsstrafen und Kirchenstrafen.[8]

Mit diesen kurzen Wegweisungen durch den Dschungel des Begriffs „Kriminalstrafe" ist damit aber noch nicht ausgemacht, welche Funktion die Strafe hat oder ob gar ein bestimmter Zweck mit der Strafe verfolgt wird.

Da die Strafe eine Folge des vom Täter verwirklichten Unrechts ist, ist das Verhalten des Täters der Ausgangspunkt der Überlegungen zum Zweck oder zur Funktion der Strafe. Bei der Sinngebung des Verhaltens des Täters bieten sich nun zwei Deutungsmöglichkeiten an: Entweder fasst man das Verhalten des Täters und damit die Straftat als *Gefahr* auf. Das Verhalten trägt dann den Keim der Wiederholbarkeit in sich, sei es durch den Täter oder sei es aufgrund der Nachahmung durch andere.[9] Oder man deutet das Verhalten als einen *Rechtsbruch*, als eine Willensäußerung des Täters, die nicht hingenommen werden kann und nach symbolischer Missbilligung verlangt.[10] Das sind die beiden Pole, die im ersteren Fall mit dem Etikett „Prävention" und im letzteren Fall „Retribution" versehen werden.

I. Die Straftheorien

1. Die absolute Straftheorie

Mit dem Pol „Retribution" verbindet sich die absolute Straftheorie.

Nach den absoluten Straftheorien ist die Strafe allein *Vergeltung* und frei (absolut, d. h. losgelöst) von Zweckerwägungen. Sie bildet lediglich ein negierendes Gegengewicht zum Ausgleich der schuldhaft begangenen Rechtsverletzung.[11] In diesem Sinne dient die Strafe nicht einem weiteren täter- oder gesellschaftsbezogenen Zweck, sondern sie erfolgt im Namen der *Gerechtigkeit*, nach der die aus jeder Rechtsverletzung herrührende Schuld bei Verletzung der Gerechtigkeit durch Übelszufügung ausgeglichen werden muss.[12] Rechtsphilosophisch geht der Vergeltungsgedanke auf die Begründer des deutschen Idealismus, *Immanuel Kant* (1724 - 1804) und *Georg Wilhelm Friedrich Hegel*

8 Näher zu den nichtkriminellen Strafen, vgl. *Jescheck/Weigend* (Fn. 7), § 2 Abs. 3.

9 *Walther*, ZStW 111 (1999), 123 (130).

10 *Walther* (Fn. 9), 129.

11 Vgl. *Gropp*, AT, 3. Aufl. 2005, § 1 Rn. 101 ff.; *Jescheck/Weigend* (Fn. 7), § 8 Abs. 3.

12 Punitur, quia peccatum est – *Seneca*, De ira, S. 1 (16, 21); vgl. *Köhler*, Der Begriff der Strafe, 1986, S. 50 ff.; *Roxin* (Fn. 7), § 3 Rn. 2-7 sowie *Jescheck/Weigend* (Fn. 7), § 8 Abs. 3.

(1770 - 1831), zurück: In der „Methaphysik der Sitten“ von 1797 führt *Kant* zur richterlichen Strafe (poena forensis) aus, sie dürfe „niemals bloß als Mittel, ein anderes Gutes zu befördern, für den Verbrecher selbst, oder für die bürgerliche Gesellschaft, sondern muss jederzeit nur darum wider ihn verhängt werden, weil er verbrochen hat; denn der Mensch kann nie bloß als Mittel zu den Absichten eines Anderen gehandhabt und unter die Gegenstände des Sachenrechts gemengt werden (...). Er muss vorher strafbar befunden seyn, ehe noch daran gedacht wird, aus dieser Strafe einige Nutzen für ihn selbst oder seine Mitbürger zu ziehen. Das Schutzgesetz ist ein kategorischer Imperativ (...)“[13]. Eindrucksvoll beschreibt *Kant* die Vorstellung von Gerechtigkeit in seinem Inselbeispiel: Wenn ein Volk seine Insel verlässt, um auszuwandern, so „müßte der letzte im Gefängnis befindliche Mörder vorher hingerichtet werden“, damit Gerechtigkeit walte.[14]

Nach *Hegel* bildet die positive Existenz der Rechtsverletzung den besonderen Willen des Verbrechers.[15] Durch die Strafe wird der Verbrecher ernstgenommen, „als Vernünftiges *geehrt*“, auf seinen freien Willen wird reagiert, er wird verletzt, d. h. das Verbrechen, das sonst gelten würde, aufgehoben, und so das Recht wiederhergestellt.[16] Deshalb gehört die Strafe nach *Hegel* zum Recht des Täters.[17] Vergeltung bedeutet aber auch, dass die Straftat nicht zum Vorbild für andere Personen werden darf, weshalb es der Negation ihrer durch Strafe bedarf.[18]

2. Die relativen Straftheorien

Den Pol der Gefährdung stellen demgegenüber die relativen Straftheorien in den Vordergrund.

Nach den relativen Straftheorien bezieht die Strafe ihre Legitimation aus der Aufgabe, die Gesellschaft durch die Verhinderung zukünftiger Straftaten zu schützen. Zweck der Strafe ist somit die *Verbrechensvorbeugung*.[19] Dies kann einmal dadurch geschehen, dass potentielle „Normverletzer“ abgeschreckt wer-

---

13 *Kant*, Sämtliche Werke Bd. 9, Rosenkranz/Schubert (Hrsg.), 1838, S. 180 f.

14 *Kant*, Die Methaphysik der Sitten, 1785, S. 455.

15 *Hegel*, Grundlinien der Philosophie des Rechts Bd. 7, Gans (Hrsg.), 1833, §§ 90 ff., insbes. §§ 99 f.

16 Zu den „pragmatischen“, d. h. zweckgerichteten Strafen auch bei Kant bzw. „Verwaltungsstrafen“ bei Hegel *Schild*, ARSP 1984, 76 ff., 97 ff.

17 Zur Wiederbelebung der hegelianischen Strafrechtstheorie im geltenden Strafrecht; vgl. *Lesch*, Der Verbrechensbegriff, 1999, S. 172 f., 190 ff.; *Jakobs*, ZStW 107 (1995), 844 f.; *ders.*, Norm, Person, Gesellschaft, 2. Aufl. 1999, S. 106; kritisch *Schild*, in: NK, StGB, § 20, Rn. 55 ff.

18 Vgl. zu dieser Sichtweise *Schild*, in: Zaczyk/Köhler/Kahlo (Hrsg.), FS Wolff, 1998, S. 434.

19 Punitur, ne peccetur – *Seneca*; zitiert bei *Grotius,* De iure belli ac pacis, libri tres, 2. Buch, 1625, 20. Kapitel IV 1.

den (*Generalprävention*). In diesem Sinne ist die von *Paul Johann Anselm von Feuerbach* (1775 - 1833) entwickelte Theorie vom „psychologischen Zwang" zu verstehen, nach der die Strafdrohung eine psychische Barriere für potentielle Straftäter sein soll und die Strafverhängung lediglich die Ernsthaftigkeit der Drohung klarmacht.[20]

Soweit die Strafe danach zur Abschreckung anderer Tatgeneigter dienen soll, spricht man von *negativer* Generalprävention. Soweit hingegen innerhalb der Bandbreite schuldangemessenen Strafens die Unverbrüchlichkeit der Rechtsordnung im Bewusstsein der Allgemeinheit gehalten werden soll, von *positiver General-* bzw. *Integrations-Generalprävention.*[21] Danach entfalte die Sanktionierung abweichenden Verhaltens eine generell *norm-* und *gesellschaftsstabilisierende* Wirkung – freilich ohne dass diese bisher als empirisch nachgewiesen gelten kann.

Die zweite Möglichkeit, zukünftige Straftaten zu verhindern, besteht in der Einwirkung auf den aktuellen Täter (*Spezialprävention*). Ihr Gepräge erhielt die spezialpräventive Straftheorie von *Franz von Liszt* (1851-1919), insbesondere durch seine Marburger Antrittsvorlesung „Der Zweckgedanke im Strafrecht" (sogenanntes Marburger Programm),[22] in deren Mittelpunkt die erzieherische Wirksamkeit der Strafe steht und die zur Gründung der sogenannten „modernen Strafrechtsschule" führte.

Gegen die relativen, d. h. zweckgerichteten Strafrechtstheorien lässt sich u. a. einwenden, dass bei einem ausschließlichen Abstellen auf die Zweckverfolgung die strafbestimmende Funktion der Schuld in den Hintergrund träte. Der Gelegenheitstäter müsste mangels Gefährlichkeit straffrei bleiben, der Zustandstäter ohne Rücksicht auf das Gewicht seiner Tat „intensiv" behandelt werden. Schließlich ist es fraglich, ob ein erzieherisches Einwirken auf Erwachsene im spezialpräventiv erforderlichen Maße überhaupt möglich ist.[23]

3. Die Vereinigungstheorien

Infolge der Kritik an den absoluten und den relativen Straftheorien haben sich die sogenannten „Vereinigungstheorien" gebildet. Jedoch handelt es sich bei ihnen nicht einfach um eine Addition der jeweiligen Legitimationsansätze im Sinne eines Methodensynkretismus, sondern um ein an rechtsstaatlichen Maßstäben ausgerichtetes Ineinandergreifen, um eine „dialektische" Vereinigung,[24]

---

20 *Feuerbach*, Lehrbuch des gemeinen in Deutschland gültigen peinlichen Rechts, 3. Aufl., 1805, §§ 12-14.

21 Vgl. BGHSt 24, 40 (44 ff.); näher *Mir Puig*, ZStW 102 (1990), 914 ff.

22 ZStW 3 (1883), 1 ff.

23 Vgl. *Jescheck/Weigend* (Fn. 7), § 8 IV 5; *Roxin* (Fn. 7), § 3 Rn. 16-20, 32; *Schreiber*, ZStW 94 (1982), 284; zur Lehre von der „défense sociale" bzw. „défense sociale nouvelle", vgl. die Bemerkungen bei *Stree*, in: Schönke/Schröder, StGB, Vor § 38 Rn. 9.

24 *Roxin* (Fn. 7), § 3 Rn. 36.

eine „gestufte Verschränkung verschiedener Funktionen".[25] Die einzelnen Aspekte staatlichen Strafens erhalten dabei je nach dem Stadium der staatlichen Strafeinwirkung einen unterschiedlichen Stellenwert.[26] Die staatliche *Strafdrohung* wirkt *generalpräventiv*, indem sie dem Bürger vor Augen hält, welche Verhaltensweisen er zu unterlassen hat. Auch was die *Verhängung* und *Zumessung* der Strafe betrifft, sind *generalpräventive* Aspekte insofern nicht zu leugnen, als durch sie die Unverbrüchlichkeit der Rechtsordnung im Bewusstsein der Allgemeinheit gehalten wird (positive Generalprävention). Damit der Betroffene jedoch nicht bloßes Mittel zum Zweck wird, bedarf es einer Berücksichtigung seiner Persönlichkeit bei der Strafverhängung. Die Strafe darf daher seine Menschenwürde nicht verletzen. In Anlehnung an den Vergeltungsgedanken der absoluten Straftheorien hat bei der Strafverhängung das Strafmaß dem Maß der Schuld des Täters zu entsprechen.[27] Die Schuld ist somit Voraussetzung und Begrenzung der Strafe:[28] keine Strafe ohne Schuld.[29] Im *Strafvollzug* kommen schließlich vorrangig die *spezialpräventiv* orientierten Straftheorien zum Zuge. Denn der Strafvollzug soll die Wiedereingliederung, die Resozialisierung, des Täters in die Gesellschaft ermöglichen. Dies gilt auch in den Fällen, in denen der Täter wegen der Tat (z. B. Mord) lebenslange Freiheitsstrafe verwirkt hat (vgl. § 57a StGB). Das heißt, dass der Täter u. a. bei einer günstigen Prognose nach 15 Jahren Haft wieder in Freiheit gelangen kann.[30]

Bis zum Beginn der Strafrechtsreform konnte man im deutschen Strafrecht von einem Überwiegen der absoluten Straftheorien ausgehen, wobei jedoch auch Zweckmäßigkeitsgesichtspunkten Raum eingeräumt wurde.[31] Die Tendenz hin zu den Vereinigungstheorien lässt sich spätestens seit dem Entwurf eines Strafgesetzbuchs von 1962 feststellen. Spezialpräventive Aspekte brachte insbesondere der Alternativentwurf eines Strafgesetzbuchs, Allgemeiner Teil, 1966, hrsg. von *J. Baumann* u. a., in die Diskussion ein. Seit Mitte der 70er Jahre sind – insbesondere aus Italien, Skandinavien und Amerika kommend – Tendenzen weg von einer spezialpräventiven „Behandlungsideologie" hin zu Generalprävention und Vergeltung festzustellen.[32] Auch in der deutschen Strafrechtswissenschaft lässt sich dieser Trend beobachten, wenngleich ich noch nicht von einer Trend-

---

25 *Eser/Burkhardt*, Strafrecht I, 4. Aufl., 1992, S. 11 Rn. 43.

26 Vgl. zum Folgenden *Roxin*, JuS 1966, 381 ff.

27 Näher zu dem – kaum als geklärt zu bezeichnenden – Verhältnis von Straftheorien und Strafzumessung und den hierzu entwickelten *Stellenwert-* bzw. *Spielraum*theorien, *Schreiber*, ZStW 94 (1982), 285 ff.

28 Vgl. BVerfGE 54, 100 (113).

29 Sog. Schuldprinzip, vgl. *Roxin* (Fn. 7), § 3 Rn. 48 f.; *Stree*, in: Schönke/Schröder, StGB, Vor § 13 Rn.103 ff. bzw. Vor § 38 Rn. 6 ff., jeweils m. w. N.

30 Vgl. auch BVerfGE 45, 187.

31 Vgl. *Schmidhäuser* (Fn. 7), S. 34 ff.

32 Sog. *Neoklassizismus*, näher hierzu *Roxin* (Fn. 7), § 3 Rn. 18; *Schreiber*, ZStW 94 (1982), 291 ff.

wende sprechen will. Neueste Überlegungen versuchen, die Opferperspektive in einer Straftheorie mehr zu berücksichtigen.[33]

4. Diskussion

a) Strafrecht als Vernunftsrecht[34]

Gegen die Vergeltungstheorien wird immer wieder vorgebracht, sie seien zu vergangenheits- und übelbezogen und zu wenig darauf bedacht, Straftaten künftig zu verhindern, den Täter mit der Strafe zu „behandeln" und die Gesellschaft damit vor weiteren Straftaten zu schützen. Aber erst in dem Theoriegebäude der Vergeltung wird die Fähigkeit, sich vernünftig zu verhalten, als wichtige Voraussetzung für die Verhängung der Strafe herausgearbeitet.

Hegels auf den ersten Blick zynisch anmutende Begründung der Strafe als Ehre für den Verbrecher verliert diesen Schein schnell, wenn auch der Täter als Vernünftiger und deshalb als Mitglied der Gemeinschaft aller Vernünftigen gedacht wird. Dass dies nicht nur ein Ideal ist, sondern auch empirisch beobachtet werden kann, ist ebenfalls Thema der gegenwärtigen Philosophie.[35] Beschreiben wir den Menschen als vernünftig, so meinen wir damit, dass er sich im Rahmen der gesellschaftlichen Erwartungen bewegt, also im Rahmen dessen handelt, was „normal" und „üblich" ist.[36] Diese Selbstbeschreibung kann stattfinden, weil wir tatsächlich solche Verhaltensweisen als Menschen am Menschen beobachten. Wir sehen sie im schlüssigen Argumentieren, in der logischen Darstellung einer Idee oder einfach darin, dass der Mensch das Richtige tut.[37] Dazu kommt die Fähigkeit, durch Lernen und Denken bereits erkanntes Vernünftiges zu abstrahieren und auf noch nicht gesellschaftlich gewertete oder selbst erfahrene Verhaltensweisen anzuwenden. Selbstverständlich beobachten wir auch unvernünftige Verhaltensweisen. Dies führt uns aber in der Regel nicht dazu, dem Menschen die *Fähigkeit* zu vernünftigem Handeln abzusprechen. Denn genauso verliert der Mensch nicht die Fähigkeit zu essen, zu schlafen oder zu gehen, wenn er fastet, liest oder steht. Mit der Beschreibung des Menschen als vernünftig ist also nur gesagt, dass er vernünftig handeln *kann*, nicht dass er immer vernünftig handelt.[38] Bleiben wir im Strafrecht, so bedeutet vernünftiges Handeln, keine Verbrechen zu begehen. Ob diese Handlung sonst richtig oder falsch war, ist für das Strafrecht unbedeutend. Erklärt man zur Voraussetzung der Strafe, dass der Mensch vernunftbegabt ist und im Verbrechen sich nur eine partielle Nichtbetätigung dieser potentiellen Vernünftigkeit zeigt, so sprechen wir ihm

33 Vgl. *Hassemer/Reemtsma*, Verbrechensopfer: Gesetz und Gerechtigkeit, 2002, S. 112 ff.

34 Ausführlicher *Sinn*, Straffreistellung aufgrund von Drittverhalten – Zurechnung und Freistellung durch Macht, 2007, S. 277 ff.

35 Vgl. *Gerhardt*, Selbstbestimmung, 1999, S. 311 ff.

36 Vgl. *Gerhardt* (Fn. 35), S. 312.

37 Vgl. *Gerhardt* (Fn. 35), S. 316.

38 Vgl. auch *Gerhardt* (Fn. 35), S. 315.

auch nur bezüglich dieser Verhaltensweise ab, vernünftig gehandelt zu haben. Mit der Strafe, die nur vernünftige Menschen treffen kann, erfolgt dann auch die „Ehrung“, weiterhin als vernünftiger Mensch in der Gesellschaft anerkannt zu sein.

b) Die Straftat als Verletzung des Rechts

Im Gegensatz zu *Feuerbachs* Theorie des psychologischen Zwangs hebt *Hegel* den Menschen aus der bloßen Triebhaftigkeit heraus und begreift ihn als wirklich frei. Damit zeichnet er ein idealistisches Menschen- und Gesellschaftsbild, das Freiheit nicht nur anerkennt und gewährleistet, sondern in dem Freiheit erst entstehen kann. In *Hegels* Konzeption ist das Verbrechen ein Selbstwiderspruch[39] – das Verbrechen ist damit als mangelhaft verwirklichter Wille begriffen. Der Wille des Verbrechers kommt also über seine Subjektivität nicht hinaus und kann somit nicht zum Wahren und Wirklichen werden. Er hat nicht mehr als die Form eines freien Willens, und die Handlung bleibt deshalb auch nur eine Hülle – ist Tat. Die Strafe ist die Folge einer vom Täter selbstbestimmten Unfreiheit.

c) Individuelle und gesamtgesellschaftliche Aspekte der Strafe

Eine Theorie der Strafe muss nicht entweder das Element der Androhung oder das der Vergeltung bzw. Negation enthalten. Es wäre ein kümmerliches Bild unserer Gesellschaft, wenn sie den Drohungscharakter des Strafgesetzes und damit die Verhaltenssteuerung des Strafrechts verneinen würde. Dies würde darauf hinauslaufen, der an sich vernünftigen Person ihr Bedürfnis zur Normbefolgung (weil sie die Vernünftigkeit der Normgeltung anzuerkennen bereit ist) abzusprechen. Die Unvernünftigkeit des Normverstoßes wird durch den Zwangscharakter des Strafgesetzes, also wegen der Verbindung von Tatbestand und Rechtsfolge, beschrieben. Gerade wegen der angedrohten Rechtsfolge „Strafe“ muss jedermann klar sein, was vernünftigerweise von ihm erwartet wird. Aber noch ein Weiteres: Jeder weiß auch, dass ihn Strafe erwartet, wenn er das Recht bricht. Das Strafgesetz (gedacht als Einheit von Tatbestand und Rechtsfolge) hat deshalb durchaus verhaltenssteuernde Funktion. Die verhängte Strafe allein stellt die Unverbrüchlichkeit der Rechtsordnung fest und bringt den Täter mit der Gesellschaft wieder ins Gleichgewicht. Sie ist in dieser Funktion gegen die Tat gerichtet und erklärt den Willen des Täters als unbeachtlich. Sie hat die Funktion der Sicherung des gesellschaftlichen Konsenses über die vernünftigen Grundbedingungen menschlicher Kommunikation.[40] Diese Sicherungsfunktion

---

39 Vgl. auch *Schild,* in: Krit. Jahrbuch der Philosophie, Beiheft 1, 1998, S. 104.

40 So meint auch *Jakobs* (Fn. 17), S. 83: „Allerdings lässt sich schadlos aus bestehenden (!) kommunikativen Regeln ein Imperativ ableiten; solange er bezeichnet, was vom einzelnen wirklich erwartet wird, also als zur Kommunikation derivativer Begriff, mag er verwendet werden.“; vgl. auch BVerfGE 45, 255 f., allerdings mit einer Überbetonung des generalpräventiven Aspekts: Die Strafe hat die Aufgabe, „die Unverbrüchlichkeit der

nimmt sie bezüglich der konkreten Tat einer bestimmten Person wahr. Nur um diese Tat geht es und der in ihr erklärte Wille, der angesichts seiner fehlenden Verallgemeinerungsfähigkeit nicht wirklich werden kann und dessen vernünftiger Schein aus der Welt geschafft werden muss. Insoweit ist die Strafe *speziell*. Sie ist zugleich *allgemein* insoweit, als sie damit die Sicherungsfunktion auch hinsichtlich der Geltung des Strafgesetzes als solches wahrnimmt. Würde nicht gestraft werden, so würde der unvernünftige, scheinbar freie Wille den Anspruch auf Allgemeinheit weiter erheben und es bestünde die Gefahr, dass das Verbrechen Nachahmung[41] findet und alle Vernünftigkeit ein Ende hätte. Insoweit ist in der *hegelianischen* Straftheorie ein in die Zukunft gerichteter Aspekt der Verhaltenssteuerung enthalten – die Vergeltung geschieht um des Täters Willen, diesen nicht zur Orientierung, zum Vorbild aller werden zu lassen.[42] „Die Verletzung als das Verbrechen, das geschehene Unrecht verletzend, ist daher anzubringen, zu wenden gegen den Willen des Verbrechers, dieß Dasein muss aufgehoben werden, und dieß Aufheben des Daseins ist die Wiederherstellung des Rechts. Wäre dieß Aufheben nicht, so würde dieß Dasein das sich der Wille des Verbrechers giebt Sein der Freiheit sein, würde gelten."[43] Ganz ähnlich – freilich mit weitergehender Akzentuierung – schreibt *Kant* dazu: „Alle Strafe im Staat geschieht wohl zur correction und zum Exempel".[44] „Die iustitia punitiva hat zur Absicht: 1. Den Unterthan aus einem schlimmen in einen besseren Bürger umzuwandeln; 2. durch warnende Beyspiele andere abzuhalten; 3. unbesserliche aus dem Gemeinen Wesen, es sey durch deportation, exilium, oder Tod wegzuschaffen (ob durch Gefängnis). Aber alles dieses ist nur Klugheit der politick."[45]

Eine Drohung – das Strafgesetz – wird zukünftig nur dann ernst genommen, wenn der Drohende bereit war, das angedrohte Übel in der Vergangenheit zuzu-

---

Rechtsordnung vor der Rechtsgemeinschaft zu erweisen und so die Rechtstreue der Bevölkerung zu stärken."

41 Vgl. *Schild*, in: Krit. Jahrbuch der Philosophie, Beiheft 1, 1998, S. 104; vgl. auch *ders.*, in: FS Wolff (Fn. 18), S. 434 und *ders.*, in: NK, StGB, § 20 Rn. 52.

42 Vgl. auch Ilting (Hrsg.), Vorlesungen Bd. 4, Griesheim Nachschrift, S. 280. Dabei wird nicht verkannt, dass sich *Hegel* ausdrücklich gegen die *Feuerbachsche Strafandrohungstheorie* wandte, weil man sich mit der Drohung nicht an die Freiheit, sondern an die Unfreiheit wendet, „wie wenn man gegen einen Hund einen Stock erhebt". Ilting (Hrsg.), Vorlesungen Bd. 3, Hotho Nachschrift, S. 311 ff., 312; vgl. auch *Schild*, in: NK, StGB, § 20 Rn. 53 m. w. N., der darauf hinweist, dass es in der Philosophie des deutschen Idealismus nie eine „reine Vergeltungstheorie" gegeben habe, vielmehr in ihm präventive Elemente enthalten gewesen seien. Vgl. auch *Schild*, in: FS Wolff (Fn. 18), S. 429 ff.

43 Ilting (Hrsg.), Vorlesungen Bd. 4, Griesheim Nachschrift, S. 284.

44 *Kant*, Kant's gesammelte Schriften, hrsg. von der Preußischen Akademie der Wissenschaften, Bd. XIX, Dritte Abteilung: Handschriftlicher Nachlass, Sechster Bd., Moralphilosophie, Rechtsphilosophie und Religionsphilosophie, 1934, S. 586 (Nr. 8029).

45 *Kant* (Fn. 44), S. 588 (Nr. 8035).

fügen. Insoweit ist die Strafe allgemein und mit dem *Zweck* der allgemeinen Verhaltenssteuerung verbunden.[46] Die Verhaltenssteuerung mag zwar hinsichtlich einer speziell begangenen Tat fehlgeschlagen, die Drohung wirkungslos geblieben sein: Diesen Täter vermochte das Strafgesetz nicht von der Vernünftigkeit der geforderten Handlung oder Unterlassung zu überzeugen. Allerdings ist dies kein Adressatenproblem, weil auch derjenige, der sich um das Strafgesetz nicht kümmert, angesprochen werden soll. Denn ihm ist es als formell vernünftiger Person möglich, die Orientierung wahrzunehmen und sich dementsprechend zu verhalten. Wegen der scheinbaren Allgemeinheit seiner „Handlung" muss die Strafe erfolgen und die Tat negiert werden. Dies geschieht aber nicht nur, um den Täter mit der Gesellschaft ins Gleichgewicht zu bringen, um ihn zurück in den Kreis der Kommunikation aller Vernünftigen zurückzuführen (*individueller Aspekt*),[47] sondern auch, um der Tat gegenüber allen anderen Rechtsgenossen die scheinbare Verallgemeinerungsfähigkeit zu nehmen (*gesamtgesellschaftlicher Aspekt*).[48] Das Strafrecht bestätigt gesellschaftliche Identität.[49] Diese beiden Momente sind unmittelbar mit der Strafe verbunden. Mit dem gesamtgesellschaftlichen Aspekt verbindet sich die Erklärung an alle, was in dem Konflikt zwischen Staat und Individuum, das eine Tat begangen hat, Recht ist. Jedermann kann sich dann an dieser Erklärung orientieren und sein eigenes Verhalten entsprechend ausrichten (Verhaltenssteuerung). Darin ist auch die Erklärung enthalten, dass jede andere Straftat gleichfalls in dieser Art aus der Welt geschafft werden muss. Dies kann man als Drohung, aber auch als das *Versprechen* ansehen, dass der Staat weiterhin zum Zwecke vernünftiger gesamtgesellschaftlicher Kommunikation Verhaltensweisen auf ihren Strafgehalt überprüft und mit der Strafe die Unverbrüchlichkeit der in dem Straftatbestand festgehaltenen Verhaltensanweisung ausspricht und somit diese Anweisung als vernünftig und für alle verallgemeinerungsfähig aufrecht erhält.[50] Damit ist das Strafgesetz jedenfalls Orientierung für vernünftiges Handeln. Deshalb muss man, selbst wenn in genuin funktionaler Betrachtungsweise das Wesen der Strafe als Reaktion auf die enttäuschte Verhaltenserwartung gesehen wird,[51] nicht den verhaltenssteuernden Aspekt des Strafgesetzes und der Bestrafung in ihrer

---

46 A. A. *Jakobs*, in: Krit. Jahrbuch der Philosophie, Beiheft 1, 1998, S. 39, der psychische Vorgänge als Folge der Bestätigung der Norm durch die öffentliche Strafe zwar als erwünscht bezeichnet, aber nicht zum Begriff der Strafe zählen will.

47 Vgl. *Schild*, in: Krit. Jahrbuch der Philosophie, Beiheft 1, 1998, S. 108.

48 Vgl. zu dieser gesamtgesellschaftlichen Dimension *Hegel* (Fn. 15), Anm. zu § 96, S. 185.

49 Vgl. *Jakobs*, ZStW 107 (1995), 844.

50 In diesem Sinne wohl *Jakobs*, ZStW 107 (1995), 865.

51 Vgl. *Lesch* (Fn. 17), S. 184 ff., 190 ff., 191, insb. 203; vgl. auch *Jakobs*, ZStW 107 (1995), 845; grundlegend schon *ders.*, Handlungsbegriff, S. 36, 44; kritisch dazu *Schild*, GA 1995, 101 (115 f.).

gesamten normativen Tragweite ablehnen.[52] Es ist nicht die ausgebliebene Verhaltenserwartung, deretwegen gestraft wird, sondern weil der Täter das Recht gebrochen hat.[53] Er wird nicht für etwas gestraft, was ausgeblieben ist, sondern für das, was er in rechtloser Motivation verwirklicht hat. In der rechtlosen Motivation, d. h. indem der Täter Unrecht setzt, liegt der Grund der Tat und für *diese Tat* wird gestraft. Auch wenn man das Strafrecht nicht auf die inhaltliche Seite der Norm, sondern auf die formelle Seite, also das Sollen selbst bezieht, ergibt sich kein zwingendes Argument gegen diese Annahme. Der unwirkliche, weil unvernünftige Weltentwurf des Täters ist nicht nur die Verletzung des konkreten Norminhalts, sondern ein Angriff auf das Sollen selbst, auf den allgemeinverbindlichen Gesellschaftsentwurf aller wirklich kommunizierenden Personen. Aber dieser Weltentwurf, der alles wirklich Gesollte in Frage stellt, *materialisiert* sich in der Tat, ohne die wir die Einstellung des Täters zum Sollen gar nicht wahrnehmen könnten und dürften. Die Tat ist damit der materialisierte Angriff auf das Sollen selbst. Nur weil man Taten bestimmt beschreibt, kann abweichendes Verhalten und somit der Angriff gegen das Sollen wahrgenommen werden. Die Straftat in ihrer materiellen Seite ist etwas abstrakt-konkretes. Deshalb genügt auch keine Strafvorschrift mit dem Inhalt: „Wer das Sollen verletzt ...“. Denn damit hätte sich der Gesellschaftsentwurf, den es zu erhalten gilt, selbst nicht materialisiert.

5. Zusammenfassung

Strafe, Strafgesetz und Verhaltenssteuerung sind keine sich ausschließenden Begriffe. Die Strafe hat im Zusammenhang mit dem Strafgesetz einen individuellen und einen gesamtgesellschaftlichen Aspekt, die als Einheit auf generalisierender Funktionsebene behandelt werden und zum Tragen kommen. Vergeltung geschieht wegen der Tat, damit der in der Tat objektivierte unvernünftige Wille nicht zum Gesetz aller werden kann und der Täter die Chance erhält, wieder in die Gemeinschaft aller Vernünftigen zurückzukehren.[54]

---

52 Im Gegensatz dazu lehnt *Jakobs* unter Berufung auf *Hegels* Straftheorie einen verhaltenssteuernden Aspekt der Strafe ab. Vgl. *Jakobs* (Fn. 17), S. 105; Kritisch *Schünemann*, in: Schünemann/Achenbach/Bottke/Haffke/Rudolphi (Hrsg.), FS Roxin, 2001, S. 15 ff.; *Lesch* (Fn. 17), S. 93 ff., 96 lehnt den Zusammenhang zwischen dem (anerkannten) gesamtgesellschaftlichen Aspekt und der Verhaltenssteuerung ab.

53 Vgl. *Schild*, GA 1995, 115; vgl. mit teilweise unterschiedlicher Akzentuierung auch *Frisch*, in: Britz/Jung/Koriath/Müller (Hrsg.), FS Müller-Dietz, 2001, S. 253 ff., der im Gegensatz zum Rechtsgüterdogma die Legitimation der Strafe allein in der in der Tat liegenden Infragestellung des Rechts sieht. Vgl. auch *ders.*, Straftat und Strafsystem, in: Wolter/Freund (Hrsg.), 1996, S. 145 ff.; *ders.*, in: Roxin/Widmaier (Hrsg.), FS 50 Jahre BGH, 2000, S. 278 ff.; *Köhler* (Fn. 12), S. 47 ff.; *ders.*, AT, 1997, S. 22 ff.

54 Vgl. *Schild*, in: Krit. Jahrbuch der Philosophie, Beiheft 1, 1998, S. 108.

C. Die Funktion von Maßregeln

Während der Sinn und Zweck oder die Funktion der Strafe Generationen von Philosophen, Juristen und Gelehrten anderer Professionen beschäftigt hat, gibt es keine vergleichbare Theorieentwicklung bei den Maßregeln.[55]

Das muss nicht verwundern, denn das StGB aus dem Jahre 1870/71 orientierte sich an der Strafe, und Maßregeln der Besserung und Sicherung im heute verstandenen Sinne waren ihm unbekannt. Nur wenige Rechtsfolgen dienten der Sicherung, wie bspw. die Polizeiaufsicht, §§ 38, 39; die Aberkennung der Eidesfähigkeit, § 161; die Überweisung gemeinlästiger Täter an die Landespolizeibehörde, § 362 oder die Überweisung schuldunfähiger Jugendlicher in eine Erziehungs- oder Besserungsanstalt, § 56 Abs. 2. Die im Reichsstrafgesetzbuch verfolgte Einspurigkeit der Rechtsfolgen begann vor allem durch den Einfluss *Franz v. Liszts* aufzubrechen.

Die „Zweispurigkeit" des Rechtsfolgensystems wurde dann auch zum Vorbild für die Entwürfe eines neuen StGB in den Jahren 1922, 1925, 1927 und 1930, im Ansatz auch schon im Entwurf von 1909.[56]

Mit dem Gesetz gegen gefährliche Gewohnheitsverbrecher v. 24.11.1933 (RGBl. I, S. 995) wurde schließlich ein umfassender Maßregelkatalog durch die §§ 42a bis 42n eingeführt. Mit wenigen Ausnahmen galten diese Vorschriften bis zum 2. StrRG v. 4.7.1969 (BGBl. I, S. 717) weiter. Das EGStGB-1975 brachte – außer der neuen Bezifferung – im Wesentlichen nur redaktionelle Änderungen mit sich. Vielfache, wenn auch keine tiefgreifenden Veränderungen hat der 6. Titel durch das 23. StÄndG v. 13.4.1986 (BGBl. I, S. 393) erfahren. Mit seiner Entscheidung vom 16.3.1994 hat das BVerfG[57] in die Auslegung der §§ 64, 67 und 67d Abs. 5 eingegriffen und damit deren inhaltliche Änderungen im Jahr 2007 angestoßen. Durch das Gesetz zur Bekämpfung von Sexualdelikten und anderen gefährlichen Straftaten vom 26.1.1998 (BGBl. I, S. 160) wurde u. a. die Schwelle zur Anordnung der Sicherungsverwahrung herabgesetzt.

Am 21.8.2002 (BGBl. I, S. 3344) wurde mit dem Gesetz zur Einführung der vorbehaltenen Sicherungsverwahrung § 66a in das StGB eingefügt. § 66b folgte am 23.7.2004 (BGBl. I, S. 1838) durch das Gesetz zur Einführung der nachträglichen Sicherungsverwahrung. Zuletzt erfolgten flächendeckende Änderungen im Maßregelrecht am 13.4.2007 (BGBl. I, S. 513) durch das Gesetz zur Reform der Führungsaufsicht und zur Änderung der Vorschriften über die nachträgliche Sicherungsverwahrung. § 67h wurde eingefügt. Neben der Umsetzung der Vorgaben des BVerfG wollte der Gesetzgeber die Rahmenbedingungen für eine zielgerechtere Nutzung der Kapazitäten des Maßregelvollzugs schaffen.[58] Auch

---

55 Vgl. *Roxin* (Fn. 7), § 3 Rn. 66; *Jakobs*, AT, 2. Aufl., 1991, § 1 Rn. 54.

56 Vgl. *Schöch*, in: LK, StGB, Vor § 61 Rn. 7.

57 BVerfGE 91, 1 = NStZ 1994, 578; bestätigt durch BVerfGE 109, 133 = NJW 2004, 739.

58 Vgl. wegen Einzelheiten zum Inhalt der Reform *Schneider*, NStZ 2008, 68 ff.

gegenwärtig diskutiert man in der Politik wieder über eine Verschärfung der nachträglichen Sicherungsverwahrung. So wird von Seiten unionsgeführter Bundesländer vorgeschlagen, die nachträgliche Sicherungsverwahrung gefährlicher Straftäter zu erleichtern. Eine entsprechende Gesetzesinitiative ist gleich nach der Bundestagswahl geplant. Unter anderem soll die sogenannte Rückfallverjährungsfrist auf mindestens zehn Jahre angehoben werden. Bislang gilt nach § 66 Abs. 4 Satz 3, dass eine frühere Tat außer Betracht bleibt, wenn zwischen ihr und der folgenden Tat mehr als fünf Jahre verstrichen sind. Auch für Heranwachsende im Alter von 18 bis 21 Jahren sollen künftig die Anordnungsvoraussetzungen erleichtert werden.

D. Maßregel und Strafe

Die Strafe ist zwar ein notwendiges Mittel staatlicher Verbrechensbekämpfung, aber für bestimmte Tätergruppen in rechtlicher Hinsicht unzulässig und/oder in ihrer tatsächlichen Wirkung als Sanktion von vornherein ungeeignet. Denn als Rechtsfolge für schuldhaft verwirklichtes Unrecht ist die Strafe – wie gesehen – in ihrem Ob und Wie strikt gebunden an das Vorliegen und das Maß der Schuld. Sie kann mithin dort nicht wirken, wo es an Schuld überhaupt fehlt oder wo sie nach Art oder Umfang hinter den spezialpräventiven Bedürfnissen des konkreten Täters zurückbleiben müsste. Andererseits ist oft gerade in solchen Fällen strafrechtliches Eingreifen geboten, um den Täter – soweit möglich – (wieder) in die Gesellschaft einzugliedern und die Allgemeinheit vor weiteren Rechtsverletzungen zu schützen, die durch ihn drohen.[59] Diese Funktion wird von den Maßregeln der Besserung und Sicherung übernommen. Es handelt sich dabei um sozialethisch indifferente, also ein Unwerturteil über Tat und Täter nicht enthaltende und deshalb von Schuld und Schuldhöhe ablösbare Zweckmaßnahmen. Allein die (in der Tat zutage getretene) Gefährlichkeit des Täters ist ihr Anknüpfungspunkt, der Maßstab ihrer inhaltlichen Ausgestaltung und ihrer zeitlichen Dauer. Hier zeigt sich auch eine Gemeinsamkeit zwischen den relativen Straftheorien, die mit der Tat auch Gefährlichkeit verbinden, und den Maßregeln.

Gegenüber der Strafe soll der Schwerpunkt bei der Maßregel im Bereich der Prävention, also der Gefahrabwendung liegen. Während bei der Reaktion „Strafe“ noch die „Tat“ im Mittelpunkt steht und der „Körper“ das Objekt, die Person das „Subjekt“ ist, welches die Strafe „zu spüren bekommen soll“, verkehrt sich nun das Verhältnis zwischen Tat und Täter. Bei den Maßregeln steht die gefährliche Person im Zentrum. Deren Verhalten wird nur zum Anlass genommen, Gefahren von anderen Personen abzuwenden. Es geht also nicht mehr in erster Linie um eine Reaktion auf einen Normbruch, sondern um Gefahrabwendung. Dabei geht es natürlich (noch) nicht darum – und in dem „noch“ klingt das Gefahrenpotential teilweise gegenwärtig geführter kriminalpolitischer Diskussionen

59 S. aber a. Jakobs (Fn. 55), § 1 Rn. 56: die Maßregel, die neben eine Strafe tritt, diene „der Erhaltung von Normgeltung“.

mit an – eine „Generalrevision“[60] der Person des Täters vorzunehmen. Zwar sind freiheitsentziehende Maßregeln faktisch für den Verurteilten auch ein Übel, dieses Übel ist aber normtheoretisch kein Strafübel.[61]

Der entscheidende wesensmäßige Unterschied zwischen der Strafe und den *Maßregeln der Besserung und Sicherung* (zweite Spur) besteht darin, dass durch die Maßregeln dem Täter gegenüber kein sozialethischer Vorwurf erhoben wird,[62] weshalb die Verhängung von Maßregeln im Unterschied zur Strafe auch keine Schuld voraussetzt. Da die Schuld in dem hier verstandenen Sinne mit dem Rechtsbruch des Täters gleichgesetzt werden kann, versagt das Reaktionsinstrument „Strafe“ dann, wenn der Täter nicht in der Lage ist, die strafrechtlichen Verhaltensvorschriften einzuhalten, weil er bspw. schuldunfähig ist.

Während bei den Straftheorien der leitende Gedanke aller Theoriegebilde die „Vernunft“ ist, kann man bei den Maßregeln als Leitaspekt die „Unvernunft“ voranstellen. Als Maßregeln sieht das StGB 1. die Unterbringung in einem psychiatrischen Krankenhaus (§ 63), 2. die Unterbringung in einer Entziehungsanstalt (§ 64), 3. die Unterbringung in der Sicherungsverwahrung (§ 66, §§ 66a, 66b), 4. die Führungsaufsicht (§ 68), 5. die Entziehung der Fahrerlaubnis (§ 69), 6. das Berufsverbot (§ 70) vor.

Sieht man von § 66 StGB ab, wo eine Sicherungsverwahrung an eine Verurteilung geknüpft wird, so greifen alle anderen Maßregeln im Grundsatz nur dann ein, wenn der Täter schuldlos gehandelt hat, wenn also das Postulat der Vernunft ihm gegenüber nicht greift; der schuldlos Handelnde kann das Recht nicht brechen. Deshalb kann auch eine normative Lösung des Konflikts zwischen der Person und der Allgemeinheit nicht stattfinden. Die Lösung des Konflikts ist viel archaischer und zielt auf Sicherung vor der gefährlichen Person ab.

Zwar haben wir nun den Gefahrbegriff in beiden Theoriegebäuden, also sowohl bei den Präventionstheorien zur Strafe als auch bei den Maßregeln, feststellen können. Aber es handelt sich um unterschiedliche Gefahrverursacher. Im Falle des Verbrechens um eine vernünftige Person und im Falle der Maßregel um eine grundsätzlich unvernünftige Person. Zu verschwimmen drohen beide Gefahrperspektiven dann, wenn die Maßregel auch an Straftaten geknüpft wird – also eine schuldhaft handelnde Person treffen.

Soweit diese Maßregeln und auch § 66 dann verhängt werden können, wenn den Täter ein Schuldvorwurf trifft, so muss man nach einer anderen Begründung für die Verhängung einer Maßregel suchen, denn wo Strafe verhängt werden kann, der Grundsatz der „Vernunft“ also trägt, könnte auch die Verhängung einer Maßregel entbehrlich sein. Allerdings hat die Tat in diesen Fällen auch stets eine Indizwirkung. In der Tat hat sich eine Gefahr verwirklicht, die täterbezogen

60 *Jakobs* (Fn. 55), § 1 Rn.56.

61 Vgl. deshalb zur Kritik an der Dogmatik *Böllinger/Pollähne*, in: NK, StGB, §61 Rn. 20.

62 Vgl. *Sinn*, in: Systematischer Kommentar zum Strafgesetzbuch, Bd. 1, Stand Juli 2009, § 61 Rn. 2.

ist, weil „von ihm (dem Täter; Anm. des Verf.) infolge seines Zustandes erhebliche rechtswidrige Taten zu erwarten sind" (vgl. § 63) oder er „den Hang" hat „alkoholische Getränke oder andere berauschende Mittel im Übermaß zu sich zu nehmen" (§ 64) oder er „infolge eines Hanges zu erheblichen Straftaten (...) für die Allgemeinheit gefährlich ist" (§ 66). Die allein vernunftsbezogene Strafe versagt bei diesen täterbezogenen „unvernünftigen" Dispositionen, weshalb es der Maßregel bedarf. Im Anschluss an *Jakobs* handelt es sich bei diesen Maßregeln also um „strafergänzende Maßregeln".[63] Die Maßregel stütz in diesen Fällen „die kognitive Untermauerung der Norm".[64]

Der Gedanke der *Zweispurigkeit*[65] der strafrechtlichen Sanktionen[66] hat sich heute – wenn auch nicht gänzlich unangefochten[67] – in Deutschland[68] durchgesetzt.[69] Dass der Gesichtspunkt der Zweispurigkeit auch als ordnendes Prinzip tragfähig ist (also: Strafe nach dem Maß der Schuld, Maßregel für die darüber hinaus noch etwa bestehende Gefährlichkeit), wird jedoch zunehmend bezweifelt. Dabei spielen u. a. folgende Argumente eine Rolle:[70]

Es besteht weitgehend Einigkeit darüber, dass beide Sanktionsarten – und zwar schon jede für sich – darauf gerichtet sein müssen, dem Schutz der Rechtsgüter und der Wiedereingliederung des Täters in die Rechtsgemeinschaft zu dienen; es sind unterschiedliche Mittel zum gleichen Ziel. Ausdruck findet diese Erkenntnis einmal in der Diskussion über die Frage, inwieweit *Strafen und Maßregeln gegeneinander ausgetauscht* werden können.[71] Es wird darauf hingewiesen, dass einerseits von den Strafen Besserungs- und Sicherungsfolgen erwartet werden, andererseits aber auch von der Maßregel zumindest faktisch Wirkungen ausgehen, die sub specie Repression und Generalprävention denen der Strafe durchaus gleichkommen können. Aus der Einsicht, dass die Maßregel in gewissem Umfang die Strafe (zumindest, soweit es um den Vollzug beider Sanktionen geht) vertreten kann, hat zum anderen auch der Gesetzgeber mit der Einführung des *Vikariierungsprinzips* Konsequenzen gezogen: Nach § 67 Abs. 4 wird bei

---

63 *Jakobs* (Fn. 55), § 1 Rn. 56.

64 *Jakobs* (Fn. 55), § 1 Rn. 56.

65 *Müller-Dietz*, Strafrechtliches Sanktionensystem, 1979, S. 67 ff.

66 Hierzu *Stooß*, SchwZSt 44 (1930), 261 (262 f.); *Hanack*, Kriminologische Gegenwartsfragen, 1972, S. 68 ff.

67 Vgl. *Ellscheid/Hassemer*, Civitas, 1970, S. 27 ff.; *A. Kaufmann*, in: Warda/Waida/v. Hippel/Meurer (Hrsg.), FS Lange, 1976, S. 27 (31); vgl. auch zum Schlagwort „Krise der Zweispurigkeit" *Böllinger/Pollähne*, in: NK, StGB, § 61 Rn. 20 ff.

68 Zur Rechtslage in Italien s. *Musco*, ZStW 102 (1990), 415 ff.; s. ferner die rechtsvergleichenden Ausführungen bei *Böllinger/Pollähne*, in: NK, StGB, § 61 Rn. 6 ff.

69 Teilweise spricht man sogar von einem vierspurigen System vgl. *Böllinger/Pollähne*, in: NK, StGB, § 61 Rn. 5; *Walther*, ZStW 111 (1999), 123 (140 ff.).

70 Näher *Schöch*, in: LK, StGB, Vor § 61 Rn. 13 ff.; *Lackner/Kühl*, StGB, § 61 Rn. 2; *Böllinger/Pollähne*, in: NK, StGB, § 61 Rn. 20 ff. jeweils m. w. N.

71 S. dazu *Schöch*, in: LK, StGB, Vor § 61 Rn. 14 ff.

Vorwegvollzug der freiheitsentziehenden Maßregel vor der Strafe die längste Zeit des Maßregelvollzuges auf die Strafe von Gesetzes wegen angerechnet.

Am Schluss komme ich nun zu den

E. Alternativen

Die Antwort ist kurz: Weder historisch noch funktional begründbar lässt sich auf die „Strafe" als Reaktion auf einen Normbruch verzichten. Diskutieren kann man nur darüber, welche Reaktionsformen Strafcharakter haben – wie dies bspw. beim Täter-Opfer-Ausgleich heftig erörtert wurde. Auch die Hinwendung zu einem einspurigen Rechtsfolgensystem, das Strafe und Maßregel als unterschiedliche Reaktionen, die aber ein und demselben Zweck „Rechtsgüterschutz" dienen sollen, ist aus meiner Sicht ausgeschlossen. Denn wie gesehen unterscheiden sich die Funktionen der Strafe und der Maßregel erheblich voneinander. Funktionale Überschneidungen zwischen Strafe und Maßregel, wie bei den sog. „strafergänzenden Maßregeln",[72] drohen die Funktion der Strafe jedoch zu verwässern. Die Abgrenzung zwischen Strafe und Maßregel ist aus dem geltenden Sanktionensystem im StGB nicht ohne logische Brüche möglich.[73] Hier muss aus meiner Sicht eine dogmatische Neuorientierung stattfinden. Der in Deutschland zu beobachtende Trend, die Verhängung von Strafe und/oder Maßregel von den „kriminalpolitisch sachgerechten Einwirkungsmöglichkeiten"[74] auf die Person abhängig zu machen, verlässt den Weg der Strafrechtsdogmatik.

72 *Jakobs* (Fn. 55), § 1 Rn. 56.

73 S. dazu *Schöch*, in: LK, StGB, Vor § 61 Rn. 16.

74 *Schöch*, in: LK, StGB, Vor § 61 Rn. 16.

Das neue Strafvollzugsgesetz in Japan – Die Resozialisierungsfunktion der Strafe

Shinichi Ishizuka

I. Einleitung: Übersicht über die letzten 100 Jahre

1. Marburger Programm von Franz von Liszt, 1882

„Strafen wir den Mann für das, was er tut, oder für das, was er ist? Ist die Tat oder ist der Täter der Gegenstand unseres Urteils?“ Für *v. Liszt* ging es bei der Strafzumessung um die Einwirkung auf die Person des Täters durch Abschreckung, Besserung oder Unschädlichmachung. Gerechtigkeit im Strafrecht ist für ihn deshalb nicht die Vergeltung des verschuldeten Unrechts, sondern „die Einhaltung des durch Zweckgedanken erforderten Strafmaßes“.[1]

2. Zwischen Gefängnisgesetz 1908 und Strafvollzugsgesetz 2007

Das alte japanische Gefängnisgesetz aus dem Jahre 1908[2] wurde mit dem bis heute noch geltenden Strafgesetzbuch von 1907[3] durch die Regierung des Kaiserstaats erlassen. Die preußische Gefängniskunde floss in das Gesetz durch *von Sebach,* Schüler von *Krohne,* der im Jahr 1889 das erste Lehrbuch für Gefängniskunde publiziert hatte, ein. Einhundert Jahre später ist das neue Strafvollzugsgesetz 2007 in Kraft getreten, das erstmals den Strafvollzugszweck förmlich festgestellt hat.[4] Das Gesetz schreibt vor:

> „Der Zweck dieses Gesetzes ist es, eine angemessene Behandlung der Insassen [...] mit Rücksicht auf ihre Menschenrechte unter Berücksichtigung der Umstände zu gewährleisten, sowie eine geeignete Leitung und Verwaltung der Haftvollzuganstalten zu erreichen.“ (Artikel 1)[5]

---

1 *V. Liszt,* Der Zweckgedanke im Strafrecht (Marburger Universitätsprogramm 1882), in: *ders.* Strafrechtliche Aufsätze und Vorträge (Aufsätze und Vorträge), Bd. I, 1905, S. 126 -- 179 (S. 161); *Jescheck,* Die Freiheitsstrafe bei Franz v. Liszt im Licht der modernen Kriminalpolitik, in: Kohlmann, G. (Hrsg.), FS Klug zum 70. Geburtstag, Bd. II, 1983, S. 257 - 276.

2 Vgl. den Text der deutschen Version: *Bindzus/Ishii* [Übersetzer], Strafvollzug in Japan, Japanisches Recht, Bd. 2, 1977.

3 Vgl. den Text der deutschen Version.: *Kusano/Sugiure/Bartelt* [Übersetzer], *Japanische Strafgesetze,* Sammlung außerdeutscher Strafgesetzbücher in deutscher Übersetzung Nr. 44, 1927; *Saito/Nishihara* [Übersetzer], Das abgeänderte Japanische Strafgesetzbuch vom 10. August 1953. Sammlung außerdeutscher Strafgesetzbücher in deutscher Übersetzung Nr. 65, 1954. Der Text der englischen Version ist zu finden unter http://www.japaneselawtranslation.go.jp

4 Der Text in englischer Version kann auch an der o. a. Website (Fn. 3) abgerufen werden.

5 Der Text in englischer Version kann auch an der o. a. Website (Fn. 3) abgerufen werden. Z. B. Article 1 [Purpose] The purpose of this Act shell be to conduct adequate treatment

II. Die kriminalpolitische Krise in Japan

1. Kriminalstatistik

a) Zahl der Straftaten und Täter (1946 – 2007)

Im Jahr 2007 belief sich die Zahl an Straftaten, die die Polizei verfolgt, auf 2.690.883 (6,5 % weniger als im letzten Jahr), die der fahrlässigen Verkehrsunfälle (FV) auf 781.613 und die der Diebstähle (DS) auf 1.429.956. Dieselbe Statistik im Jahr 2002 belief sich auf 3.693.928, deshalb ist der heutige Wert von 72,8 % ein Spitzenwert. Die Zahl der Festgenommenen beträgt 1.184.336, die der FV 818.334 und die der DS 180.446. Der Spitzenwert war im Jahr 2004 mit 1.289.416 erreicht, deswegen ist sie relativ stabil (nur 91,9 %).

[Anzahl der Taten]
KR: Kriminalität
FV: Fahrlässige Verkehrsunfälle
DS: Diebstahl
Normale KR ohne DS
Gesamte KR = FK + Normale KR

10.000

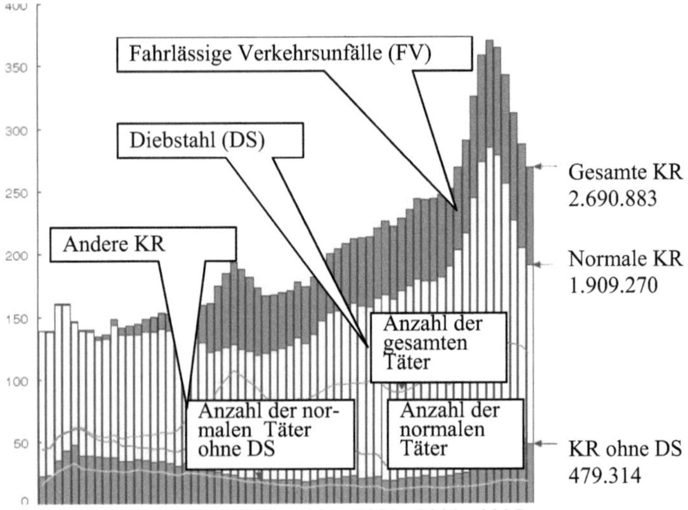

0 1946 1955 1965 1975 1985 1995 2000 2007

* Polizeistatistik in Japan[6]

[Grafik 1] Anzahl der Straftaten und Täter (1946 – 2007)

of inmates, detainees, and coast guard detainees with respect for their human rights and in accordance with their respective circumstances, as well as to achieve the appropriate management and administration of penal detention facilities (i.c. penal institutions, detention facilities, and coast guard detention facilities).

6 Ministry of Justice, White Paper on Crimes, 2008, S. 3.

b) Zahl der schweren Verbrechen (2003 – 2007)

Am 26.5.2009 wurde das neue juristische System, das sogenannte „*Saibanin*"-System eingeführt, das als gemischtes Model seinen Vorbildern nachgebildet wurde, dem Jury Trial in den USA und dem Schwurgericht (= große Strafkammer am LG) in Deutschland. Der Jury Trial in den USA besteht aus 12 Laienrichtern und 1 Berufsrichter, dagegen sitzen in der großen Strafkammer 3 Berufsrichter und 2 Laienrichter. In unserem neuen System entscheiden 3 Berufrichter und 6 Laienrichter zusammen.[7]

> „Das Landgericht hat in folgenden Fällen, außer dem von Absatz 2 bestimmten Falle, gemäß diesem Gesetz, trotz des Paragraph 26 des Gerichtsgesetzes im Beratungsgremium, woran die SAIBAN-IN teilnehmen sollen, zu entscheiden:
> I. in dem Fall, dass das Delikt mit Todesstrafe oder lebenslanger Freiheitsstrafe droht,
> II. in dem Fall, den Paragraph 26 Absatz 2 des Gerichtsgesetzes* bestimmt und in dem jemand die vorsätzliche Tat mit der Todesfolge des Opfers verursacht".

Hierbei bestimmt Paragraph 26 Absatz 2 des Gerichtsgesetzes „das mit Todesstrafe oder lebenslanger Freiheitsstrafe oder der Mindestfreiheitsstrafe von einem Jahr drohende Delikt".

Gegenstand des neuen Systems sind nur schwerere Delikte, z. B. Mord, Raub ohne oder mit Todesfolge, Vergewaltigung mit Todesfolge, Brandstiftung, Geldfälschung, Drogenhandel usw. (1 Typus) und Körperverletzung mit Todesfolge, gefährlicher Verkehrsunfall mit Todesfolge usw. (2 Typus). Die Zahl der 2007 anhängigen Verfahren ergibt sich aus folgender Statistik. Die Zahl dieser schweren Delikte hat von 3.308 im Jahr 2004 auf 2.436 (-73,7 %) im Jahr 2007 abgenommen.[8]

[Graphik 2] Zahl der anhängigen Verfahren im Saibanin-System (2003 - 2007)

Jahr	*insgesamt*	*Typus 1*	*Typus 2*
2002	2.818	2.503	315
2003	3.089	2.759	330
2004	3.308	2.964	344
2005	3.231	2.946	285
2006	2.878	2.569	309
2007	2.436	2.209	227

7 The Act on Participation in SAIBAN-IN in Criminal Trials (2004.05.28 Nr. 63 of 2004). Zum *Saibanin*-System: http://hakusyo1.moj.go.jp/en/nendo_nfm.html; http://hakusyo1.moj.go.jp/en/55/nfm/n_55_2_6_5_5_1.html; http://hakusyo1.moj.go.jp/en/55/nfm/n_55_2_6_5_5_2.html.

8 White Paper on Crimes 2008, S. 208.

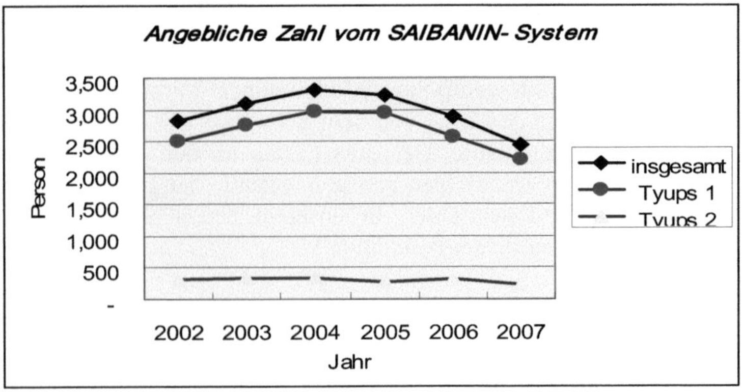

2. Überbelegung der Justizvollzugsanstalten

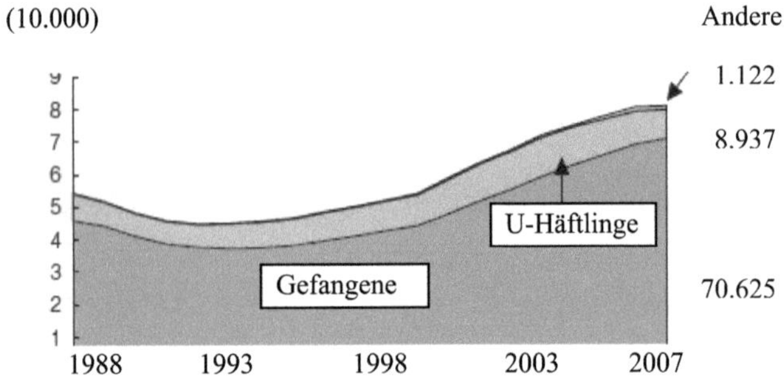

Justizvollzugsstatistik
Andere: Todesurteile, Ersatzfreiheitsstrafe usw.

[Graphik 3] Zahl der Insassen in den Justizvollzugsanstalten (1988 – 2007)

Ich möchte die durchschnittliche Zahl der Insassen in den Justizvollzugsanstalten in den Jahren 1994 und 2006 vergleichen. Die gesamte Zahl im Jahre 1994 war 44.876, dagegen lag sie 2006 bei 88.335, das entspricht einem Anstieg von 89 %. Die Anzahl der Gefangenen stieg von 37.522 auf 69.301 (+84.7%); hinzu kommt der Anstieg bei den Untersuchungsinhaftierten von 7.198 auf 9.992 (+38,8%) und bei Ersatzfreiheitsstrafe von 94 auf 947 (+907.4%). Die Auslastung der Justizvollzugsanstalten stieg von 71% auf 102.4% an. Seit 2000 blieben die Justizvollzugsanstalten in Japan immer überbelegt, jedoch ist die Tendenz eher rückläufig.[9]

9 Das Ergebnis der besonderen Untersuchung bzgl. der neuen Insassen aus 2006 deutet sich im White Paper on Crimes, S. 1007 an.

3. Todesstrafe

a) Verurteilung zur Todesstrafe

Am 12. März 1983 hat das Oberste Gericht im wichtigsten Urteil seit dem Zweiten Weltkrieg Folgendes ausgeführt.

> „Das Leben ist kostbar. Das Leben des Einzelnen wiegt schwerer als die ganze Welt. *Die Todesstrafe ist unter den Strafen die strengste Strafe und nur im äußersten Falle anzuwenden.* Selbstverständlich nimmt sie das Leben als Grundlage der menschlichen Existenz auf ewig fort. Aufgrund der Souveränität übt der moderne Staat das Strafrecht aus und es ist gesetzlich festgelegt, ob die Todesstrafe als Strafart anerkannt wird oder nicht, gegenüber welchen Verbrechen Todesurteile verhängt werden und mit welcher Methode die Todesstrafe vollzogen wird. Hiervon ausgehend wird im Strafprozess im Konkreten entschieden, ob der jeweilige Angeklagte zum Tode oder einer anderen Strafe verurteilt wird. ...“[10]

Danach sei die Todesstrafe noch nicht verfassungswidrig, aber in nicht ferner Zeit wünsche man die Abschaffung der Todesstrafe aufgrund der Entwicklung der Gesellschaft.

Die Richtlinie, wonach das Gericht darüber entscheiden kann, ob es auf Todesstrafe oder lebenslange Freiheitsstrafe erkennen soll, wurde im sogenannten *„Nagayama“*-Urteil aufgestellt.

> „Die Todesstrafe ist keine sogenannte grausame Strafe, und Bestimmungen des StGB, die diese Strafe regeln, widersprechen nicht der Verfassung. *Wie bereits vom Großen Senat dieses Gerichtes (OGHE 12.3.1948) festgestellt wurde, ist die Todesstrafe die äußerste Strafe, die das Leben als Grundlage der menschlichen Existenz auf ewig nimmt.* In Fällen, in denen es wirklich nicht anders geht, muss dieses äußerste Strafmaß sorgfältig bedacht werden. Dies wurde bereits im Urteil der 1. Instanz ausgeführt, die dies für einen Fall hielt, in dem die Todesstrafe gewählt werden kann. Schließlich sind im geltenden System, das die Todesstrafe beinhaltet, Wesen, Methode, Umstände der Tat, Grausamkeit, Schwere des Erfolgs, Zahl der Opfer, Vorstrafen, Verhalten nach der Tat usw. insgesamt zu berücksichtigen. *Wenn aufgrund dessen die Schuld als besonders schwer anzusehen ist und wenn darüber hinaus auch unter dem Gesichtspunkt der Angemessenheit von Tat und Strafe auf die Höchststrafe erkannt werden kann, muss die Todesstrafe zugelassen werden.“*[11]

Das Gericht hat die außerordentlichen Umstände zusammengefasst und dann entschieden, dass das Urteil der 2. Instanz, die das Todesurteil der 1. Instanz aufhob und den Angeklagten zu lebenslanger Freiheitsstrafe verurteilte, fehler-

---

10 OGHE 12.3.1948. Das wichtige Urteil hat *P. Schmidt* in folgendem Buch übersetzt: *Schmidt, P.,* Die Todesstrafe in Japan, Veröffentlichung der Deutsch-Japanischen Juristenvereinigung, Bd. 5, 1996.
Das Urteil in englischer Version: http://www.courts.go.jp/english/judgments/index.html.

11 OGHE 8.7.1983. Diese Entscheidung *"Nagayama"*-Fall ist nach dem Angeklagten benannt, *Schmidt* (Fn. 10), S. 509 – 511; http://www.courts.go.jp/english/judgments/text/1983.7.8-1981-A-No.1505.html.

haft in der Tatsachenbewertung ist, die die Grundlage zur Besserung des Strafmaßes darstellt. Dieses Urteil der 2. Instanz nicht aufzuheben, würde der Gerechtigkeit in ungeheurem Maß widersprechen.[12]

b) Zahl der durchschnittlichen Verurteilungen zu Todesstrafe

Seit dem *Nagayama*-Urteil hat jedes Gericht jeder Instanz die Todesstrafe zurückhaltend verwendet, und das Justizministerium hat sie nur selten vollstreckt. Aber die Staatanwaltschaft hat sie seit dem AUM-Skandal im Jahre 1995 wieder vermehrt vor Gericht gefordert. Bis zum Jahr 2000 aber blieben die Gerichte standhaft und verordneten sie nicht. Als plötzlich die Gerichte der 1. Instanz seit 2000 sie wieder häufiger anordneten, zogen auch die 2. Instanz und letztlich der Oberste Gerichtshof nach, was zu einer drastischen Häufung an Todesurteilen führte.

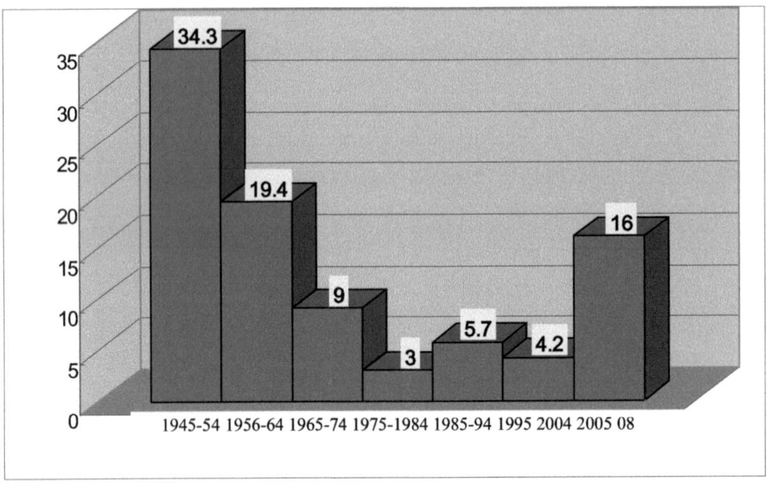

[Graphik 4] Zahl der durchschnittlichen Verurteilungen zu Todesstrafe (1945 – 2008)

12 Über die Todesstrafe in Japan: *Ishizuka,* Todesstrafe und lebenslange Freiheitsstrafe in Japan: Zur utilitaristischen Basis ihrer Abschaffung, in: Journal of Law and Political Science, vol. 22, No. 1, 1994, 147 ff.; *ders.,* Die gegenwärtige Situation des Strafvollzugs und der Menschenrechte in Japan: Keine Herrschaft von Schweigen, sondern vielmehr Freiheit und Rechtsstaatlichkeit!, in: Journal of Law and Political Science, vol. 25, No. 4, 1998, 161 ff.; *ders.,* Die gegenwärtige Situation des Strafvollzugs und der Menschenrechte in Japan. Keine Herrschaft von Schweigen, sondern noch mehr Freiheit!, in: Kuehne/Miyazawa (Hrsg.), Alte Strafrechtsstrukturen und neue gesellschaftliche Herausforderungen in Japan und Deutschland, 2000, S. 107 - 120.; *ders.*, Todesstrafe in Japan: Schlechtes Gewissen in der internationalen Gemeinschaft, ZIS 2006, 330-337; *Miyazawa,* Die Todesstrafe in Japan, in: Haft/Hassemer/Schild/ Schroth (Hrsg.), Strafgerechtigkeit: FS Arthur Kaufmann, 1993, S. 729 ff.

c) Zahl der Exekutionen

Die Anzahl der Exekutionen hatte im Jahr 1949 mit 80 Exekutionen ihren Höchststand erreicht. Danach hat die Zahl bis zum Jahr 2005 nicht immer, aber stetig abgenommen, wobei insbesondere zwischen 1990 und 1993 kein Todesurteil mehr vollstreckt wurde. Seit 2006 lässt sich wieder ein starker Anstieg verzeichnen. Der damalige Justizminister HATOYAMA hat sehr häufig den Exekutionsanordnungen zugestimmt. Mittlerweile will das Justizministerium alle zwei Monate drei Todesurteile vollstrecken.

Das Todesurteil ist für das Oberste Gericht seit Einführung des SAIBANIN-Systems eine Art opferfreundlicher und populistischer Justizpolitik. Für das Justizministerium und die Staatsanwaltschaft ist die Exekution eine Art symbolischer und autoritärer Strafpolitik. Deswegen soll der Schwerkriminelle ein gewalttätiger, brutaler und hoch-gefährlicher Mann sein (nicht schwach, arm oder hoffnungsvoll).

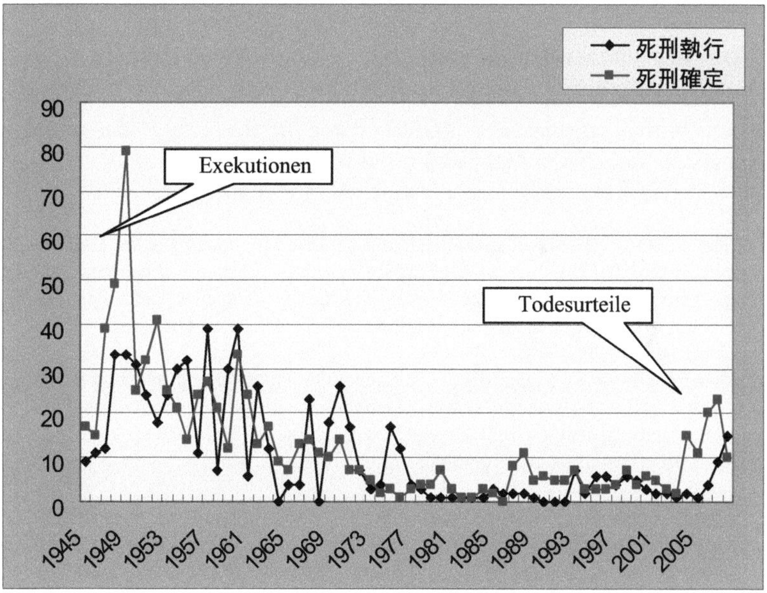

[Graphik 5] Zahl der Todesurteile und Exekutionen (1945 – 2008)

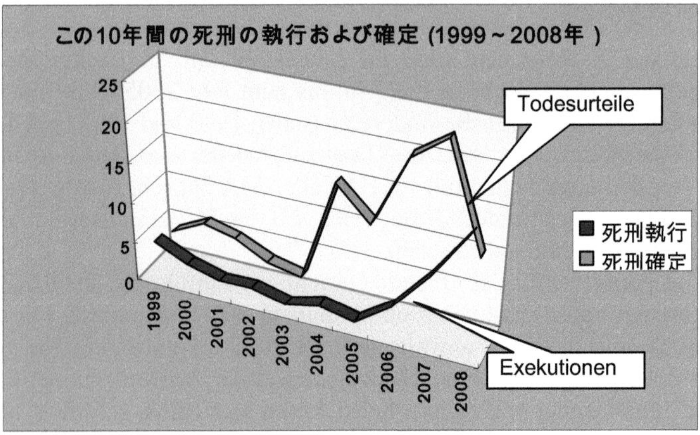

[Graphik 6] Zahl der Todesurteile und Exekutionen der letzten 10 Jahre (1999 – 2008)

III. Das neue Strafvollzugsgesetz 2007: „Act on Penal Detention Facilities and Treatment of Inmates and Detainees Act" (No. 50 of 2005)

Im neuen Strafvollzugsgesetz von 2007 wurde die Besserung oder Rehabilitation zum ersten Mal als ein Ziel des Strafvollzugs anerkannt.[13]

Artikel 103 [Führung der Besserung] sieht Folgendes vor:

> (1) Der Leiter der Justizvollzugsanstalt soll darauf hinwirken, dass die Gefangenen Verantwortung für ihre Tat und die Entwicklung ihres Körper- und Geisteszustandes übernehmen, als auch das nötige Wissen und die Grundlagen des sozialen Zusammenlebens zur Verfügung stellen, das diese auf die Wiedereingliederung in die Gesellschaft vorbereitet.
> (2) Wird einem Insassen derartige, oben genannte, Hilfestellung gegeben und ergeben sich aufgrund unten aufgeführter Umstände Probleme bei der Resozialisierung und einer reibungslosen Wiedereingliederung, soll sich der Leiter speziell um eine Verbesserung der Umstände bemühen.

---

13 [english] Article 103 [Guidance for Reform] (1) The warden of the penal institution shall provide to sentenced persons in order to awaken them to the responsibility for the crime, cultivate healthy mind and body, and acquire knowledge and lifestyle with necessary guidance necessary for adapting themselves to life in society.
(2) Upon providing the guidance prescribed in the preceding paragraph to a sentenced person who has been deemed hindered from reformation and rehabilitation or from smooth reentry into society due to such circumstances as are set out under the following items, the warden of the penal institution shall pay special attention to helping him/her to improve the circumstances:
i) Being dependent on drugs such as narcotics or stimulants;
ii) Being a gangster prescribed under the Act on Prevention of Unjust Acts by OrgKG;
iii) Other circumstances specified by a Ministry of Justice Ordinance.

(i) Abhängigkeit von Drogen wie Narkotika oder Stimulans

ii) Der Insasse ist Schwerverbrecher gem. dem Gesetz zur Prävention vor ungerechten Handlungen nach dem OrgKG

iii) sonstige Umstände, die das Justizministerium festlegt.

Der Paragraph ist seit 1908 die erste Regelung im japanischen Strafvollzugsgesetz, die die Besserung und Resozialisierung (Reformation) als Ziel und Zweck der Behandlung festlegt. Heute erkennen wir die Besserung und Resozialisierung als Zweck des Strafvollzugs nicht nur dogmatisch, sondern auch auf gesetzgeberischer Ebene an. Deshalb können wir auch die Besserung als Strafzweck nicht leugnen.

IV. Strafzwecke zwischen Normalismus und Realismus

1. Straftheorie: Sollenswelt (Normalismus)

Das deutsche Strafrecht kennt sowohl absolute als auch relative Strafzwecke. Bei der absoluten Straftheorie steht die Vergeltung im Vordergrund. Dagegen orientieren sich die relativen Strafzwecktheorien an General- und Spezialprävention. Die Generalprävention will durch Strafandrohung, Verurteilung und Vollstreckung die Allgemeinheit vor der Begehung von Straftaten abschrecken. Dagegen ist es Ziel der Spezialprävention, durch Strafverfolgung, Verurteilung und Strafvollzug den Täter an der Begehung weiterer Straftaten zu hindern. Hierzu hat man die Maßnahmen der Sicherung (oder Unschädlichmachung) und der Besserung (oder Resozialisierung) gewählt.[14]

Ziel der Strafe im deutschen Strafrecht ist sowohl die Erreichung der Generalprävention als auch der Spezialprävention. Erweisen sich diese Strafzwecke als unerreichbar, kann man nur noch zur Vergeltung bestrafen. Deswegen soll die Strafe im Idealfall gerecht und zweckmäßig sein.

2. Die funktionellen Ziele (goals of punishment): Seinswelt (Realismus)

Nach der anglo-amerikanischen Straftheorie muss Strafe immer so pragmatisch und funktionalistisch sein, dass sie in die funktionellen Ziele der Strafe, (goals of punishment), nämlich „retribution“, „deterrence“, „imcapacitation“ und „rehabilitation“ eingeordnet werden kann. „Retribution“ entspricht Vergeltung, „Deterrence“ der Generalprävention, „Imcapacitation“ der Unschädlichmachung und „Rehabilitation“ der Resozialisierung.

In den USA ist die demokratisch legitimierte Regierung durch eigene Zuständigkeit befugt, festlegen zu können, welchem Strafziel Vorrang einzuräumen ist. Präsident Reagan hat beispielsweise im Jahr 1985 das „Gesetz zur umfassenden Kontrolle der Kriminalität“ (Comprehensive Crime Control Act of 1984) vorgeschlagen und entscheiden lassen, dass die Rehabilitation vor Vergeltung, Prävention und Unschädlichmachung zurücktreten muss. Seit Reagans Regime hat die Regierung bei Drogenabhängigen die Linie verfolgt, der Bestrafung

---

14 *Roxin,* Strafrecht Allgemeiner Teil, Bd. I, 4. Aufl. 2006, S. 70 ff.

den Vorrang zur Besserung einzuräumen und diese Politik als „War on Drugs“ betitelt. Dagegen entschied Präsident Obama im Jahr 2009, diesen Krieg zu einem Ende kommen zu lassen.

Durch einen politischen Prozess kann ein funktionelles Ziel eine gewisse Normalität bekommen, wodurch der Sache eine Art Normkraft beigemessen wird und der Ist-Zustand zum Soll-Zustand deklariert wird.

3. Tätertypen in der normativen Welt

Wie oben erwähnt, kann man die Strafzwecke und -ziele normativ unterschiedlich einordnen.

Schon im Jahr 1882 hat *v. Liszt* über die Beziehung von Tätertypen und Strafzwecke Folgendes erläutert:

> „Im Allgemeinen aber dürfte folgende Einleitung zum Ausgangspunkte weiterer Betrachtungen genommen werden können:
> 1) Besserung der besserungsfähigen und besserungsbedürftigen Verbrecher;
> 2) Abschreckung der nicht besserungsbedürftigen Verbrecher;
> 3) Unschädlichmachung der nicht besserungsfähigen Verbrecher.“[15]

Das Schema wird aus zwei Komponenten, d. h. Bedürfnis und Möglichkeit von Behandlung, konstruiert. Nach der Theorie von *v. Liszt* hat man logischerweise folgende vier Kombinationen von 1 bis 4 angenommen:

[Tabelle] Beziehung zwischen Tätertypus und Strafzweck

1)	+ +
2)	+ -
3-1)	- -
3-2)	- +

1) Dem besserungsbedürftigen und besserungsfähigen Täter kommt der Strafzweck der Besserung zugute (z. B. Resozialisierung durch Arbeit, Erziehung, SST (social skill training), medizinische, psychiatrische, psychologische, sozialtherapeutische Maßnahmen usw.).

2) Der besserungsbedürftige aber nicht-besserungsfähige Täter wird unschädlich gemacht (z. B. durch Sicherungsverwahrung, physische oder chemische Kastration, Todesstrafe usw.).

3) Auf den nicht-besserungsbedürftigen Täter entfallen strafrechtliche als auch nicht-strafrechtliche Sanktionen.

---

15 *v. Liszt,* Der Zweckgedanke im Strafrecht, Marburger Universitätsprogramm 1882, in: *ders.,* Strafrechtliche Vorträge und Aufsätze, Bd. I, 1905, S. 126 (S. 166).

3-1) Auf den weder besserungsbedürftig noch besserungsfähigen Täter passt die strafrechtliche Sanktion der Vergeltung (Gerechtigkeit) oder Abschreckung (Generalprävention) (z. B. Todesstrafe, Geldstrafe usw.).

3-2) Dem nicht-besserungsbedürftigen aber besserungsfähigen Täter kommt die nicht-strafrechtliche Maßnahme der Therapie zugute (z. B. medizinische oder psychologische Therapie usw.)

Deshalb nimmt jede Kombination einen eigenen Täter-Typus an, der von Behandlungsbedürfnis und –möglichkeit abhängig ist. Wenn die Behandlungsmethode sich wissenschaftlich und therapeutisch entwickelt, erweitert sich die Behandlungsmöglichkeit und damit die Möglichkeit, Tätertypen noch mehr zu diversifizieren und zu verkomplizieren.

Mit dem Fortschnitt der Gesellschaft vermindert sich die Tätergruppe aus Einteilung (2), umgekehrt vermehrt sich dieselbe von (1) und (3-2). Am Ende ist es die normative oder politische Entscheidung, ob wir die einfache Vergeltung ohne Präventionswirkung verabschieden sollen oder nicht.

Zumindest kann und soll man realisieren, dass der bisherige Tätertypus von den Heutigen abweicht. Der alte Tätertypus aus den neunziger Jahren des neunzehnten Jahrhunderts, insbesondere der schwere Kriminaltäter, war ein gewalttätiger, brutaler und hochgefährlicher Mann. Während der neunziger Jahre des neunzehnten Jahrhunderts wurde die „inclusive society“ zur „exclusive society“.

Der Unterschied zwischen Armen und Reichen hat sich ausgedehnt und ausgeweitet. Die Differenz zwischen Armut und Reichtum wurde größer und verfestigte sich. Heutzutage sind die meisten Täter in den Justizvollzugsanstalten schwach, arm und hoffnungsvoll.

4. Täterbild in der faktischen oder realen Welt

Im Jahr 2006 hat das Justizministerium an die Gefangenen in den Justizvollzugsanstalten die folgenden Fragebögen verschickt: a) Wie alt sind Sie? b) Wie oft waren Sie schon im Gefängnis? c) Wie hoch ist Ihr IQ? d) Sind Sie *Yakuza* (OrgKG)? e) Arbeiten Sie? f) Sind Sie verheiratet?

Teilgenommen an der Umfrage im Jahr 2006 haben die 33.032 neuen Insassen in den japanischen Justizvollzugsanstalten.

a) Wie alt sind Sie?

3.717 (11,3 %) sind 60 Jahre und älter, nur 796 (2,4 %) sind über 70.

b) Wie oft waren Sie schon im Gefängnis?

Ungefähr die Hälfte ist rückfällig geworden. 16.528 (50 %) der Insassen sind Rückfällige, dagegen sind 16.504 (50 %) Ersttäter.

c) Wie hoch ist Ihr IQ?

73,4 % der Ersttäter und 86 % der Rückfälligen haben einen IQ unter 90.

d) Sind Sie *Yakuza* (Verbrecher gem. dem OrgKG)?

7,3 % der Ersttäter und 17,8 % der Rückfälligen sind Mitglieder der *Yakuza*.

e) Arbeiten Sie?

60,1 % der Ersttäter und 70,1 % der Rückfälligen sind arbeitslos. Insbesondere bei wegen Diebstahls Inhaftierten sind 60,1 % der Ersttäter und 70,1 % der Rückfälligen arbeitslos.

f) Sind Sie verheiratet?

Nur 23,2 % der Ersttäter und 19,3 % der Rückfälligen waren zur Tatzeit verheiratet.

g) Sind Sie vorbestraft?

Von den 10.898 Sexualstraftätern sind nur 30 % vorbestraft, insgesamt stellt die Gruppe der Sexualstraftäter 5,1 % der Inhaftierten.

h) Sind Sie drogenabhängig?

Von den wegen Drogendelikten Inhaftierten (11.317) sind 55,7 % rückfällig geworden.

Das reale Menschenbild in den Justizvollzugsanstalten ist ein nicht junges, rückfällig wegen nicht schwerer Delikte gewordenes, nicht kluges Mitglied der *Yakuza,* das arbeitslos, nicht verheiratet, drogenabhängig usw. ist, d. h. ein schwacher, armer und einsamer Mann.

V. Die „Soziale Inklusion“ und Resozialisierung

1. Von der „Inklusiven“ zur „Exklusiven“ Gesellschaft

> „Der Übergang von der modernen zur spätmodernen Gesellschaft kann man als die Bewegung von der inklusiven zur exklusiven Gesellschaft sehen. Die Bewegung einer Gesellschaft, deren Akzent in der Assimilation und Inkorporation liegt, zur Gesellschaft, die trennt und exklusiert. Die Erosion der inklusiven Welt in der modernen Periode, die *Hobsbawm* als „The Golden Age“ (die goldene Ära) bezeichnet hat, involviert die Prozesse der Auflösung sowohl in der Gemeinschaftssphäre (die Entstehung des Individualismus) als auch im Arbeitsbereich (der Umbruch auf dem Arbeitsmarkt).“[16]

2. Die Ära der „Zuckerbrot-und-Peitsche-Politik“: – Die gute Sozialpolitik als die beste Kriminalpolitik –

Schon in der Ära der „Zuckerbrot-und-Peitsche-Politik“ hat *v. Liszt* die Sozialpolitik für wichtig gehalten. „Damit ist zugleich gesagt, dass eine auf Hebung

16 “The transition from modernity to late modernity can be seen as a movement from an inclusive to an exclusive society. That is from a society whose accent was on assimilation and incorporation to one that separates and excludes. This erosion of inclusive world of modernist period, what *Hobsbawm* calls ‘The Golden Age’, involved processes of disaggregation both in the sphere of community (the rise of individualism) and the sphere of work (transformation of the labour markets).” *Jock,* The Exclusive Society: Social Exclusion, Crime and Difference in Late Modenity, 1999, p. 7.

der gesamten Lage der arbeitenden Klassen ruhig, aber sicher abzielende Sozialpolitik zugleich auch die beste und wirksamste Kriminalpolitik darstellt."[17]

Am Ende hat er gesagt: Wir wollen nicht müde werden, an die Gesetzgebung des Deutschen Reiches den Appell zu richten: „Schutz für die verwahrlosende Jugend unserer arbeitenden Klassen!"[18]

Deshalb muss die Kriminalpolitik insbesondere den Armen und Jungen zuerst ein Zuckerbrot anbieten, danach soll die Peitsche „ultima ratio" sein.

3. *Lebach-Urteil des BVerfG – Strafvollzug im sozialen Rechtsstaat –*

In Deutschland hat das Bundesverfassungsgericht nach dem Zweiten Weltkrieg im Lebach-Urteil die Bedeutung der Sozialpolitik nicht nur für Täter, sondern auch für die Gesellschaft bestätigt.

„Als Träger der aus der Menschenwürde folgenden und ihren Schutz gewährleistenden Grundrechte muß der verurteilte Straftäter die Chance erhalten, sich nach Verbüßung seiner Strafe wieder in die Gemeinschaft einzuordnen. Vom Täter aus gesehen erwächst dieses Interesse an der Resozialisierung aus seinem Grundrecht aus Art. 2 Abs. 1 GG in Verbindung mit Art. 1 GG: Von der Gemeinschaft aus betrachtet verlangt das Sozialstaatsprinzip staatliche Vor- und Fürsorge."[19]

4. *Die Kriminalpolitik in der Ära des „Neo-Liberalismus": – Umkehr von Zuckerbrot und Peitsche –*

In der Ära des „Neo-Liberalismus" wurde der Arbeitsmarkt umstrukturiert, wodurch das Prinzip der Selbstverantwortlichkeit sich verbreitete. Einerseits soll der Gewinner Lust bekommen, dagegen soll andererseits der Verlierer Unlust erleiden. Obwohl der Täter, der dafür verantwortlich ist, als Verlierer Unlust erleiden soll, genießt er vielmehr Lust. Dagegen ist das Opfer dafür nicht verantwortlich, aber erleidet schwere und tiefe Unlust. Deswegen soll der Täter härter bestraft werden, um entsprechende Unlust zu verspüren.

Daneben hat der Niedergang des Wohlfahrtsstaats den Rückgang der Sozialpolitik und die Kürzung der Sozialleistungen mit sich gebracht.

Somit wird der Arme, der als schlecht, faul und gefährlich betracht wird, zuerst hart gepeitscht, danach wird ihm im Gefängnis Zuckerbrot gegeben. In der Periode des Neoliberalismus hat die Gesellschaft und der Staat der Bestrafung Vorrang eingeräumt, umgekehrt ist die Sozialpolitik zurückgegangen.

VI. Bilanz

Von Liszt war von 1879 bis 1882 als Strafrechtsprofessor an der Universität Gießen tätig, danach hat er 1882 beim Antrittsvortrag als Präsident der Universi-

---

17 *v. Liszt,* Das Verbrechen als sozial-pathologische Erscheinung, in: *ders.,* Vorträge und Aufsätze, Bd. II, S. 230 (S. 246).

18 *V. Liszt* (Fn. 17), S. 250.

19 BVerfGE 35, 203 (235 f).

tät Marburg behauptet, dass das Strafrecht, insbesondere die freiheitsentziehenden Maßnahmen, sich nicht nur an der absoluten Gerechtigkeit, sondern auch am Strafzweck orientieren müssen. Die neue Strafrechtswissenschaft muss die Sollens- und Seinswissenschaft, wozu die normativen und empirischen Wissenschaften gehören, mit einbeziehen. Der Zweckgedanke war in seiner Ansicht überlegen, dagegen herrschte der Rechts- oder Gesetzespositivismus über die klassische Strafrechtswissenschaft.

Ferner war für die arbeitenden Klassen die ruhig, aber sicher abzielende Sozialpolitik auch „die beste und wirksamste Kriminalpolitik“. Wenn die, an der Spezialprävention orientierte, Kriminalpolitik zur Vorbeugung der wirklichen Verbrechen am zweckmäßigsten wäre, wäre es sehr schwierig, die beste Politik in der dogmatischen Phase zu sehen. *V. Liszt* hat im Jahre 1893 in der Allgemeinen Versammlung der I.K.V. Folgendes gesagt: *„Das Strafrecht ist die unübersteigbare Schranke der Kriminalpolitik.“*[20]

Das war seine damalige Grenze im Allgemeinen. Zum Beispiel konnte er als Dogmatiker die Todesstrafe in seinem Lehrbuch nicht ableugnen. Als das Lehrbuch, das auch Text über die Todesstrafe enthielt, von *v. Liszt* zu *Schmidt* überliefert wurde, wurde es umgeschrieben.

Sollen wir angesichts der Insassen in den Justizvollzugsanstalten die normalistische Grenze übersteigen?

Meiner Meinung nach sollen wir als Wissenschafter sowohl aus dem teleologischen und empirischen Gesichtpunkt als auch aus dem ontologischen und verfassungsrechtlichen Gesichtspunkt eigene Meinungen vorschlagen.

„Wenn die Gesellschaft die Resozialisierung im Strafvollzug wirklich ernst nehmen würde und wenn damit auch die Menschenwürde und die Freiheitswerte höher geachtet würden, wäre die Abschaffung von Todes- und lebenslanger Freiheitsstrafe nicht aussichtslos.“[21]

Das heißt: *Der Erste Schritt vom Marburger zum Augsburger Programm!*

20 *V. Liszt,* in: *ders.,* Vorträge und Aufsätze, Bd. II, S. 75 (S. 80).

21 *Ishizuka,* Todesstrafe und lebenslanger Freiheitsstrafe in Japan: Zur utilitaristischen Basis ihrer Abschaffung, in: Journal of Law and Political Science, vol. 22, No. 1, 1994, S. 147 (S. 148).

Die Resozialisierungsfunktion der Strafe

Hans-Ludwig Schreiber

Die überlieferte, lange vorherrschende Funktion der Strafe ist die Vergeltung, ein Übel, das dem Täter wegen seiner schuldhaften Tat von Rechts wegen auferlegt wird.[1] Die Strafe folgt der Tat, will mit der Zufügung des Strafübels (malum passionis propter malum actionis) einen Ausgleich der geschehenen Rechtsverletzung erreichen.

Die überlieferte Sinngebung der Strafe war von alters her die negative Reaktion auf die böse Tat, die Vergeltung, ohne sich darin zu erschöpfen. Heute findet sich diese Sinngebung noch im geltenden Recht. Nach § 46 Abs. 1 S. 1 StGB ist die Schuld des Täters Grundlage für die Zumessung der Strafe. Malum quia pecatum est, malum passionis propter malum actionis.

In der Frühzeit war die Strafe verbunden mit der magischen Wiederherstellung der gestörten Ordnung. Ihrem Wesen nach bleibt Strafe Vergeltung durch Zufügung eines Übels. Davon ist heute noch viel an Gedanken und der Funktion der Strafe enthalten.[2] Bis heute liegt ein wesentliches Element der Strafe in der staatlichen Missbilligung. Die begangene Tat bestimmt nach der Vergeltungsidee Grund und Maß der Strafe.[3]

Die Strafe dient aber zunehmend auch der Vorbeugung (ne peccetur). Diese Vorbeugung gilt im doppelten Sinne. Einmal im Sinne der Generalprävention, der Vorbeugung im negativen Sinne, der Abschreckung. Hierzu gehört die Einwirkung auf die Allgemeinheit, die erfolgt durch Abschreckung und Androhung eines Zwanges und dadurch bewirkte Abschreckung. Im weiteren Sinne dient die Strafe der Vorbeugung im positiven Sinne der Stärkung des Rechtsbewusstseins, des freiwilligen Rechtsgehorsams.

Neben der Generalprävention, dem Rechtsgehorsam der Gesamtheit dient Strafe auch der sogenannten Spezialprävention der Verbrechensverhütung durch Einwirkung auf den Einzelnen, den individuellen, potentiellen Täter. Er soll durch die Strafdrohung von künftigen Taten abgehalten werden. Das geschieht durch die Androhung und den Vollzug der Strafe, durch Erziehung und Resozialisierung, durch Einwirkung auf den Täter selbst. Wie es heute in § 2 des Strafvollzugsgesetzes heißt: „Im Vollzug der Freiheitsstrafe soll der Gefangene befähigt werden, künftig in sozialer Verantwortung ein Leben ohne Straftaten zu führen."

Das Behandlungsstrafrecht, die Spezialprävention und damit die Resozialisierung trat in den Vordergrund, wirkt sie doch als etwas Positives, sie soll bessern. Der BGH hat die Spezialprävention aufgenommen, erscheint es doch ver-

1 *Maurach/Zipf,* Strafrecht Allgemeiner Teil, Bd. I, 8. Auflage (1992), S. 76.

2 Vgl. BVerfGE 22, 130 (132).

3 *Jescheck/Weigend,* Lehrbuch des Strafrechts, Allgemeiner Teil, 5. Auflage (1996), S. 67.

nünftig, Besserung zu bewirken, auf künftig Besseres hinzuwirken. Die Strafe hat, so der BGH,[4] nicht die Aufgabe, Schuldausgleich um seiner selbst willen zu üben, sondern sie ist nur gerechtfertigt, wenn sie sich zugleich als notwendiges Mittel zur Erfüllung der präventiven Schutzaufgabe des Strafrechtes erweist.

Die Resozialisierungsaufgabe der Strafe ist in den Vordergrund getreten, erscheint es doch sinnvoll, nicht vergeltend wegzusperren, sondern künftige Taten zu verhindern, eine positive Funktion der Strafe, die Individualprävention.

Roxin[5] hat demgegenüber festgestellt, dass sich in der internationalen Kriminalpolitik vielfach eine Abkehr vom vorher dominierenden Resozialisierungsgedanken etwa seit 1975 wieder hin zur Vergeltungstheorie und zur Generalprävention finden lässt, „Neoklassizismus“ habe in Amerika und Skandinavien Einfluss erlangt. Die Generalprävention hat gegenüber der Spezialprävention zunehmend wieder Einfluss gewonnen. In der Tat sei die Hypothese, dass die staatliche Bestrafungspraxis eine wesentliche Rolle spiele, kaum falsifizierbar.[6] Andererseits weist das Prinzip der Generalprävention erhebliche theoretische und praktische Mängel auf. Während die Resozialisierung wenigstens auch dem Verurteilten helfen solle, belaste die Bestrafung aus generalpräventiven Gründen den Täter um der Allgemeinheit willen erheblich.

Vorherrschend sind vergeltende Vereinigungstheorien, jedenfalls in der Rechtsprechung. Sie sehen die Vergeltung, die Spezial- und die Generalprävention als nebeneinander zu verfolgende Strafzwecke an, die Resozialisierung gehört dazu.

Die Resozialisierungsfunktion der Strafe ist eine ihrer Aufgaben. In der Rechtsprechung treten Vergeltung, Generalprävention und Spezialprävention nebeneinander. Vergeltung, Spezial- und Generalprävention werden zunehmend als gleichrangige Strafzwecke behandelt. Man geht davon aus, dass keine der Straftheorien von Gesetzes wegen vorgeschrieben oder verboten sei, so dass, wie es bei *Roxin* heißt, gewissermaßen nach Bedarf, dieser oder auch jener Strafzweck in den Vordergrund gerückt werden dürfe. Als repräsentativ kann die Stellungnahme des Bundesverfassungsgerichts gelten:[7] „Das Bundesverfassungsgericht hat sich wiederholt mit Sinn und Zweck des staatlichen Strafens befasst, ohne zu den in der Wissenschaft vertretenen Straftheorien grundsätzlich Stellung zu nehmen …“. Es hat als allgemeine Aufgabe des Strafrechts bezeichnet, die elementaren Werte des Gemeinschaftslebens zu schützen, Schuldausgleich, Prävention, Resozialisierung des Täters, Sühne und Vergeltung für begangenes Unrecht werden als Aspekte einer angemessenen Strafsanktion be-

---

4 BGHSt 24, 40 (42).

5 *Roxin*, Strafrecht, Allgemeiner Teil, Bd. I, 4. Auflage (2006), S. 77.

6 *Roxin* (Fn. 5), S. 81.

7 BVerfGE 45, 187 (253 f.).

zeichnet. Die Kriminalstrafe habe – unbeschadet ihrer Aufgabe abzuschrecken und zu resozialisieren – Vergeltung für begangenes Unrecht zu sein.[8]

Mir scheint es eine Überhöhung zu sein, wenn *Roxin* von einer präventiven dialektischen Vereinigungstheorie spricht, in der die überlieferten Theorien mit ihren antithetischen Zielsetzungen zu einer Synthese verarbeitet würden.[9] *Roxin* versucht den Vergeltungsgedanken aus seiner Vereinigungstheorie herauszudrängen. Das gelingt ihm nur, indem er die Vergeltung durch eine notwendige Generalprävention ersetzt.[10]

Strafe bleibt ein Übel, ihre Funktion soll aber sein, so viel Prävention wie möglich aufzunehmen und die reine Vergeltung soweit wie möglich in den Hintergrund zu drängen. So wird vielfach versucht, der Strafe soviel Resozialisierung wie möglich zukommen zu lassen und das Prinzip der Schuld eigentlich nur noch als Begrenzungsfaktor der Strafe anzusehen. Die Schuld ist jedenfalls Begrenzung der Strafe. Strafe soll soweit wie möglich der Resozialisierung dienen. Die Versuche, die Schuld ganz aus der Strafe herauszunehmen, sind bisher misslungen. Sie lassen sich auch mit der gesetzlichen Grundlage der Strafe nicht vereinbaren. Die Strafe wird in ihrer Höhe durch das Maß der Schuld begrenzt (§ 46 StGB). Sie darf das Maß der Schuld aber unterschreiten, soweit spezialpräventive Bedürfnisse dies notwendig machen. Vorherrschend sind General- und Spezialprävention. Dabei werden Strafgrenzen durch Spezial- und Generalprävention bezeichnet. Strafe hat danach, wie *Jakobs* formuliert, eine präventive Aufgabe.[11] Strafe belastet, so *Jakobs,* das Norm brechende Verhalten mit Krisenfolgen und erhöht deshalb die Chance, dass dieses Verhalten auch nicht gelernt wird. Als Folge – sekundär sagt *Jakobs* – beeinflusst die Strafe den Betroffenen und dritte Personen so, dass sie von künftigen Taten ablassen. Wir kommen von einer Vereinigungstheorie nicht ab.

---

8 BVerfGE 39, 1 (57).

9 *Roxin* (Fn. 5), S. 85.

10 *Roxin* (Fn. 5), S. 88.

11 *Jakobs,* Strafrecht, Allgemeiner Teil, 2. Auflage (1991), S. 13.

Sicherheitsstrafrecht und Feindstrafrecht als strafrechtstheoretisches Modell in Deutschland und Japan*

Sudo Hyon

A. Einführung

Der vorliegende Aufsatz versucht das Sicherheitsstrafrecht in Japan und Deutschland rechtsvergleichend zu untersuchen. Gegenstand der Prüfung ist in Deutschland das Feindstrafrecht und in Japan das Chian-Strafrecht. Im Folgenden werde ich beide zunächst kurz darstellen, bevor ich sie in einem dritten Schritt untersuchen werde.

B. Konzeption von Bürgerstrafrecht und Feindstrafrecht bei *Jakobs*

Der Begriff Feindstrafrecht geht auf die Strafgesetzgebungsanalysen von *Günther Jakobs* zurück.[1] Nachdem er das Feindstrafrecht anfangs kritisch betrachtet hatte, befürwortet er inzwischen dessen Legitimierung.

Um *Jakobs'* Konzept eines Feindstrafrechts richtig zu verstehen, muss man sich zunächst mit seinem Konzept von Bürgerstrafrecht auseinandersetzen. Denn dieses ist der Ausgangspunkt seiner Konzeption von Feindstrafrecht; in Bezug auf das Bürgerstrafrecht begründet er sein Modell eines Feindstrafrechts.

I. Bürgerstrafrecht

Nach *Jakobs* besteht der Sinn und Zweck des Bürgerstrafrechts nicht im Rechtsgüterschutz, sondern vielmehr in der Erhaltung der Rechtsgeltung.[2]

Das Verbrechen bedeutet im Konzept dieses Bürgerstrafrechts eine Desavouierung der Norm, einen Angriff auf ihre Geltung. Die Strafe tritt dem entgegen, indem sie die normkritische Behauptung des Täters für unmaßgeblich erklärt und deutlich macht, dass die Norm unverändert fort gilt, die Gestalt der Gesellschaft also erhalten bleibt.[3]

---

* Ich danke Dr. Maria Karger, Referendarin am Landgericht Lübeck und wissenschaftliche Mitarbeiterin am Lehrstuhl für Bürgerliches Recht, Europäisches und Unternationales Privatrecht an der Bucerius Law School in Hamburg für ihre große Hilfe bei der Übersetzung dieses Beitrags ins Deutsche. Weiterhin danke ich Dr. Yukako Sagawa und Herrn Yuto Nakamura für die wertvolle Hilfe.

1 *Jakobs,* Kriminalisierung im Vorfeld einer Rechtsgutsverletzung, ZStW 97 (1985), 751 ff.

2 *Jakobs,* Bürgerstrafrecht und Feindstrafrecht, HRRS 2004, 88 (90).

3 *Jakobs* (Fn. 2), 88.

Jakobs macht das Bürgerstrafrecht also von zwei Bedingungen abhängig: einerseits der Rechtsgeltung, anderseits der Person.[4]

1. Rechtsgeltung

Das Bürgerstrafrecht im Sinne von *Jakobs* setzt erstens voraus, dass in einer Gesellschaft bereits Rechtsnormen gelten und praktiziert werden. Normgeltung in diesem Sinne bedeutet also eine kognitive Untermauerung, mit anderen Worten das allgemeine Bewusstsein, dass andere Mitglieder der Gesellschaft diese Normen befolgen.[5]

Dabei kann diese kognitive Untermauerung meines Erachtens in zweifacher Hinsicht gewährleistet werden: Einerseits durch objektive bzw. wirkliche Sicherheit, andererseits durch intersubjektive Sicherheit. Um Rechtsnormen in der Gesellschaft zur Geltung zu bringen, muss objektive (also faktische) Sicherheit in der Gesellschaft garantiert werden. Widrigenfalls kann es keine zu bestätigenden Normen in einer Gesellschaft geben, und man kann nicht nach Normen handeln.

Nach *Jakobs* aber kann die Garantie der objektiven oder wirklichen Sicherheit alleine nicht genügen, um den Rechtsnormen Geltung zu verschaffen. Denn die Mitglieder einer Gesellschaft werden auch bei Garantie der objektiven bzw. wirklichen Sicherheit die geltenden Normen dann nicht befolgen, wenn zu erwarten ist, dass die meisten anderen in der Gesellschaft ebenfalls nicht nach diesen Normen handeln. *Jakobs* meint also, dass Normgeltung in einer Gesellschaft nicht nur objektives Befolgen, sondern darüber hinaus auch intersubjektives Vertrauen darauf voraussetzt, dass die anderen Mitglieder der Gesellschaft nach diesen Normen handeln werden.

2. Person

Da Voraussetzung für die Normgeltung also intersubjektives Vertrauen ist, setzt Bürgerstrafrecht im *Jakobschen* Sinne zugleich voraus, dass die Normadressaten zu Normerkenntnis und Normbefolgung überhaupt in der Lage sein müssen. Denn nur wer die Norm als solche erkennen und demgemäß handeln kann, kann sie überhaupt desavouieren. Eine abstrakte Normbefolgungsfähigkeit lässt Jakobs für sein Konzept von Bürgerstrafrecht noch nicht genügen: Ihm zufolge bedarf es darüber hinaus noch einer weiteren Voraussetzung, nämlich grundsätzlicher Normbefolgungsbereitschaft. Nur wer beides aufweist, ist nach *Jakobs* Person im rechtlichen Sinne. Neben der Normbefolgungsfähigkeit bedarf es also auch eines personalen Verhaltens, das bei den Mitbürgern den Eindruck kogniti-

---

4 *Jakobs,* Feindstrafrecht? - Eine Untersuchung zu den Bedingungen von Rechtlichkeit, HRRS 2006, 290.

5 *Jakobs* (Fn. 2), 91; *ders.* (Fn. 4), 291 f.

ver Sicherheit erzeugt.[6] Hierin sieht *Jakobs* eine elementare Bringschuld aller Bürger.[7]

II. Feindstrafrecht

Wie oben erläutert, ist das Bürgerstrafrecht nach *Jakobs* objektiv von zwei Bedingungen abhängig, nämlich der Person einerseits und der Rechtsgeltung andererseits, wobei es einer kognitiven Untermauerung der Rechtsgeltung bedarf. Nur wenn beide Voraussetzungen erfüllt sind, kann das Bürgerstrafrecht nach *Jakobs* funktionieren.

Das Bürgerstrafrecht aber stößt an seine Grenzen, wenn seine Voraussetzungen selbst gefährdet sind. In diesen Fällen bedarf es nach *Jakobs* anderer Mittel, um zu reagieren. Bei diesen Maßnahmen handelt es sich nach *Jakobs* um das Feindstrafrecht.

Ziel des Feindstrafrechts nach *Jakobs* ist es, Gefahren zu bekämpfen und Sicherheit zu gewährleisten. Es ist durch folgende Aspekte gekennzeichnet:[8]

1. Vorverlagerung der Strafbarkeit
2. keine der Vorverlagerung proportionale Reduktion der Strafe
3. Übergang von der Strafrechtsgesetzgebung zur Bekämpfungsgesetzgebung
4. Abbau prozessualer Garantien

Das Verbrechen ist nach *Jakobs*scher Theorie für die Gesellschaft als eine Gefahr zu begreifen, die zur Abwehr die Strafe als Mittel heranziehen muss.

Wer aber ist der Adressat des Feindstrafrechts? Mit anderen Worten: Wer ist der „Feind“? Nach Jakobs soll dies derjenige sein, der sich dauerhaft vom Recht abgewandt hat und damit nicht mehr die kognitive Mindestgarantie dafür bietet, sich als Person und damit als tauglicher Adressat des Bürgerstrafrechts zu verhalten.[9]

Worauf aber führt Jakobs diese besondere Behandlung bestimmter Verbrecher als „Feinde“ zurück? Nach Jakobs soll derjenige, der seine Bringschuld in einer freiheitlichen Gesellschaft nicht leiste, selbst sein „Hineinkommen“ in diese verhindern.[10] Der „Feind“ selbst lehne das Rechtsband ab, das ihm die Bürgerrechte gewähren würde. Der Staat aber dürfe diesen „Feind“ nicht mehr als Person behandeln, weil ansonsten das Recht auf Sicherheit der anderen Personen verletzt werden würde.[11]

---

6 *Jakobs*, Das Selbstverständnis der Strafrechtswissenschaft vor den Herausforderungen der Gegenwart, in : Eser/Hassemer/Burkhardt (Hrsg.), Die deutsche Strafrechtswissenschaft vor der Jahrtausendwende, 2000, S. 51.

7 *Jakob,* (Fn. 4), 293.

8 *Jakobs* (Fn. 6), S. 51 f.

9 *Jakobs* (Fn. 6), S. 52.

10 *Jakobs* (Fn. 4), 293 f.

11 *Jakobs,* Terroristen als Personen im Recht, ZStW 117 (2005), 846 ff.

Selbst wenn man ein solches Feindstrafrecht für legitim erachten würde, stellt sich jedoch die Frage nach seinen Grenzen: Nach *Jakobs* ist das Feindstrafrecht auf das *unbedingt Erforderliche* zu beschränken.[12]

III. Der Zusammenhang von Bürgerstrafrecht und Feindstrafrecht

Die Person und das an die Person anknüpfende Bürgerstrafrecht stehen im Mittelpunkt der *Jakobs*schen Konzeption.

Dem Bürgerstrafrecht liegt die Logik des Subjekts zugrunde. Damit ist gemeint, dass das Bürgerstrafrecht von der Person als vernünftigem und autonomem Subjekt ausgeht und diesem Subjekt soviel Freiheit oder Privatraum gewährleistet, als die Interessen anderer Subjekte nicht gefährdet oder beeinträchtigt werden.[13] Diese dem Bürgerstrafrecht zugrunde liegende Logik des Subjekts beschränkt zugleich die Ausdehnung des Strafrechts.

Dem Feindstrafrecht hingegen liegt die Logik der Sorge zugrunde. Das bedeutet, dass man als gefährlich eingeschätzte Ereignisse voraussieht und die damit einhergehenden Risiken ex ante beseitigt. Anders als das Bürgerstrafrecht gewährleistet das Feindstrafrecht dem Feind also nicht den der Person garantierten Freiheitsraum – denn von ihm ist ohnehin nicht zu erwarten, dass er sich in dessen Rahmen normgemäß verhalten wird. Vielmehr soll das Feindstrafrecht sogar möglichst in den Feindraum eingreifen, um dort effektiv zu wirken.[14] Die Legitimierungslogik dieses Konzepts ist die Logik der Sorge, die darauf abzielt, Sicherheit zu garantieren.

IV. Zwischenbilanz

Jakobs hat die Konzeption dieses Feindstrafrechts durch deskriptive Analyse des geltenden Rechts entwickelt. Die Bedeutung dieser deskriptiven Analyse liegt meines Erachtens darin, dass sie es ermöglicht, Strafgesetze, die man nach bisherigen Rechtsgrundsätzen wie Tatprinzip oder Schuldprinzip nicht erklären kann, als Feindstrafrecht zu qualifizieren und das dahinter stehende Prinzip aufzuzeigen.

Wie ist dieser Ansatz *Jakobs*' nun aber einzuschätzen? Dabei denke ich, gilt es zu differenzieren; einerseits ist nach der Gültigkeit der Deskription selbst zu fragen, andererseits nach der Notwendigkeit oder Legitimität des Konzepts „Feindstrafrecht". Ich meine, dass *Jakobs* mit dem Konzept vom Feindstrafrecht ein zutreffendes Erklärungsmodell für neuere Ansätze der Strafgesetzgebung entwickelt hat. Zweifel habe ich allerdings an der Legitimität dieses Ansatzes.

Bevor ich dies näher ausführe, möchte ich Ihnen zunächst einen Überblick über das japanische so genannte Sicherheitsstrafrecht *(Chian-Strafrecht)* geben.

---

12 *Jakobs* (Fn. 4), 296 f.

13 *Jakobs* (Fn. 2), 92.

14 *Jakobs* (Fn. 2), 92.

C. Sicherheitsstrafrecht in Japan

I. Jüngere Strafrechtsgesetzgebungen in Japan

In Japan sind in den letzten Jahren zahlreiche Straftatbestände in ihrem Anwendungsbereich erweitert und in ihrer Strafdrohung erhöht worden. Als Beispiele möchte ich hierfür anführen: die Fälschung elektromagnetischer Zahlungsmittel, gefährliches Fahren mit Todes- oder Körperverletzungsfolge, gemeinschaftliche Vergewaltigung, Drogendelikte, organisierte Kriminalität, Gewalt gegenüber Frauen und Kindern, Stalking usw.

II. Das Chian-Strafrecht

Dabei handelt es sich um Ausprägungen des so genannten *Chian-Strafrechts*, das im Laufe der Zeit wesentliche inhaltliche Veränderungen erfahren hat. Traditionell wird das *Chian-Strafrecht* wie folgt bestimmt: Chian im engeren Sinn bedeutet die Erhaltung der politischen Ordnung, nach der die herrschende Schicht verlangt. Konkret würde es so aussehen, dass die herrschende Schicht mittels des *Chian-Strafrechts* eine Gegenbewegung, die ins Leben gerufen wurde, um ihre partiellen Interessen vor das allgemeine Interesse zu stellen, unterdrückt und die von ihr verlangte Ordnung wiederherstellt.[15] Das *Chian-Strafrecht* ist folglich ein Strafrecht, das diesem Zweck dient.

Seine Kennzeichen sind:

1. Das *Chian-Strafrecht* hat den Zweck, den Widerstand der Staatsbürger zu unterdrücken, um die Politik der Regierung zu verwirklichen und das herrschende System zu bewahren und zu verstärken. Das *Chian-Strafrecht* ist daher geprägt von einer binominalen Gegenüberstellungsform, nämlich von herrschendem System und seinen Feinden.
2. *Chian-Strafrecht* dient der politischen Prävention.
3. Entscheidend für die Strafbarkeit nach dem *Chian-Strafrecht* ist die subjektive oder sogar gedankliche Gefährlichkeit des Täters.
4. Tatbestände im *Chian-Strafrecht* sind unbestimmt.

Miyauchi hat darauf hingewiesen, dass dieses traditionelle *Chian-Strafrecht* in wesentlichen Grundzügen dem Täterstrafrecht entspricht.[16] Wegen seiner Vernachlässigung des Tatschuldprinzips ergeben sich somit Widersprüche zwischen *Chian-Strafrecht* und Bürgerstrafrecht.

Im Folgenden werde ich zunächst dieses traditionelle *Chian-Strafrecht* abhandeln und Ihnen dann einen Überblick über die Entwicklung des japanischen *Chian-Strafrechts* seit dem Zweiten Weltkrieg geben, sodann werde ich auf das Wesen des modernen heutigen Chian-Strafrechts eingehen.

---

15 *Maeno,* Politische Gewalt und Möglichkeit eines neuen Polizeistaats, Hanzai to Keibatsu 16, S. 62.

16 *Miyauchi,* Die grundlegende Charakter der Chiangesetzgebungen nach dem Krieg, 1960, S. 2 f.

Ursprünglich standen sowohl die *Chian-Organisationen* als auch das *Chian-Strafrecht* unter dem Regime des Kaisers (Tennō). Beides wurde nach dem Ende des Zweiten Weltkriegs grundsätzlich durch die Besatzungsarmee aufgelöst und abgeschafft, um einer neuen Demokratisierungspolitik Raum zu schaffen.

Die Entwicklungen der allgemeinen politischen Weltlage führten jedoch dazu, dass die von den USA betriebene Demokratisierungspolitik in Japan sich zunächst zu einer Politik eines Militärstützpunkts gegen den Kommunismus entwickelte. Dies führte zum Entstehen neuen politischen Chian-Strafrechts.

Beispiele hierfür waren die so genannten „Jourei", also Gemeindeordnungen, welche die Kontrolle von Demonstrationen und Versammlungen bezweckten, sowie die Regierungsverordnung zum Verbot der Bildung bestimmter Vereinigungen.

Nach Abschluss des San Fransisco-Friedensvertrags wurden die Chian-Strafrechte unter der Besatzung zu den Chian-Strafrechten unter dem japanisch-amerikanischen Sicherheitspakt reorganisiert. Dabei war der harte Kern der Chian-Strafrechte das Gesetz zur Prävention von Zerstörungstätigkeit (1952).

Dieses Gesetz bestimmte Beschränkungen der Vereinigungstätigkeit und sah Auflösungsmaßnahmen gegen solche Vereinigungen vor, welche ihre Vereinigungstätigkeit in einer Zerstörungstätigkeit sahen. Ferner wurden besonders die Anstiftung zum Friedenverrat oder Hochverrat und dessen Aufstachelung bestraft.[17]

Die binominale Gegenüberstellungsform der Chian-Strafrechte zu dieser Zeit bestand in dem Dualismus zwischen der Besatzungsarmee und ihren politischen Feinden.

In den sechziger Jahren ergaben sich infolge bürgerlicher Protestbewegungen Schwierigkeiten sowohl bei der Festsetzung neuen politischen Chian-Strafrechts als auch bei der Anwendung der geltenden Bestimmungen.[18] Der Staat behalf sich infolgedessen mit Maßnahmen, die zuerst *Nakayama* als funktionales Chian-Strafrecht bezeichnete. Damit bezog er sich auf diejenigen Gesetze, die scheinbar die Bewahrung der bürgerlichen Lebensordnung usw. bezweckten, in Wirklichkeit aber dem Staat zur Kontrolle des Widerstands gegen die politische Ordnung dienten.[19] Beispiele hierfür sind das Gesetz zur Prävention des Belästigungsverhaltens wegen Trunkenheit (1961), die Gemeinderegelungen zur Prävention des Belästigungsverhaltens (seit 1962) und die Gemeinderegelungen zum Jugendschutz (1960). Auch dieses so genannte funktionale

---

17 *Odanaka*, Die grundlegende Aufgabe und Methode der demokratische Strafrechtswissenschaft, in: Idota u.a. (Hrsg.), FS Tetsuo Takezawa,1998, S. 14 ff., *Ikuta,* Chiangesetze und Polizei in Japan, Ritsumeikanhogaku 292, S. 67.

18 *Uchida,* Die Bedeutung und Methode der Geschichtsforschung in der Strafrechtswissenschaft, 1997, S. 44.

19 *Nakayama,* Die gegenwärtige Gesellschaft und Chiangeseze, 1970, S. 12, S. 146 ff.

Chian-Strafrecht war gekennzeichnet durch die Vorverlagerung von Straftatbeständen sowie durch ihre Unbestimmtheit.

Vor dieser Lage in den sechziger Jahren wies *Hirano* in seinem Aufsatz von 1965 darauf hin, dass man die bürgerliche Sicherheit in kommender Gesellschaft wünschen werde und man folglich das Strafrecht etwas aktiver gebrauchen dürfe. Das heißt, nach *Hirano* konnte der Staat aus folgenden Gründen Bedürfnisse nach bürgerlicher Sicherheit nicht außer Acht lassen:

1. Der Zweck des Strafrechts besteht im Schutz des bürgerlichen Lebens,
2. mit zunehmender Verstädterung verliert regionale Kontrollmacht an Bedeutung,
3. Schadenssensibilität nimmt bei stabiler oder besserer Lebensgestaltung zu.

Hirano folgerte daraus, dass der Staat mehr als bisher auf strafrechtliche Maßnahmen zurückgreifen dürfe.[20] Diese Hinweise waren richtig für die kommende japanische Gesellschaft

Zum Beispiel wies der Polizeibericht "Polizei in den 70er-Jahren" auf Risiken für die nationale Sicherheit hin, die auf eine Schwächung des Norm- und Solidaritätsbewusstseins bei gleichzeitigem Anstieg des allgemeinen Egoismus zurückzuführen sei. Dort wurde als Gegenmaßnahme die Community Relations Strategy aufgezeigt, nach der die Polizei einen engen Zusammenhang zwischen Staatsbürgern und Polizei herstellte, sich eng mit den Regionen verband und Wünschen des Staatsbürgers nachkam. Es kam infolgedessen durch Anwendung dieser Community Relations Strategy zu verstärkter Teilnahme der Polizeimacht am bürgerlichen Leben.

Auch in der Strafgesetzgebung wurden mit Blick auf das Ziel der bürgerlichen Sicherheit neue Gesetze erlassen, um eine unspezifische Anzahl von Personen vor Schaden zu bewahren; Beispiele sind hier das Gesetz zur Bestrafung von Umweltschäden, Nebenstrafgesetze für Verbraucherschutz u.v.a.[21]

Diese Notwendigkeit der Ausdehnung der Strafgesetzgebung erklärte Shibahara wie folgt: Ein traditionelles Strafrecht, das vernünftige Person voraussetze, sei für die Bewahrung der bürgerlichen Sicherheit unbefriedigend. Um effektiven Schutz zu gewährleisten, sei es unter Umständen vielmehr notwendig, bereits vor Schadenseintritt strafrechtlich einzugreifen und damit unter bestimmten Umständen Bürger als Schutzobjekte zu behandeln.[22] Auch hier wurde die Ausdehnung des Strafrechts also mit der Logik der Sorge begründet – eine Parallele zum oben dargestellten Feindstrafrecht.

Uchida vermutet hier den Übergang zwischen funktionalem und bürgerlichem Chian-Strafrecht. Den Zweck bürgerlichen Chian-Strafrechts sieht Uchida

20 *Hirano,* Die Funktion des Strafrechts in der Gegenwart, in: Hirano u.a. (Hrsg.), Modernes Recht und Strafe, 1965, S. 25 f.

21 *Odanaka* (Fn. 17), S. 17 ff.

22 *Shibahara,* Die gegenwärtige Gesellschaft und Strafrecht, Jurist 852, 18 f.

darin, die Strafgewalt unter dem Vorwand bürgerlichen Lebensschutzes bis in den bürgerlichen Privatbereich hinein auszudehnen.[23]

Mit dem Übergang der 60er in die siebziger Jahre wandelte sich tatsächlich der im Sinne des herrschenden Systems zu schützende Gegenstand des Chian-Strafrechts von politischer Ordnung zu bürgerlicher Ordnung um. Die binominale Gegenüberstellung bestand nun zwischen den Vertretern der bürgerlichen Sicherheit und denen, die sie bedrohten. Auf diese Weise wurde der zu schützende Gegenstand als bürgerliche Sicherheit aufgefasst, und ihre Feinde als diejenigen, die diese Sicherheit bedrohten. Dies führte zu einer Ausdehnung des Gegenstands des Strafrechts.

In diesem Zusammenhang ist allerdings zu beachten, dass der Umfang der zu gewährleistenden bürgerlichen Sicherheit vom Staat bestimmt wird. Die Legitimierung von Strafrecht mit dem Ziel, bürgerliche Sicherheit zu gewährleisten, lässt sich also wiederum als Logik der Sorge beschreiben. Ausgehend von diesem neuen Erklärungsmodell dehnte sich das japanische Strafrecht weiter aus.

In den 80er Jahren kamen dem Chian-Strafrecht weiterhin die in den siebziger Jahren bestimmten Aufgaben zu. Darüber hinaus wurde es um neue Aspekte ergänzt, die durch weiteren sozialen Wandel, insbesondere Internationalisierung, an Bedeutung gewannen. Bemerkenswert ist hier vor allem die vom Ausland angeregte japanische Anti-Drogen-Strafgesetzgebung in der zweiten Hälfte der achtziger Jahre.[24]

Auf diese Weise entstand mit der internationalen Ordnung neben der bürgerlichen Sicherheit ein weiterer Schutzgegenstand des Chian-Strafrechts.

In den 90er Jahren wurden die Sicherheitsstrafgesetzgebung weiter angeregt durch den Giftgasanschlag auf die Tokioter U-Bahn (Oumfall), durch einen von einem Vierzehnjährigen begangenen Mord und eine zuvor nicht gekannte Mobilisierung von Opfern und ihren Angehörigen, die in der Bevölkerung allgemeine Unterstützung fand. Große Akzeptanz fanden Terrorgegenmaßnahmen nach dem Oumfall vor allem auch wegen eines gesteigerten Unsicherheitsgefühls der Bevölkerung infolge der rapide entwickelten Verstädterung.[25] Großen Einfluss auf die Strafgesetzgebung der 90er Jahre übte außerdem die Vereinigung der Opfer besonders grausamer und brutaler Verbrechen aus.[26]

Infolge dieser Entwicklungen wurden neue Delikte wie das gefährliche Fahren mit Todes- oder Körperverletzungsfolge neu eingeführt und die Freiheits-

---

23 *Uchida,* Die Forschung der moderne Strafrechtsgeschichte in Japan nach dem Krieg (4), Kobegakuinhogaku Bd. 10 Heft 3, S. 7.

24 *Ikuta* (Fn.17), S. 65 f.

25 *Murai,* Ein Essay von Terrorgegenmaßnahmen und härterer Strafe, FS Ikuzo Maeno, 2008, S. 321 f.

26 *Miyazawa,* Will Penal Populism in Japan Decline? in: Globalized Penal Populism and its Countermeasures, 2009, S. 183 f.

strafrahmen für weitere Delikte erhöht. Hamai weist darauf hin, dass die japanische Strafgesetzgebung in den letzten Jahren häufig von Bürgerbewegungen und öffentlicher Meinung beeinflusst worden sei.[27]

Diese Tendenzen der 90er-Jahre hielten weiter an und verstärkten sich weiter durch die Terroranschläge des 11. September 2001. Veranlasst von internationalen Maßnahmen gegen den Terrorismus und dem Unsicherheitsgefühl der eigenen Bevölkerung nahmen die Strafgesetzgebungsaktivitäten noch mehr zu.

Seit den neunziger Jahren stehen sich im *Chian-Strafrecht* somit die bürgerliche Sicherheit und die internationale Ordnung auf der einen Seite und ihre Bedroher auf der anderen Seite gegenüber. Neuartig hieran ist jedoch, dass diese heutige bürgerliche Sicherheit diejenige Sicherheit ist, welche die Opfervereinigung und die sie unterstützende öffentliche Meinung verlangen, also eine von unten geforderte Sicherheit. Damit wandelte sich der Sinn des Feindes und der Strafe: Auch hier liegt der Ausdehnung der Strafgewalt die Logik der Sorge zugrunde, doch zielt diese Sorge nicht mehr auf den Schutz bestimmter Personen oder Bereiche ab: Ziel ist vielmehr die Bekämpfung derjenigen, die die Gesellschaft als Fremde wahrnimmt. Denn die Äußerungen der Bürgerbewegungen und der öffentlichen Meinung basieren darauf, dass das starke Mitgefühl mit den Opfern und seinen Angehörigen einhergeht mit einem Bewusstsein, das den Verbrecher als fremden Mensch wahrnimmt, dessen Zugehörigkeit zur Gesellschaft nicht weiter geduldet werden kann. Vor diesem Hintergrund dient Strafe also zur Bekämpfung des Feindes der Gesellschaft. Auffallend ist in diesem Zusammenhang vor allem auch die Tendenz zu ausgedehnter Kriminalisierung und härteren Strafen.

III. Zwischenbilanz

Wie oben dargestellt war es Zweck des traditionellen *Chian-Strafrechts,* die politische Ordnung um der herrschenden Systemerhaltung willen zu bewahren. Danach wandelte sich der zu schützende Gegenstand mit sozialer Wandlung nicht in die Bewahrung der politischen Ordnung selbst, sondern in die Bewahrung der bürgerlichen Sicherheit und internationalen Ordnung. Damit dehnte sich das Strafrecht aus. Allerdings konnte die Ausdehnung des Strafrechts aufgrund des Präventionsprinzips die bürgerliche Freiheit oder das Menschenrecht durch willkürliche Anwendung des Staats unterdrücken oder einschränken.

Das *Chian-Strafrecht* stellte also das herrschende System selbst oder soziale Sicherheit über die bürgerliche Freiheit und die Menschenrechte, weshalb diese unterdrückt oder eingeschränkt wurden. Dieses traditionelle *Chian-Strafrecht* erlaubte es, einem bestimmten Vorhaben des Staates entsprechend willkürlich angewendet zu werden. Dieses *Chian-Strafrecht* ist daher aufgrund des Tatschuldprinzips nicht mit dem Bürgerstrafrecht vereinbar.

27 *Hamai* and *Elis,* The Changing Role of Public Prosecutors in Japan, in: Globalized Penal Populism and its Countermeasures, 2009, S. 118.

Das moderne *Chian-Strafrecht* hingegen ist im Vergleich zum traditionellen oder auch politischen *Chian-Strafrecht* durch Folgendes gekennzeichnet:

1. Das moderne *Chian-Strafrecht* gebraucht, wie das traditionelle *Chian-Strafrecht,* die binominale Gegenüberstellungsform. Doch ist der zu schützende Gegenstand heute die bürgerliche Sicherheit und internationale Ordnung.
2. Präventionsgrundsatz: Das *Chian-Strafrecht* muss im Vorfeld der Verletzung intervenieren. Denn der Zweck des *Chian-Strafrechts* wird nicht erreicht, wenn der zu schützende Gegenstand tatsächlich verletzt wird.
3. Weitere Kriminalisierungsbereiche und härtere Strafen: Wie schon erwähnt, geht das moderne *Chian-Strafrecht* von sehr weiten und unbestimmten Schutzgegenständen aus, nämlich der bürgerlichen Sicherheit und der internationalen Ordnung. Infolgedessen dehnen sich auch die Kriminalisierungsbereiche aus. Weil die Bürger selbst den Schutz der Gesellschaft vor gefährlichen Straftätern fordern, werden diese härter bestraft.
4. Sinnwandlung der Strafe: Im traditionellen *Chian-Strafrecht* ist die Strafe Unterdrückungs- und Bekehrungsmittel. Das moderne *Chian-Strafrecht* dagegen ist ein Bekämpfungsmittel gefährlicher Straftäter für die Gesellschaft.

Nachfolgend möchte ich das moderne japanische *Chian-Strafrecht* mit *Jakobs* Konzept von Feindstrafrecht vergleichen:

Gemeinsamkeiten beider bestehen in Konflikten mit dem Tatschuldprinzip sowie darin, dass sie durch weitere Kriminalisierungsbereiche und härtere Strafe gekennzeichnet sind.

Dagegen besteht der entscheidende Unterschied darin, dass das *Chian-Strafrecht* in der Vergangenheit wesentlich als Verteidigungsmittel für Herrschaftssysteme verwendet worden ist. Für das Chian-Strafrecht ist seine willkürliche Anwendung durch die jeweiligen Machthaber in der Vergangenheit ebenso anerkannt wie seine Verwendung als rechtliche Waffe für die Durchsetzung einer politischen Richtung.[28] Das *Chian-Strafrecht* in Japan ist als negativ beurteilt und kritisiert worden. Die Existenz von Feindstrafrecht hingegen ist erst infolge von Analysen der letzten Strafgesetzgebungen durchgesetzt worden. Auf kritische Erfahrungen im Umgang damit kann nicht zurückgegriffen werden.

Trotz dieses Unterschieds hat das moderne Chian-Strafrecht mit dem Feindstrafrecht immer noch die Erscheinungsgestalt gemein. Ich denke, dass die Erfahrungen mit der Kritik des *Chian-Strafrecht* auch bei der Analyse vom Feindstrafrecht einbezogen werden können. Überraschenderweise werden aber nun in jüngerer Zeit umgekehrt auch in Japan neue Strafgesetzgebungen aus feindstrafrechtlicher Perspektive analysiert und die Existenz von Feindstrafrecht bejaht, ohne den Begriff *Chian-Strafrecht* zu gebrauchen. Aufgrund dieses „Imports"

28 *Miyauchi* (Fn.16), S. 3.

möchte ich mich nun kritisch mit dem Konzept des Feindstrafrechts auseinandersetzen:

D. Kritische Stellungnahme zum Feindstrafrecht

Abschließend möchte ich darlegen, warum ich an der Legitimität des von *Jakobs* zutreffend beschriebenen Feindstrafrechts zweifle. Dabei will ich drei Hauptargumente anführen:

Erstens: Wie einführend erläutert, sieht *Jakobs* die Legitimierungsbegründung des Feindstrafrechts in der Gewährleistung der Normgeltung als Voraussetzung des Bürgerstrafrechts. Voraussetzung für Normgeltung ist nach *Jakobs* dabei die kognitive Untermauerung der Normen durch Gewährleistung von Sicherheit. Dabei ist jedoch wie oben dargestellt zu differenzieren zwischen objektiver, wirklicher Normgeltung und subjektiver, gefühlter Normgeltung als Voraussetzung für das Funktionieren von Bürgerstrafrecht:

Denkbar ist also einerseits, dass die objektive, wirkliche Sicherheit eines Staates in dem Maße gefährdet ist, dass die Bürger an der Normgeltung ernsthafte Zweifel hegen müssen, so dass es an dieser Voraussetzung des Bürgerstrafrechts fehlt. Ist der Staat tatsächlich in diesem Ausmaß gefährdet (etwa durch lang anhaltende und flächendeckende Terroranschläge oder einem Bürgerkrieg), so wird er sich mit Notstandsregelungen behelfen müssen. Dieser Fall aber ist eine Art inneren Kriegszustands und gehört nicht mehr zum Strafrecht

Jakobs aber will das Feindstrafrecht in einem anderen Fall anwenden: Dann nämlich, wenn die Normgeltung „nur" intersubjektiv, das heißt gefühlt gefährdet ist. Denn auch dann sei die Normgeltung als Voraussetzung des Bürgerstrafrechts in Frage gestellt. Meines Erachtens aber kann es nicht Aufgabe des Strafrechts sein, ein in der Bevölkerung vorhandenes, nicht durch tatsächliche Gefahren begründetes „Unsicherheitsgefühl" aufzulösen. In solchen Fällen ist das Vertrauen der Bevölkerung in den Staat vielmehr durch andere Maßnahmen – vor allem Aufklärung und Information – wiederherzustellen. Darüber hinaus halte ich es für wahrscheinlich, dass das Vertrauen in die Funktionsfähigkeit des Staates eher gefördert wird, wenn dieser sein „normales" Strafrecht anwendet, als wenn er sich besonderer Maßnahmen bedienen muss.

Zweitens habe ich bereits darauf hingewiesen, dass die Vorverlagerung der Strafbarkeit, die unbestimmte Gestaltung der Tatbestände und die überproportional hohen Strafrahmen die Gefahr einer willkürlichen Anwendung bzw. eines Missbrauchs durch den Staat bergen. Dies lehren nicht zuletzt die japanischen Erfahrungen mit dem *Chian-Strafrecht.*

Drittens ist gegen das Feindstrafrechtskonzept noch Folgendes anzuführen: Oben habe ich dargestellt, dass *Jakobs* das Feindstrafrecht mit seiner Bedeutung für die Funktionsfähigkeit des Bürgerstrafrechts legitimieren will: Durch seine Garantie der Normgeltung durch kognitive Sicherheit stelle es eine Funktionsbedingung für Bürgerstrafrecht im *Jakobschen* Sinne dar.

Dieses von *Jakobs* entwickelte Zusammenspiel von Bürger- und Feindstrafrecht ist jedoch meines Erachtens in sich widersprüchlich: *Jakobs* befürwortet grundsätzlich die Anwendung von Bürgerstrafrecht auf Personen im von ihm bestimmten rechtlichen Sinne. Wie einleitend dargestellt will auch *Jakobs* die Anwendung von Feindstrafrecht nur in engen Grenzen zulassen. Eigentlich soll nach *Jakobs* also die von mir so genannte *Logik des Subjekts* gelten, und nicht die von mir so genannte *Logik der Sorge*: Die Bürger sollen als autonome und vernünftige Subjekte wahrgenommen werden. Dies aber ist nicht mehr möglich, wenn man das Feindstrafrecht – und sei es nur in einem eng begrenzten Bereich – zulässt. Denn das Feindstrafrecht nach *Jakobs* führt nicht nur zu einer Depersonalisierung der von ihm so genannten Feinde: Zugleich werden auch alle potenziellen Opfer nicht mehr als vernünftige und autonome Subjekte wahrgenommen, sondern als bloße Schutzobjekte.

Die Logik der Sorge, die dem Feindstrafrecht zugrunde liegt, respektiert nicht den Freiheitsraum des Einzelnen – sei er Feind oder Schutzobjekt –, sondern zielt ab auf möglichst effektive Gefahrenabwehr. Um ihres eigenen Schutzes willen werden nach den Regeln des Feindstrafrechts also alle – die Personen wie die Unpersonen, die Schutzobjekte wie die Feinde – in ihrem Freiheitsraum eingeschränkt. In einer Gesellschaft, in der Feindstrafrecht angewendet wird, gelten also für niemanden mehr die durch das Bürgerstrafrecht gewährleisteten Freiheitsgarantien für autonome und vernünftige Subjekte (Personen im rechtlichen Sinne nach *Jakobs*). Wenn aber die in ihrem Freiheitsraum respektierten Subjekte des Bürgerstrafrechts auf der anderen Seite zu bloßen Schutzobjekten des Feindstrafrechts degradiert werden, bedeutet das dann nicht letztlich, dass die bürgerliche Freiheit um der Gewährleistung der bürgerlichen Freiheit (im Rahmen des Bürgerstrafrechts) willen erodiert wird?

E. Schluss

Obwohl ich *Jakobs* also in seiner Deskription das Feindstrafrechts zustimme, bin ich nicht der Auffassung, dass man dieses legitimieren kann. *Matsumiya* hat zu recht darauf hingewiesen, dass es wichtiger ist, die so genannten Feinde wieder in die Gesellschaft zu integrieren anstatt sie durch ein eigenes Strafrecht weiter auszugrenzen. Dies aber ist nur möglich durch geeignete kriminal- und vor allem sozialpolitische Maßnahmen, vor allem durch eine auf Toleranz und Integration ausgerichtete globalisierte Sozialpolitik.[29]

29 Vgl, *Matsumiya,* Materielles Strafrecht und seine Internationalisierung, Horitsujihou Bd. 75 Heft 2, S. 28; *ders.,* Strafgesetzgebungen und Verbrechenssystem, S. 12 f.

Zur Theorie des Feindstrafrechts

Günther Jakobs

Vorbemerkung

Die Diskussion zum Thema „Feindstrafrecht" verläuft zwar heftig, aber in weiten (wenn auch nicht allen) Teilen einigermaßen theorielos. Zur Begründung dieses harschen Urteils werde ich nicht mit dem Begriff des Feindstrafrechts beginnen, sondern in einer Einführung zwei Grundbegriffe jeder Rechtsordnung[1] behandeln, nämlich *erstens* den Begriff des *Rechtszwangs* und *zweitens* die Voraussetzungen speziell der *Orientierungskraft* einer normativen, insbesondere rechtlichen, Institution.

A. Einführung: zwei Grundbegriffe

I. Rechtszwang

Zum *Ersten*: Der neben *John Locke* bedeutendste Philosoph der Freiheit, in dessen Metaphysik der Sitten als „angeborene(s) Recht" einzig die Freiheit gilt, die „Unabhängigkeit von eines anderen nötigender Willkür", *Kant*[2] also, verbindet das Recht, und das ist nach seinem Verständnis „der Inbegriff der Bedingungen, unter denen die Willkür des einen mit der Willkür des anderen nach einem allgemeinen Gesetz der Freiheit zusammen vereinigt werden kann,"[3] mit der Befugnis zu zwingen: „Zwang" gegen „Unrecht" ist „als Verhinderung eines Hindernisses der Freiheit" seinerseits „recht".[4] Dieser Zusammenhang von Recht und Erzwingbarkeit[5] wird von *Kant* solchermaßen überzeugend dargetan, dass sich irgendwelche Fragen vorab zu erledigen scheinen, und für das, was *Kant* sagt, bleibt es bei dieser Erledigung; aber *Kant* sagt etwas eng dazu gehörendes nicht, jedenfalls nicht in der Metaphysik der Sitten, nämlich was Zwang gegen eine Person *bezogen auf diese Person* begrifflich ist.[6] *Kant* gibt zwar eine for-

---

1 Es geht um eine heute legitime Rechtsordnung: Sie hat Freiheit einschließlich der Möglichkeit zu politischer Mitwirkung zu ermöglichen; Bildung, Teilhabe am Wohl und Sicherheit sind darin eingeschlossen. Ohne diese Leistungen werden sich die Individuen nicht als Subjekte begreifen, sich also nicht auf die Struktur der Gesellschaft einstellen, so dass diese instabil bleiben und zur Gewaltordnung degenerieren wird. Dazu *Jakobs*, Norm, Person, Gesellschaft, 3. Auflage, 2008, S. 41 ff. und passim.

2 *Kant*, Metaphysik der Sitten, Erster Theil, metaphysische Anfangsgründe der Rechtslehre, 2. Auflage, 1798, zitiert nach der Ausgabe Weischedel (Hrsg.), Immanuel Kant. Werke in sechs Bänden, Bd. IV, 1963, S. 305 ff. (345 [= B 45]); dazu *Köhler*, Das angeborene Recht ist nur ein einziges, in: K. Schmidt (Hrsg.), Vielfalt des Rechts – Einheit der Rechtsordnung? Hamburger Ringvorlesung, 1994, S. 61 ff.

3 *Kant* (Fn. 2), S. 337 (= B 33).

4 *Kant* (Fn. 2), S. 338 f. (= B 35).

5 Zum folgenden Text: *Jakobs*, Rechtszwang und Personalität, 2008, S. 9 ff.

6 Die Notwendigkeit dieser Klärung verkennt *Gierhake*, Feindbehandlung im Recht? Eine Kritik des so genannten Feindstrafrechts und zugleich eine Auseinandersetzung mit der

male Deutung: „Zwang“ als „ein Hindernis oder Widerstand, der der Freiheit geschieht“,[7] aber was geschieht mit dem Gezwungenen?[8]

Feuerbach hat sich die von *Kant* nicht, jedenfalls nicht offen, behandelte Frage vorgenommen und sie gültig beantwortet: Der Gezwungene, obgleich „vernünftiges Wesen“, wird „nach Naturgesetzen“ bestimmt,[9] was in der Umkehrung heißt: nicht nach Vernunftgesetzen. Zwar ist es ein Vernunftgesetz, den Rechtsbrecher zu zwingen, von seinem Tun abzulassen oder ihn zu bestrafen, aber der Zwang selbst liegt in der Natur; mit anderen Worten, das Vernunftgesetz erlaubt oder gebietet es, beim Rechtszwang nach Naturgesetzen zu verfahren. Damit steht auch fest, wie der Gezwungene *insoweit* und *nur insoweit*, als er gezwungen wird, zu charakterisieren ist, nämlich eben nicht als Person, nicht als Träger von Rechten und Pflichten, sondern als Naturwesen, als Individuum. Zwar mag es aus seiner Personalität folgen, dass überhaupt gezwungen werden darf – nur Personen begehen Verbrechen oder machen sich schadensersatzpflichtig oder sonst leistungspflichtig –, aber der Zwang zur Leistung erfolgt gegen das Naturwesen. – Dieses Ergebnis lässt sich nicht dadurch kleinreden, dass auf den vernünftig gebildeten Willen eines Vernunftwesens und insoweit auf den virtuellen Willen des Gezwungenen verwiesen wird. *Hegel* formuliert zwar, das Recht als „der Wille an und für sich“ sei auch „der absolute Wille eines jeden“,[10] und deshalb habe der Rechtszwang „eine (!) Seite, nach welcher er kein Zwang ist.“[11] Aber diese *eine* Seite betrifft die nicht entwickelte *Soll*gestalt der Person; der *Ist*gestalt geschieht nicht nach ihrem Willen, sondern nach Naturgesetzen.

Der damit skizzierte Zusammenhang – und mehr als eine Skizze lässt sich an dieser Stelle nicht leisten[12] – von Recht, Rechtszwang und dem Status des Gezwungenen lautet mit etwas anderen Worten: Beim Rechtszwang erlaubt oder gebietet das Recht, den zu Zwingenden als Teil der Natur zu traktieren, also insoweit nicht als Person, mag auch seine Personalität diese Erlaubnis oder dieses

Straftheorie Günther Jakobs', ARSP 2008, S. 337 ff.: Wenn nach *Kant* Recht und *Befugnis* zu zwingen einerlei bedeuten (S. 354), besagt das nur, dem Gezwungenen widerfahre etwas Erlaubtes, besagt aber nicht, was das ist. Wer die Fremdverwaltung des Gezwungenen nicht thematisiert, arbeitet mit nicht begründeten Harmonieannahmen.

7 *Kant* (Fn. 2), S. 338 (= B 35).

8 Immerhin beantwortet *Kant* diese Frage für die Strafe mittelbar: Der zu Bestrafende verliert den Status des Bürgers (Fn. 2, S. 454 f. [= B 228]), wird also nicht nach den Regeln für Personen im Recht eines Staates, also den Regeln für Bürger, behandelt.

9 *P. J. A. Feuerbach*, Kritik des natürlichen Rechts als Propädeutik zu einer Wissenschaft der natürlichen Rechte, 1796 (2. Nachdruck 2000), S. 296, auch 120 und passim.

10 *Hegel*, Rechts-, Pflichten- und Religionslehre für die Unterklasse, 1810 ff., zitiert nach der Ausgabe Moldenhauer u. a. (Hrsg.), G. W. F. Hegel, Werke in zwanzig Bänden, Bd. 4, 1970, S. 204 ff., 234. – Siehe auch *Kant* (Fn. 2), S. 457 (= B 233).

11 *Hegel*, wie Fn. 10.

12 Etwas eingehender *Jakobs*, wie Fn. 5.

Gebot erst ausgelöst haben. Zwang depersonalisiert den Gezwungenen; alles andere wäre Schönrednerei. Rechtszwang ist zwar rechtlich richtige Verwaltung des Organisationskreises des Gezwungenen, aber dieser Zwang ist eben *Fremd*verwaltung und damit eine Verkleinerung des personalen Bereichs des Gezwungenen. Juristen, die *innerhalb* des Rechtssystems arbeiten, also nur *juristisch* und nicht auch rechts*wissenschaftlich*, fällt dieses herbe Ergebnis nicht auf, da sie sich mit der Rechtmäßigkeit des Zwangs begnügen und allenfalls noch auf die Auslösung des Zwangs durch ein personales Verhalten des Gezwungenen sowie auf dessen Duldungspflicht verweisen. Dass es sich um die Pflicht zur Duldung einer Depersonalisierung handelt, bleibt dabei unausgesprochen. *Feuerbach* sieht da weiter; er war ja – nicht nur, aber – auch Wissenschaftler.[13]

An dieser Stelle – und danach nicht mehr – will ich kurz auf ein Argument eingehen, das gegen den Verlust des Status als Person oft vorgebracht worden ist: dieser Verlust als Verstoß gegen die Forderungen der Menschenwürde, da bei der Fremdverwaltung der Organisation des Gezwungenen dieser zum Objekt degradiert werde.[14] – Wegen dieser Würde (der Fähigkeit, Rechte zu haben) muss, soweit möglich, eine Rückkehr in den vollen Status offengehalten werden (etwa bei einer erforderlichen Tötung in Notwehr ist das nicht möglich); das wird hier nicht bestritten. Ansonsten ist darauf zu achten, das genannte Verbot nicht dergestalt anzuwenden, dass es seinerseits degradiert: Es handelt sich ja stets um Statusverluste, die vom Verlierenden selbst verschuldet sind;[15] denn der Rechtszwang wird durch Unrecht herausgefordert (vom helfenden Zwang ist hier nicht die Rede), ist also vom Gezwungenen zu verantworten. Wer diese Verantwortung unterschlägt und dem Gezwungenen die Fähigkeit abspricht, seinen Status als Person im Recht zu verkleinern und im Grenzfall auch zu verspielen, nimmt ihn als Person nicht ernst.[16] – Kein Wort *mehr* dazu![17]

---

13 Diese Unterscheidung treffe ich übrigens nicht wertend, sondern beschreibend: Es gibt brillante Juristen und dürftige Rechtswissenschaftler – wie auch umgekehrt; man soll nur beide nicht verwechseln. Dazu *Jakobs*, Strafrecht als wissenschaftlich Disziplin, in: Engel u. a. (Hrsg.), das Proprium der Rechtswissenschaft, 2007, S. 103 ff.; *Pawlik*, Strafrechtswissenschaftstheorie, in: ders. u. a. (Hrsg.), FS. Jakobs, 2007, S. 469 ff.

14 Nachweise bei *Morguet*, Feindstrafrecht – Eine kritische Analyse, 2009, S. 257 Fn. 1295.

15 Kollateralschäden depersonalisieren Unschuldige und lassen sich deshalb nicht als *Rechts*zwang verstehen. Eingehend *Jakobs* (Fn. 5), S. 25 ff. Die Behauptung von *Schünemann* (Feindstrafrecht ist kein Strafrecht, in: Griesbaum u. a. [Hrsg.], Strafrecht und Justizgewährung. FS Nehm, 2006, S. 219 ff. [224]), nach meiner Ansicht *dürfe* man sie in den Kauf nehmen, verfälscht meine Aussage (Bürgerstrafrecht und Feindstrafrecht, HRRS 2004, S. 88 ff. [93]): Sie *werden* in den Kauf genommen, sind aber – gegenüber den Opfern! – nicht *gedurft* (im Sinne von „ihnen gegenüber *rechtlich* erlaubt").

16 Dazu *Pawlik*, Der Terrorist und sein Recht. Zur rechtlichen Einordnung des modernen Terrorismus, 2008, S. 38 ff.

17 Aber eine Fußnote.: Die Behauptung, in meinem Büchlein „Norm, Person, Gesellschaft" (Fn. 1) werde die Menschenwürde vernachlässigt (so *Morguet*, [Fn. 14], S. 258), liegt

II. Orientierung an rechtlichen Institutionen

Nunmehr zu zum *Zweiten*, zur Wirklichkeit rechtlicher Institutionen. Diese Institutionen werden hier weit verstanden, nämlich als zumindest teilweise durch Normen geprägte Einrichtungen, wobei im hiesigen Zusammenhang nur die Person als Trägerin von Rechten und Pflichten zu behandeln ist. Sie hat, weil sie Person ist, das Recht zu beachten, also ihre Pflichten zu erfüllen, und zwar nicht etwa nur dann, wenn andere das auch tun, sondern allein wegen der Gültigkeit des Rechts. Strafrechtlich gesprochen betrifft das die Seite der potenziellen Täter: Sie haben das Recht zu befolgen, ohne dass dies irgendwelchen Kautelen unterläge.[18] Auf der Seite potenzieller Opfer verhält es sich zunächst reziprok, aber auch nur zunächst. Die potenziellen Opfer dürfen mit rechtlichem Nachdruck an die potenziellen Täter die rechtliche Erwartung richten, nicht zu wirklichen Tätern zu werden, wiederum ohne Kautelen, und im Enttäuschungsfall haben sie nicht falsch erwartet, sondern der Täter hat sich falsch verhalten. Aber allein mit dieser normativen Erwartung kann man zwar eine Rechtslage erfassen, nicht hingegen auch leben. Die Personalität betrifft die abstrakte Seite der Rechtlichkeit,[19] jedoch werden die Subjekte, die ihr *Wohl* nicht finden, und zum Wohl gehört es auch, nicht Opfer eines Verbrechens zu werden, sich um das abstrakte Recht bald nicht mehr scheren. Drastisch, für abstrakt gedachte Personen mag das Wissen genügen, nicht getötet werden zu *dürfen*; Subjekte benötigen zudem die Gewissheit, wahrscheinlich auch nicht getötet zu *werden*.[20]

---

neben der Sache; denn der Bereich der Würde ist zu dem von mir Behandelten *nach*thematisch: Ich will die Entstehung von Normen als Emergenz von Kultur beschreiben, mehr nicht. Das dürfte schon eine kursorische Lektüre der Zusammenfassung hinreichend deutlich zeigen.

18 *Jakobs*, Feindstrafrecht? – Eine Untersuchung zu den Bedingungen von Rechtlichkeit. HRRS 2006, S. 289 ff. (291).

19 Hegel, Grundlinien der Philosophie des Rechts oder Naturrecht und Staatswissenschaft im Grundrisse, 1820/1, zitiert nach der Ausgabe Moldenhauer (Fn. 10), Bd. 7, 1970, § 36: „Das Rechtsgebot ist daher: *sei eine Person und respektiere die anderen als Personen.*“

20 *Jakobs* (Fn. 1), S. 28 ff. (50 ff.); *ders.*, Staatliche Strafe: Bedeutung und Zweck, 2004, S. 26 ff. (31 ff.); *Polaino Orts*, Derecho penal del enemigo: Fundamentos, potencial de sentido y límites de vigencia, Barcelona 2009, S. 223 ff.; zur kognitiven Untermauerung der Erwartung auch *Bung*, Feindstrafrecht als Theorie der Normgeltung und der Person, HRRS 2006, S. 63 ff. – *Gómez-Jara Diez* (Enemy Combatants versus Enemy Criminal Law: An Introduction to the European Debate Regarding Enemy Criminal Law and Its Relevance to the Anglo-American Discussion on the Legal Status of Unlawful Enemy Combatants, New Criminal Law Review, Vol. 11, Number 4 [University of California], S. 529 ff. [552] wendet sich mit systemtheoretischen Argumenten gegen die rechtliche Relevanz des Schmerz*faktums*: "An oral or written communication (of condemnation for a wrongful act, for example) and serving time in prison (infliction of penal pain) are both forms of communications. However, these two share neither the same meaning nor the same communicative content. In other words, we are not dealing firstly with a communi-

Dass das Recht diesen Zusammenhang anerkennt – und ansonsten hätte es auch kaum Bestand – ist nicht erst an der Einrichtung der Sicherheitspolizei und am Strafrecht zu sehen, sondern schon an einer so elementaren Institution, wie es die Notwehr ist: Geradezu selbstverständlich darf auch der aktuell rechtswidrig Angegriffene weiterhin normativ erwarten, nicht verletzt zu werden, aber das Recht „weiß“, dass diese Erwartung in dieser Situation nicht mehr dazu taugt, das Wohl des Angegriffenen zu sichern, und deshalb erlaubt es eine kognitive „Bereinigung“ der Situation. Was das heißt, habe ich in der ersten Vorbemerkung dargelegt: Zwang gegen den Angreifer als dessen Depersonalisierung. Diese Depersonalisierung erfolgt nur im zeitlichen und sachlichen Umfang der erforderlichen Abwehr; danach mag der jetzt Angreifende seine Gesellschaftstauglichkeit wieder demonstrieren. Trotzdem lehrt das simple Beispiel, dass eine normative Erwartung der kognitiven Untermauerung bedarf, wenn sie zur wirklichen und nicht nur abstrakten Orientierung der Bürger taugen soll. Eben deshalb, wegen der kognitiven Untermauerung, ist das Recht mit der Befugnis zu zwingen verbunden! Recht soll eben nicht nur ein bloßes Gedankending sein, sondern soll im alltäglichen Leben und in diesem Sinn *wirklich* orientieren.

Dagegen lässt sich kein normatives Argument vorbringen, etwa Depersonalisierung dürfe es nicht geben.[21] Dieses Argument enthielte die Behauptung, Rechtszwang dürfe es nicht geben, – ein Ergebnis, das kein Vernünftiger oder auch nur Verständiger will. Freilich mag man den Begriff der Person nahezu entleeren: Jeder Mensch ist jederzeit als Person zu behandeln, etwa in dem Sinn,

---

cation (oral or written) and secondly with a materialisation of the communication in the outside world. What we are dealing with are both communications and materializations of the outside world. Yet, the legal system, as a system of communication, is only concerned with the communication, not with the real world outside the system." – Daran ist richtig, dass die *faktische* Seite des Schmerzes stumm ist, eben nicht Kommunikation. Aber gerade darüber kann kommuniziert werden: Mit dem Verbrecher *soll* (auch) stumm verfahren werden, um eine Erosion der kognitiven Seite der Normgeltung zu vermeiden (positive Generalprävention), und *wird* dann rechtens so verfahren. *Gómez* hält allerdings diese Sorge für die Rechts*umwelt* aus systemtheoretischer Sicht für ausgeschlossen: „... an autopoietic sytem cannot secure the conditions of its own existence“ (S. 550). Aber das System wird auf Dauer nur „überleben“, wenn seine Kommunikation, soweit sie Realakte betrifft, zerstörende Akte als nicht gesollt und erhaltende Akte als sehr wohl gesollt darstellt. Ob man diesen Vorgang evolutionistisch deutet oder über eine Beobachtung höherer Ordnung arrangiert, kann hier dahinstehen.

21 Prototypisch *Crespo*, Das „Feindstrafrecht“ darf nicht sein! Zur Unzulässigkeit des sogenannten Feindstrafrechts und dem Gedanken der Sicherheit unter besonderer Berücksichtigung der wissenschaftlichen Diskussion und Tendenzen in Spanien, ZIS 2006, S. 413 ff; *B. Heinrich*, Die Grenzen des Strafrechts bei der Gefahrprävention. Brauchen oder haben wir ein „Feindstrafrecht“? ZStW 121 (2009), S. 94 ff. (129 f.); *González Cussac*, „Feindstrafrecht“. Die Wiedergeburt des autoritären Denkens im Schoße des Rechtsstaates, 2007, S. 25 ff., und passim.

der bei *Kant* als *angeborene* Persönlichkeit benannt wird.[22] Aber um diese angeborene Persönlichkeit geht es hier nicht, sondern um den *rechtlichen* Status, der übrigens auch bei *Kant* bis hin zum „Sklavenstand“ verloren gehen kann.[23] Der nahezu entleerte Begriff verbietet nicht, das zur Erhaltung der orientierenden Wirkung der Rechtsordnung Erforderliche zu tun, insbesondere gegen den für die Turbulenzen Verantwortlichen; der Begriff verbietet nur, dabei mit Spott und Hohn zu verfahren.

III. Zu I. und II.

Fasst man das in den beiden Vorbemerkungen eher Skizzierte als Dargelegte zusammen, so ergibt sich *erstens*, dass jedes Recht begrifflich mit der Befugnis zu zwingen verbunden ist, also mit der Erlaubnis oder gar dem Gebot von Fremdverwaltung, Depersonalisierung, mag dieser Zusammenhang auch personal veranlasst, also vom Gezwungenen zu verantworten sein.

Zweitens zeigt sich, dass ein Recht ohne Wohl auf Dauer kein wirkliches Recht sein wird. Rechtliche Institutionen müssen also kognitiv untermauert sein; ansonsten kann die Institution – im hiesigen Zusammenhang geht es um die Person – die wirkliche Orientierung nicht leiten.

Die Rede von der Person im Recht ohne die Rede von der dezimierten Person oder im Grenzfall auch der aufgehobenen Person vernachlässigt die Bedingungen der Wirklichkeit des Rechts und dezimiert damit auch das Recht, nämlich von einer alltäglich praktizierten Ordnung zu einem bloßen Gedankending.[24]

B. Verpolizeilichung

Seit dem letzten Viertel des 19. Jahrhunderts wird erörtert, im Zusammenhang mit dem *Strafrecht* zur Verhütung *künftiger* Taten die Möglichkeit zu eröffnen, Maßregeln der Besserung und Sicherung zu verhängen.[25] Die Notwendigkeit einer Sicherung vor künftigen Verbrechen ist selbstverständlich nicht erst seinerzeit entdeckt worden – es handelt sich um eine klassische Aufgabe der Polizei – und diese Notwendigkeit wurde auch bereits mit dem Strafrecht verbunden, nämlich in der Gestalt *präventiven* Strafens, aber eben nicht durch eine Reaktion eigener Art. Die Einführung der Maßregeln, die in Deutschland 1933 (!)

---

22 *Kant* (Fn. 2), S. 453 (= B 226).

23 *Kant* (Fn. 2), S. 454 f. (= B 229).

24 *Gierhake* räumt ein, ein „'Staat in der Idee'“ sei nicht zu erreichen (Fn. 6), S. 359, meint aber mit Kompromissen im eher Beiläufigen auskommen zu können (siehe die Beispiele dort). Die Lösungen für die wirklich „harten“ Fälle werden nicht konkretisiert, es bleibt vielmehr bei der *abstrakten* Zusicherung, alles habe im Rahmen des Rechts zu erfolgen – Gedankending.

25 Eingehend zur Geschichte der Maßregeln *Dessecker*, Gefährlichkeit und Verhältnismäßigkeit, 2004.

erfolgte,[26] brachte eine offene Verpolizeilichung des Strafrechts – „Verpolizeilichung“, weil mit den Maßregeln nicht auf eine geschehene Tat reagiert wird, sondern anlässlich einer geschehenen Tat künftigen Taten spezialpräventiv vorgebeugt werden soll, und diese Verpolizeilichung geschieht „offen“, weil sie nicht mehr als Strafe verkappt daherkommt.

Neben diese offene Verpolizeilichung tritt eine eher verborgene, die darin besteht, dass der Gesetzgeber Strafen vorsieht, die sich wegen ihrer enormen Höhe als Reaktion auf das mäßige oder mittlere Unrecht, an das sie anknüpfen, kaum erklären lassen, sondern nur negativ-generalpräventiv oder aber spezialpräventiv-maßregelnd. Teilweise lässt der Gesetzgeber erkennen, worum es ihm geht, indem er offen die „Bekämpfung“ bestimmter Arten von Kriminalität ankündigt,[27] und wenn dies in der Literatur damit gerechtfertigt wird, ein „Phänomen“ der Kriminalität solle bekämpft werden, nicht aber sollten es „bestimmte Täter“,[28] so ist darauf hinzuweisen, dass die „Bekämpfung“ des Phänomens ja nicht durch Vergrößerung der kulturellen Freizeitangebote oder im Rahmen der Erwachsenenbildung erfolgen soll, sondern durch hartes Strafen, also durch Zwang gegen Personen, sprich: durch Depersonalisierung.

Die Mischung von offener und verkappter Polizei ergibt ein einigermaßen wüstes Bild: Was gehört wozu? *Pawlik* hat, was Terroristen betrifft, vorgeschlagen, gründlich aufzuräumen, also die „Sachen“ dorthin zu stellen wo sie hingehören. *Pawlik* will den Terroristen als Feind nicht innerstaatlich, genauer: innergesellschaftlich, begreifen, sondern außerstaatlich (außergesellschaftlich), und so kann er im Anschluss an *Roellecke*[29] formulieren: „Feinde ehrt und vernichtet man.“[30] Die Ehrung besteht gerade nicht in der Anerkennung des Feindes als entwickelte Person nach der *hiesigen* Ordnung,[31] sondern in der Vermutung, er werde in *seiner* Ordnung Person sein, aber jedenfalls werde sich die hiesige zur

---

26 Gesetz gegen gefährliche Gewohnheitsverbrecher und über Maßregeln der Sicherung und Besserung vom 24. 11. 1933, RGBl. I, 995. – Zum Streit um das Maß der nationalsozialistischen Einfärbung der Maßregeln: *Dessecker* (Fn. 25), S. 90 ff.

27 Nachweise bei *Jakobs*, Das Selbstverständnis der Strafrechtswissenschaft vor den Herausforderungen der Gegenwart. Kommentar, in: Eser u. a. (Hrsg.), Die Deutsche Strafrechtswissenschaft vor der Jahrtausendwende. Rückbesinnung und Ausblick, 2000, S. 47 ff. (51). Kritisch zu diesem „Bekämpfungsvokabular“ (*Sinn*) auch *Gómez* (Fn. 20), S. 557 ff.; *Sinn*, Moderne Verbrechensverfolgung – auf dem Weg zu einem Feindstrafrecht, ZIS 2006, S. 107 ff. (111, 116).

28 *Kindhäuser*, Schuld und Strafe. Zur Diskussion um ein „Feindstrafrecht“, in: Hoyer u.a. (Hrsg.), FS Friedrich-Christian Schroeder, 2006, S. 81 ff. (95). – Dass eine Bekämpfung schädlicher „Sachen“ anders zu verstehen ist, liegt auf der Hand, aber Kriminalität wird immer von *Personen* gemacht.

29 *Roellecke,* Der Rechtsstaat im Kampf gegen den Terror, JZ 2006, S. 265.

30 *Pawlik* (Fn. 16), S. 41. – Für eine strikte Trennung von polizeilicher Prävention und strafrechtlicher Repression auch *B. Heinrich* (Fn. 21), S. 127.

31 Siehe schon *Pawlik*, Strafe oder Gefahrbekämpfung? – Die Prinzipien des deutschen Internationalen Strafrechts vor dem Forum der Straftheorie, in: Hoyer (Fn. 28), S. 357 ff.

Wehr setzen, und zwar nicht mit strafrechtlichen Mitteln, sondern mit neu zu schaffenden Maßregeln: „Der Gesetzgeber könnte ... (dabei; *G. J.*) in weitem Umfang auf bereits bestehende ... Normen zurückgreifen: nämlich auf § 129a StGB[32] und den geplanten § 89 a StGB[33]; denn diesen Bestimmungen kommt... der Sache nach die Funktion einer vorweggenommenen Sicherungsverwahrung zu:[34] Sie legen die Voraussetzungen fest, unter denen Gefährder frühzeitig aus dem Verkehr gezogen werden dürfen,“[35] selbstverständlich, wie *Pawlik* zugleich ergänzt, unter Gewährung (verwaltungs-) gerichtlichen Rechtsschutzes.[36]

Nun soll wohl auch nach *Pawlik* der Terrorist für bereits verwirklichtes Unrecht (zumindest wenn er auf dem Boden des hiesigen Staates agiert hat) strafrechtlich einzustehen haben,[37] und das heißt, jedenfalls immer bei Gefahren, die aus der Bildung einer terroristischen Vereinigung resultieren, da diese Bildung als Störung der öffentlichen Sicherheit Strafe verdient, wenn auch nicht in dem vom positiven Recht vorgesehenen exorbitanten Maß. Weiterhin sind die bislang nur geplanten Aktionen *Unrechts*aktionen, wenn auch im bloßen Vorbereitungsstadium, und sind nicht etwa straffreie Kriegshandlungen. Bei dieser Lage bleibt bei *Pawlik* die vorzugswürdige saubere Scheidung von Strafe und Sicherungsverwahrung, aber dass letztere nicht depersonalisiere, wird zumindest zweifelhaft: Nicht Kriegshandlungen, sondern Verbrechen sollen verhütet werden, und bei dieser Lage depersonalisiert die Sicherungsverwahrung, da bei dem zu Verwahrenden legales Verhalten nicht mehr erwartet werden kann,[38] mit anderen

32 Bildung einer terroristischen Vereinigung.

33 Absolvieren einer Ausbildung zum Terroristen.

34 So schon *Schroeder*, Die Straftaten gegen das Strafrecht, 1985, S. 29.

35 *Pawlik* (Fn. 16), S. 43.

36 *Pawlik* (Fn. 16), S. 42. Kritisch dazu *Paeffgen*, Bürgerstrafrecht, Vorbeugerecht, Feindstrafrecht? in: Böse u. a. (Hrsg.), Grundlagen des Straf- und Strafverfahrensrechts. FS Amelung, 2009, S. 81 ff. (88 ff.); *Paeffgen* trifft sich freilich mit *Pawlik* im Verlangen nach „Sortenreinheit“ der Reaktion (Strafe versus Gefahrenabwehr), S. 103 ff. (105 ff.) – Die Gefahren einer „Sortenvermischung“ zeigt eindrucksvoll *Monica Hakimi*, International Standards for Detaining Terrorism Suspects: Moving Beyond the Armed Conflict-Criminal Divide, The Yale Journal of International Law, Vol. 33, S. 369 ff. (383 ff., 384, 386) (das retrospektive Strafrechtssystem wird durch eine prospektive Sicht kontaminiert, ohne dadurch hinreichend effektiv zu werden). *Hakimi* plädiert wie *Pawlik* für *verwaltungsrechtliche* Maßnahmen (Festnahme der Verdächtigen: „administrative detention“), S. 386 ff. (400 ff. und passim).

37 Das ergibt sich unter anderem aus *Pawliks* Ausführungen zum strafprozessualen Verwertungsverbot ([Fn. 16], S. 46).

38 Es sei denn, *Pawlik* verstehe den „gebändigten Krieg“ ([Fn. 16], S. 40 Fn. 180) kriegsvölkerrechtlich zu Gunsten des Terroristen. – Freilich sollte der Gesetzgeber den Unterschied zwischen einer vergeltenden Strafe und einer Sicherungsstrafe berücksichtigen. Das gilt, wie *Pawlik* darlegt, für § 129a StGB, gilt aber auch etwa für die Aussetzung der Strafe oder des Strafrestes auf Bewährung, da sich hier unvermittelt rein spezialpräventive Erwägungen in den Vordergrund schieben (§§ 56 Abs. 1 und 2, 57 Abs. 1 und 2

Worten, Sicherungsverwahrung wegen Verbrechensgefahr ist das Gegenteil einer Ehrung (ohne dass damit ihre Zuweisung zum Verwaltungsrecht desavouiert wäre; aber diese Zuweisung gibt es zur Zeit nun einmal nicht).

C. Feindstrafrecht

Vor etwa zehn Jahren, noch vor den Ereignissen vom 11. September 2001, habe ich in einem kurzen Koreferat zum Thema des Standes der deutschen Strafrechtswissenschaft[39] auf diese offene oder verkappte Verpolizeilichung des Strafrechts hingewiesen und die Aktionen zur Verhütung künftiger Strafen den Reaktionen auf geschehene Taten gegenübergestellt: Feindstrafrecht[40] *versus* Bürgerstrafrecht.[41] Als „Feind" wird dabei derjenige verstanden, der „sich in einem nicht nur beiläufigen Maß in seiner Haltung ... oder seinem Erwerbsleben ... oder ... durch seine Einbeziehung in eine Organisation ..., ... jedenfalls ver-

---

StGB): Die Ablehnung der Aussetzung wegen schlechter Prognose gibt der Schuldstrafe die Aufgabe einer Sicherungsstrafe. – Zu den Grenzen der „Sortenreinheit" *Rogall*, Buchbesprechung, GA 2009, S. 375 ff. (378).

39 Siehe Fn. 27.

40 Zum (fehlenden) Zusammenhang des hiesigen Feindbegriffs mit demjenigen von *Carl Schmitt* (Der Begriff des Politischen, 1927/1932) *Jakobs* (Fn. 18), S. 294; dazu *Paeffgen* (Fn. 36), S. 85 f. mit Fn. 23. – Immerhin um Begründung bemühte Gegenstimmen: *Stübinger*, Der Feindbegriff Carl Schmitts im Antiterrorkrieg. Über das Verhältnis von Recht und Politik im Ausnahmezustand, Ancilla Juris 2008, S. 73 ff.; *Donini*, Das Strafrecht und der „Feind", 2009, der zwar sieht, dass der Feind *Schmitts* „keine ungerechte, unmoralische, noch viel weniger kriminelle Person" ist (S. 9), daraus aber nicht den Schluss zieht, der *hiesige* Begriff (*inimicus*) sei offenbar nicht derjenige *Schmitts* (*hostis*). – Die Behauptung *Schünemanns* (Fn. 15), S. 222 f., *Kant* verwende den Begriff des Feindes ausschließlich völkerrechtlich, dürfte nicht zutreffen. *Kants* Fn. in „Zum ewigen Frieden. Ein philosophischer Entwurf" (2. Auflage, 1796 zitiert nach der Ausgabe Weischedel [Fn. 2], Bd. VI, 1964, S. 191 ff. [203 Fn.*] handelt von der Erlaubnis „feindlich (zu) verfahren", die gegeben ist, wenn „mir" eine Läsion zugefügt wird. Es geht hauptsächlich um *meinen* Feind: „mich", „mir", „ich", „beide" kommen insgesamt mehr als ein halbes Dutzend mal vor! Eingehend dazu *Perez del Valle*, Zur rechtsphilosophischen Begründung des Feindstrafrechts, in: Pawlik (Fn. 13), S. 515 ff. (519 ff.).

41 *Jakobs* (Fn. 27), S. 51; erstmals *ders.*, Kriminalisierung im Vorfeld einer Rechtsgutsverletzung, ZStW 97 (1985), S. 751 ff. (783 f.); danach : *ders.*, Bürgerstrafrecht (Fn. 15; auch in: Foundations and Limits of Criminal Law and Criminal Procedure. An Anthologie in Memory of Professor Fu-Tseng Hung, Taipei, 2003, S. 41 ff.); *ders.* Feindstrafrecht (Fn. 18); *ders.* An den Grenzen rechtlicher Orientierung: Feindstrafrecht, in: *Parmas* u. a. (Hrsg.), Nullum ius sine scientia. FS Sootak, Tallin 2008, S. 131 ff. – Die deutschsprachige Literatur zum Thema findet sich nahezu vollständig bei *Morguet* (Fn. 14), durchgehend; dort bis S. 189 stellt die Autorin den Stand der Diskussion gründlich dar; reichliche Literaturnachweise auch bei *B. Heinrich* (Fn. 21), S. 101 Fn. 37. – Zum spanischsprachigen Raum siehe die Beiträge in: Cancio Mélia u. a. (Hrsg.), Derecho penal del enemigo, Bde. 1. und 2., Madrid und Buenos Aires 2006; zudem mit umfassenden Nachweisen: *Polaino Orts*, (Fn. 17), passim.

mutlich dauerhaft vom Recht abgewandt hat und insoweit die kognitive Mindestsicherheit personalen Verhaltens nicht garantiert und dieses Defizit durch sein Verhalten demonstriert."[42]

Die Folgen meiner Gegenüberstellung dürften geläufig sein und zeigen vorweg, dass die Vertreter der deutsch- und spanischsprachigen Strafrechtswissenschaft (aus diesen beiden Bereichen sind mir die meisten Stellungnahmen bekannt geworden) ein idyllisch zurechtgeputztes Bild der jeweiligen Verfassung tief im Herzen tragen.[43] Offenbar herrscht ein verbreiteter Unwille gegen Klartext, insbesondere was die Begriffe „Person" und „Zwang" angeht, – als sei nicht jeder (nicht helfende) Zwang eine Depersonalisierung. Gewiss, die im Rahmen der positiven Generalprävention[44] verhängte Strafe lässt sich noch als eine Art Schadensersatz verstehen, und nach dem Ausgleich des Schadens ist die personale Welt wieder in Ordnung, aber bis dahin ist sie nicht in Ordnung, mag diese Unordnung auch von dem zu Bestrafenden als Person zu verantworten sein. Über die Benennung eines für – etwa – zehn Jahre eingesperrten Verbrechers als Person im Vollsinn des Wortes hätten *Kant* und *Feuerbach* wohl nur den Kopf geschüttelt: Ihre Begriffe waren exakter.

Bei der Bestrafung einer *geschehenen* Tat wird der Vorwurf erhoben, „*Du* hast uns schuldhaft geschadet (und deshalb nehmen wird uns zwangsweise einen Ersatz)"; mit dem Verbrecher wird immerhin noch geredet. Bei der Verhütung *künftiger* Taten geht es hingegen eher um eine Aussonderung: „*Er* ist kognitiv gesehen eine dubiose Erscheinung, vor der wir uns sichern." Wegen dieser zu-

42 *Jakobs* (Fn. 27), S. 52. – Der Status des Feindes wird zugeschrieben; er ist also ein kommunikativ erzeugtes Konstrukt und kann gerade deshalb nicht kommunikativ übersprungen werden (a. A. wohl *Schünemann*, Die Deutsche Strafrechtswissenschaft nach der Jahrtausendende, GA 2001, S. 205 ff. [212]; *ders.*, [Fn. 15], S. 225; *Stübinger*, Feindbegriff [Fn. 40], S. 88 ff.; auch *ders.*, Das „idealisierte" Strafrecht. Über Freiheit und Wahrheit in der Straftheorie und Strafprozessrechtslehre, 2008, S. 154 ff. [178 f.] – Zur Definitionsmacht *Paeffgen* [Fn. 36], S. 121 f.). *Das* ist nicht das Problem, sondern die Legitimität der normativen Struktur der Gesellschaft ist es! So war (ist?) der *labeling approach* nur als Strukturkritik sinnvoll; ebenso verhält es sich mit der Kritik an der Hexenverfolgung (insoweit zu pauschal *Stübinger*, Feindbegriff [Fn. 40], S. 89).

43 Abgewogen aber *Hörnle*, Deskriptive und normative Dimensionen des Begriffs „Feindstrafrecht", GA 2006, S. 80 ff.; insgesamt auch *B. Heinrich* (Fn. 21), insbesondere bei der Darstellung der Entwicklungstendenzen S. 112 ff.; problembewusst *Donini* (Fn. 40), S. 23 (!), 33 ff. (97 ff. und passim) (siehe zu Donini aber auch Fn. 45); zustimmend *Perez del Valle* (Fn. 40), S. 515 ff.; *Polaino Navarrete*, Die Funktion der Strafe beim Feindstrafrecht, in: Pawlik (Fn. 40), S. 529 ff.; *Polaino Orts*, Derecho penal del enemigo. Desmitificacion de un concepto, Lima 2006; ders., wie Fn. 17. – Zur neueren völkerstrafrechtlichen Lage eingehend *Kreß*, Völkerstrafrecht der dritten Generation gegen transnationale Gewalt Privater? in: Hankel (Hrsg.), Die Macht und das Recht. Beiträge zum Völkerrecht und Völkerstrafrecht am Beginn des 21. Jahrhunderts, 2008, S. 323 ff.

44 Dazu *Jakobs*, Staatliche Strafe (Fn. 20), S. 31 ff.; *ders.*, Strafrecht Allgemeiner Teil. Die Grundlagen und die Zurechnungslehre, 2. Auflage, 1991, 1/4 ff.

mindest bereichsweise exkludierenden Wirkung von Maßregeln oder sichernden Strafen habe ich den Ausdruck „Feindstrafrecht" gewählt, und ich finde ihn präziser als den viel weiter reichenden des Sicherungsstrafrechts, dem ja nicht zu entnehmen ist, vor welchen Gefahren man sich sichern will: eben vor künftigen Verbrechen.

Bei der Gegenüberstellung von Bürgerstrafrecht und Feindstrafrecht handelt es sich auf beiden Seiten um *Idealtypen*,[45] also begriffliche Zuspitzungen, die sich in der Realität in dieser Sauberkeit kaum je finden werden, obgleich, was das Feindstrafrecht angeht, das Lager in *Guantánamo* dem Idealtyp nahekommt, und entgegen einer verbreiteten Meinung gehört dieses Geschehen durchaus zum Thema, da es nach einem gewaltigen Verbrechen unter anderem auch der Sicherung vor weiteren Taten dient.

Im deutschen Strafrecht dürften die freiheitsentziehenden Maßregeln am deutlichsten feindstrafrechtlich ausgeprägt sein,[46] also die Sicherungsverwahrung (§§ 66 ff. StGB) und die Unterbringung in einem psychiatrischen Krankenhaus (§ 63 StGB) oder einer Entziehungsanstalt (§ 64 StGB), ferner der gegen Rädelsführer und andere Mitglieder gerichtete besonders schwere Fall der kriminellen Vereinigung (§ 129 StGB) und die gesamte Strafvorschrift gegen terroristische Vereinigungen[47] (§§ 129a, b StGB); hinzu treten demnächst wohl noch die Strafvorschriften des Gesetzes zur Verfolgung der Vorbereitung von schweren staatsgefährdenden Gewalttaten.[48] – Daneben gibt es zahlreiche Fälle vorweggenommener Strafbarkeit *kommenden* Unrechts, ohne dass dies mit der Vermutung einer einigermaßen *dauerhaften* Abwendung des Täters vom Recht oder von Teilen des Rechts verbunden wäre; um Feindstrafrecht geht es dabei also allenfalls in einem sehr weiten Sinn: Der Täter bietet in nur *einem* Fall kei-

45 *Jakobs* (Fn. 15), S. 88; *ders.*, (Fn. 18), S. 293; auch *Hörnle* (Fn. 43), S. 81; *Morguet* (Fn. 14), S. 39 f. und passim. *Donini* erkennt die Idealtypizität der Begriffe „Bürger" und „Feind" (Fn. 40), S. 41 f., sieht aber nicht, dass der von mir verwendete drastische Begriff „Unperson" ebenso einen Idealtyp betrifft, S. 38 ff., 46 ff. und passim.

46 Den Rechtszwang verharmlosend *Gössel*, Widerrede zum Feindstrafrecht – Über Menschen, Individuen und Rechtspersonen, in: Hoyer (Fn. 31), S. 33 ff. (47).

47 Zur prozessualen Seite dieser Delikte treffend *Paeffgen* (Fn. 36), S. 102. – Einen Versuch, die §§ 129a, b StGB nicht täter-, sondern tatstrafrechtlich zu verstehen (Angriff auf das staatliche Gewaltmonopol) unternimmt *Cancio Meliá*, Zum Unrecht der kriminellen Vereinigung: Gefahr und Bedeutung, in: Pawlik (Fn. 13), S. 27 ff. (48 ff.), und plädiert dabei für eine Reduktion des Strafrahmens.

48 Dazu *Sieber*, NStZ 2009, S. 353 ff. mit Wiedergabe der Entwurfsfassung S. 354. *Sieber* hält eine Bestrafung für legitim, wenn sie sich nicht auf die Gefährlichkeit des Täters stützt (S. 356), sondern auf die Gefährlichkeit der Tat, die freilich – wie beim Versuch – „unter Berücksichtigung des Täterplans" zu bestimmen sein soll (S. 362). Dabei wird verkannt, dass der Versuch bereits ein Normbruch *ist* (dazu *Jakobs*, Strafrecht [Fn. 44], 25/21), während bei Vorbereitungen der Normbruch allenfalls angedroht wird: Rechtsgüterschutz und Feindstrafrecht (dagegen *Sieber*, S. 356) sind keine Gegensätze.

ne kognitive Garantie. Jedenfalls handelt es sich um – höchst problematisches – Sicherheitsstrafrecht. Einige Beispiele sollen folgen.

Die Regelung der Bestrafung der Verbrechensvorbereitung[49] (§ 30 StGB) halte ich wegen der enormen Strafhöhe für illegitim – der Rahmen ist derjenige der beim Versuch der geplanten Tat mindestens fälligen Strafe, etwa bei der Mordvorbereitung eine Freiheitsstrafe von drei bis zu 15 Jahren (§§ 211 Abs. 1, 49 Abs. 1 Nr. 1 StGB). Diese immense Strafdrohung beruht nicht auf der Vermutung einer verfestigten verbrecherischen Haltung; es geht also nicht um eine Sicherungsstrafe, sondern um Bestrafung *kommenden* Unrechts. Wenn im Kaiserreich, 1876, als Reaktion auf die Vorbereitung der Ermordung Bismarcks eine Strafdrohung für Verbrechensvorbereitungen von bis zu fünf Jahren Gefängnis (nicht: Zuchthaus) eingeführt wurde, so war das eine angemessene Reaktion auf das *verwirklichte* Unrecht, nämlich die Störung der öffentlichen Sicherheit, während der heutige Strafrahmen, der allerdings von den Gerichten, soweit ersichtlich, nicht oder doch höchst selten ausgeschöpft wird, offenbar auf die kommende Tat bezogen ist.[50] Wenn dieser, übrigens 1943 (!) eingeführte Strafrahmen, der bei Verbrechen die Grenze zwischen Vorbereitung und Versuch marginalisiert,[51] in der gängigen Literatur gelassen zur Kenntnis genommen wird, so beweist das eine Theorielosigkeit, die mit der Konfundierung von Bürger- und Feindstrafrecht durchaus vergleichbar ist.

Als weitere Beispiele der Bestrafung kommenden Unrechts können etwa der Versicherungsbetrug genannt werden, bei dem bereits das Beiseiteschaffen einer versicherten Sache in betrügerischer Absicht zur Vollendung führt,[52] oder aber die Urkundenfälschung, die seit 1943 (!) bereits mit dem Herstellen des unechten Papiers vollendet ist.[53] Das Blatt beginnt sich zu wenden, wenn Gewerbsmäßigkeit oder Bandenmäßigkeit als Grund für die Strafbarkeit oder für eine Erhöhung der Strafe herhalten: Dann bestimmen verfestigte kriminogene Strukturen das Unrecht, zumindest partiell. – Wie etwa die Gewerbsmäßigkeit ein feindstrafrechtliches Einsprengsel im Bürgerstrafrecht darstellt, so bleibt in der Umkehrung das Feindstrafrecht vom Bürgerstrafrecht durchsetzt, etwa durch das Unbestimmtheitsverbot (Art. 103 Abs. 2 GG) oder durch einen zumindest hauptsächlich rechtsstaatlichen Prinzipien genügenden Prozess, wobei freilich – etwa – Lauschangriffe oder verdeckte Ermittlungen bei einem Verfahren gegen Bür-

49 Zur Entwicklung eingehend *J.-D. Busch*, Die Strafbarkeit der erfolglosen Teilnahme und die Geschichte des § 49 a StGB, 1964.

50 *Jakobs*, Kriminalisierung (Fn. 41), S. 752 und passim; *ders.*, (Fn. 20), S. 47 f.; siehe auch *Donini* (Fn. 40), S. 95.

51 *Bung* (Fn. 20), S. 64; *Jakobs*, Kriminalisierung (Fn. 41), S. 752.

52 *Kindhäuser* (Fn. 28), S. 95, bemerkt zutreffend, dass es sich trotz der Vorverlagerung nicht um Feindstrafrecht im engeren Sinn handelt.

53 Dazu *Jakobs*, Urkundenfälschung. Revision eines Täuschungsdelikts, 2000, S. 89 ff.

ger nicht zum Einsatz kommen sollten, womit nicht schon ausgemacht ist, dass sie gegen Feinde unzulässig wären. Einzelheiten sollen dahinstehen.

Das alles ist, wie stets bei der Prüfung der Realität am Idealtyp, einigermaßen ungenau, was nicht selten gerügt wird,[54] aber zu Unrecht. Wer mit solchen Ungenauigkeiten nicht umgehen kann, sollte sich der Normlogik zuwenden: Dort gibt es zumindest einige scharfe Grenzen. Noch weniger ist die Behauptung angebracht, wegen der Ungenauigkeit liege ein Verstoß gegen das Unbestimmtheitsverbot vor;[55] es ist ja nicht ernsthaft daran zu denken, gegen einen Feind, nur weil er dem abstrakten Typ entspricht, irgendwie zu reagieren, vielmehr müssen das Verhalten des Feindes (zumeist wohl als nur bereichsweise feindliches Verhalten) und die Reaktionen gesetzlich bestimmt werden.

Schon gewichtiger ist der (von mir vorweggenommene)[56] Einwand, beim Feindstrafrecht handele es sich überhaupt nicht um Recht,[57] weil Recht eine Beziehung zwischen Personen sei und eine Depersonalisierung nicht zulasse. Hier gilt es zu unterscheiden: Recht ist mit – nicht nur helfendem, sondern auch durchsetzendem – Zwang verbunden, und dieser Zwang ist Fremdverwaltung der Person, depersonalisiert also, und zwar auch dann, wenn seine Notwendigkeit verantwortlich von der gezwungenen Person ausgelöst worden ist (oben A. I.). Für den Strafzwang darf ich insoweit an das schon angeführte Bild des Schadensersatzes erinnern: Der Gezwungene soll wieder – *sit venia verbo* – rechtskompatibel gemacht werden (*nota bene*: gemacht werden, also passivisch, eben gezwungenermaßen). Anders verhält es sich bei dem Zwang, der zur Verhinderung künftiger Taten ausgeübt wird: Hier, etwa bei der Sicherungsverwahrung, geht es nicht um die Neuordnung eines Rechtsverhältnisses, sondern um – in der Regel partielle – Exklusion und *insoweit* im Verhältnis zum Exkludierten nicht um Recht, sondern um Krieg.[58]

Das heißt freilich nicht, die Exklusion habe nichts mit dem Recht zu tun: Soweit sie dem (partiell, etwa durch Einsperren) zu Exkludierenden ein Verfahren, eventuell auch ein solches zur Rückkehr, bereitstellt, bleibt er im Blick darauf inkludiert, und auch ansonsten besteht das Recht *zwischen den anderen Bür-*

---

54 *Hörnle* (Fn. 43), S. 95; *Saliger*, Feindstrafrecht: Kritisches oder totalitäres Strafrechtskonzept, JZ 2006, S. 756 ff. (761); *Ambos*, Feindstrafrecht, SchwZStr 124 (2006), S. 1 ff. (15 ff.); *Kindhäuser* (Fn. 28), S. 95; *Morguet*, (Fn. 14), S. 257 ff., 272 ff. mit weiteren Nachweisen.

55 *Morguet* (Fn. 14), S. 272 ff., 278; *González Cussac* (Fn. 21), S. 37 ff., 40 f. – Dass ein Feind bestraft wird oder ein Bürger ist die *Deutung* einer gegebenen Strafrechtslage und nicht etwa Tatbestandsmerkmal.

56 *Jakobs* (Fn. 27), S. 53.

57 *Cancio Meliá*, Feind„strafrecht“?, ZStW 117 (2005), S. 267 ff. (S. 267 in der Überschrift, S. 286 Fn. 68, S. 288); *Ambos* (Fn. 54) S. 26; *Bung* (Fn. 20), S. 70; *Müssig*, Ausnahmezustand als Ordnung: zum Begriff und Konzept eines „Feindstrafrechts“, in: Dona Scripta MMVII. FS Klaus-Dieter Becker, Bd. 2, 2007, S. 1033 ff. (S. 1050 und passim).

58 *Jakobs*, wie Fn. 56, und öfter.

gern, die gebunden bleiben,[59] so und nur so mit dem (partiell) zu Exkludierenden zu verfahren.[60]

Die Exklusion erfolgt, weil der Täter keine Gewähr für ein künftiges Legalverhalten bietet, also seine Personalität nicht hin reichend kognitiv untermauert wird. Die Exklusion kommt über den Täter nicht als unverdientes Schicksal; denn da jede orientierende normative Institution kognitiv untermauert sein muss, hat er wir jeder andere die Obliegenheit,[61] sich einigermaßen verlässlich darzustellen, – schwere und schwerste Verbrechen dürfen von ihm nicht zu erwarten sein. Der Täter wird also – anders als es *Köhler* jüngst in einem umfangreichen Aufsatz zur Sicherungsverwahrung dargelegt hat – nicht einem „instrumentalen Zweckkonzept" unterworfen, das für den Umgang mit ihm als „Mit-Subjekt" unangemessen wäre,[62] sondern er hat sich selbst durch die Verletzung seiner Obliegenheit gesellschaftsunfähig gemacht.

Gegen die Annahme einer Obliegenheit zu einer Selbstdarstellung als verlässlich ist vorgebracht worden, dieses Verlangen sei totalitär; anklagend heißt es: „Nicht mehr der Staat allein ist zuständig, das Grundrecht des Bürgers auf Sicherheit zu garantieren. Auch der einzelne Bürger steht real in der Pflicht, die Sicherheitsproblematik zu lösen."[63] Allerdings dürfte die Totalitarismusgefahr eher „auf der anderen Seite" zu suchen und zu finden sein. Wenn allein der Staat für eine hinreichende kognitive Untermauerung der Personalität zu sorgen hätte (wie es *Kant* in seinem Beispiel eines bürgerlichen Vereins für ein „Volk von Teufeln" in der Tat vorgeschlagen hat),[64] muss die Überwachung solchermaßen dicht sein, dass von Freiheit keine Rede mehr sein kann, zumal ja auch die Überwacher überwacht werden müssen. – Kognitive Verlässlichkeit ist Bedingung jeder Inklusion; ohne sie, also mit inkludierten Feinden, hat Gesellschaft keinen Bestand. Mit anderen Worten, Personalität ist so wenig eine bloße Gewährung der Gesellschaft wie eine bloße Selbstentfaltung des Einzelnen, sondern sie ist das Produkt einer Beziehung, zu der beide Seiten, Gesellschaft und Einzelner, beitragen müssen.

---

59 Feindstrafrecht als „gebändigter Krieg": *Jakobs* (Fn. 15), S. 92; *ders.* (Fn. 18), S. 44; dagegen *Pawlik* (Fn. 16), S. 40.

60 Zum Rechtsbegriff: *H. L. A. Hart*, Der Positivismus und die Trennung von Recht und Moral, in: Recht und Moral (hrsg. von Hoerster), 1971, S. 14 ff. (50 f.).

61 Eingehender *Jakobs* (Fn. 5), S. 41 ff.; schon *ders.*, Terroristen als Personen im Recht?, ZStW 117 (2005), S. 839 ff. (843).

62 So aber *Köhler*, Die Aufhebung der Sicherungsmaßregeln durch die Strafgerechtigkeit, in: Pawlik (Fn. 13), S. 273 ff. (279). – *Köhler* selbst setzt statt auf Sicherungsverwahrung auf die Schuld- und damit Straferhöhung bei „habitueller" Delinquenz, S. 289 und passim; dazu *Jakobs* (Fn. 5) S. 40 f.

63 *Saliger* (Fn. 54), S. 762.

64 *Kant* (Fn. 40), S. 686. Zum Teufelsvolk *Pawlik*, Kants Volk von Teufeln und sein Staat, in: Byrd u. a. (Hrsg.), Jahrbuch für Recht und Ethik, Bd. 14 (2006), S. 269 ff. (270 f.).

D. Schluss

Recht ist mit der Befugnis zu zwingen verbunden; (nicht helfender) Zwang ist begrifflich Fremdverwaltung, also Depersonalisierung. Recht ist demnach mit der Befugnis verbunden, notfalls zu depersonalisieren. Diese Depersonalisierung ist in den Grundfällen – Strafe, Zwangsvollstreckung, Ausnüchterung – mit der Erwartung verbunden, nach Abschluss des Zwangs werde sich ein allseits personaler Umgang wieder einstellen. Diese Erwartung kommender allseitig unbeschränkter Personalität muss kognitiv untermauert sein, wenn sie wirklich die Orientierung leiten soll. Fehlt diese Untermauerung, so muss Sicherheit zwangsweise hergestellt werden; ich nenne das: Der unsichere Kantonist wird als Feind behandelt. Eine Gesellschaft, die nicht in der Lage ist, ihre Feinde – ich wiederhole einen oft gerügten Ausdruck – kaltzustellen[65], geht unter, und wenn sie nicht untergeht, zeigt das, dass sie doch dazu in der Lage ist (auch wenn sie den Vorgang schamvoll anders benennt).

In welchem Maß die Feindbehandlung praktiziert werden muss, hängt von zwei Faktoren ab, nämlich dem Sicherheitsbedürfnis der Bürger und dem Gewaltpotenzial der unsicheren Kantonisten. Beide Faktoren mag die Gesellschaft und der Verwalter des Rechts, der Staat, beeinflussen können; trotzdem ist die Annahme, man könne einfach zur Tagesordnung des perfekten, alle Personen permanent voll integrierenden Rechtsstaats übergehen, durch nichts begründet. Vielmehr muss das Recht, soll es orientierend bleiben, auch Ausnahmen von der Integration kennen, und Sicherungsverwahrung, harte Strafen für die Bildung einer terroristischen Vereinigung, Lauschangriffe, verdeckte Ermittlungen und anderes mehr zeugen von solchen Ausnahmen: So spricht der Staat nicht zu seinen Bürgern, sondern so macht er seine Feinde unschädlich. Sollte er das unterlassen und untergehen?[66] Wird die Frage verneint, so muss er seinen Feinden

---

65 *Jakobs* (Fn. 27), S. 53.

66 Eher für Untergang wohl *Jahn*, Das Strafrecht des Staatsnotstandes. Die strafrechtlichen Rechtfertigungsgründe und ihr Verhältnis zu Eingriff und Intervention im Verfassungs- und Völkerrecht der Gegenwart, 2004, passim (dazu *Jakobs*, Buchbesprechung, ZStW 117 [2005], S. 418 ff. [425]); *Bung* (Fn. 20), S. 70; *Gierhake* (Fn. 6), S. 361 und andere mehr. Vor dieser Konsequenz schreckt *Morguet* zurück: Sie will zwar Art. 1 Abs. 1 GG dahin verstehen, es verbiete sich „eine strafrechtliche Schlechterstellung aufgrund einer der Person innewohnenden Gefährlichkeit prinzipiell“ (Fn. 14), S. 284, legitimiert aber Bestrafungen solchermaßen uferlos mit dem Topos „Rechtsgüterschutz“ (siehe etwa zu § 30 StGB, S. 254 f.), dass sich ein vor dem Untergang bewahrendes Mittel schon wird finden lassen. – Mit der Gegenüberstellung von Bestand und Untergang erledigt sich auch das am meisten hin- und hergewälzte Problem der Deskriptivität oder Legitimierung des Konzepts: Die Bedingungen orientierender Rechtlichkeit werfen nur für denjenigen ein unlösbares Legitimationsproblem auf, der gegebenenfalls für den sofortigen Untergang optiert. Aber der Untergang steht erst an, wenn ansonsten nur die Fratze eines Rechtsstaats bleibt. – Manche Ausführungen zu der angeblichen Unmöglichkeit, Feindstrafrecht systemtheoretisch darzustellen (*Gómez* [Fn. 20], S. 546 ff; *Sinn* [Fn. 27],

wirklich, in ihrem Dasein, entgegentreten können; abstrakte Rechtsformen und wirkliches Recht sind eben zweierlei.

S. 114; *Müssig*, wie Fn. 57) habe ich nicht verstanden (siehe schon Fn. 20). Bei einer Theorie sozialer Systeme bietet (partielle) Exklusion keine Darstellungsprobleme; dazu *Luhmann*, Exklusion und Inklusion, in: *ders.*, Soziologische Aufklärung, Bd. 6., 1995, S. 237 ff.; *ders.*, Die Gesellschaft der Gesellschaft, 1997, Bd. 2., S. 618 ff.; *Jakobs*, Personalität und Exklusion, in: Kourakis (Hrsg.), Die Strafrechtswissenschaften im 21. Jahrhundert. FS Spinellis, Athen 2001, Bd. 1., S. 447 ff. Die Behauptung, zur Selbstbeschreibung der Gesellschaft gehöre permanente volle Personalität von jedem Menschen zu jeder Zeit, passt zu einer gewaltigen Menge von Rechtsinstituten nicht, etwa nicht zur Notwehr oder zur Sicherungsverwahrung, allgemein gesprochen, passt nicht zu jedem nicht-helfenden Rechtszwang. – Auf einige weiche Gegenargumente möchte ich nicht eingehen, etwa: Feindstrafrecht als „bestenfalls irreführende Metapher" (*Schünemann* [Fn.42], S. 113), als „entbehrlicher Zwischenbegriff" (*Greco*, Über das sogenannte Feindstrafrecht, GA 2006, S. 96 ff. [113]), als kein „wissenschaftliches Konzept" (*Sinn* [Fn. 27], S. 127; ähnlich *Frisch*, Konzepte der Strafe und Entwicklungen des Strafrechts in Europa, GA 2009, S. 385 ff. [397 f.] [wenig dienlich „für die Lösung von Sachfragen" – aber doch wohl trefflich geeignet, deren Belegenheit zu markieren]; *Kindhäuser* [wie Fn. 28]. – Zur Wissenschaftlichkeit siehe oben Fn. 13 und den Text dazu). – Zu danken habe ich für manche wohlgemeinten erzieherischen Ermahnungen, die mich vor weiterem Straucheln bewahren sollen: Ich soll die brillante deutsche Strafrechtswissenschaft nicht international in Misskredit bringen (*Schünemann* [Fn. 15], S. 220 f.), in Lateinamerika nicht affirmativ für die dortigen Verhältnisse wirken (*Ambos* [Fn. 53], S. 23 f.), zudem nicht „koste es, was es wolle" (sic) die Wirklichkeit vor das Wesen des Rechtsstaats rücken (*Gierhake* [Fn. 6], S. 360 f.; – aber ich beherzige Matth. 13, 29 ohnehin) und insbesondere die schlimmen Folgen meiner – nach anderer Ansicht allerdings geradezu notorisch „folgenlosen" (*Schünemann* [Fn. 42], S. 211) – Theorie bedenken, bevor ich darüber rede und schreibe (*Eser*, Schlussbetrachtungen, in: *ders.* [Fn. 27], S. 443 ff; *Ambos* [Fn. 53], S. 21 f.). – *Eine* Folge sei hervorgehoben: An der Universität Sevilla kann mittlerweile die Veranstaltung „Feindstrafrecht" als Wahlfach belegt werden, und zwar über vier Monate wöchentlich zwei Stunden; der Zuspruch soll nach zuverlässiger Mitteilung groß sein.

Strafrecht als ultima ratio – Neuere Strafgesetzgebung in Japan

Yu Kamon

A. Einleitung

I. „ultima ratio"

Dass für das deutsche und für das japanische Strafrecht das ultima ratio-Prinzip gilt, ist unbestritten. Aus dem Blickwinkel der „ultima ratio" ist Strafe nur sehr zurückhaltend anzuwenden.[1] Dies bedeutet normalerweise, dass das Strafrecht die Funktion einer ultima ratio der Sozialkontrolle hat[2] oder „im äußersten Fall das äußerste Mittel" ist.[3] Außerdem erklärt „ultima ratio" sich daraus, dass erst dann, wenn andere Mittel (z.B. die des Zivilrechts, des Verwaltungsrechts oder des Sozialhilferechts) nicht verfangen, der Staat das scharfe (oft zu scharfe und zu viel zerstörende) Werkzeug des Strafrechts einsetzen darf, um soziales Verhalten zu erzwingen.[4]

In Deutschland lässt die „ultima ratio" sich aus dem verfassungsrechtlich gesicherten Grundsatz der Verhältnismäßigkeit ableiten.[5] Namentlich darf die Aussicht, durch Strafandrohungen zu einer Verhaltensregelung beizutragen, nicht überschätzt werden; insbesondere ist das Strafrecht kein Allheilmittel zur Bewältigung gesellschaftlicher Konflikte oder zur Einwirkung auf verbreitete Ansichten in der Bevölkerung.[6] Das ultima ratio-Prinzip wird normalerweise mit dem Subsidiaritätsprinzip gleichgesetzt: Das Strafrecht ist die letzte unter allen in Betracht kommenden Schutzmaßnahmen, d.h. es darf nur dann eingesetzt werden, wenn andere Mittel der sozialen Problemlösung, wie etwa die zivilrechtliche Klage, polizei- oder gewerberechtliche Anordnungen oder nichtstrafrechtliche Sanktionen, versagen.[7]

Auch in der japanischen Strafrechtswissenschaft ist das ultima ratio-Prinzip einer der strafrechtlichen Grundsätze und wird mit dem Subsidiaritätsprinzip gleichgesetzt. Jedoch stellt es in Japan auch einen Teil des Zurückhaltungsprinzips dar, welches schon im Jahre 1926 angemerkt worden ist. Nach diesem Prin-

---

1 *Hirano,* Strafrecht Allgemeiner Teil I, 1972, S. 47; *Fujiki,* Strafrecht Allgemeiner Teil, 1975, S. 4; *Nakayama,* Strafrecht Allgemeiner Teil, 1982, S. 2; *Asada,* Strafrecht Allgemeiner Teil, 2007, S. 47; *Matsumiya,* Strafrecht Allgemeiner Teil, 4. Aufl. 2009, S. 14 usw.

2 *Albrecht,* Entkriminalisierung als Gebot des Rechtsstaats, KriV 79 (1996), S. 330.

3 *Naucke,* Strafrecht. Eine Einführung, 6. Aufl. 1991, S. 78.

4 *Baumann/Weber/Mitsch,* Strafrecht Allgemeiner Teil, 11. Aufl. 2003, S. 15.

5 *Roxin,* Strafrecht Allgemeiner Teil, 4. Aufl. 2006, S. 40.

6 *Albrecht* (Fn. 2), S. 330.

7 *Roxin* (Fn. 5), S. 45.

zip sollte die Bestrafung vom Strafgesetzgeber nur sehr zurückhaltend gehandhabt werden. Nicht alle Verbrechen vermögen durch Strafgesetze eingedämmt zu werden. Versucht man, alle Verbrechen gewaltsam auszurotten, besteht die Gefahr, dass vielmehr unsere persönlichen Rechtsgüter verletzt oder gefährdet werden oder die soziale weitere Entwicklung aufgehalten wird.[8] Das Zurückhaltungsprinzip ist nicht nur mit dem ultima ratio-Prinzip gleichzusetzen, sondern geht über dieses hinaus und fordert den „fragmentarischen Charakter des Strafrechts“ und den sekundären Schutz nur derjenigen Rechtsgüter, die das Zivilrecht, Verwaltungsrecht als solche anerkennen.

Anders als Deutschland leitet sich das ultima ratio-Prinzip in Japan nicht aus dem Verfassungsrecht (wie dem Grundsatz der Verhältnismäßigkeit), sondern unmittelbar aus dem Grundsatz „minima non curat praetor“ ab,[9] bzw. aus materiellen Gründen: Strafe hat nicht nur positive Folgen (General- und Spezialprävention), sondern auch negative. Namentlich nimmt die Strafe dem Verbrecher die Basis seines sozialen Lebens, dadurch verkommt er zum „Heruntergekommenen“. Außerdem besteht die Gefahr, dass zu harte Strafen zu einer Inakzeptanz des Rechts innerhalb der Gesellschaft führen.[10]

Grundsätzlich bestimmt das ultima ratio-Prinzip die Gesetzgebung, die Auslegung sowie die Ermittlungen, die Anklage und den Strafvollzug.[11] Im Folgenden wird nun versucht, die moderne Bedeutung dieses Prinzips im Rahmen der Gesetzgebung zu erklären.

II. Abschätzung der Wirkung des ultima-ratio-Prinzips

Im Vergleich zu welchen Mitteln soll das Strafrecht „ultima ratio“ sein? Da ist zum einen „die strafrechtsinterne Subsidiarität“ von Zwangsmitteln zu nennen. Anders ausgedrückt bedeutet dies, dass, sofern die Wirkung dieselbe ist, immer dasjenige strafrechtliche Mittel eingesetzt werden soll, welches den Betroffenen am wenigsten trifft. Zum anderen meint „ultima ratio“, dass Strafrecht eingebunden ist in ein Netz der formellen und informellen Sozialkontrolle und damit nur eine unter mehreren möglichen Reaktionen auf normbrechendes Verhalten darstellt.[12] Während die „strafrechtsinterne Subsidiarität“ des Strafrechts anerkannt ist, ist die Geltung des ultima ratio-Prinzips im externen Verhältnis des Strafrechts zu anderen Rechtsgebieten umstritten.

---

8 *Miyamoto,* Keiho-gaku Koyo (Strafrechtliche Grundlagen), 1926, S. 79 ff.

9 *Takigawa,* Hanzai-ron Josetsu (Einleitung der Verbrechenstheorie), 1947, S. 3.

10 *Fujiki,* Zaisan to Keiho (Vermögen und Strafrecht), in: Ryuichi Hirano (Hrsg.) Gendaiho to Keibatsu, 1965, S. 119.

11 *Kogure,* Hanzai-ron no Kenyokuteki-Kousei (zurückhaltende Struktur der Verbrechenstheorie), in: Hiraba (Hrsg.) FS Dando, Bd. II, 1984, S. 5.

12 *Niggli,* Ultima Ratio? Über Rechtsgüter und das Verhältnis von Straf- und Zivilrecht bezüglich der sogenannten (subsidiären oder sekundären Natur) des Strafrechts, ZStR 111 (1993), S. 238 ff.

Ausgehend von der „ultima ratio“ im externen Verhältnis des Strafrechts ist der Anwendungsbereich des Strafrechts daraufhin zu überprüfen, ob andere gesellschaftliche Regelungssysteme als Steuerungselemente zur Verfügung stehen. Auch soweit eine strafrechtliche Ahndung geboten ist, bedarf es der Prüfung, ob die Einwirkung auf den Betroffenen mit weniger einschneidenden Maßnahmen zu erreichen ist.[13] Mit anderen Worten, die „ultima ratio“ ist auf Basis einer Vergleichbarkeit von strafrechtlicher Ahndung mit anderen rechtlichen oder gesellschaftlichen Regelungsmitteln zu beurteilen.

Jedoch gibt es auch Zweifel an dieser Vergleichsmethode. In erster Linie wird kritisiert, dass das Strafrecht als Mittel der Verhaltenssteuerung verstanden wird. Und wie später erwähnt wird, ist eine Entscheidung darüber sehr schwierig, welches Mittel effektiver als die strafrechtliche Ahndung ist.

So wird in Japan die Ableitung eines weiten Ermessensspielraumes, wonach der Gesetzgeber nach seinem Ermessen entscheiden kann, ob eine Strafvorschrift ein unbedingt notwendiges oder ein überhaupt geeignetes Mittel zur Lösung des jeweiligen Problems ist, aus dem ultima ratio-Prinzip teilweise in Frage gestellt.[14] Nach dieser Auffassung hat die „ultima ratio“ nicht die Funktion, einen praktischen Maßstab für den Strafgesetzgeber abzugeben; das „Zurückhaltungsprinzip“ soll demnach nicht für den Strafgesetzgeber, sondern nur für den Richter gelten.[15] Deswegen betrachtet ein Teil der Lehre die „ultima ratio“ für den Strafgesetzgeber nur als Wunschvorstellung.

III. Aktivierungssituation einer Strafgesetzgebung in Japan

Man bezeichnet die gegenwärtige Situation der Strafgesetzgebung in Japan als „Ära der Aktivierung einer Strafgesetzgebung“. Die gegenwärtige Strafgesetzgebung in Japan wird besonders mit Vergeltungsgefühlen der Opfer oder Hinterbliebenen, mit der Angst der Bevölkerung vor Verbrechen und mit internationalen Forderungen (z. B. zur Bekämpfung des internationalen Terrorismus) begründet. Ausgehend von der gegenwärtigen Inflation der Strafgesetze in Japan versteht man Strafvorschriften nicht als ultima ratio, sondern als prima ratio. Die Wortbedeutung der „ultima ratio“ als das ultimative Mittel, alle Probleme zu lösen, scheint deutlich missverstanden zu werden.

---

13 *Albrecht* (Fn. 2), S. 330.

14 *Abe,* Keibatsu ni tsuiteno Kenyoku-Shugi (Zurückhaltungsprinzip der Strafe), in: Shinpan-Kenpo-Enshu, 1980, S. 213.

15 *Shimada,* Keizai-Keiho (Wirtschaftsstrafrecht), Jurist 1348 (2008), 105.

B. „ultima ratio“ und neuere Strafgesetzgebung

I. Strafgesetzgebung für den Bürger?

Einige Wissenschaftler äußern sich hinsichtlich der „Tendenz der Kriminalisierung und Strafverschärfung“ positiv.[16] Auch Praktiker begründen diese Tendenz mit der Notwendigkeit des strafrechtlichen Schutzes der Bevölkerung. Aus ihrer Sicht schaden Strafvorschriften den bürgerlichen Interessen nicht, sondern sind vielmehr eine Art „Schutzmittel“ für diese. Aus diesem Grund wird heute der Ruf nach dem Strafgesetzgeber immer lauter. Im Folgenden werde ich diese Erwartungen genauer analysieren.

II. Erwartungen an die Strafgesetzgebung

Dabei sind zunächst die Opfer und Hinterbliebenen zu nennen, die maßgeblichen Einfluss auf die gegenwärtige Gesetzgebung Japans nehmen. Besonders in den letzten Jahren ist die Befriedung des Vergeltungsbedürfnisses Hintergrund der Strafgesetzgebung in Japan.[17] So wurden beispielsweise Strafverschärfungen bei fahrlässiger Tötung und Körperverletzung im Rahmen von Verkehrsdelikten gefordert. Ihren Forderungen entsprechend sind im Jahr 2007 Änderungen des Strafgesetzbuchs in Kraft getreten.

Neben Strafverschärfungen wird eine Ausweitung der Strafbarkeit gefordert. Beispiele hierfür sind das Umweltstrafrecht und das Gesetz gegen das Klonen von Menschen. Solche Gesetze, bei denen dem Gesetzgeber von vornherein klar ist, dass sie praktisch kaum Bedeutung haben werden und nur ein gesellschaftspolitisches Zeichen setzen sollen,[18] werden als „symbolische Gesetzgebung“ bezeichnet.

Zur Rechtfertigung neuer Strafgesetze wird unter anderem angeführt, Verbrechensängsten der Bürger entgegenwirken zu wollen. So war nicht etwa das Ziel eines empirischen Präventionseffekts, sondern Ängste vor Verbrechen innerhalb der Bevölkerung Anlass für die Schaffung des Gesetzes zur Bekämpfung der organisierten Kriminalität im Jahr 2000.[19]

Darüber hinaus hat der Strafgesetzgeber in Japan, um internationalen Forderungen zu entsprechen, in großer Eile Gesetze zur Bekämpfung des internationalen Terrorismus und der Cyberkriminalität erlassen. In letzter Zeit bereitet der Strafgesetzgeber einen Gesetzentwurf zur Einführung der Strafbarkeit von konspirativen Verschwörungen (= Kyoubou-zai) vor.

---

16 *Ida,* Keiji-Rippou no Kasseika to Yukue (Die Aktivierungssituation einer Strafgesetzgebung und der Ausblick, Houritsu-Jihou 927 (2003), S. 4 ff.

17 *Matsubara,* Keiji-Rippou to Keiho-gaku (Strafgesetzgebung und Strafrechtswissenschaft), Jurist 1359 (2008), S. 71 ff.

18 *Hirsch,* Aktuelle Probleme rechtsstaatlicher Strafgesetzgebung, Hans Lilie (Hrsg.), Strafrechtliche Probleme, Bd. 2, 2009, S. 41.

19 *Matsubara* (Fn. 17), S. 71 ff.

Als weitere Erwartung an die Strafgesetzgebung wird angeführt, dass Strafvorschriften als ein Mittel zur Durchsetzung von Regeln zu betrachten seien; denn von der Strafgesetzgebung wird erwartet, den Verhaltensnormen Gültigkeit zu verschaffen. Um während des Zweiten Weltkrieges die Gestaltungsfunktion der wirtschaftlichen Normen zu gewährleisten (um eine Wirtschaftsform zu schützen, bei der der Staat die gesamte Planung und Verwaltung der Wirtschaft übernahm), stellte die damalige Regierung die Missachtung behördlicher Verfügungen unter Strafe. Die Tatsache, dass damals Strafrechtswissenschaftler diese Funktion des Strafrechts begründeten, hat zu einer Entscheidung zugunsten des Strafrechtseinsatzes geführt und ferner zu einer „Inflation im Verwaltungsstrafrecht".[20] In letzter Zeit wird der Einsatz des Strafrechts sogar erlaubt, um sozialen Vorschriften (z. B. dem Rauchverbot und dem Wegwerfverbot) Geltung zu verschaffen.

Als letzter Punkt ist anzuführen, dass der Strafgesetzgebung das Vertrauen in die Polizei zugrunde liegt. Grundsätzlich wird auf die Fähigkeit der Polizei vertraut, soziale Probleme zu lösen. In jüngster Zeit wird von der Polizei erwartet, dass sie auch bei privaten Konflikten interveniert (z. B. bei häuslicher Gewalt, bei Kindesmisshandlung usw.). Im Jahr 2000 trat in Japan ein Gesetz zur Bekämpfung des Stalkings in Kraft. Der Hauptzweck dieses Gesetzes ist es, Polizeiinterventionen im häuslichen oder privaten Bereich zu rechtfertigen.[21] Anlass für dieses Gesetz sind Erwartungen der Bürger, denen die Angst vor Verbrechen und das Vertrauen in Polizei und Verwaltung zugrunde liegen.[22]

C. Problemlösungsdenken in der Strafrechtswissenschaft

I. Problemlösungsdenken

In den sechziger Jahren kritisierte *Hirano*, dass damalige Strafrechtswissenschaftler sich nur für die Strafrechtsdogmatik und die Kohärenz eines Verbrechenssystems interessierten. Er hingegen sah die Notwendigkeit des funktionalen Denkens bzw. Problemlösungsdenkens. Er forderte, dass die Strafrechtswissenschaft ihre Analysen aus dem Blickwinkel der vom Strafrecht erwarteten Funktion betreiben solle und über das Strafrecht als Mittel der sozialen Steuerung nachdenken müsse.[23] Die gegenwärtige Strafrechtswissenschaft in Japan ist von „diesem Wechsel vom systematischen Denken zum Problemlösungsden-

---

20 *Abe,* Gyosei no Hou-Sisutemu (Rechtssystem von Verwaltung), 1997, S. 445 ff.

21 *Odanaka,* Keiji-Kisei no Hendo to Kenpoteki gendai Keiji-gensoku (Wechsel der Kriminalvorschriften und modernes Kriminalprinzip), in: Keiji-jittaiho to Keiji-Tetsuzuki, 2003, S. 43.

22 *Nakamura,* Manaa no Ruuruka oyobi Genbatsu-ka Keikou ni tsuite (Überlegung über die Regelung der Manieren und die Strafschärfungstendenz), in: Seigo Hirowatari (Hrsg.) Minshushugi-Hougaku Keiji-Hougaku no Tenbou, Bd. 2, 2005, S. 503.

23 *Hirano,* Gendai ni okeru Keiho no Kinou (Strafrechtliche Funktion im letzten Jahr), in: Keiho no Kiso, 1966, S. 93 ff.

ken" beeinflusst. Außerdem hat *Fujiki* behauptet, dass Strafrecht eines der sozialen Kontrollsysteme war.[24]

Jedoch birgt dieses Problemlösungsdenken auch die Gefahr neuer Kriminalisierung und Strafverschärfung; denn für die politischen Organe ist die Strafgesetzgebung der schnellste und kostengünstigste Weg unter Beweis zu stellen, dass für den Schutz der Bevölkerung etwas getan wird. Hier hegt *Hirano* Befürchtungen und weist daher darauf hin, dass die Strafe als staatliche Reaktion nur dann legitim sei, wenn ihr Einsatz Vorteile bringe oder, vergleichbar bei einem Eingriff, wenn andere mildere Mittel versagen.[25]

II. Schwierigkeit der Einschätzung der Gesetzesfolgen

Die aktuelle Situation der Strafgesetzgebung in Japan bestätigt schnell, dass dieser Aspekt nach *Hirano* keine kritische Funktion wahrnehmen kann. Meiner Meinung nach stützt sich die Strafgesetzgebung der letzten Zeit auf das Problemlösungsdenken. Es geht dabei um die Methoden zur Abschätzung von Gesetzesfolgen, die dieses Problemlösungsdenken voraussetzt. Der Grund dafür ist die „Unvergleichbarkeit der Folgen“.

Erstens kann eine empirische Studie die Folgen von Strafvorschriften, insbesondere die Folge, Verbrechensängste in der Bevölkerung aufzulösen, nicht erklären. Das Gleiche gilt für die „Gestaltungskraft, was Normen anbelangt“. Unsichere Folgen können nicht zu einer rationalen Diskussion über die entsprechende Gesetzgebung führen.[26]

Zweitens sollte nach dem Prinzip der ultima ratio von der Geldstrafe weniger Gebrauch gemacht werden als von der Geldbuße. Allerdings ist die Geldbuße (besonders dann, wenn sie gegen ein Unternehmen verhängt wird) zumeist viel höher als eine Geldstrafe. Zudem gelten die Strafverfahrensgarantien nicht für Verwaltungsverstöße.[27] Daher ist ein Vergleich der Sanktionen nicht einfach.

Ein weiteres Problem stellt die Frage dar, was Gegenstand dieses Vergleichs sein soll. Teilweise ist ein Vergleich mit mehreren Problemlösungsmitteln möglich (z.B. zivilrechtlichen Mitteln bei häuslicher Gewalt). Zum Teil gibt es jedoch keine anderen rechtlichen Mittel wie etwa bei dem Gesetz für das Besitzverbot von „Werkzeug für das Aufbrechen eines Schlosses (Special Picking Tools)“, wo andere rechtliche Mittel nur schwer in Betracht kommen. In diesem Fall kann nur der „Selbstschutz“ mit strafrechtlichen Mitteln verglichen werden: Gegen einen neuen Straftatbestand oder den Gesetzesvorschlag für einen sol-

---

24 *Fujiki* (Fn.10), S. 116.

25 *Hirano,* Keiho no Kinouteki Kousatsu (Funktionale Überlegung im Strafrecht), in: Keiho no Kinouteki Kousatsu, 1984, S. 4.

26 *Matsubara* (Fn. 17), S. 71 ff.

27 *Hörnle,* Subsidiarität als Begrenzungsprinzip – Selbstschutz, in: Hirsch/Seelmann/ Wohlers (Hrsg.), Mediating Principles, 2006, S. 37; *Ida,* Saikin no Keiji-Rippou wo meguru Houhouron-teki Sho-mondai (Probleme über Methoden der moderne Strafgesetzgebung), Jurist, Bd. 1369, 2008, S. 62 ff.

chen könnte vorgebracht werden, dass dieser überflüssig sei, weil die potentiellen Opfer sich selbst vor negativen Konsequenzen schützen können.[28] Aber aus dem oben erwähnten Aspekt „der Strafgesetzgebung für die Bevölkerung" sollen Belastungen der Bevölkerung vermieden werden. Dieser Ansatz neigt demnach dazu, Kriminalisierung zu rechtfertigen.

Es soll hier festgehalten werden, dass Methoden der Einschätzung von Gesetzesfolgen problematisch sind, weshalb die „ultima ratio" auf der Basis des Folgenvergleichs nicht die Funktion hat, den praktischen Maßstab für den Strafgesetzgeber zu liefern.

III. Das exzessive Vertrauen in die Polizei

Wie oben erwähnt, nehmen die Strafvorschriften zu, die auf dem Vertrauen in die Polizei basieren. Zum einen ruft die Erwartung von Hilfe durch die Polizei eine Inflation der Strafvorschriften hervor, zum anderen verkommt die strafrechtliche Intervention zur „Dienstleistung für das Individuum". Die strafrechtliche Sanktion wird demnach nur als eine vertretbare Alternative für andere Sanktionen betrachtet.[29] Von diesem Standpunkt aus gesehen kann das ultima ratio-Prinzip für den Gesetzgeber keine kritische Funktion erfüllen, sondern trägt vielmehr zu einer Inflation der Strafvorschriften bei.

IV. Zweifel über „Gestaltungskraft, was Normen anbelangt"

Angesichts der „Inflation im Verwaltungsstrafrecht" in Japan erwartet man von der Strafgesetzgebung, den Verhaltensnormen Gültigkeit zu verschaffen. Aber ist es tatsächlich möglich, gesellschaftliche Verhaltensnormen durch Gesetzgebung zu gestalten? Im Bereich des Wirtschaftsstrafrechts hat Strafe keine positive Funktion, indem sie die Wirtschaftsstruktur im Ganzen zu wirtschaftspolitischen Zwecken ändert. Vielmehr sind gegenüber Wirtschaftsvertretern nichtstrafrechtliche Mittel, besonders verwaltungsrechtliche Mitteln (wie z.B. der Befehl der Geschäftsverbesserung) zur *Bekämpfung* wirksam. Erst wenn Verstöße gegen Wirtschafts*regeln* unter reichhaltige Beobachtung gestellt werden und diese Regeln fair und transparent angewendet werden, sind die Bürger dazu bereit, diese zu befolgen.

Darüber hinaus besteht das fundamentale Problem, ob „Gestaltungskraft der Strafgesetzgebung, was Normen anbelangt" verfassungsrechtlich gerechtfertigt ist. Es wird befürchtet, dass das Strafrecht die Bevölkerung zu einer Moral in Form willkürlicher Politik zwingt. Nach dem Subsidiaritätsprinzip kann es niemals primäre Aufgabe des staatlichen Strafrechts sein, die sozialethischen Ge-

---

28 *Wohlers,* Strafrecht als ultima ratio, in: Hirsch/Seelmann/Wohlers (Hrsg.), Mediating Principles, 2006, S. 24.

29 *Sakai,* Keiji-Kisei no Henyo to Keiji-Hougaku no Kadai (Veränderung der Strafvorschriften und Aufgabe der Kriminalrechtswissenschaft), Keiho-Zasshi 43–1, 2003, S. 5 ff.

sinnungswerte zu schützen. Die staatliche Strafe ist ja auch das denkbar ungeeignetste Mittel, um Gesinnungswerte zu gewährleisten.[30]

D. Ergebnis

I. Erfordernis eines besonderen Rechtfertigungsgrundes

Ist der Einsatz des Strafrechts zum Zweck der Problemlösung als „ineffektiv“ zu betrachten, muss ihn der Strafgesetzgeber ohne Zweifel unterlassen. Jedoch erfüllen in Japan unzählige verwaltungsstrafrechtliche Vorschriften ihre Funktion nicht; denn nur schwere Fälle von Verwaltungsverstößen werden von den Behörden verfolgt. Auch fehlt es an der erforderlichen Abschreckung durch diese Vorschriften, weil Verstöße nur mit milden Strafen geahndet werden.[31] Das führt dazu, dass das Verwaltungsstrafrecht teilweise als „verrostete, unnütze Waffe“ bezeichnet wird.[32]

Andererseits lassen sich Strafvorschriften nicht allein dadurch rechtfertigen, dass ihr Einsatz „effektiv“ wäre; denn eine Strafe ist eine „gefährliche Arznei“.[33] Sie kann sehr effektiv sein, aber zugleich schädliche Nebenwirkungen haben. Deswegen ist „Effektivität“ zwar eine notwendige, aber keine hinreichende Bedingung für Strafvorschriften.

In Anbetracht dessen ist das ultima ratio-Prinzip von fundamentaler Bedeutung. Anders als andere Mittel bedarf der Einsatz des Strafrechts eines besonderen Rechtfertigungsgrundes.

II. „ultima ratio“ aufgrund des Rechtsgutsbezugs

Erst dann, wenn das betreffende Verhalten schädlich für eine Gesellschaft ist, ist der Eingriff des Strafrechts zu rechtfertigen. Daher sollte unerlässliche Bedingung für den Strafrechtseingriff nicht die „Effektivität“, sondern der „Schaden“ sein. Die Kriterien für eine faire Zurechnung ergeben sich aus der Eingriffsintensität in Rechtsgüter. Deswegen hat die Konkretisierung des ultima ratio-Prinzips anhand einer Fallgruppenbildung zu erfolgen, die vom geschützten Rechtsgut ausgeht.[34]

Diese Fallgruppenbildung eignet sich besonders für als abstrakte Gefährdungsdelikte ausgestaltete Delikte; denn bei diesen wird vermutet, dass ihnen ein Rechtsgutsbezug fehlt. So nehmen unzählige verwaltungsstrafrechtliche Vorschriften lediglich auf den bloßen Ungehorsam gegen amtliche Verfügungen

---

30 *Kaufmann,* Subsidiaritätsprinzip und Strafrecht, in: Grundfragen der gesamten Strafrechtswissenschaft. FS Henkel, 1974, S. 102.

31 *Ichihashi,* Nihon no Gyousei-Shobatsu Housei (Verwaltungsstrafrecht in Japan), Nagoya Daigaku Hosei-ronshu ,1993, S.110 ff.

32 *Abe* (Fn. 20), S. 445 ff.

33 *Fujiki* (Fn. 10), S. 119.

34 *Schünemann,* Rechtsgüterschutz, ultima ratio und Viktimodogmatik, in: von Hirsch/ Seelmann/Wohlers (Hrsg.), Mediating Principles, 2006, S. 24.

Bezug. So wird beispielsweise in einzelnen Ländern das Abholen von recycelbarem Müll ohne Befugnis unter Strafe gestellt. Dieses Verbot schützt nur das amtliche Wertstoffsammlungssystem. Die Aufgabe, ein Verwaltungssystem zu schützen, liegt jedoch auf dem Gebiet des Verwaltungsrechts. Eine strafrechtliche Vorschrift kann meiner Meinung nach hierdurch nicht gerechtfertigt werden.

Um die Frage zu klären, welches Mittel zum Problemlösung verwendet werden soll, muss man das gesamte Sanktionensystem im Blickfeld behalten. So sollten beispielsweise zur Erhaltung wirtschaftsrechtlicher Vorschriften nicht unnütze Strafen, sondern verwaltungsrechtliche oder andere nichtstrafrechtliche Sanktionen eingesetzt,[35] also „die richtige Sanktion am richtigen Ort" verwendet werden.

35 *Saeki,* Keizai-Hanzai ni taisuru Seisai ni tsuite (Sanktionen bei Wirtschaftsdelikten), Houso-Jihou 53-11, 2001, S. 4.

Anti-soziales Verhalten (anti-social behaviour) und die Funktion von Strafe

Sangyun Kim

A. Einleitung

In meinem Vortrag möchte ich die Funktion der strafrechtlichen Regulierung und der Strafe bei anti-sozialem Verhalten (anti-social behaviour) untersuchen, wobei ich den gesellschaftlichen Hintergrund und eine soziale Einschätzung für dieses anti-soziale Verhalten skizzieren werde.

Unsere Gesellschaft wird oft als Risikogesellschaft bezeichnet.[1] In einer solchen Gesellschaft ist das Verlangen nach Sicherheit und Daseinsvorsorge groß.[2] Vor dem Hintergrund einer Gesellschaft, in der es um Risiken und die Kontrolle dieser Risiken geht, findet man erheblich nachteilige Auswirkungen des technologischen Fortschritts, und man steht vor der Schwierigkeit, Auswirkungen für die Zukunft vorhersehen zu müssen. Sicherheit strebt man nicht an, weil man sich aus subjektiven Gründen unwohl fühlt, sondern vielmehr, weil der soziale Zustand in der Gesellschaft instabil ist.

Viele Probleme in der Gesellschaft, die Unsicherheit und Sicherheitsbedürfnisse herbeiführen, scheinen Probleme zu sein, die die gesamte Gesellschaft und alle gesellschaftlichen Schichten betreffen, so dass alle Bürger sie zusammen bewältigen müssen.

Vor unbekannten Risiken fühlt man sich unsicher und bedarf der Sicherheit oder des Sicherheitsgefühls. „Risiko“ soll im Folgenden nicht nur die Gefahr meinen, durch die menschliches Leben in der Zukunft verletzt werden kann, sondern auch jene, die sich auf die Stabilität des sozialen Systems, der sozialen Zusammenhänge und der bürgerlichen Ethik bezieht. Deswegen wird man nicht nur die Prävention von Schäden, sondern auch das Sicherheitsgefühl im Strafrecht diskutieren müssen. In dieser Situation, in der das Sicherheitsgefühl eine Hauptrolle bei den gesellschaftlichen Problemen spielt, fühlt man, dass die eigene Lebenswirklichkeit sich auf einer sehr schwachen Grundlage befindet.

---

1 *Beck,* Risikogesellschaft. Auf dem Weg in eine andere Moderne, 1986; *Albrecht*, Das Strafrecht auf dem Weg vom liberalen Rechtsstaat zum sozialen Interventionsstaat, KriV 1988, 183; *Lau*, Gesellschaftliche Auseinandersetzungen um Definition von Risiken, Soziale Welt 1989, 418 ff.; *Kindhäuser*, Sicherheitsstrafrecht, Universitas 1992, 230 ff.; *Baratta*, Jenseits der Strafe, in: Haft (Hrsg.): FS Arthur Kaufmann, 1993, S. 401; *Naucke*, Schwerpunktverlagerungen im Strafrecht, KritV 1993, 154.

2 *Herzog,* Gesellschaftliche Unsicherheit und strafrechtliche Daseinsvorsorge, 1991, S. 54.

B. Strafrecht und Risiko

Inzwischen bemüht sich der Staat nicht nur um nachträgliche Reaktion und Wiedergutmachung bei Straftaten, sondern begründet sein Handeln auch durch soziale Ethik, um gesellschaftliche Schwierigkeiten zu überwinden. Die Begründung durch soziale Ethik bedeutet etwa bei Umweltverschmutzung neben der Herausstellung eines neuen Lebensstils, die Schaffung eines neuen Ethikbewusstseins und bei Drogenmissbrauch – welcher besonders die Jugend betrifft – neben der Erstarkung des erschlaffenden Normbewusstseins den Wiederaufbau guter alter ethischer Vorstellungen.[3]

In der modernen Gesellschaft will der Bürger vom Staat unabhängig sein. Bisher standen Staatsmacht und Bürger in einem Spannungsverhältnis und es war ein langjähriges Problem für die Gesellschaft, definitiv eine Grenze für die Anwendung der Macht zu ziehen. Man glaubte bisher, dass durch die Einschränkung der Machtanwendung des Staates das bürgerliche Recht gewährleistet und damit zugleich die Gesellschaft gesichert sei.

Jedoch ist in einer Gesellschaft, die sich gegen jegliche Risiken abschotten will, der Staat keine Risikoquelle mehr für die bürgerliche Freiheit. Er befindet sich daher zu dem Bürger in keinem Spannungsverhältnis. Mit anderen Worten ist der Staat nicht notwendig ein böses Wesen.

Die unbekannten Risiken, wonach vom Menschen verursachte Umweltbedingungen seine Existenz ruinieren können, sind ein Faktor der Unsicherheit und eine von der Gesellschaft zu bewältigende Aufgabe.[4] Man erkennt an dieser Situation, dass der Bürger selbst vom Staat Maßnahmen gegen solche Risiken verlangt.[5]

Das Strafrecht verlagert in der oben beschriebenen Art und Weise nunmehr nach und nach seine Zuständigkeit.[6] Wegen der Komplexität der gesellschaftlichen Systeme, wegen der verschiedenen sozialen Probleme und der Schwächung der autonomen Bewältigungskapazität diskutiert man daher immer mehr über eine Öffnung des Strafrechts. Dies bedeutet aber auch, dass der Staat in unsere Zivilgesellschaft durch das Strafrecht intervenieren kann. Anstelle eines Strafrechts, das überwiegend retrospektiv die Verletzung und Gefährdung der Rechtsgüter ahndet, tritt heute ein Strafrecht, das überwiegend präventiv angelegt ist und sich an den Folgen der Handlungen orientiert.

---

3 *Müller-Diez,* Prävention durch Strafrecht: Generalpräventive Wirkungen, in: Jehle (Hrsg.), Kriminalprävention und Strafjustiz, 1996, S. 228 ff.

4 Vgl. *Strathenwerth,* Zukunftssicherung mit den Mitteln des Strafrechts? ZStW (105) 1993, 681.

5 Vgl. *Krauß*, Sicherheitsstaat und Strafverteidigung, StV 1989, 318 f.

6 Vgl. *Herzog*, Die Abstraktionshöhen der Strafrechtswissenschaft und die Niederungen der Strafrechtspraxis, StV 1988, 130 f.; vgl. *Nuotio*, Das Bild des Strafrechts im Zeitalter der Risikogesellschaft, in: Lahti/Nuotio (Hrsg.), Strafrechtstheoie im Umbruch, 1992, S. 175.

Unter Berücksichtigung dieser Umstände untersucht man intensiv die Funktion von abstrakten Gefährdungsdelikten als Steuerungsmittel und ihre Rechtfertigung. Ferner prüft man die Einschränkung ihrer Anwendung. In den letzten Jahren gelten unter der Präventions- und Folgenorientierung die abstrakten Gefährdungsdelikte als effektive und präventive Regulierungsmittel gegen bestimmte Risiken.[7] Kurzum haben die abstrakten Gefährdungsdelikte die Funktion eines strafrechtlichen Präventionsmittels, um im Voraus zukünftigen Risiken zu begegnen und sie zu minimieren.[8] Diesen Zweck will man mit abstrakten Gefährdungs-, Unternehmens- und Vorbereitungsdelikten erreichen.[9] Damit wurden in den letzten Jahren der Rechtsgüterschutz und die Strafbarkeit im Strafrecht immer weiter vorgelagert. Mit dieser Vorverlagerung des Rechtsgüterschutzes reagiert das Strafrecht also auf menschliche Handlungen bereits im Vorfeld einer Rechtsgutverletzung.[10]

Die Zahl der Tatbestände von abstrakten Gefährdungsdelikten hat im Kernstrafrecht und insbesondere im Verwaltungsstrafrecht stark zugenommen. Nach herrschender Meinung bedarf es keiner Verursachung einer Gefahr bei den abstrakten Gefährdungsdelikten. Allein die potentielle Gefährdung ist gesetzgeberische Motivation. Die abstrakten Gefährdungsdelikte sind dadurch gekennzeichnet, dass in einer Strafbestimmung ein bloß typischerweise gefährliches Verhalten unter Strafe gestellt wird, ohne dass im Einzelfall eine konkrete Gefährdung eines durch den Straftatbestand geschützten Rechtsobjekts gefordert wird.

Der Strafgesetzgeber benutzt die abstrakten Gefährdungsdelikte in der Gegenwart sehr häufig, um bestimmte Verhaltensweisen im Vorfeld einer Verletzung zu pönalisieren. Sehr schnell wäre man dann in einer funktionalistischen Betrachtungsweise des Strafrechts gefangen, die Realität und Erwartung in sich zusammenfallen lässt, indem sie die latente Funktion des Strafrechts auf der normativen Ebene umsetzt. Wenn das Strafrecht mit dem Sicherheitsbedürfnis korrespondiert, nimmt es seine vornehmste Aufgabe wahr, Gefährdungen zu vermeiden. Kurzum sind die abstrakten Gefährdungsdelikte als strafrechtliche

---

7 *Prittwitz*, Die Funktionalisierung des Strafrecht in der Risikogesellschaft, in: Kreuder (Hrsg.), Der Orientierungslose Leviathan, 1993, S. 177; vgl. *Wolf*, Zur Antiquiertheit des Rechts in der Risikogesellschaft, in: Beck (Hrsg.), Politik in der Risikogesellschaft, 1991, S. 378 ff.; *Damm*, Neue Risiken und Neue Rechte, ARSP 1993, 159; *Schroeder*, RIGHTS AGAINST RISKS, Colombia Law Review 1986, 495.

8 Vgl. *Naucke*, Schwerpunktverlagerungen im Strafrecht, KritV 1993, 145.

9 Weber/Jescheck (Hrsg.), Die Vorverlegung des Strafrechtsschutzes durch Gefährdung- und Unternnehmendelikte, 1987, S. 21.

10 *Jakobs*, Kriminalisierung im Vorfeld einer Rechtsgutsverletzung, ZStW 97 (1985), 774; vgl. *Gropp*, Tagungsbericht „Diskussionsbeiträge der Strafrechtslehrertagung 1985 in Frankfurt a.M.“, ZStW 97 (1985), 919 ff.; vgl. *Stree,* Strafrechtsschutz im Vorfeld von Gewalttaten, NJW 1976, 1177 ff.

Präventions- und Steuerungsmittel zu charakterisieren, um im Voraus das zukünftige Risiko zu minimieren.[11]

Allerdings stößt eine solche Anwendung der abstrakten Gefährdungsdelikte von verschiedenen Seiten auf Kritik. Kritisiert wird auf der einen Seite, dass sie immer ein inhaltsleeres Rechtsgut mit sich bringen würden. Auf der anderen Seite stellt sich das Problem, welche Aufgabe und Funktion das Strafrecht bekommen, was das Strafrecht in der Risikogesellschaft machen und wo man die Grenzen des Strafrechts ziehen soll.

Es ist geradezu unvermeidbar, dass unsere Umwelt als Ergebnis von Industrieaktivitäten, die das menschliche Leben rationaler gestalten und bequemer machen, verschmutzt wird. Jedoch akkumulieren sich die unbestimmten Gefährdungspotentiale und bedrohen demzufolge die ökologischen Lebensgrundlagen der Erde. Die abstrakten Gefährdungsdelikte haben hierbei die Funktion, diese negative Seite der Risikogesellschaft zu verbessern. Man muss zwar soziale Subsysteme als menschliche, ökologische oder soziale Lebensgrundlagen und -voraussetzungen aufgrund ihrer sozialen Funktion auf irgendeine Art erhalten. Dennoch ist es fraglich, ob die Erhaltung und Funktionstüchtigkeit, sieht man einmal von Schädigungen ab, mit dem Strafrecht und vor allen Dingen mit abstrakten Gefährdungsdelikten zu schützen sind. Die Gefährdung dieser Rechtsgüter bezieht sich nicht oder nur wenig auf individuelle Interessen oder Schadensfälle. Ist es also notwendig, diese Rechtsgüter mit dem Strafrecht zu schützen? Nur wenn man den Zusammenhang zwischen den Lebensgrundlagen und den individuellen Rechtsgütern unberücksichtigt lässt, ist es möglich die Erhaltung der sozialen Systeme mit der Gewährleistung der individuellen Interessen auszugleichen. Die Frage ist dabei aber, ob diese Möglichkeit nun eine nicht zu rechtfertigende Einschränkung der persönlichen Freiheit darstellt?

Strafrechtliche Sanktionen können sehr einschneidend sein. Wenn aber strafrechtliche Gesetzgebung und ihre Anwendung willkürlich werden, wird die Freiheit der Menschen extrem eingeschränkt. Strafrechtliche Gesetzgebung und ihre Anwendung müssen deswegen immer vorsichtig gehandhabt werden. Das gilt ohne Frage auch für den Umweltschutz und die mit ihm verbundenen abstrakten Gefährdungsdelikte. Das Strafrecht soll nur vor solchen Handlungen schützen, die von der Gesellschaft nicht toleriert werden können.

Ein erstes Kriterium hierfür ist die Sozialschädlichkeit. Bei deren Beurteilung ist das Verfassungsrecht zu berücksichtigen. Symbolische Gesetzgebung beruhigt zwar, kann letztendlich aber das Problem der Unsicherheit nicht beseitigen oder die Verrechtlichung fördern. Sozialschädlichkeit sollte immer im Zusammenhang mit der Berücksichtigung individueller Interessen verstanden werden. Das Rechtsgut sollte daher immer im Zusammenhang mit den individuellen Interessen und der Sozialschädlichkeit aufgegriffen werden.

---

11 *Dencker*, Gefährlichkeitsvermutung statt Tatschuld? StV 1988, 262.

Als weiteres Kriterium für die strafrechtliche Regulierung sollte man dann die Intensität der Gefährdung des Rechtsgutes berücksichtigen. Auch wenn es sozialschädliches Verhalten gibt, ist es nötig, das Rechtsgut als konkret umrissenes Interesse festzulegen. Andernfalls können diese Interessen nicht durch Strafandrohung geschützt werden. Nur auf diese Weise kann man die Grenzen zwischen Strafrecht und anderen Ebenen des Rechts ziehen.

Der entscheidende und nicht zu verleugnende Nachteil der abstrakten Gefährdungsdelikte besteht darin, dass sie aufgrund des mit ihnen verbundenen Abstraktionsniveaus selbst dann eingreifen, wenn im Einzelfall das Verhalten des Täters für das geschützte Rechtsgut ungefährlich ist. Betrachtet man einige ungefährliche Verhaltensweisen, so wird deutlich, dass es bei einer im Einzelfall für das geschützte Rechtsgut ungefährlichen Handlung, die formal den Tatbestand eines abstrakten Gefährdungsdelikts erfüllt, lediglich um die bloße Missachtung eines Normbefehls geht. Es handelt sich damit um einen bloßen Gehorsamsverstoß. Ungehorsam allein reicht aber nicht aus, um eine Kriminalstrafe zu verhängen. Daher tendiere ich dazu, die Deliktskategorie der abstrakten Gefährdungsdelikte de lege ferenda aus dem Kriminalstrafrecht zu entfernen. Zumindest wären aber die entsprechenden Vorschriften mit dem Erfordernis eines konkret gefährlichen Verhaltens oder einer tatsächlichen Gefährdung zu verbinden.

Bei dem Zusammenspiel von Risikogesellschaft und Strafrecht geht es also darum, bestimmte Verhaltensweisen als Risiko einzuschätzen, die einen Schaden als „Erfolg" herbeiführen können, um diese letztendlich dann mit Strafe regulieren zu können. Hasebe erklärt: „Gefahr bedeutet die Möglichkeit, dass für Menschen ein unerwünschter Schaden herbeigeführt wird. Das Risiko ist hingegen etwas anderes als die Gefahr".[12] Man kann nicht genau beurteilen, ob ein Verhalten als Risiko einen Gefährdungserfolg oder einen Schadenserfolg bringen wird. Aber ein solches Risiko ist kein natürliches Risiko, sondern es entsteht aus menschlichen Handlungen oder Unternehmungen.[13]

Der allgemeinen Definition zufolge ist eine Tat die Verletzung oder Gefährdung eines Rechtsgutes, das als ein Ereignis der Vergangenheit von handelnden Menschen herbeigeführt wird. Eine Tat ist also ein durch ein menschliches Verhalten herbeigeführtes Ergebnis, das schädlich für die Gesellschaft ist. Der Schaden, mit dem die strafrechtliche Bestrafung des Täters gerechtfertigt werden kann, ist in der Vergangenheit entstanden. Die Phänomene, die nun die Risikogesellschaft betreffen, sind aber Verhaltensweisen, die eine noch unbekannte und zukünftige Gefährdung oder möglicherweise einen Schaden verursachen können. Damit liegt eine Ähnlichkeit mit dem Begriff „Gefahr" vor. Gefahr meint die Möglichkeit, Erfolge als geschichtliche Ergebnisse mit einem negati-

---

12 *Hasebe*, Horitsu to Risk, in: Hasebe (Hrsg.), Risk-Gaku Nyumon 3, 2007, S. 3.

13 *Hilgendorf*, Gibt es „Strafrecht in der Risikogesellschaft? NStZ 1993, 11 f.; *ders.*, Strafrechtliche Produzentenhaftung in der „Risikogesellschaft, 1993, S. 28.

ven Schluss herbeizuführen. Mit anderen Worten ist sie die Möglichkeit, ein Ergebnis zu schaffen, das als negativ eingeschätzt wird.[14] Risiko meint also ein Verhalten, das mit hinreichender Wahrscheinlichkeit in der Zukunft einen schädlichen Erfolg oder eine Gefährdung verursachen kann. Es ist das Ergebnis der Kommunikation über gesellschaftliche Sachverhalte und deren Auslegung. Deswegen ist das Risiko ein Verhalten, das bisher noch nicht zu einem materiellen Schaden oder einer Gefährdung geführt hat. Für das Risikoverhalten ist eine Akkumulation von Unsteuerbarkeit, Unvorhersehbarkeit und Unkenntnis charakteristisch.

C. Anti-soziales Verhalten als Risikofaktor

In einer Gesellschaft, in der Unsicherheit und Sicherheitsbedürfnis eine Hauptrolle spielen, liegt eine Tendenz zur Strafverschärfung gegen anti-soziales Verhalten vor. Zur Ahndung von anti-sozialem Verhalten gibt es verschiedene Arten von Strafbestimmungen: einerseits solche, die sehr scharf die retributive Gerechtigkeit betonen, wie beispielsweise die Strafbestimmungen zur „Tötung oder Körperverletzung infolge gefährlichen Fahrens“ (dangerous driving causing death or injury) oder zur „Gruppenvergewaltigung“, aber auch solche, die der zukünftigen Stabilität der Gesellschaft dienen sollen. Vor allem letzteren werde ich meine Aufmerksamkeit schenken.

Wenn man diese nun von dem Standpunkt der Risikotheorie aus betrachtet, stellt sich die Frage, wie sie behandelt werden müssen. Ferner ist zu untersuchen, wann ein anti-soziales Verhalten vorliegt.

I. Strafbestimmungen zum Fortschritt der Technologie und der dadurch beeinflussten Umwelt und Gesellschaft (Technologiesystem)[15]

Zunächst seien einige bezeichnende Phänomene infolge der Technologieentwicklung genannt: Umweltzerstörung, genetische Rekombinations- und Klontechnik, Infektion mit Maul- und Klauenseuche, Drogenmissbrauch, etc.

Hier könnte man argumentieren, dass die Gefahren nicht einschätzbar sind. Mit anderen Worten, ist die Gefahr, was die Größe der Schäden anbelangt, unkalkulierbar. Ferner fehlt auch die Kenntnis, wann sich die Gefahr zeitlich realisiert. Man ist sich zwangsläufig also nach wie vor unsicher über das Ausmaß zukünftiger Schäden, wenn eine Gefahr besteht, deren Kontrolle nicht möglich ist.

Die wesentlichen Probleme liegen hier in der Sicherung der künftigen Generationen und ihrer Gesundheit, ferner in der Sicherung der Stabilität des Gesellschaftssystems und natürlich im Umweltschutz. Besonders im Umweltschutz wird das Zusammenleben von Mensch und Umwelt unter Verzicht auf den Anthropozentrismus (Natur und Menschen sind zu unterscheiden) vorgeschla-

---

14 *Gollan*, Private Sicherheitsdienste in der Risikogesellschaft, 1993, S. 13.

15 *Stratenwerth*, Das Strafrecht in der Krise der Industriegesellschaft, 1993, S. 11 f.

gen. Das Risiko im Zusammenhang mit der modernen Technologie liegt beispielsweise in ihrer Verwendung selbst, sowie ihrer Produkte, die in der Zukunft Schaden anrichten können. Diese Risiken können gesellschaftlich noch nicht gehandhabt werden, da sie noch nicht steuerbar sind, weil insoweit unbekannt und unklar ist, welche Schäden sie anrichten können.

Dennoch bestehen schon einige Gesetze, so z.B. das „Klontechnik-Regulierungsgesetz", ein „Gesetz zur unbefugten Computernutzung", sowie eine Strafbestimmung, die die Herstellung unechter elektromagnetischer Scheckkarten ahndet. Ferner wurde eine Folge von Drogenregulierungsgesetzen erlassen.

II. Probleme im Bereich der inneren und internationalen Sicherheit

Viele Probleme bestehen auch im Bereich der inneren und internationalen Sicherheit. Zu erwähnen sind dabei Terrorismus oder Kriege (inneres und internationales Sicherheitssystem), die Sarin-Angriffe in der U-Bahn von Tokio (20. März 1995), die Angriffe von Terroristen auf die USA (11. September 2001), das Abschlachten von Zivilisten in dem Bürgerkrieg von Ruanda und ferner die Geschehnisse im Bürgerkrieg des ehemaligen Jugoslawien. Diese Fälle sind hierfür geradezu typisch.

Seitdem nach dem sogenannten 11. September weltweit Terrorismusabwehr gefordert wird, scheint sich eine Gesellschaft zu etablieren, in der Sicherheit als ein Wert angesehen wird, der sogar über den Menschenrechten stehen kann. Auch hier ist die Risikoquelle nicht sichtbar. Man weiß nur, dass es sich dabei um „Menschen oder Organisationen" handelt, die auf Dauer aus unserer Gesellschaft „ausgeschlossen" sein sollen. Die Möglichkeit eines groß angelegten Verbrechens erscheint nicht ausgeschlossen.

Risikofaktor ist damit das Dasein von Personen oder Gruppen, die sich in ihrem Wertesystem von der modernen Zivilgesellschaft unterscheiden. Inhalt des Sicherheitsbedürfnisses ist also der gemeinsame Besitz eines Wertesystems, von dem Personen oder Gruppen, die sich grundlegend in ihren Wertvorstellungen unterscheiden, ausgeschlossen sein sollen. Das Risiko ist hier der soziale Kontakt mit den gefährlichen Personen oder Gruppen, der durch Rechtsnormen nicht regulierbar ist.

Als Strafgesetzgebung gibt es in diesem Zusammenhang das „Gesetz zur Verhütung umstürzlerischer Aktivitäten" (The Anti-Subversive Activities Act), das „Sarin-Regulierungsgesetz", das „Gesetz zur Kontrolle von Organisationen, die wahllos Massenmord verüben" (Act on the Control of Organizations Which Committed Indiscriminate Mass Murder), sowie das „Gesetz, das die Finanzierung von Terrorismus unter Strafe stellt" (Act on Punishment of the Financing of Terorrism).

III. Flankierender Rechtsgüterschutz

Strafbestimmungen, die darauf gerichtet sind, schon im Vorfeld Schäden der klassischen persönlichen Interessen zu verhindern, werden unter dem Begriff

„flankierender Rechtsgüterschutz“ zusammengefasst. Der Strafgesetzgeber will flankierend individuelle Rechtsgüter schützen und dadurch der Polizei ein Eingreifen ermöglichen. Als Beispiele hierfür kann auf das „Gesetz zum Verbot des Besitzes von gefährlichen Stechwaffen und anderen vergleichbaren Gegenständen“ (Act on Prohibition of Possession of Special Picking Tools and Other Related Matters), auf das „Gesetz gegen Kindesmissbrauch“, das „Gesetz gegen Kinderpornographie“ und das „Gesetz gegen häusliche Gewalt“ verwiesen werden.

IV. Probleme des täglichen Lebens

Ferner entstehen auch im täglichen Leben durch anti-soziales/unerfreuliches Verhalten viele Probleme. Beispielsweise durch Graffiti, Herumlungern an Bahnhöfen oder im Park, wildes Entsorgen von Hausmüll, Wegwerfen von Getränkedosen oder Zigarettenkippen, Rauchen in der Öffentlichkeit oder gesetzeswidrigem Parken.

Substanz der Gefahr ist hier das Erinnert-Werden an unerfreuliches, unsoziales Verhalten, die Erschwerung künftigen Friedens und der Verlust der Moral aufgrund der Häufigkeit solchen Verhaltens. Um dies zu verhindern, ist es ist ein Schritt in die richtige Richtung, gegen anti-soziales oder unerfreuliches Verhalten vorgehen zu wollen. Für mehr Sicherheit werden daher selbst leichte Übertretungen geahndet. Das Risiko liegt hier zum einen im unerfreulichen Verhalten selbst, zum anderen aber auch darin, dass solches Verhalten einfach ignoriert wird.

In jedem Land existieren daher für diese Verhaltensweisen Vorschriften und Verordnungen zur Sicherheit der Gemeinschaft und zur Verhinderung von Gewalttaten oder falschem Handeln, sofern dieses die Öffentlichkeit in bemerkenswerter Weise beunruhigt.

Ein Beispiel hierfür war das Freiburger Alkoholverbot. Seit Sommer 2008 war es dort untersagt, im Kneipen- und Discothekenviertel der Innenstadt Bier und Hochprozentiges zu trinken. Nach der sogenannten Bermudadreieck-Regelung durfte zudem in den Nächten von Freitag bis Montag auf bestimmten Straßen und Plätzen kein Alkohol konsumiert werden.[16] Freiburg war die erste deutsche Stadt, die im Kampf gegen Kriminalität und Gewalt ein Alkoholverbot einführte. Der Verwaltungsgerichtshof (VGH) Baden-Württemberg kassierte jedoch das Freiburger Alkoholverbot. Die Formulierung in der Polizeiverordnung sei zu pauschal und die Verordnung daher nichtig. Wer künftig also im Bermudadreieck oder auf öffentlichen Plätzen in der Freiburger Innenstadt zur Bier- oder Schnapsflasche greift, wird nun nicht mehr bestraft.

Ähnlich wie in Freiburg gilt in Bonn seit dem 1. Juli 2008 im Bereich des Bonner Lochs zwischen der Straße „Am Hauptbahnhof“ und der Maximilian-

16 Der Verwaltungsgerichtshof (VGH) Baden-Württemberg erklärte am 28.7.2009 das Verbot für unwirksam; NVwZ-RR 2010, 55.

straße eine Verordnung, die den Alkoholkonsum in diesem Bereich verbietet. Hier darf Alkohol in der Öffentlichkeit weder getrunken, „noch mit sich geführt werden, wenn erkennbar ist, dass er im Geltungsbereich der Verordnung getrunken werden soll".

Zu den Strafbestimmungen gegen anti-soziales Verhalten seien noch die Regelungen zum Besitz von Cannabis für den Eigenkonsum hinzugefügt. In der japanischen Gesellschaft gilt solches Verhalten als risikoträchtig. Daher wird in der Gesellschaft eine zukünftige, soziale Klimaverschlechterung und ein Nachlassen des Normbewusstseins bei der Jugend befürchtet. Der Eigenkonsum von Cannabis hat die gleiche Stellung im anti-sozialen und im unerfreulichen Verhalten, weil beide einen gemeinsamen Anhaltspunkt über den Strafgrund und die Bedeutung einer Strafe abgeben.

In den letzten Jahren wurden, wie bereits erwähnt, anti-soziales Verhalten, unerfreuliches Verhalten oder unsoziales Verhalten mit Verordnungen, insbesondere solchen zur Verhinderung von Gewalttaten oder falschem Handeln, in einzelnen Ländern unter Strafe gestellt. Dennoch gibt es keine klare Definition von „anti-sozialem Verhalten" oder von „unerfreulichem Verhalten". Es bedeutet ganz allgemein, dass jemand willkürlich und ohne um Erlaubnis zu fragen bei anderen durch sein Verhalten unerfreuliche Gefühle erwecken kann. Eine solche Handlung, sofern sie einen nur geringen sozialen Schaden anrichtet, ist an sich nicht Gegenstand öffentlichen oder individuellen Interesses, worauf mit einer scharfen Sanktion reagiert werden müsste. Der „Täter" ist sich selbst beim Rauchen oder bei der Verwendung eines Mobiltelefons (Handys) in öffentlichen Räumen, bei gesetzeswidrigen Parken, bei Wegwerfen von Müll usw. der Unerfreulichkeit seines Tun definitiv nur selten bewusst. Dennoch ist sein Verhalten für eine größere Anzahl von Personen belastend und unerfreulich. Solche Handlungen, die für andere unerfreulich sind, verstoßen gegen soziale und ethische Normen. Man kann annehmen, dass man manchmal vom Verhalten anderer eine Unerfreulichkeit erfährt, weil in den konventionellen Sozialnormen, wie Manieren, Etikette und öffentliche Moral, die gesellschaftlichen Wandlungen nicht berücksichtigt sind.[17]

Unter dem Einfluss des „Strafpopulismus" (Penal Populism) spürt man auffällig die Tendenz, auf ein solches Verhalten mit Strafe zu reagieren. Es ist nun keine japanische Tendenz, das anti-soziale Verhalten oder unerfreuliche Verhalten strafrechtlich zu regulieren. Man siehe sich nur den britischen ASBA (Anti-Social Behavior Act) an. Auch in Deutschland erfolgte zur Bekämpfung von Graffiti eine Änderung der Sachbeschädigung im deutschen StGB. Die Tendenz lässt sich also in vielen entwickelten Ländern beobachten.

---

17 Hinweis, Yasuhiko Ishida/Toshikazu Yoshida, Shakaiteki Meiwaku ni kansuru Kenkyu (2), Nagoya-Daigaku Kyoiku Hattasu Kagaku Kenkyuka Kiyo (Shinri Hattatsu Kagaku) 47, 2000, S. 25 ff.

Das Strafrecht fand bisher seine Bedeutung darin, staatsbürgerliche Freiheiten der Gesellschaft zu garantieren. Man erwartete dadurch, die Eingriffe des Staates zu begrenzen.

Strafrechtliches Unrecht bedeutet in der Rechtsordnung immer zugleich auch die zivilrechtliche Rechtswidrigkeit. Umgekehrt gilt dies aber nicht zwingend. Das Strafrecht verhängt eine Strafe als stärkste Rechtssanktion gegen eine sozialschädliche Tat, die für die Gesellschaft offensichtlich ist.

Dies ist das sogenannte ultima ratio-Prinzip des Strafrechts. Das ultima ratio-Prinzip ist als externes Begrenzungsprinzip zu verstehen, und zwar nicht nur im Rahmen der Strafanwendung, sondern auch im Rahmen der Strafgesetzgebung. Trotzdem ist die Tendenz zur Strafverschärfung in der Gesellschaft ohne Zweifel stark. Unter dem Einfluss der Strafverschärfung wird daher nun auch das anti-soziale Verhalten oder unerfreuliche Verhalten strafrechtlich reguliert.

Auch in Japan gibt es Verordnungen zur Vorbeugung von Gewalttaten oder falschem Handeln. Diese betreffen folgende Sachverhalte:

- Abwertende Äußerungen in der Öffentlichkeit gegenüber anderen, beispielsweise Passanten, Besuchern oder Fahrgästen
- Beisichführen von Waffen, wie Messern, Holzschwertern oder anderen vergleichbaren Gegenständen, die anderen Schäden zufügen können, ohne ersichtlichen Grund in der Öffentlichkeit oder in öffentlichen Verkehrsmitteln (Bus, Bahn)
- Berühren eines Körperteils einer anderen Person (wobei ich hier das Berühren von bekleideten Körperteilen meine)
- Fotografieren einer Frau in Unterwäsche ohne deren Einwilligung
- Stalking (selbst ohne dass ein sexueller Hintergrund besteht)
- Annähern an eine Person, so dass diese sich unsicher oder gefährdet fühlt
- Leichtsinniges Verhalten im Straßenverkehr, wie unnötige Schlenker oder zu schnelles Fahren
- Werfen von Zigarettenkippen oder einer leeren Dose auf die Straße
- Nichtbeseitigen von Hundekot auf öffentlichen Wegen.

D. Indirekte Gefährdungsdelikte und Kumulationsdelikte

Indirekte Gefährdungsdelikte und Kumulationsdelikte[18] betreffen einen Tattyp, der selbst keine Gefährdung eines Rechtsgutes herbeiführen kann.

Im Allgemeinen gilt aber, dass die Anwendung einer Strafe nicht erlaubt ist, wenn es vom Standpunkt der Aufgabe des Strafrechts, also des Rechtsgüterschutzes, keine Verletzung oder Gefährdung gibt. Es ist dem Strafgesetzgeber daher nicht gestattet, ein Verhalten unter Strafe zu stellen, das kein Rechtsgut verletzt oder gefährdet. Die Tat, die im Strafrecht bestraft werden kann, verletzt oder gefährdet nach bisheriger Praxis unmittelbar ein Rechtsgut.

---

18 *Kuhlen*, Umweltstrafrecht, ZStW 105 (1993), 698.

Anti-soziales oder unerfreuliches Verhalten gefährdet aber nicht unmittelbar ein Rechtsgut. Dennoch aber mittelbar. Die Frage ist, wie die Gesellschaft reagieren soll, wenn solches Verhalten häufig in der Öffentlichkeit auftritt.[19]

Bei den indirekten Gefährdungsdelikten führt das einzelne Verhalten selbst zu keinem oder nur zu geringem Schaden. Wenn ein solches Verhalten aber häufig auftritt, wird schließlich ein in der Gesellschaft nicht zu übersehendes Ergebnis herbeigeführt. Bei den indirekten Gefährdungsdelikten wirkt eine Tat zum Zeitpunkt der Tatausführung nur mittelbar oder indirekt auf ein Rechtsgut ein. Indirekt bedeutet, dass das einzelne Verhalten selbst keine objektive Gefährdung eines Rechtsgutes herbeiführt.

Individuelle und soziale Interessen der zukünftigen Gesellschaft werden durch anti-soziales und unerfreuliches Verhalten aber indirekt nachteilig beeinflusst. Indirekte Gefährdungsdelikte dienen daher der Gewährleistung der sozialen Interessen der Gesellschaft. Wenn das Strafrecht nun die Aufgabe wahrnimmt, soziale Interessen der zukünftigen Gesellschaft zu sichern, muss sich also auch die Aufgabe des Strafrechts notwendigerweise ändern.

Das moderne Strafrecht reagierte auf die Verletzung oder Gefährdung eines Rechtsgutes in der Vergangenheit und zielte auf Generalprävention. Bei einem Strafrecht, das hingegen die indirekte Gefährdung als Strafgrund sieht, geht es um Rechtsgüterschutz für die zukünftige Gesellschaft und um Verhalten, das in der Zukunft erst später als Gefährdung wahrgenommen wird und das die Ordnung in der Öffentlichkeit, also etwa einem Park, Bahnhof, Markt oder einer Schule, mehrmals oder häufiger verletzt.

Die Strafe wird nicht aufgrund der vergangenen Rechtsgutsverletzung oder -gefährdung, sondern aufgrund der zukünftigen Sicherung von Rechtsgütern angewendet. Mit anderen Worten wird ein bestimmtes anti-soziales oder unerfreuliches Verhalten für den Rechtsgüterschutz der zukünftigen Gesellschaft unter Strafe gestellt. Der Rechtsgüterschutz als wichtigste Aufgabe des Strafrechts schließt dabei nicht nur die reale Verletzung oder Gefährdung eines Rechtsguts ein, sondern auch die potentielle.[20] Im Rahmen einer auf die Zukunft bezogenen Sicherung von Rechtsgütern kann man heute noch nicht die Gefährdung eines Rechtsgutes durch ein bestimmtes Verhalten messbar machen. Tatsächlich ist nur die Normübertretung das Kriterium für eine Gefährdung. Die Regulierung des anti-sozialen und unerfreulichen Verhaltens geht daher davon aus, dass die Gefährdung eines Rechtsgutes in der Zukunft durch dieses Verhalten verursacht wird. In diesem Sinne kann es unmöglich sein zu beurteilen, ob

---

19 *Feinberg*, The Moral Limits of the Criminal Law, in: Offense to Others. Volume One, 1985, S. 225 ff.

20 Vgl. *Stratenwerth*, Das Strafrecht in der Krise der Industriegesellschaft, 1993, S. 17; *Kuhlen*, Zum Strafrecht der Risikogesellschaft, GA 1994, 366; *Müller-Dietz*, Instrumentale vs. sozialethische Funktionen des Strafrechts, in: Philipps/ Sollen (Hrsg.), Jenseits des Funktionalismus, 1989, S. 101.

ein Verhalten zum Zeitpunkt der Tatausführung die Gefährdung eines Rechtsgutes in der Zukunft herbeiführt. Deswegen ist ein bestimmtes Verhalten selbst bei anti-sozialem und unerfreulichem Verhalten ein Risiko für die notwendigerweise auf die Zukunft bezogene Sicherung eines Rechtsgutes. Ein solches Verhalten beinhaltet eine mögliche Verletzung oder Gefährdung eines Rechtsgutes. Das ist ein Grund für die Strafbarkeit von anti-sozialem und unerfreulichem Verhalten.

Wenn das Risiko mit dem Strafrecht reguliert wird, erweitert sich die Zuständigkeit des Strafrechts von der Rechtsgutsverletzung und -gefährdung zur Risikobeurteilung. Das Verbot von anti-sozialem und unerfreulichem Verhalten weist auf die Vorverlagerung und Erweiterung des strafrechtlichen Schutzes hin. Hinter dieser Veränderung des Strafrechts liegt das Problem der Funktion der Strafe. Ist diese Erweiterung des Strafrechts für die zukünftige Sicherung von Rechtsgütern eine neue Funktion der strafrechtlichen Sanktion?

E. Entspannung des Normbewusstseins

Untersucht sei nun die Frage, warum der Gesetzgeber bei der Regulierung von anti-sozialem (anti-social behaviour) und unerfreulichem Verhalten mit der Anwendung von Strafe reagiert und weshalb eine Strafe als Sanktion dafür eingesetzt wird.

Hintergrund der Anwendung von Strafe bei anti-sozialem und unerfreulichem Verhalten ist die Beachtung neuer Normen und die Lösung der Probleme durch das Strafrecht. Gewichtige Empfindungen der Gesellschaft gegen antisoziales und unerfreuliches Verhalten sind vorhanden und zugleich die große Hoffnung, dass Strafe präventiv wirkt.

Aufgrund dieser Hoffnung wurden, wie bereits erwähnt, in den letzten Jahren Strafandrohungen auf Staats-, Länder- und Kommunalebene immer häufiger erlassen. Diese Hoffnung auf die Wirkungen des Strafrechts und die Häufigkeit neuer Strafgesetze wird „Ära der Aktivierung einer Strafgesetzgebung“ genannt. Die Funktion der Strafe ist es, bei einem bestimmten Verhalten als Drohung zu wirken. Mit der Drohung der Strafanwendung gegen anti-soziales und unerfreuliches Verhalten wird auf Zurückhaltung der potentiellen Täter gezielt, sog. negative Generalprävention.

Ich meine allerdings, dass negative Generalprävention im Kontext der Regulierung von anti-sozialen und unerfreulichen Verhalten nur eine untergeordnete Bedeutung spielt. Bei der Regulierung des anti-sozialen und unerfreulichen Verhaltens reflektiert der Täter sein Verhalten nämlich gar nicht. Die Funktion der Strafe beschränkt sich allerdings nicht allein auf die negative Generalprävention.

In unserer Gesellschaft haben wir zwar gemeinsame Sozialnormen. Dennoch ist es schwer zu erreichen, dass alle Bürger diesen Normen folgen. Es scheint, als sei einem ein Schaden gleichgültig, wenn man ihn nur selbst nicht erleidet. Daraus resultiert ein Defizit an Sorge für andere Personen und an jenem gesellschaftlichen Bewusstsein, das nötig ist, um ein Leben mit anderen Menschen führen zu können.

Junge Leute bilden häufig mit ihren Freunden eine Gruppe, die für sie nun gleichsam die Gesellschaft ist. Außerhalb ihrer Gruppe haben sie aber kein Interesse an der Gesellschaft. Der Eigenkonsum von Cannabis ist hierfür typisch. Es kann gesagt werden, dass der Verlust beziehungsweise die Abnahme des Normbewusstseins eine Ursache für den Drogenkonsum ist.[21]

In einer Studie der japanischen Regierung, die über fünf Jahre hinweg Untersuchungen zur Prävention des Drogenmissbrauchs vornahm, wurde erwähnt, dass die Abnahme des Normbewusstseins bei Jugendlichen ein wesentlicher Faktor des Drogenmissbrauches sei. Es stellt sich die Frage, wodurch die Abnahme des Normbewusstseins verhindert werden kann. *Ida* ist der Meinung, dass sich die japanische Gesellschaft in den letzten Jahren bei einer Tendenz zur Strafverschärfung auf die Hilfe der Strafe für die Lösung der gesellschaftlichen Probleme verlassen hat.[22]

Ein ähnliches Problem stellt sich bei dem Verbot von Sit-ins in Parks (vgl. die Hiroshima-shi-Motorradbanden). Dabei scheint es aber, als wollte der Strafgesetzgeber mit der Strafe auch das Versagen der Jugendpolitik kompensieren und nicht nur ein neues Normbewusstsein der Jugend schaffen.

Maeda stellt die Theorie zur Diskussion, wonach durch Androhung von Strafe dem Bewusstsein des Bürgers Normen eingepflanzt werden können.[23] Diese von *Maeda* angestoßene Diskussion setzt die sogenannte positive Generalprävention voraus. Aber ist die Theorie der positiven Generalprävention von *Maeda* wirklich die gleiche wie die bisherige? Die Theorie der positiven Generalprävention definiert sich allgemein als Wiederbestätigung der Norm durch ihre Anerkennung.[24] Diese Theorie versteht das Strafrecht als Kommunikationssystem zwischen Strafe und Tat. Die Strafe ist also Reaktion auf die Tat. Sie basiert auf den geltenden Verhaltensnormen und dem daraus resultierenden Normbewusstsein. In der Theorie von *Maeda* wird nicht nur die Anerkennung der gültigen Normen, sondern auch die Schaffung neuer Normen, insbesondere für die

---

21 Kritisch *Böllinger,* Soziale Disziplinierung und Moralstrafrecht - Illegaler Drogenkonsum und BtMG, Strafrecht, soziale Kontrolle, soziale Disziplinierung, 1993, S. 279 f.; vgl. *ders.,* Generalprävention als Sozialisationsfaktor? Kriminologisches Journal 1987, 32 ff.

22 *Ida*, Henkaku no Zidai ni okeru Riron Keihogaku, 2007, S. 12.

23 Die Aussage von *Maeda*, Seishonen Mondai ni kansuru Tokubetsu Iinkai (156 Kai Kokkai Shugiin), Tokubetu Iinkai Giziroku, 8. Mai 2003.

24 *Jakobs*, Strafrecht Allgemeiner Teil, 2. Aufl. 1991, S. 13 f.; *Schild*, Umweltschutz durch Kriminalstrafrecht? JBl 1979, 12 ff.; *ders.,* Probleme des Umweltsstrafrecht, Jura 1979, 421 ff.; *Achenbach*, Individuelle Zurechnung, Verantwortlichkeit, Schuld, in: Schünemann (Hrsg.), Grundfragen des modernen Strafrechtssystems, 1984, S. 140 ff.; *Hassemer*, Einige Bemerkungen über „positive Generalprävention", in: Problemy Odpowiedzialnsci Karnej, 1994, S. 146.

Jugend, vorgeschlagen. Strafe soll durch die Bestrafung des Täters die Schaffung neuer Normen bewirken, wobei man hier auf die verschiedenen Erklärungen der bisherigen Theorie der positiven Generalprävention zurückgreifen sollte. Das Strafrecht übt seine Funktion zusammen mit anderen Mitteln für die Schaffung von Normen bei der Jugend aus. Wenn das bestimmte Verhalten als antisozial, unerfreulich oder als Abweichung vom Verhaltensstandard gesehen wird, erhält die Strafe die Funktion, dem Täter und besonders dem gesellschaftlich integrierten Bürger den Sinn der Normen zu zeigen. Wenn man den Sinn der Normen erkennt, fühlt man sich zur Gesellschaft zugehörig, die durch gemeinsame Normen zusammengehalten wird.

Fraglich ist aber, ob Strafe sich als Sanktion wie erwartet für die Schaffung eines neuen Normbewusstseins funktionalisieren lassen kann. Bei den klassischen Delikten wie Mord, Körperverletzung, Sachbeschädigung und Diebstahl wird die Norm durch Ausbildung und Erfahrung in Schule, Familie und Gesellschaft internalisiert. Jedoch muss eine Strafgesetzgebung im Einklang mit der Zeit stehen und sich gegebenenfalls ändern.

Strafrechtlicher Schutz gesellschaftlicher Phänomene ist notwendiger Schutz von Rechtsgütern, die sich mit den gesellschaftlichen Umständen ändern und mit innerer Sicherheit und verschiedenen anderen Faktoren zu tun haben. Es ist nicht anzunehmen, dass alle Normen in gleicher Weise im allgemeinen Bewusstsein der Gesellschaft verankert sind. Es sind also nicht alle Normen schon im Normbewusstsein des Bürgers internalisiert und werden beachtet. Ein Verhalten, das man in Hinsicht auf soziale Normen noch nicht als schlecht betrachtet, könnte neuerdings also unter Strafe gestellt und in der gerichtlichen Praxis wiederholt bestraft werden. Infolgedessen beurteilt man nach einer Zeit schließlich ohne Schwierigkeit eine solche Bestrafung des Verhaltens als richtig. In einem solchen Fall schafft und konstruiert die Bestrafung eine neue gesellschaftliche Norm durch innere Konditionierung zwischen Normübertretung und Strafe als Reaktion.

Bei anti-sozialem sowie unerfreulichem Verhalten motiviert man sich hingegen selber, ein solches zu unterlassen, sofern die eigenen Interessen schon einmal dadurch Schaden erlitten haben. Man verfügt also über sein Interesse. Über den Wert und die Unterstützung einer Norm hinaus, die sie von vornherein von den Bürgern erhält, kann man wohl durch Strafgesetzgebung und Strafe keine Schaffung neuer Normen bei den Bürger erwarten.[25] Auch ist die Abschreckungswirkung durch die Strafgesetzgebung, durch das Urteil im Strafprozess und den Strafvollzug wohl eher als gering anzusehen.

---

25 *Schumann*, Positive Generalprävention, 1989, S. 50; *Bock*, Prävention und Empirie, JuS 1994, 99; *Streng*, Strafrechtliche Sanktionen, 2. Aufl. 2001; *Meier*, Strafrechtliche Sanktionen, S. 27 ff.

F. Der Begriff „Sozialschädlichkeit“ und seine Funktion

Zu untersuchen bleibt damit, wie und womit man die Erweiterung der Zuständigkeit des Strafrechts theoretisch aufhalten kann?

Ikuta schlägt vor, ein Tatprinzip einzuführen, wonach nicht eine Handlung allein, sondern nur noch eine Handlung, die einen sozialen Schaden verursacht, eine Tat sein kann. Dieses Tatprinzip legt fest, dass man von einer Tat nur dann sprechen kann, wenn der Täter sozialschädlich gehandelt hat.[26] Bei dieser Theorie werden nur sozialschädliche Verhaltensweisen als strafrechtlich relevante Handlungen angesehen. Danach könnte man alle Strafvorschriften, die sich auf kein eindeutig schutzwürdiges Rechtsgut beziehen, aus dem Strafgesetzbuch streichen. Man könnte eine klare Grenze zwischen dem Gesetz auf der einen und Religion und Moral auf der anderen Seite ziehen. Wenn eine Tat sozialschädlich ist, kann sie durch das Strafrecht sanktioniert werden. Der Begriff der „Sozialschädlichkeit“ im Sinne von *Ikuta* ist stark rechtsgutbezogen. In Zeiten, in denen die Gesetzgebung und vor allem die Strafgesetzgebung besonders intensiv betrieben wird, kann aber nicht davon gesprochen werden, dass die Strafe auf sozialschädliche Taten beschränkt ist. Dies ist insbesondere deshalb der Fall, weil mit dem Begriff „Sozialschädlichkeit“ die Vorstellung verbunden ist, dass das Strafrecht positiv alle staatsbürgerlichen Güter in einem demokratischen Staat schützen soll.

Naito diskutiert vor diesem Hintergrund, dass Strafe unerwünscht sei, wenn diese auf einer Ausdehnung der Funktion eines Rechtsguts beruht. Strafe ist nun einmal das unvermeidlich letzte Mittel. Man darf nicht das ultima ratio-Prinzip, das Subsidiaritätsprinzip, die Anpassungsfähigkeit usw. vergessen.[27]

Kann nun also das Kriterium der Sozialschädlichkeit eine Richtung bei der Einschränkung der Kriminalisierung aufzeigen? Sollte es ferner möglich sein, mit der Rechtsgutstheorie einige Gegenstände vom Schutz durch das Strafrecht auszuschließen?

Ursprünglich wurde die Rechtsgutsdogmatik in die Strafrechtstheorie eingeführt, um eine ungerechte Ausdehnung der Strafrechtsdogmatik zu vermeiden und die Freiheitsrechte der Bürger vor der Macht des Staates zu schützen. Deswegen ist ihr eher eine systemkritische Funktion eigen als eine systemunterstützende.

Es ist nun erforderlich, zu untersuchen, ob die Rechtsgutstheorie eine Auswahl an Rechtsgütern treffen kann, die durch das Strafrecht geschützt werden sollen. Man muss also darüber nachdenken, welche Güter den Schutz des Strafrechts genießen sollen. Dabei soll die in *Hassemers* Theorie aufgezeigte Möglichkeit berücksichtigt werden, die Ausdehnung des Strafrechts auf neue Felder zu begrenzen.

---

26 *Ikuta*, Koi Genri to Keiji Iho Ron, 2002, S. 56.

27 *Naito*, Keiho Kogi Sohron (Joh), 1983, S. 58.

G. Zur Entwicklung der personalen Rechtsgutstheorie von *Hassemer*

Nach der personalen Rechtsgutstheorie liegt die Aufgabe des Strafrechts zum einen im Schutz von individuellen Rechtsgütern, wie Leben, Körper, Freiheit, Ehre oder Eigentum. Zum anderen sollen Universalrechtsgüter[28] immer auf individuelle Rechtsgüter zurückzuführen sein.[29]

Die Rechtsgutstheorie hat nach *Hassemer* nicht nur die Funktion, die Gesetzgebung zu rechtfertigen, sondern sie auch zu kritisieren. Der Strafgesetzgeber darf nach *Hassemer* eine Strafe nur für eine Verletzung eines Rechtsguts festsetzen.[30] Daher muss der Strafgesetzgeber nach der Rechtsgutstheorie, wenn er kein Rechtsgut benennen kann, die Strafandrohung aus dem Strafrecht entfernen. Durch diese Funktion der Rechtsgutstheorie, an der Gesetzgebung Kritik zu üben, wird dem Strafgesetzgeber eine Richtung für seine Argumentation aufgezeigt und zugleich die Freiheit der Bürger im Blick behalten. *Hassemer* ist darüber hinaus der Meinung, dass der Strafgesetzgeber für moralische Überzeugungen, zum Beispiel solche, die die Sexualmoral betreffen, keine Strafen festlegen darf. Mit anderen Worten sollen solche Verhaltensweisen, die ausschließlich gegen moralische Grundsätze verstoßen, aus dem Katalog der Straftaten ausgeschlossen bleiben. Solange das Rechtsgut konkret und handfest beschrieben werden kann, ist *Hassemers* Theorie wirkungsvoll. Der Rechtsgutsbegriff übt Kritik an der Vagheit von Rechtsgütern im modernen Strafrecht und am Funktionalismus. Nach *Hassemer* soll das Strafrecht besonders die personalen Elemente der modernen Gesellschaft schützen. Die Rolle des Strafrechts sei nicht die Aufrechterhaltung der allgemeinen Ordnung oder die Vermeidung gesellschaftlicher Schäden. Seiner Meinung nach sollte gerade in den Zeiten, in denen gesellschaftliche Fragestellungen im Vordergrund stehen, die Theorie des Strafrechts personorientiert geführt werden.[31]

Wenn man zum Beispiel als Rechtsgüter des Umweltstrafrechts das menschliche Leben und die Gesundheit ansieht, ist der Tatbestand des § 324 StGB bloßes Verwaltungsunrecht. Vereinzelte Fälle von Verunreinigung der Umwelt sind in aller Regel nur geringe Verstöße gegen ein persönliches Rechtsgut, und die von ihnen ausgehende Gefährdung lässt sich oft nicht konkretisieren. § 223 StGB sieht bei Körperverletzung eine Freiheitsstrafe von bis zu fünf Jahren vor. Dennoch steht die Verunreinigung von Gewässern gemäß § 324 StGB unter der gleichen Strafandrohung.[32] Wenn man vergleicht, welches Unrecht von beiden Taten gegen den Körper eines Menschen ausgeübt wird, so könnte man doch

28 *Hassemer*, Einführung in die Grundlagen des Strafrechts, 2.Aufl. 1990, S. 275.
29 *Hohmann*, Rechtsgut der Umweltdelikte, 1991, S. 71.
30 *Hassemer*, Strafen im Rechtsstaat, 2000, S. 162 f.
31 *Hassemer* (Fn. 30), S. 166.
32 *Hohmann* (Fn. 29), S. 200 ff.

sagen, dass es an der nötigen Ausgewogenheit fehlt, weil die gleiche Strafandrohung für eine schwerere und eine leichtere Bedrohung des menschlichen Körpers angesetzt wird.

H. Möglichkeiten der Entkriminalisierung in der personalen Rechtsgutstheorie

Die Frage ist, ob man zu dieser Schlussfolgerung aus der Rechtsgutstheorie selbst gelangen kann. Das ist nun das Kernproblem, das geklärt werden soll. *Hassemer* weist darauf hin, dass eine Entkriminalisierung des Drogenstrafrechts nicht nur den Verzicht auf rechtliche Regulierung meint, sondern auch den Verzicht auf die Unterstützung und Hilfeleistung, die im Rahmen der Gesundheitspolitik erfolgt. Er kritisiert den Verkauf von Heroin in Apotheken als Verzerrung einer vernünftigen Drogenpolitik.[33] Auch wenn *Hassemer* die Volksgesundheit als Rechtsgut innerhalb des Drogenstrafrechts auf die persönlichen Elemente reduziert, gibt er zu erkennen, dass ein schutzwürdiges Rechtsgut vorhanden sein muss. Nur das Vorhandensein eines Rechtsguts kann den strafrechtlichen Eingriff erlauben. Jedoch kann seiner Meinung nach die Rechtsgutstheorie selbst entscheiden, ob ein Rechtsgut schutzwürdig sei und daher seine Verletzung bestraft werden müsse.

Es stellt sich die Frage, ob eine Entkriminalisierung auch außerhalb der Rechtsgutstheorie erfolgen könnte.

Bei Sittendelikten, wie Inzest oder Bestialität, kann keine Rechtsgutsverletzung vom Standpunkt einer systemkritischen Rechtsgutstheorie aus gefunden werden. Mit anderen Worten schützen Sittendelikte tatsächlich nur die Aufrechterhaltung eines bestimmten sozialen Wertes, für den es kein Rechtsgut aus der Verfassung gibt.[34] Es handelt sich damit um Rechtsnormen, die lediglich ethische Normen schützen, keineswegs jedoch ein bestimmtes Rechtsgut.[35] Daher könnten diese Strafnormen an sich aus dem Strafrecht entfernt werden. Mit dem Argument, dass eine Tat bei einer gesellschaftlichen Veränderung ihre Schutzwürdigkeit verliert und nicht mehr bestraft würde oder diese Tat kein Rechtsgut verletzt oder gefährdet, kann man sich fragen, ob ein bestimmtes sozialschädliches Verhalten überhaupt noch eine Bestrafung verdienen kann. Im Umweltstrafrecht können immer, selbst wenn man das schutzwürdige Interesse im Strafrecht auf seine Elemente reduziert, Rechtsgüter wie Gesundheit und Körper gefunden werden. Auf diese Weise zeigt die Argumentation *Hassemers*, dass die Rechtsgüter im positiven Recht vom Standpunkt der personalen Rechtsgutstheorie her interpretiert werden können, man also immer ein zu schützendes Rechtsgut finden wird. Damit kann man noch nicht zu der Über-

33 *Hassemer*, (Fn. 30), S. 247.

34 Vgl. *Stratenwerth/Kuhlen*, Strafrecht Allgemeiner Teil, 5. Aufl. 2004, S. 30 f.

35 Vgl. *Wohlers*, Die Tagung aus der Perspektive eines Rechtsgutsskeptikers, in: Hefendehl/von Hirsch/Wohlers (Hrsg.), Die Rechtsgutstheorie, 2003, S. 281.

zeugung gelangen, dass mit dieser personalen Rechtsgutstheorie das Strafrecht entkriminalisiert werden kann.

Und wie war es mit der Drogenkriminalität, die ähnlich wie die Umweltkriminalität gesellschaftlich problematisch geworden ist?[36]

Die Drogenproblematik ist in Deutschland und in Japan immer noch angespannt. Das Rechtsgut des BtMG ist nach herrschender Meinung die sogenannte „Volksgesundheit". Man sieht keinen Widerspruch darin, dass dieses Rechtsgut auch ein universales Rechtsgut ist.[37] Wenn das Rechtsgut der „Volksgesundheit" vom Standpunkt der Rechtsgutstheorie als individuelle und persönliche Gesundheit interpretiert wird, muss man sich fragen, ob die Rechtsgutstheorie selbst beispielweise die Regulierung durch Strafe bei dem Besitz einer geringfügigen Menge der Drogen für den Eigenverbrauch aus dem BtMG ausschließen kann. Man muss sich fragen, ob die Rechtsgutstheorie selbst solche Fälle immanent ausschließen kann oder ob dieser Ausschluss aus anderen Gründen vollzogen wird, weil ein Rechtsgut, wie Leben, Gesundheit, körperliche Unversehrtheit gefunden werden kann, man also das universale Rechtsgut „Volksgesundheit" auf ein personales Rechtsgut reduziert?

Dabei ist zunächst festzuhalten, dass die Entkriminalisierung des Eigenverbrauchs von Drogen in geringen Mengen im Problembereich strafbaren Unrechts liegt. Darüber hinaus muss ein solches Verhalten, da es eine rein persönliche Angelegenheit und keine Anmaßung des persönlichen Verfügungsrechts über seinen Körper bedeutet, als persönliches Rechtsgut und als Verfügungsrecht über den eigenen Körper angesehen werden.

Ferner gelten Methadonvergabe, Gesundheitsräume für Drogenabhängige und das Experiment der Heroinabgabe für schwere Fälle von Heroinabhängigen als Vorkehrungen zum Schutz des individuellen Rechtsguts von Drogenabhängigen. Auf der Grundlage des Einverständnisses der jeweiligen Person wird eine positive Unterstützung beim individuellen Rechtsgüterschutz erlaubt. Ein Problem ist, ob die Rechtsgutstheorie in solchen Fällen die Entkriminalisierung erlaubt. Wenn man kein Rechtsgut in der Strafnorm finden kann, dann kann die Rechtsgutstheorie die Funktion haben, diese Strafnorm vom strafrechtlichen Schutz auszuschließen. Eine Antwort darauf könnte Verwirrung stiften, weil die Ausgrenzung bestimmter Taten durch die Rechtsgutstheorie mit der Ausgrenzung dieser Taten aus der Strafbarkeit nicht vermischt werden darf. Beide Möglichkeiten der Strafbarkeitseinschätzung einer Tat sind vorhanden. Wenn der Besitz für den Eigenverbrauch einer geringen Menge an Drogen der Tatbestand ist und wenn angenommen wird, dass es sich dabei um die Gefährdung eines

36 *Hassemer* (Fn. 30), S. 168.

37 Vgl. *Scheerer*, Die Ohnmacht der Rechtsgutsidee und die Dominanz der Problemdefinition, in: Lüderssen (Hrsg.), Aufgeklärte Kriminalpolitik oder Kampf gegen das Böse, 1998, S. 181.

Rechtsguts handelt, dann handelt es sich innerhalb des Unrechtsbereichs um den Grad der Gefährdung des Rechtsguts. Auch geht es dabei um den Zusammenhang zwischen dem universalen Rechtsgut „Volksgesundheit“ und dem Recht einer Person, über den eigenen Körper verfügen zu dürfen. Mit anderen Worten: Hier ergibt sich das Problem wann die Schwelle zum strafbaren Unrecht überschritten worden ist.

Daran schließt sich dann die Frage, ob die Einschränkung der Zuständigkeit des Strafrechts, unabhängig von der Rechtsgutstheorie, durch andere Methoden, wie etwa dem Subsidiaritätsprinzip, erfolgen kann. Subsidiaritätsprinzip meint, dass das Strafrecht nur bei sozialschädlichem Verhalten eingreifen darf, wenn es nicht auf andere Weise möglich ist, wie beispielsweise durch Sanktionen, die das Bürgerliche oder das Verwaltungsrecht vorsehen, angemessen reagieren zu können.

Zum Subsidiaritätsprinzip gehören Überlegungen, die die Prävention und die Notwendigkeit der Anwendung des Strafrechts betreffen. Das Subsidiaritätsprinzip ist allerdings nicht universal, es kann sich ändern. Das hängt von den zeitlichen und den gesellschaftlichen Umständen ab. Selbstverständlich geht es um den Zusammenhang zwischen Person und Staat als Substanz solcher Änderungen.

I. Das ultima ratio-Prinzip des Strafrechts

Das Strafrecht folgt dem ultima ratio-Prinzip auf allen Rechtsebenen. Nur wenn es keine andere angemessene und effektive Sanktion gegen Erscheinungen des Unrechts gibt, kann man die Strafe als rigoroseste Sanktion anwenden. Das Strafrecht sorgt sich also um individuelle Rechtsgüter, wie Leben, Körper, Vermögen, Ehre usw.. Das Strafrecht folgt deswegen nie dem Sola-Ratio-Prinzip, sondern hat vielmehr fragmentarischen Charakter. Das heutige Strafgesetzbuch, das gesetzliche Verzeichnis der Verbote, die das Kernstrafrecht ausmachen sollen, kann für sich in Anspruch nehmen, rational zu sein. Die Reform der Strafgesetze nach dem Zweiten Weltkrieg hat unter dem Einfluss des Prinzips des Rechtsgüterschutzes einerseits fast alle moralisierenden Strafvorschriften beseitigt und sich andererseits gegenüber den Bedrohungen der Gegenwart flexibel gezeigt. Es hat neue Interessen in den Katalog der durch das Strafgesetzbuch geschützten Rechtsgüter aufgenommen, um dem Wandel der sozialen Verhältnisse und der Gefährdung der menschlichen Existenz durch Umweltzerstörung oder Erbmanipulationen besser gerecht werden zu können.

Welche Funktion soll das Strafrecht nun übernehmen? Stehen die Rechtsgüter Umwelt und Funktionstüchtigkeit unseres wirtschaftlichen Systems in unmittelbaren Zusammenhang mit den individuellen Rechtsgütern, mit Leben, Körper, Vermögen und Ehre?

Man geht bislang davon aus, dass die Rechtsgüter im Strafrecht sich kausal ändern können. Nur diese kausal änderbaren Güter gelten als Rechtsgüter. Dagegen kann man die Verletzung oder Gefährdung der Umwelt, des wirtschaftlichen Systems oder des Vertrauens in dieses nur schwer wahrnehmen und umreißen. Das Strafrecht ändert sich, wenn Zeit und Gesellschaft sich ändern. Werden nun aber umgekehrt auch negative soziale Wirkungen verursacht, wenn man nunmehr als individuelle Rechtsgüter mit diesen zusammenhängende Universalrechtsgüter durch das Strafrecht schützen will? Und haben Umwelt, wirtschaftliches System und Vertrauen in dieses keinen umrissenen Inhalt um ein strafrechtliches Rechtsgut darzustellen? Für das Strafrecht bedeuten diese Umstände Zunahme von Unsicherheit und die Frage, wie diese zu bewältigen ist. Man erwartet aber gerade vom Strafrecht einen wichtigen Beitrag zur Bewältigung von Problemen, nicht zur Schaffung von Unsicherheit. Das drückt sich einerseits in einem präventiven Strafrecht aus, das sich in der Risikogesellschaft als das Instrumentarium zu avancieren erscheint, andererseits in einem symbolischen Strafrecht, dem in der rationalisierten, individualisierten und anonymisierten Risikogesellschaft die Rolle eines Garanten von Orientierungssicherheit zugedacht zu sein scheint. Die Lehre von der positiven Generalprävention ist gerade der Versuch einer theoretischen Bewältigung der Probleme in der Risikogesellschaft und ein Antwortversuch auf die Frage nach dem Zweck und der Legitimität des Strafrechts.

Kann die Einschränkung der Zuständigkeit des Strafrechts aber auch von anderen Prinzipien abhängen?

Das Subsidiaritätsprinzip meint, dass das Strafrecht sich nur mit sozialschädlichem Verhalten befassen kann, wenn es nicht möglich ist, nur mit zivil- oder verwaltungsrechtlichen Sanktionen angemessen reagieren zu können; denn die Strafe ist die schwerste Sanktion innerhalb des Rechts. Auch wenn eine Aufgabe des Strafrechts der Rechtsgüterschutz ist, sollte das Strafrecht nie alle Rechtsgutsverletzungen und -gefährdungen bestrafen. Es widerspricht der Idee des Bürgers als einer autonomen Existenz in der Gesellschaft, alle Rechtsgüter durch das Strafrecht zu schützen. Sozialschädlichkeit ist der allgemeine Standard dafür, ob eine Tat mit dem Strafrecht reguliert werden sollte. Wenn daher die Rechtsgutstheorie die Aufgabe übernimmt, nachzuforschen, ob man im Strafgesetz das klare Rechtsgut finden kann, dann stellt sich das Sozialschädlichkeitsprinzip zur Einschränkung der Gesetzgebung außerhalb der Rechtsgutstheorie. Im Gegensatz dazu gibt es den Versuch, innerhalb der Rechtsgutstheorie nur das Phänomen als Rechtsgut auszulegen, das kausal geändert werden kann. Aber wenn der liberale Aspekt und die Einschränkungsfunktion der Rechtsgutstheorie betont werden, übersieht man, dass der Begriff der Sozialschädlichkeit zugleich die Rechtsgutstheorie miteinschließt. Mit anderen Worten, ist es damit bewiesen, dass es kein verletztes Rechtsgut gibt, wenn die Tat nicht auch sozialschädlich ist.

Inhalt des Subsidiaritätsprinzips sind Überlegungen zur Prävention und zur Notwendigkeit des Strafrechts. Aber auch das Subsidiaritätsprinzip ist nicht universal. Es kann sich ändern. Das hängt von der Zeit und den gesellschaftlichen Umständen ab. Dabei geht es natürlich immer um den Zusammenhang zwischen Person und Staat als Substanz dieser Änderung. Gesellschaftliche Stabilität verwirklicht sich nicht bloß durch die Angebote des Staates an den Bürger. In der Tat gilt dies aber auch für die Rechtsgutstheorie. Damit bleibt zum Schluss zu sagen, dass man bei der Frage, ob ein bestimmtes Problem mit dem Strafrecht reguliert werden sollte, nicht nur rechtliche Überlegungen anstellen, sondern auch die Zusammenarbeit mit anderen gesellschaftlichen Gruppen in Erwägung ziehen sollte.

Strafe als Reaktion auf grob anstößiges Verhalten am Beispiel von Bekenntnisbeschimpfungen und Holocaust-Leugnen (§§ 166, 130 Abs. 3 StGB)

Tatjana Hörnle

I. Einleitung

Das in diesem Aufsatz verfolgte Vorhaben ist *nicht* eine strafrechtsdogmatische Analyse der §§ 166, 130 Abs. 3 StGB, also *nicht* eine Erklärung und Auslegung des deutschen Rechts. Stattdessen handelt es sich um ein kriminalpolitisches Thema. Die zu erörternde Frage ist, ob es in einem freiheitlich-rechtsstaatlichen Staat angemessen sein kann, bestimmte Äußerungen unter Strafe zu stellen. Thema ist also „Rechtfertigung einer Kriminalisierung", und dies bezogen auf Äußerungsdelikte. Die strafrechtliche Sanktionierung von Meinungsäußerungen ist in hohem Maße rechtfertigungsbedürftig, und, um die These meines Beitrages schon einmal anzureißen: Die im deutschen StGB enthaltenen Verbote der Bekenntnisbeschimpfung und des Holocaust-Leugnens sind kritikwürdig.

Der bereits im Titel verwendete Begriff *„grob anstößig"* bedarf der Erläuterung. In einem weiten Sinne könnte man von allen Normverletzungen sagen, dass sie „anstößig" seien. Damit wäre allerdings wenig analytischer Gewinn zu erzielen. Für ein engeres Verständnis ist Ausgangspunkt das, was der amerikanische Philosoph *Joel Feinberg* in seinem grundlegenden Werk zu den Grenzen des Strafrechts als „offense to others" bezeichnet hat. *Feinberg* unterscheidet vier Kategorien: harm to others, offense to others, harm to self, harmless wrongdoing.[1] Drei von diesen vier Kategorien sind ohne Schwierigkeiten ins Deutsche zu übersetzen: Schaden für andere, Schaden für die eigene Person, Unrecht ohne Schaden. Für den Begriff „offense to others" war mir keine bessere Übersetzung als „grob anstößiges Verhalten" eingefallen.[2]

Die Kriminalisierung von Verhalten ist am einfachsten zu rechtfertigen, wenn das Verhalten in die Kategorie „Schaden für andere" fällt. Was genau „Schaden für andere" ist, bedarf allerdings der Präzisierung. Unkompliziert ist die Einordnung als Schaden, wenn Ressourcen von Individuen zerstört oder weggenommen werden (körperliche Gesundheit, Eigentum, Besitz). „Handfeste Ressourcen" sind allerdings nur ein, wenn auch wichtiger, Teil dessen, was geschädigt werden kann – hinzu kommen immaterielle Rechte, wie z.B. Menschenwürde, Persönlichkeitsrechte und das Selbstbestimmungsrecht. Die Kategorie „Schaden für andere" schließt ferner Schäden ein, die der Allgemeinheit

1 S. *Joel Feinbergs* vierbändiges Werk "The Moral Limits of the Criminal Law": Harm to Others, Oxford u.a. 1984; Offense to Others, Oxford u.a. 1985; Harm to Self, Oxford u.a. 1986; Harmless Wrongdoing, Oxford u.a. 1988.

2 Vgl. den Titel meiner 2005 erschienenen Habilitationsschrift: Grob anstößiges Verhalten.

zugefügt werden, die sich aber auf die Interessen der einzelnen Bürger auswirken (können). Ein solcher Schaden kann in einer physisch fassbaren Veränderung liegen (z.B. Verschmutzung eines Flusses), aber auch in Störungen, die in Organisationsstrukturen auftreten (etwa bei Korruption von Beamten oder Meineid vor Gericht). Entscheidend ist, dass eine negative Veränderung natürlicher Gegebenheiten, aber auch organisationssoziologischer Zusammenhänge entweder nachweisbar ist oder dass jedenfalls die Gefahr einer solchen negativen Veränderung plausibel gemacht werden kann. Bei den sog. abstrakten Gefährdungsdelikten tritt allerdings das Problem auf, dass das Verhalten des Handelnden weder einen Schaden noch eine konkrete Gefahr hervorgerufen hat, sondern es weiterer Handlungen bedarf, damit es schließlich zu einem kumulativ von vielen verursachten Schaden für ein kollektiv geteiltes Gut kommt. Insoweit geht es um Zurechnungsfragen, um die Frage, was dem Täter, der selbst nur einen minimalen Beitrag zum Schaden leistet, zugerechnet werden darf.[3] Für meine Zwecke ist folgender Hinweis wichtig: Auch abstrakte Gefährdungsdelikte fallen unter die Überschrift „Schaden für andere“, *wenn* ein nur möglicher Schaden dem Täter zugerechnet werden kann. Unter dieser Bedingung müssen abstrakte Gefährdungsdelikte nicht in die Kategorie „grob anstößiges Verhalten“ eingeordnet werden.

Schwieriger wird es, wenn Verhalten verboten werden soll, das *nicht* mit dem Schadens- oder Gefährlichkeitskriterium zu erfassen ist, bei denen also entweder eine Gefahr nicht plausibel zu skizzieren ist oder bei denen eine Gefahr vielleicht besteht, aber nicht dem Handelnden zugerechnet werden kann. *Feinberg* hält es für zulässig, grob anstößiges Verhalten unter Strafe zu stellen. Es geht nach seinem Konzept von „offense to others“ allerdings nur um Verhalten, das andere Menschen unmittelbar, in direkter Konfrontation betrifft, und das bei unfreiwilligen Beobachtern typischerweise negative Emotionen hervorruft: Verärgerung, Empörung etc. Exemplifiziert hat er dies am Beispiel einer sozialen Interaktion (der Fahrt in einem öffentlichen Bus), bei der sich Personen in ekelerregender, provozierender, anstößiger Weise benehmen, ohne damit aber andere zu schädigen oder zu gefährden.[4] Bei *Feinberg* finden sich keine grundsätzlichen Bedenken dagegen, dass die bei unmittelbaren Zeugen auftretenden Emotionen es rechtfertigen, dieses Verhalten zu verbieten. An diesem Punkt ist allerdings die moderne deutsche Strafrechtswissenschaft anderer Ansicht: In Stellungnahmen zur Frage der angemessenen Kriminalisierung wird vertreten, dass strafrechtliche Verbote *nicht* mit der einfachen Begründung zu rechtfertigen seien, dass sie dem Schutz von Gefühlen dienen.[5]

---

3 S. dazu z.B. *Wohlers*, Deliktstypen des Präventionsstrafrechts – zur Dogmatik „moderner“ Gefährdungsdelikte, 2000, S. 281 ff.

4 *Feinberg,* Offense to Others (Fn. 1), S. 10 ff.

5 *Roxin*, Strafrecht AT I, 4. Aufl. 2006, § 2 Rn. 26 ff.

Hintergrund von Überlegungen, die die Aufgabe des Strafrechts in der Verhinderung von Schäden und Gefahren sehen, ist ein liberales Verständnis vom angemessenen Bereich zulässiger Kriminalisierung. Klassischer Bezugspunkt ist *John Stuart Mills* „Über die Freiheit“ im englischen Sprachraum,[6] für den deutschen Sprachraum wäre *Wilhelm von Humboldts* „Ideen zu einem Versuch, die Grenzen der Wirksamkeit des Staates zu bestimmen“[7] zu nennen. Der liberale Grundgedanke ist, dass es ein legitimes Anliegen des Staates und auch des Strafgesetzgebers ist, von Bürgern Schaden abzuwenden – aber auch, dass darüber hinausgehende Strafnormen *nicht* überzeugend begründet sind. Die Abgrenzungen, von denen ein liberales Strafrecht ausgeht, betreffen in erster Linie paternalistische Strafnormen (d.h. solche, die den Bürger vor sich selbst schützen wollen, nach *Feinberg*: Harm to Self) und moralistische Verbote. *Nur* moralschützende Verbote sind solche, die Verhalten verbieten, bei dem es nicht einmal Dritte gibt, die unmittelbar Anstoß nehmen. Ein Beispiel wäre die frühere Strafnorm im deutschen StGB (§ 175) gegen homosexuelle Handlungen unter Erwachsenen, die Verhalten in der Privatsphäre unter Strafe stellte. Hierbei handelte es sich um eine moralschützende Norm. Zum Moralschutz kann der Gefühlsschutz hinzukommen, wenn ein Delikt unter Umständen geschieht, in denen es von Dritten wahrgenommen wird und es deshalb bestimmte Individuen gibt, die sich unmittelbar belästigt fühlen, sich empören oder andere negative Gefühle entwickeln. Ein Beispiel wären öffentliche sexuelle Handlungen, denen auch heute noch ein Verbot im StGB gilt (§ 183a). In dieser Norm wird vorausgesetzt, dass andere sich unmittelbar belästigt fühlen.

Die in der deutschen Strafrechtswissenschaft herrschende Ansicht vertritt: Strafrecht darf nicht dem Schutz vor bloß moralwidrigem Verhalten dienen, und Strafrecht darf auch nicht nur Gefühle schützen.[8] Dies wirft allerdings folgende Frage auf: Passt eine Theorie, die nur „Schaden bzw. Gefahren für andere“ als Rechtfertigungsgrund anerkennt, für alle Tatbestände im Besonderen Teil des deutschen StGB? Das deutsche Sexualstrafrecht ist in den siebziger Jahren des vergangenen Jahrhunderts reformiert worden,[9] mit dem Ziel, bloße Moralwidrigkeiten nicht mehr zu bestrafen. Aber was ist mit Normen in anderen Teilen des StGB? Dieser Frage wird im Folgenden anhand von zwei Verboten nachgegangen, die bestimmte Äußerungen unter Strafe stellen. Zum einen ist dies § 166 StGB (Beschimpfung von Bekenntnissen, Religionsgesellschaften und Weltanschauungsvereinigungen), zum anderen § 130 Abs. 3 StGB. Dort geht es um Verhaltensweisen, die schlagwortartig mit „Auschwitz-Leugnen“ oder „Holocaust-Leugnen“ zusammengefasst werden.

---

6 *Mill*, On Liberty, erschienen 1859; dt. Über Freiheit, Stuttgart 2009.

7 Erschienen 1792, Stuttgart 1986.

8 *Roxin* (Fn. 5), § 2 Rn. 17 ff. m.w.Nwen.

9 Dazu *Hörnle*, in: LK, 12. Aufl. 2010, Vor § 174 Rn. 4 ff.

II. Bekenntnisbeschimpfung (§ 166 StGB)

§ 166 StGB: (1) Wer öffentlich oder durch Verbreiten von Schriften (§ 11 Abs. 3) den Inhalt des religiösen oder weltanschaulichen Bekenntnisses anderer in einer Weise beschimpft, die geeignet ist, den öffentlichen Frieden zu stören, wird mit Freiheitsstrafe bis zu drei Jahren oder mit Geldstrafe bestraft.

(2) Ebenso wird bestraft, wer öffentlich oder durch Verbreiten von Schriften (§ 11 Abs. 3) eine im Inland bestehende Kirche oder andere Religionsgesellschaft oder Weltanschauungsvereinigung, ihre Einrichtungen oder Gebräuche in einer Weise beschimpft, die geeignet ist, den öffentlichen Frieden zu stören.

Das deutsche StGB schützt nicht nur religiöse, sondern auch weltanschauliche Bekenntnisse (z.B.: Marxismus, Anthroposophie[10] – dabei handelt es sich allerdings um eine nur theoretisch interessante Erweiterung; in der Gerichtspraxis spielt der Schutz von Weltanschauungen keine Rolle). § 166 StGB in seiner heutigen Fassung ist eine überarbeitete Version des alten Gotteslästerungsparagraphen, der Bestandteil des Reichsstrafgesetzbuchs von 1871 geworden war. Diese alte Fassung lautete: „Wer dadurch, daß er öffentlich in beschimpfenden Aeußerungen Gott lästert, ein Aergernis gibt, oder wer öffentlich eine der christlichen Kirchen oder eine andere mit Korporationsrechten innerhalb des Bundesgebietes bestehende Religionsgesellschaft oder ihre Einrichtungen oder Gebräuche beschimpft, ingleichen wer in einer Kirche oder in einem anderen zu religiösen Versammlungen bestimmten Orte beschimpfenden Unfug verübt, wird mit Gefängnis bis zu drei Jahren bestraft." Die veröffentlichten Entscheidungen galten lange Jahre ausschließlich Angriffen auf das christliche Bekenntnis. Aus dem Jahr 2000 existiert eine unveröffentlichte Entscheidung des Kammergerichts Berlin, die sich auf den jüdischen Glauben bezieht. Und schließlich ist eine neuere Entscheidung (Amtsgericht Lüdinghausen vom 23.2.2006) zu finden, die sich auf eine Beschimpfung des Islams bezieht.[11] Wenn man heute ernsthaft über Gefahren durch Religionsbeschimpfung redet, läge in Attacken gegen den Islam das wohl am meisten relevante Feld. Hier könnte möglicherweise auf die deutschen Strafverfolgungsbehörden in den kommenden Jahren noch mehr zukommen, wenn sich islamische Gläubige dazu entschließen, mit Strafanzeigen

10 Schönke/Schröder/*Lenckner*, in: StGB, 27. Aufl. 2006, § 166 Rn. 6; *Hörnle*, in: MK, 2005, § 166 Rn. 8.

11 Der Angeklagte hatte Flugblätter zum Thema „islamistischer Terror" verschickt und außerdem jeder Sendung ein Blatt Toilettenpapier beigelegt, auf das aufgestempelt war: Koran, der heilige Quran. Diese Sendung ging an fünfzehn Moscheen, Fernsehsender und Nachrichtenmagazine. Die Urteilsbegründung des Amtsgerichts ist nicht besonders tiefgründig, aber es ist ihr zu entnehmen, dass nicht das Flugblatt, sondern das beigelegte Blatt Toilettenpapier als die entscheidende Beschimpfung angesehen wurde. Der Angeklagte wurde zu einem Jahr Freiheitsstrafe verurteilt, die Vollstreckung der Strafe wurde zur Bewährung ausgesetzt.

auf Schmähungen oder vermeintliche Schmähungen ihres Glaubens zu reagieren.

Für die Strafrechtstheorie ist die interessante Frage: Was schützen die Verbote in § 166 StGB? Wie ist ihre Existenz zu rechtfertigen? Im Schrifttum und in den wenigen veröffentlichten Entscheidungen liest man, dass § 166 den *„öffentlichen Frieden"* schütze.[12] Die Beschimpfung muss nach der Formulierung des Tatbestandes in einer Weise erfolgen, die geeignet ist, den öffentlichen Frieden zu stören. Diese Rechtsgutsbestimmung führt allerdings nur zu einer weiteren Frage, nämlich danach, was als „Störung des öffentlichen Friedens" einzuordnen wäre. Ein *enges* Konzept des öffentlichen Friedens stellt darauf ab, ob die Äußerung dazu führt, dass wegen nachfolgender gewalttätiger Angriffe Verletzungen von Menschen und/oder Sachen drohen (so *Dippel* im Leipziger Kommentar: Hervorrufung von Feindschaft und Gewalt[13]). Mit dem liberalen Schadensprinzip wäre eine Strafnorm grundsätzlich vereinbar, die Verletzungen anderer unterbinden soll, indem sie es verbietet, die Gefahr solcher Entwicklungen zu schaffen. In einer neueren und für das Rechtsgut „öffentlicher Friede" grundlegenden Entscheidung hat das Bundesverfassungsgericht eine enge, auf Gefährdungen beschränkte Auslegung als die verfassungsgemäße bestätigt. Anknüpfungspunkt ist Art. 5 Abs. 1 GG, der das Recht auf Meinungsfreiheit garantiert. Eine Beschränkung der Meinungsfreiheit durch strafrechtliche Verbote ist nur dann zulässig, wenn dies „zum Schutz von Rechtsgütern in der Sphäre der Äußerlichkeit" erforderlich ist.[14] In dieser Entscheidung, die § 130 Abs. 4 StGB, also einer Variante des Volksverhetzungstatbestandes galt, wird § 166 StGB zwar nicht erwähnt. Die dort ausführlich skizzierten Grundsätze zu Normen, die Meinungsäußerungen unter Strafe stellen, sind jedoch auch für § 166 StGB relevant.

Allerdings sind, wenn es um den Schutz vor gewalttätigen Auseinandersetzungen und dadurch bewirkten Rechtsgutsverletzungen geht, mehrere Fragen aufzuwerfen. Erstens, dies ist eine *empirische* Frage, ist zu überlegen, ob eine Gefahrenprognose plausibel ist. Dabei wären zwei Kausalketten zu unterscheiden: Zum einen könnte der Beschimpfer seine *eigenen* Gesinnungsgenossen ansprechen. Das ihm ideologisch verbundene Publikum könnte danach, angeregt und angespornt durch ein gemeinsames Feindbild, zu Übergriffen auf die Anhänger des beschimpften Bekenntnisses schreiten. Zum anderen ist es möglich, dass Gewalttätigkeiten aus dem Kreis der *Anhänger des beschimpften Bekenntnisses* heraus begangen werden. Deren verletzte Gefühle, ihr Ärger und ihre

12 OLG Köln NJW 1982, 657 (658); OLG Karlsruhe NStZ 1986, 363 (364); *Dippel*, in: LK, 12. Aufl. 2010, § 166 Rn. 7; *Herzog*, in: NK, 3. Aufl. 2010, § 166 Rn. 1; *Lenckner* (Fn. 10), Vorbem §§ 166 ff. Rn. 2.

13 (Fn. 12), § 166 Rn. 8.

14 BVerfG, 1 BvR 2150/08 vom 4.11.2009 Absatz-Nr. 74, http://www.bverfg.de/ entscheidungen, abgerufen am 29.3.2010; dazu die Anmerkung von *Hörnle*, JZ 2010, 310 ff.

Empörung, könnten sich in Gewalttätigkeiten gegen den Beschimpfer selbst zeigen oder in Attacken gegen andere Personen und Objekte, die nach Ansicht der gewalttätig Reagierenden mit dem ursprünglichen Anstoß Erregenden irgendwie verbunden sind. Bei dieser Variante wären die Empörten diejenigen, von denen die Gefahr ausgeht. Dass beide Abläufe vorkommen können, zeigt der geschichtliche Rückblick. Aktuelle Ereignisse im Ausland folgen allerdings der zweiten Variante. In Erinnerung gerufen sei die Empörung in muslimischen Kreisen über die dänischen Mohammed-Karikaturen, die sich unter anderem auch in tätlichen Angriffen auf Botschaften und andere Einrichtungen, Firmen, Symbole etc., die dem „Westen" zugeordnet wurden, niederschlugen. Wenn man darüber nachdenkt, welche Gefahren in der gegenwärtigen Situation infolge von Bekenntnisbeschimpfungen drohen könnten, wäre an derartige Szenen zu denken, die sich unter Umständen auch in Deutschland abspielen könnten.

Betrachtet man lediglich Kausalzusammenhänge, so ist in plausibler Weise darzutun, dass Zusammenhänge zwischen Bekenntnisbeschimpfungen, an denen islamische Gläubige Anstoß nehmen, und späteren handfesten Schäden (Zerstörungen, verletzte Personen) bestehen können. Der Verweis auf Ursachen genügt allerdings nicht, und auch die Feststellung, dass solche Entwicklungen vorhersehbar seien, ist noch keine befriedigende Antwort. Vielmehr ist nachzufragen, warum die Verantwortung für spätere Gewaltakte diejenigen treffen sollte, die nicht *selbst* aggressiv agieren. Die eigentliche Gefahr geht von denjenigen aus, die bekenntnisbeschimpfende Äußerungen zum Anlass nehmen, eigene Frustrationen und Aggressionen auszuleben. Nach deutschem Recht gibt es Tatbestände mit den Überschriften „schwerer Hausfriedensbruch" und „Landfriedensbruch" (§§ 124, 125 StGB), die vor einem wütenden Mob schützen sollen. Es mag zwar faktisch effektiver sein, die Formierung gewaltbereiter Gruppen schon im Vorfeld zu verhindern, indem verboten wird, die Anknüpfungspunkte zu liefern, die andere zu überzogenen Reaktionen motivieren könnten. Der Verweis auf effektive Prävention ist aber zur Begründung strafrechtlicher Verantwortung nicht hinreichend. Für die rückwärts gewandte Perspektive, die strafrechtlichen Verurteilungen zugrunde liegt, kommt es darauf an, ob dem Bekenntnisbeschimpfer die dadurch entstehenden Gefahren auch *zugerechnet* werden dürfen.[15] Gefahren und Schäden sind grundsätzlich demjenigen strafrechtlich zuzurechnen, der diese durch eigene Handlungen unmittelbar verursacht. Die Zurechnung an andere ist begründungsbedürftig.

In manchen Konstellationen kann man Argumente dafür entwickeln, dass demjenigen, der sich auf eine Äußerung beschränkt, die dadurch verursachten Gewalttätigkeiten Dritter zugerechnet werden. So ist eine *zielgerichtete, absichtliche* Provokation gewalttätiger Unruhen dem Provokateur zuzurechnen. In § 130 Abs. 1 StGB ist es deshalb zu Recht unter Strafe gestellt, z.B. zu Gewalt-

15 S. dazu *Wohlers* (Fn. 3), S. 328 ff.

oder Willkürmaßnahmen aufzufordern. Bestimmte Formen der *direkten* Aufhetzung (Anstiften zu Gewalt, Auffordern, Aufstacheln u.ä.) können wegen ihres Gefahrenpotentials unter Strafe gestellt werden. Zuzurechnen ist, was objektiv im Aussagegehalt der Äußerung bereits angelegt ist (darüber hinaus wären Zurechnungen auch bei vordergründig harmlosen Äußerungen zu erwägen, wenn sich Wirkungen deshalb ergeben, weil der sich Äußernde absichtlich einen präzis zugeschnittenen Zuhörerkreis anspricht, von dem er weiß, dass dieser in bestimmter Weise reagieren wird). Aber dies passt nicht für § 166 StGB. Die Tathandlungen in § 166 StGB sind *nicht* Anstiften, Auffordern zu Gewalt u.ä. Dies wirft die Frage auf, in welchen anderen Konstellationen eine Zurechnung möglich ist. Das Bundesverfassungsgericht hat sich, wie bereits ausgeführt, zu § 166 StGB nicht geäußert. Wenn man aber mit dem Senat davon ausgeht, dass die Äußerung „*ihrem Inhalt nach* erkennbar auf rechtsgutsgefährdende Handlungen hin angelegt" sein müsse,[16] läge es an und für sich nahe, Strafnormen dann kritisch zu bewerten, wenn der Konnex zwischen Äußerung und Gewalttätigkeiten nicht im Inhalt der Äußerung hergestellt wird. Entscheidend ist, dass es erst einer Transferleistung von „empörenden Äußerungen" zu „Attacke" in der Vorstellungswelt von (ihrerseits meist ideologisch kräftig aufgeheizten) Bekenntnisanhängern bedarf. Wenn aber nicht im objektiven Gehalt der Äußerung der Bogen zu Gewalttätigkeiten geschlagen wird, sondern erst die mentale Verfassung von Personen den Ausschlag gibt, die nicht unmittelbar-absichtlich aufgehetzt werden, sondern auf indirektem Wege von dem „Skandal" erfahren, müsste eine Zurechnung ausscheiden. Das Bundesverfassungsgericht hat allerdings sehr knapp angedeutet, dass es genügen könne, wenn eine Äußerung „Widerstand auslöst".[17] Das Zurechnungsproblem wurde dabei aber nicht erkannt und nicht erörtert. Überzeugend ist dies nicht.

Zu erwägen wäre, ob der „öffentliche Friede" anders konzipiert werden könnte. Danach wäre nicht die Gefahr von rächenden oder vergeltenden Attacken durch Anhänger des beschimpften Bekenntnisses ausschlaggebend. Geschützt würden nicht diejenigen, die irgendwann Opfer einer empörten Menschenmenge oder einzelner zu Racheakten schreitenden Bekenntnisanhänger werden könnten. Geschützt würden vielmehr die Gläubigen des jeweiligen Bekenntnisses, und zwar auch und vor allem diejenigen, die selbst friedlich bleiben. In diesem Sinne argumentiert die h.M. im Schrifttum, dass ein „Klima der Toleranz" und das Vertrauen der Betroffenen in die Respektierung ihrer religiösen oder weltanschaulichen Überzeugungen geschützt werden solle.[18] Mit Stichworten wie „Klima" und „Vertrauen" wird allerdings das geschützte Interesse in problematisch diffuser Weise beschrieben. Hierzu findet sich nunmehr eine kla-

16 BVerfG (Fn. 14), Absatz-Nr. 78; Hervorhebung durch die Verf.

17 BVerfG (Fn. 14), Absatz-Nr. 81.

18 BVerwG NJW 1999, 304; *Lenckner* (Fn. 10); *Herzog* (Fn. 12); *Dippel* (Fn. 12), § 166 Rn. 8.

re und gut begründete Stellungnahme des Bundesverfassungsgerichts: Meinungsäußerungen dürfen nicht mit der Begründung unter Strafe gestellt werden, dass einer „Vergiftung des geistigen Klimas" vorgebeugt werden soll.[19]

Wenn man auf den Schutz der Gläubigen abstellt, bedürfte es über das Anliegen des „Klimaschutzes" hinaus eines engeren Zusammenhangs mit individuellen Rechten, die diesen als Personen zustehen. Vorstellbar wäre dies, wenn sich Bekenntnisbeschimpfung als Delikt gegen die Person einordnen ließe.[20] Möglicherweise sind auf dieser Basis Argumente zu finden, die in die Begründungskategorie „Schaden für andere" passen. Man muss den Schadensbegriff nicht naturalistisch im Sinne von Körperverletzungen, eingeworfenen Fensterscheiben u.ä. bestimmen. Vielmehr können darunter auch Rechtsverletzungen gefasst werden, die sich nicht in äußerlichen Veränderungen manifestieren. Zu erwägen wäre, ob Angriffe auf ein Bekenntnis die Menschenwürde der Gläubigen verletzen. Dies führt zu der Frage, ob verbale Äußerungen überhaupt jemals die Menschenwürde angreifen können. Grundsätzlich ist dies möglich – aber nur bei unmittelbaren verbalen Attacken, die andere als minderwertige Personen stigmatisieren (etwa bei Formen der direkten Volksverhetzung, § 130 Abs. 1 StGB).[21] Der Täter einer Bekenntnisbeschimpfung tut dies nicht – er beschimpft Ideen und Organisationen, aber nicht Menschen. Auch wenn Gläubige sich gemeint fühlen, weil sie sich mit dem Bekenntnis identifizieren, handelt es sich objektiv gesehen nicht um einen Angriff auf ihre Menschenwürde.

Im Schrifttum, etwa jüngst von Michael Pawlik, wird statt auf die Menschenwürde auf die Identität verwiesen, die bei religiös geprägten Personen durch Beschimpfungen Schaden nehmen könne. Wer beschimpfe, was einem anderen heilig sei, greife diesen „im Kern seiner biographischen Identität" an.[22] Aber auch dieser Vorschlag wirft Probleme auf. Zunächst wäre zu überlegen, ob es tatsächlich negative Auswirkungen auf die Identität des Einzelnen hat, wenn sein Bekenntnis in Frage gestellt wird. Aus psychologischer Sicht liegt eine Gegenthese näher: Verbale Angriffe verstärken wahrscheinlich die Identifizierung mit dem Bekenntnis, weil die gemeinsame Front gegen eine respektlose Umgebung Bindungen festigt. Identitätsschwächend wirken negative Äußerungen über Bekenntnisse, wenn sie überzeugen oder verunsichern, nicht, wenn sie beschimpfen.[23]

Abgesehen von diesen psychologischen Fragen ist es aus normativer Sicht fragwürdig, ob Identität geschützt werden sollte bzw. geschützt werden kann.

---

19 BVerfG (Fn. 14), Absatz-Nr. 77.

20 *Pawlik,* Der Strafgrund der Bekenntnisbeschimpfung, in: FS Küper, 2007, S. 411 (419).

21 Dazu *Hörnle* (Fn. 2), S. 120 ff.

22 *Pawlik* (Fn. 20), S. 421. Für den Schutz eines persönlichen Anerkennungsverhältnisses auch *Worms*, Die Bekenntnisbeschimpfung im Sinne des § 166 Abs. 1 StGB, 1984, S. 136 ff.

23 Von diesen psychologischen Zusammenhängen geht auch *Pawlik* (Fn. 20), S. 416, aus.

Versetzt man sich in die Perspektive tiefreligiöser Menschen, ist es zwar nachvollziehbar, dass diese auf die zentrale Bedeutung ihrer Identifikation mit dem Bekenntnis verweisen. Zu bedenken ist aber, dass sich moderne, pluralistische Gesellschaften dadurch auszeichnen, dass Individuen eine Vielzahl von Rollen einnehmen und sich mit diesen auch identifizieren. Nicht in allen Fällen ist damit zwar der Anspruch verbunden, dass der „Kern der eigenen Persönlichkeit" geprägt werde. Viele Rollen sind belangloser und die Identifikation damit oberflächlich. Trotzdem kann nicht unterstellt werden, dass, *wenn* man Identität für schutzwürdig erachten sollte, dies *nur* Prägungen durch Religion und Weltanschauungen betrifft. *Pawlik* geht davon aus, dass § 166 StGB ein verallgemeinerungsfähiges Interesse zugrunde liege, weil religiöse und weltanschauliche Bekenntnisse im Allgemeinen und nicht nur in der besonderen Ausformung etwa des Christentums geschützt werden.[24] Damit wird jedoch verkannt, dass es viele Personen gibt, die sich weder einem religiösen Bekenntnis noch einer klar umgrenzten Weltanschauung zuordnen könnten (die Selbsteinschätzung, z.B. ein „liberaler" oder „ökologisch orientierter" Mensch zu sein, reicht für eine Weltanschauung i.S. des § 166 StGB nicht aus). Es gibt aber entweder an Stelle von Bekenntnissen und Weltanschauungen oder über diese hinausreichend andere identitätsprägende Faktoren. So können z.B. Berufsbilder für Identität wesentlich sein. Ein Theaterregisseur oder ein Wissenschaftler können durch eine beschimpfende Kritik einer Aufführung oder eines Buches ebenfalls in ihrem „Kern" getroffen werden. Es wäre deshalb fragwürdig, manche der selbst gewählten Identitäten zu schützen, andere aber nicht. Kehrseite einer pluralistischen Gesellschaft ist, dass die Tatsache ausgehalten werden muss, dass andere Personen eine niedrige Meinung über das haben, was einem selbst wichtig ist, und dies auch in prononcierter Weise ausdrücken dürfen. Die Vorzüge freier Rollen- und eben auch Religions- wie Weltanschauungswahl müssen mit der Entwicklung einer robusteren Haltung einhergehen, auch wenn dies von sensiblen Menschen als Nachteil empfunden wird. Aus diesem Grund überzeugt es nicht, auf verletzte Gefühle zu verweisen oder diese mit dem Argument „Identität" normativ aufzuarbeiten.

III. Holocaust-Leugnen (§ 130 Abs. 3 StGB)

> § 130 Abs. 3 StGB: Mit Freiheitsstrafe bis zu fünf Jahren oder mit Geldstrafe wird bestraft, wer eine unter der Herrschaft des Nationalsozialismus begangene Handlung der in § 6 Abs. 1 des Völkerstrafgesetzbuches bezeichneten Art in einer Weise, die geeignet ist, den öffentlichen Frieden zu stören, öffentlich oder in einer Versammlung billigt, leugnet oder verharmlost.

24 *Pawlik* (Fn. 20), S. 424 f.

Im Jahr 1994 wurde § 130 Abs. 3 StGB in das deutsche StGB eingeführt.[25] Die herrschende Meinung rechtfertigt das Verbot genauso wie das in § 166 StGB: Es werde der öffentliche Friede geschützt.[26] Zur Erklärung, was damit gemeint ist, wird mehrheitlich wie bei § 166 StGB der „Klimaschutz“ bemüht: Es solle verhindert werden, dass „das politische Klima in der Bundesrepublik vergiftet“ werde.[27] Ferner wird auf die „Kränkung des Rechtsbewusstseins der Bevölkerung“ verwiesen.[28] Derartige schwammige Rechtsgutsbeschreibungen vermögen nicht zu überzeugen, wenn Meinungsäußerungen verboten und das Grundrecht auf Meinungsfreiheit eingeschränkt werden sollen. Das Bundesverfassungsgericht hat sich vor einigen Monaten zu Recht und explizit sowohl *gegen* das Abstellen auf „vergiftetes Klima“ als auch gegen das Abstellen auf die „Kränkung des Rechtsbewusstseins“ ausgesprochen[29] (ohne allerdings in dem Beschluss kenntlich zu machen, dass es damit Gesetzesmaterialien, die Rechtsprechung des Bundesgerichtshofs und die h.M. in der strafrechtlichen Lehre verwirft).

Auch bei § 130 Abs. 3 StGB ist zu erwägen, ob man darauf verweisen könnte, dass von anderen Personen Schaden abgewendet werden soll. In der Literatur wird teilweise ein Zusammenhang zwischen den tatbestandlichen Handlungen und späteren Gewalttätigkeiten hergestellt. Verhindert werden solle, dass „bestimmte Menschen zunächst ausgegrenzt und letztlich auch physischer Gewalt ausgesetzt werden“.[30] Diese setzt voraus, dass man in plausibler Weise schildern kann, wie und warum die Handlung dazu führt, dass Menschen verletzt, Eigentum beschädigt oder andere Gewalthandlungen vorgenommen werden. Dies fällt bei Delikten nach § 130 Abs. 3 StGB schwerer als bei solchen nach § 166 StGB. Man stelle sich eine typische Tathandlung in rechtsextremistischen Zirkeln vor: Jemand behauptet in einem Buch, auf einer Internetseite oder vor einer Versammlung, es habe während des Nationalsozialismus keine Vernichtungslager oder keine Gaskammern gegeben, oder die Zahl der dort Umgekommenen sei sehr viel niedriger als es verbreiteten Darstellungen entspreche. Bei den Überlegungen zur Bekenntnisbeschimpfung wurden unterschiedliche vorstellbare Abläufe nach anstößigen Äußerungen bereits skizziert: Entweder werden die Gesinnungsgenossen des Sprechers zu Gewalttaten motiviert, oder umgekehrt Personen, die sich durch die Äußerung angegriffen fühlen. Letzteres ist unwahr-

---

25 Durch das Verbrechensbekämpfungsgesetz v. 28.10.1994, BGBl. I S. 3186.

26 *Krauß,* in: LK, 12. Aufl. 2009, § 130 Rn. 10; *Lackner/Kühl,* in: StGB, 26. Aufl. 2007, § 130 Rn. 1; *Lenckner/Sternberg-Lieben* (Fn. 10), § 130 Rn. 1a; *Miebach/Schäfer*, in: MK, 2005, § 130 Rn. 5.

27 BT-Drucks. 12/8588 S. 8; BGHSt 46, 212 (221 f.); *Miebach/Schäfer* (Fn. 26); *Krauß* (Fn. 26), § 130 Rn. 12. Kritisch *Fischer*, in: StGB, 56. Aufl. 2009, § 130 Rn. 24.

28 *Krauß* (Fn. 26), Rn. 11; *Miebach/Schäfer* (Fn. 26).

29 BVerfG (Fn. 14), Absatz-Nr. 77.

30 *Lenckner/Sternberg-Lieben* (Fn. 10), § 130 Rn. 1a; ähnlich *Wandres*, in: Die Strafbarkeit des Auschwitz-Leugnens, 2000, S. 236 f. Auch insoweit zu Recht kritisch *Fischer* (Fn. 27), § 130 Rn. 24.

scheinlich, wenn man Vorfälle nach § 130 Abs. 3 StGB in den Blick nimmt. Es ist zwar mit einer großen Zahl von Personen zu rechnen, die am Holocaust-Leugnen Anstoß nimmt. Ich würde mich nach der Lektüre von Pamphleten Unbelehrbarer über deren Verbohrtheit ärgern, und sicherlich ginge es vielen Menschen in Europa ähnlich. Aber die Prognose, dass empörte Leser oder Zuhörer oder die Angehörigen einer jüdischen Gemeinde sich daraufhin zu einem gewalttätigen Mob zusammenrotten, ist als empirische Behauptung nicht besonders plausibel. Hier liegt ein Unterschied zur Bekenntnisbeschimpfung: Insoweit kann vor allem bei anti-islamischen Äußerungen mit gewalttätigen Reaktionen derjenigen, die sich angegriffen fühlen, zu rechnen sein.

Wie sieht es mit den rechtsextremistischen Gesinnungsgenossen des Leugners aus? Wenn man auf die Gefahr von zukünftigen Schäden verweist, wäre vor allem an diesen Personenkreis zu denken. In rechtsextremistischen Kreisen erfüllt Holocaust-Leugnen offenbar Erkennungs- und Bindungsfunktionen. Es handelt sich um ein Ritual: Man bestätigt sich damit wechselseitig als Träger einer bestimmten Weltanschauung. Dass *diese* Weltanschauung, wenn sie praktiziert werden kann, gefährlich wird, bedarf wohl keines weiteren Beweises. Aber der Kausalverlauf vom Ritual bis zu tatsächlichen Gefahren z.B. für Menschen ausländischer Abstammung oder jüdischen Glaubens ist noch komplexer als es die Verursachung von Schäden durch Bekenntnisbeschimpfungen ist. Symbole und symbolhafte Rituale (sei es ein braunes oder schwarzes Hemd, die Zahl „88“ als Symbol für den Hitlergruß, ein Hakenkreuz oder eine verfälschte Geschichtsdarstellung) sind für sich genommen harmlos. Erst über mehrere Zwischenschritte würde man sich der Gefährdung anderer Menschen annähern: Beitrag zur Kameradschaft unter Gleichgesinnten – dadurch verfestigter Zusammenhalt – dadurch Förderung der Bereitschaft zu Gewalttätigkeiten – tatsächliche Gewalttätigkeiten. Bei all dem ist fraglich, inwieweit *gerade das Symbol* wirkkräftig wird. Extremismus und extremistische Bereitschaft zu Gewalttätigkeiten wird es auch ohne historisch verankerte Symbole und Rituale geben, d.h. auch dann, wenn diese Kreise sich neue Symbole erfinden müssen. Es gibt in Deutschland mittlerweile eine unübersichtliche Rechtsprechung zu § 86a StGB. Diese Norm verbietet es, Kennzeichen verfassungswidriger Organisationen zu verwenden, darunter fallen z.B. Hakenkreuz und Hitlergruß. Rechtsextremisten haben Phantasie entwickelt, um weniger bekannte Symbole nationalsozialistischer Organisationen in leicht verfremdeter Weise einzusetzen. Gerichte verbieten diese Symbole – um alsbald auf neue Abänderungen reagieren zu müssen.[31] In diesem Katz-und-Maus-Spiel ist der neueste Trend, den man durchaus amüsiert zur Kenntnis nehmen kann, die Verwendung englischer

---

31 S. dazu die Nachweise bei *Paeffgen*, in: NK, 3. Aufl. 2010, § 86a Rn. 7, 10; *Fischer* (Fn. 27), § 86a Rn. 8 ff.

Übersetzungen von nationalsozialistischen Parolen.[32] All dies führt zu vielen § 86a-Strafverfahren vor deutschen Gerichten. Dass man aber mit dem Verbot von Symbolen und mit dem Verbot von Ritualen die Wahrscheinlichkeit von rechtsextremistischen Gewalttätigkeiten beeinflussen könnte, ist fraglich. Außerdem ergibt sich auch hier das bei der Bekenntnisbeschimpfung angeführte Zurechnungsproblem. Wer z.B. behauptet, dass es in Auschwitz-Birkenau oder in anderen Vernichtungslagern keine Tötungen durch Gas gab, stellt Tatsachen in Frage. Es fehlt aber der Bezug zu zukünftigen Gewalttätigkeiten *im Gehalt* dieser Aussage.

Wenn man § 130 Abs. 3 StGB als „Verbot zur Verhinderung von Schäden" einordnen wollte, müsste ein anderer Weg eingeschlagen und auf die Personen abgestellt werden, die von Leugnungshandlungen persönlich betroffen sind: die Opfer nationalsozialistischer Verfolgung. Schaden wäre in diesem Zusammenhang nicht ein physisch sich manifestierender Schaden wie Körperverletzungen oder Sachbeschädigungen, sondern eine immaterielle Verletzung. Auf einen persönlichen Achtungsanspruch der Betroffenen stellen einige Autoren ab.[33] Vereinzelt wird das betroffene Recht mit der Menschenwürde gleichgesetzt.[34] Dies ist jedoch nicht überzeugend, wenn es um die typischen Handlungen des Leugnens und quantitativen Verharmlosens geht:[35] Wer z.B. die Zahlen der Ermordeten verfälscht, behauptet damit nicht implizit, dass es sich bei den Opfern um minderwertige Personen gehandelt habe. Kern der Aussage ist ja gerade, die Existenz dieser Opfer zu bestreiten – womit es sich logischerweise ausschließt, zu den persönlichen Qualitäten der als nicht-existent Umdefinierten etwas sagen zu wollen. Wenn man jedoch statt der Menschenwürde nur auf das allgemeine Persönlichkeitsrecht verweist, kann man in plausibler Weise argumentieren, dass Opfer schwerster Unrechtstaten das Recht haben, dass ihr persönliches Schicksal nicht als unwahr verleugnet und abgestritten wird. Es handelt sich dabei um einen Bestandteil eines Rechtes auf Identität.[36] Gegen den Schutz eines Identitätsrechts wurden allerdings im Abschnitt zur Bekenntnisbeschimpfung Bedenken vorgebracht, was den Eindruck erwecken könnte, dass diese auch gelten müssten, wenn die Identität der Opfer des Nationalsozialismus geschützt werden solle. Es ist aber auf einen Unterschied hinzuweisen. Die Einwände dagegen, Identitäten zu schützen, bezogen sich auf die Tatsache, dass die freie, individuell wählbare Übernahme verschiedener Rollen ein wesentliches Kennzeichen pluralistischer Gesellschaften ist. Aus diesem Grund, wegen der Multiplizierung von Identitäten, die durch die Wahlmöglichkeiten des Einzelnen entstehen, kann

32 Dazu, dass die Parole „blood and honour" nicht unter § 86a StGB fällt, BGH NJW 2010, 163.

33 *Krauß* (Fn. 26), Rn. 10 f.; *Ostendorf*, in: NK, 3. Aufl. 2010, § 130 Rn. 4.

34 *Ostendorf* (Fn. 33), § 130 Rn. 4.

35 *Stegbauer*, NStZ 2000, 281 (283).

36 *Hörnle* (Fn. 2), S. 326 f.

nicht jede individuell als wichtig empfundene Identifikation mit den Mitteln des Strafrechts geschützt werden. Geht es um die Identität, Opfer eines Unrechtsregimes geworden zu sein, greift dieses Argument nicht. Es handelt sich um einen extremen Sonderfall der Identitätsbildung aufgrund eines existentiell bedrohlichen, aufgezwungenen Schicksals.

Fraglich ist aber, ob § 130 Abs. 3 StGB in seiner konkreten Fassung mit dem Anliegen des Identitätsschutzes erklärt werden kann. Rechte auf Achtung der Identität sind persönliche Rechte – es ist fernliegend, diese auch nachgeborenen Angehörigen zuzusprechen.[37] Die Tatbestandsfassung des § 130 Abs. 3 StGB deutet ferner darauf hin, dass diese Norm nicht auf Individualschutz zugeschnitten wurde. Es wäre aus dieser Perspektive wenig sinnvoll, nur öffentliche Äußerungen oder solche in einer Versammlung zu erfassen, und außerdem die Eignung, den öffentlichen Frieden zu stören, zu verlangen. Vielmehr deutet der Verweis auf den „öffentlichen Frieden" darauf hin, dass der Kreis der betroffenen Personen sehr viel weiter gezogen wird und nicht mit dem kleinen Kreis der noch lebenden Opfer des Nationalsozialismus übereinstimmt. Es geht um die Verhinderung ethisch verfehlten und grob anstößigen Verhaltens – als grob anstößig eingestuft, seitdem sich die Auseinandersetzung mit den Verbrechen des Nationalsozialismus als üblich und geboten etabliert hat. Es ist kein Zufall, dass es § 130 Abs. 3 StGB erst seit einigen Jahren gibt – die Einführung setzte voraus, dass sich ein fester und dauerhafter gesellschaftlicher Konsens des Andenkens an den Völkermord ausgebildet hat und deshalb Ableugnen nicht nur von den Opfern, sondern auch von der Allgemeinheit als grob anstößig erlebt wird. Welche Funktionen dieser Tatbestand in unserer Gesellschaft hat, ist nicht schwer zu beschreiben. Aus der Sicht einer Kriminalisierungstheorie stellt sich jedoch die Frage, ob diese Beschreibung auch ein strafrechtliches Verbot zu rechtfertigen vermag. Entgegen der herrschenden Meinung habe ich an diesem Punkt Zweifel.[38]

IV. Zusammenfassung

Weder § 130 Abs. 3 StGB noch § 166 StGB sind überzeugend zu rechtfertigen. Analysiert man sie mit dem Instrumentarium, das *Joel Feinberg* entwickelt hat, wären beide strafrechtlichen Verbote nicht einmal unter sein Konzept von „offense to others" zu fassen, das die unmittelbare Belästigung Dritter voraussetzt. (Der Tatbestand des § 130 Abs. 3 StGB sieht nicht vor, dass Personen, die außerhalb rechtsextremistischer Zirkel stehen, die Äußerungen unmittelbar wahrnehmen. Das gleiche gilt für die Bekenntnisbeschimpfung: Auch insoweit genügt es, dass Dritte vom Hörensagen davon erfahren). Es kann deshalb für unsere Zwecke dahinstehen, ob und inwieweit in einem modernen, liberalen Straf-

37 So aber *Krauß* (Fn. 26), § 130 Rn. 11.

38 Kritisch auch *Hirsch*, Tatstrafrecht – ein hinreichend beachtetes Grundprinzip?, in: FS Lüderssen, 2002, S. 253 (261 f.); *Kühl* (Fn. 26), § 130 Rn. 8a.

recht das *Feinberg*sche Konzept von „offense to others" einen Platz finden kann (das unter bestimmten Umständen Belästigungen für Kriminalisierungen genügen lässt). Wenn man die hier untersuchten Verhaltensweisen als „grob anstößig" bezeichnet, ist damit gemeint, dass die Ratio des Verbots in der Verletzung von Moral, Gefühlen und Tabus zu finden ist. Bei § 166 StGB haben wir es mit einem derart beschaffenen Relikt aus älteren Zeiten zu tun, § 130 Abs. 3 StGB ist eine moderne Variante.

Die Forderung, § 166 StGB und § 130 Abs. 3 StGB sollten aufgehoben werden, würde, wenn sie im öffentlichen Diskurs erhoben würde, vermutlich zu beträchtlichen Irritationen führen. Die Aussage, dass eine Strafnorm abzuschaffen sei, wird oft fälschlicherweise so interpretiert, dass das umschriebene Verhalten danach zu befürworten, moralisch positiv zu beurteilen sei. Die in der deutschen Strafrechtswissenschaft anerkannte Trennung zwischen Moral und Recht wird nicht allgemein nachvollzogen. Dies dürfte vermutlich der Grund sein, warum das deutsche Bundesverfassungsgericht am Verbot des Geschwisterinzests (§ 173 Abs. 2 StGB) trotz des in jeder Hinsicht überzeugenden abweichenden Votums von *Winfried Hassemer* festhielt:[39] Das Gericht wollte nicht ein Urteil verantworten, das in weiten Teilen der Presse als moralisches Absegnen von Geschwisterinzest heftig kritisiert worden wäre. Im Hinblick auf Bekenntnisbeschimpfung ist festzuhalten: Es handelt sich nicht nur um unkluges, sondern auch um unzivilisiertes, intolerantes Verhalten. Für das Leugnen des nationalsozialistischen Völkermordes gilt ebenfalls, dass dies nicht nur auf Dummheit hindeutet, sondern in der Weigerung, sich zu informieren, eine ethisch tadelnswerte Herabwertung der Opfer liegt. Die Abschaffung einer Strafnorm impliziert aber nicht, dass die Tatbestandshandlung deshalb moralisch akzeptabel wäre.

Die These, dass § 130 Abs. 3 StGB aufzuheben sei, würde zudem auf Unverständnis stoßen, weil dahinter ein nicht sehr altes, aber mittlerweile starkes Tabu steht: Nationalsozialistische Symbole und das Ritual des Holocaust-Leugnens sind nicht nur grob anstößig, sondern sie sind dies in besonderem Maße: Sie sind tabu. Es fehlt deshalb insbesondere an kritischen Stimmen zu konkreten Strafurteilen. Es gibt in der Bundesrepublik einige bekannte Rechtsextremisten, die sich mit großer Lust dem Ritual des Holocaust-Leugnens hingeben. Die gegen solche Wiederholungstäter verhängten Strafen fallen exorbitant hoch aus. *Horst Mahler* (ein früherer Anwalt, der zunächst mit linksextremistischen Einstellungen aktiv war und in höherem Lebensalter zum Rechtsextremist wurde) wurde kürzlich wegen Volksverhetzung einmal zu fünf und einmal zu sechs Jahren Freiheitsstrafe verurteilt. *Mahler* ist eine politisch sehr unsympathische Figur, so dass man sich nicht mit besonderer Leidenschaft zu seiner Verteidigung aufschwingen mag. Aber bei einer distanzierten Betrachtung ist doch festzustellen, dass Freiheitsstrafen von fünf Jahren und sechs Jahren wegen des

39 BVerfGE 120, 224 ff.

Äußerns einer anstößigen Meinung auch bei hartnäckigen Wiederholungstätern grob disproportional sind. Solche Strafurteile sind Beispiele dafür, dass die akademische Diskussion um Feindstrafrecht[40] nicht nur Gedankenspielen gilt. Plastischere Beispiele für ein in Deutschland praktiziertes Feindstrafrecht werden sich kaum finden lassen. An dieser Stelle zeigt sich, dass Strafnormen, die Tabus nachzeichnen, nicht nur die betroffenen Täter unverhältnismäßig hart treffen, sondern auch zu bedenklichen Aufweichungen des Rechtsstaates führen können.

40 S. die Aufsatzsammlung: Vormbaum (Hrsg.), Kritik des Feindstrafrechts, 2009 und die Beiträge von *Jakobs* und *Hyon* in diesem Band.

III. Autorenverzeichnis

Prof. Dr. Kazushige Asada
Ritsumeikan Universität Kyoto

Prof. Dr. Joachim Herrmann
Universität Augsburg

Prof. Dr. Tatjana Hörnle
Humboldt-Universität zu Berlin

Prof. Sudo Hyon
Ryukoku Universität Kyoto

Prof. Dr. Shinichi Ishizuka
Ryukoku Universität Kyoto

Prof. Dr. Dr. h.c. mult. Günther Jakobs
Rheinische Friedrich-Wilhelms-Universität Bonn

Prof. Yu Kamon
Ritsumeikan Universität Kyoto

Prof. Dr. Katsuyoshi Kato
Meijo Universität Nagoya

Prof. Dr. Sangyun Kim
Ryukoku Universität Kyoto

Prof. Dr. Arnd Koch
Universität Augsburg

Prof. Toshikuni Murai
Ryukoku Universität Kyoto

Prof. Dr. Henning Rosenau
Universität Augsburg

Prof. Dr. Dr. h.c. mult. Hans-Ludwig Schreiber
Georg-August-Universität Göttingen

Prof. Dr. Arndt Sinn
Universität Osnabrück

Prof. Dr. Makoto Tadaki
Chuo Universität Tokyo

Augsburger Studien zum Internationalen Recht

Herausgegeben von Volker Behr, Henning Rosenau und Christoph Vedder

Band 1 Ramon Sieveking: Schiedsgutachtenverträge nach deutschem und New Yorker Recht. Eine rechtsvergleichende Untersuchung der Sach- und Interessengerechtigkeit der Ausgestaltung des deutschen Schiedsgutachtenrechts. 2007.

Band 2 Susanne Kobor: Bargaining in the Criminal Justice Systems of the United States and Germany. A Matter of Justice and Administrative Efficiency Within Legal, Cultural Context. 2008.

Band 3 Jérôme Pause: Der französische Conseil d'État als höchstes Verwaltungsgericht und oberste Verwaltungsbehörde. Seine Entwicklung und heutige Stellung. 2008.

Band 4 Henriette Heine: Die Rechtsstellung des Beschuldigten im Rahmen der Europäisierung des Strafverfahrens. 2009.

Band 5 Susanne Kratzer: Die vorweggenommene Erbfolge in Deutschland und Italien unter besonderer Berücksichtigung des Familienvertrages (*patto di famiglia*). 2009.

Band 6 Octavian Gabriel Pascu: Strafrechtliche Fundamentalprinzipien im Gemeinschaftsrecht. Unter besonderer Berücksichtigung des Kartellordnungswidrigkeitenrechts. 2010.

Band 7 Henning Rosenau / Sangyun Kim (Hrsg.): Straftheorie und Strafgerechtigkeit. Deutsch-Japanischer Strafrechtsdialog. 2010.

www.peterlang.de